# 성서적 신앙공동체 교육

# 성서적 신앙공동체 교육

박종석 지음

KSI 한국학술정보(주)

# 출처

"다시 성서로: 성서교육연구의 동향과 전망". 「교수논총」18. 부천: 서울신학대학교, 2006: 131 - 53.

"성서교육의 목적". 「교수논총」19. 부천: 서울신학대학교, 2007: 121 - 43.

"성서교육의 내용 선정에 관한 연구". 「복음과 교육」3. 한국복음주의 기독교교육학회, 2006: 249 - 82.

"이야기와 기독교교육: 서사비평의 교육적 응용". 「기독교교육논총」1. 한국기독교교육학회, 1996: 77 - 96.

"교회학교 교재에 대한 사회학적 연구". 「기독교사상논단」2. 서울: 대한기독교서회, 2000: 471 - 89.

"신앙공동체 형성을 위한 기독교교육체제로서의 설교: 청소년을 중심으로". 「기독교교육정보」5. 한국기독교교육정보학회, 2002: 261 - 96.

"기독교교육의 본성을 찾아서: 기도의 교육". 「신학과 선교」31. 부천: 서울신학대학교, 2005: 85 - 108.

"평화의 영역과 기독교교육의 과제". 「신학과 선교」27. 부천: 서울신학대학교, 2002: 195 - 217.

"생명교육의 근거로서의 성육신 사건". 「기독교와 교육」11. 부천: 서울신학대학교 기독교교육연구소, 2003: 16 - 25.

"체제적 기독교교육의 구상". 「교수논총」17. 부천: 서울신학대학교, 2005: 183 - 208.

"기독교교육 리더십은 무엇인가?: 구성요소를 중심으로". 「기독교교육논총」11. 한국기독교교육학회, 2005: 199 - 236.

"기독교 교육목회자 교육의 목적". 「신학과 선교」32. 부천: 서울신학대학교, 2006: 105 - 27.

"기독교장애인교육의 목적". 이재서 외. 『신학으로 이해하는 장애인: 밀알선교회30주년 기념 논문집』. 서울: 도서출판 세계밀알, 2009: 251 - 80.

"컴퓨터 게임의 기독교교육적 검토". 「기독교와 교육」10. 부천: 서울신학대학교 기독교교육연구소, 2002: 46 - 68.

　여기에 모아 놓은 글은 연구자가 그동안 썼던 논문들인데, 그것들
을 성서와 신앙공동체 교육에 관한 것으로 대별해 놓은 것이다. 기
독교교육자로서 성서는 늘 연구자에게 불편한 것이었다. 기독교교육
은 사실 성서교육이 아니던가. 기독교교육학자들의 성서에 대한 관
심 여하를 떠나서 실제 목회와 교육의 현장에서는 성서 내용이 비중
있게 교수되고 있다는 사실이 기독교교육의 성서적 당위성을 반증하
고 있다. 기독교교육이 성서적이거나 성서교육이어야 한다는 의견이
단지 교회의 현실이 그러하다는 사실로부터 지원될 수는 없다. 기독
교교육의 성서적 당위성은 그보다 더 본질적인 것으로부터 근거를
찾아야 할 것이다. 기독교교육은 그것이 기독교교육이라고 불린 시
기 이전부터 시작되었다고 보아야 하는데 그 시작은 성서시대부터라
할 수 있을 것이다. 구약학자 월터 브루거만(Walter Brueggemann)에
따르면, 정경으로서의 성서라는 것 자체가 하나님께서 이스라엘 백
성을 훈련시킨 책이며, 교육학자 제임스 엠 리(James M. Lee)에 따
르면, 성서는 교육의 책이다. 기독교교육이 시작된 때가 성서시기이
고 기독교교육의 원형이 성서에 있다면 기독교교육은 당연히 성서적
이어야 할 것이다.

그럼에도 불구하고 작금의 기독교교육연구 현실을 보면 근원적인 성서적 기독교교육에 대한 연구보다는, 잭 엘 시무어(Jack L. Seymour)에 따르면, 변혁(Transformation), 신앙공동체(Faith Community), 영적 발달(Spiritual Development) 그리고 종교교수(Religious Instruction) 등 주제에 관심을 갖고 있으며, 그에 대한 접근도 성서적이지 않고 다분히 사회과학적이다. 기독교교육에 대해 사회과학적으로 접근할 수는 있을 것이다. 그러나 순서가 문제인 것 같다. 먼저 관심 주제에 대한 성서적 이해 후에 그 내용에 대한 사회과학적 설명이나 해석이 따라야 할 것이다. 여기에 실린 성서교육에 대한 글들은 그 실현 여부를 떠나 이와 같은, 기독교교육이 성서적이어야 한다는 의도에서 쓰인 것들이다. 이와 같은 생각들이 밑받침되어 연구자는 최근에 『성서교육론』이라는 교재를 집필하였다. 그러나 이 또한 성서 자체에 대한 그리고 성서 자체로부터 기독교교육 내용을 도출하고 있지 못하다. 기독교교육의 본질을 회복함으로써 그 활성화를 위한 성서와의 대면은 연구자의 남은 과제가 될 것이다.

이 책에서 다루는 두 번째 주제는 공동체이다. 더 분명하게는 신앙공동체, 즉 교육을 주 사명 중의 하나로 갖고 있는 교회이다. 이 교회라는 신앙공동체는 지도자와 다양한 회원들로 구성된다. 어린이와 청소년, 성인, 장애인 등과 다양한 계층의 사람들로 '그리스도의 몸'(Body of Christ)을 이룬다. 신앙공동체는 그들이 기본적으로 수행해야 할 사명과 관련된 일들에 힘을 쏟는다. 신앙공동체와 관련된 이 부분의 글들은 교회의 생활과 학습자의 삶과 관련된 주요 주제들 중 몇 가지를 다루고 있다. 어느 조직이나 마찬가지로 신앙공동체 역시 지도자의 자질과 능력이 중요하다. 특히 기독교교육 지도자는 그가 이끄는 교육의 방향과 구체적 내용 등을 통해 거의 직접적으로 학습자의 삶에 영향을 미친다는 면에서 중요하다. 이들이 어떤 리더십을 지녀야 하는지 그리고 이들을 어떻게 교육해야 하는지를 다룬 글들은 이와 같은 중요성을 반영한다. 청소년기는 격한 질풍노도(Sturm und Drang)의 시기로 특별한 관심이 요구되는 때이다. 청소년 설교나 기도, 게임 등에 대한 글들은 이와 같은 관심의 예라고 할 수 있다. 신앙공동체 기능의 효율화를 모색해 본 "체제적 기독교교육의 구상" 등과 같은 글들이 신앙공동체 기존 사역들에 대한 긍정적 입장에서의 지원이라면 평화, 생명, 장애인들에 대한 글들은 신앙공동체의 반성을 촉구하는 비판적 성격의 글이라고 할 수 있다. 기독교는 생명과 평화의 종교이다. 하나님께서는 하늘과 땅 사이에 생명을 지으시고, 땅 위의 생명은 다른 생명과 함께 평화를 이루어 지내기 원하셨다. 이것이 하나님의 인간에 대한 의도이셨다. 그럼에도 불구하고 인간들은 '천하보다 귀한' 생명을 경시하고 차별하고 억압하고 있다. 생명과 평화를 교회 내에서만 유지하고 지켜 나간다고 책임을 피할 수 있는 것은 아니다. 교회는 온 세상이 하나님께서 지으신 생명을 돌보고 평화를 이루는 일에 힘쓰도록 일꾼들을 키워야 한다. 얼마나 많은 생명들이 평화를 잃거나 빼앗기고 불안 가운데 지내고 있는가. 알랭 드 보통(Alain de Botton)이 말하듯 생명과 평화가 전제되면서, "모든 인간이 귀중하다는 인식을 회복할 수 있을 때, 아니, 그보다 더 중요한 것으로, 그런 인식을 유지할 수 있는 공간과 태도를 조성할 수 있을 때, 사람들은 평범한 삶을 어둡게 보지 않는다." (『불안, *Status Anxiety*』) 이상의 논문들은 동일한 주제라 하더라도 나름대로 기존의 접근이나 내용과는 차별화하고자 하는 입장에서 쓰려고 노력한 것들이다. 이 책은 같은 성격의 논문집인 『기독교교육의 현실적 정초』와 자매서라고 할 수 있다. 이 논문집들은 기독교교육학자, 기독교교육을 전공하는 학생 그리고 교육에 관심이 있는 목회자들에게 유용할 것이다. 묶인 글들을 보면서 그동안 적지 않은 글들을 나름대로 열심히 썼구나 하는 생각이 들었다. 그에 비해 요즈음 자세를 돌아보면 많이 게을러졌구나 하는 마음이 들었다. 이 논문집을 계기로 다시 한 번 열심을 내야 되겠다는 다짐을 해 본다.

여기에 실린 논문들을 쓰도록 직·간접적으로 계기가 되었던 분들에게 감사드린다. 좋은 은사를 갖고 비전을 이루어 가기 위해 애쓰는 아내와 지적 욕심과 그에 상응하는 인문학적 소양을 갖춘 아들 현수와 장래 꿈을 이루기 위해 열심히 학업에 정진하는 딸 귀연이에게 '정말 사랑한다'는 말과 더불어 이 책을 바친다.

2010년 7월
지은이 박종석

# 차 례

# 제1부 성서교육의 반성

# 다시 성서로: 성서교육연구의 동향과 전망

## I. 들어가는 글

성서는 기독교교육의 중심을 이룬다. 기독교교육은 성서의 정신과 내용에 충실해야 한다. 성서로부터 벗어날 때 기독교교육은 그 정체성을 상실할 위험이 있다. 그럼에도 불구하고 최근 기독교교육연구는 성서에 무관심하며 성서와 상관없이 기독교교육을 논의하고 있는 실정이다. 기독교교육학회를 통해서 보아도 그 같은 현실을 알 수 있다. 한국의 대표적인 기독교교육학회인 '한국기독교교육학회', '한국기독교교육정보학회' 그리고 '한국복음주의기독교교육학회'의 학술지에 실린 논문들 가운데 성서교육에 관한 논문은 그 비중이 대단히 낮다. 2007년 현재까지 이들 학회에서 발간된 저널 48권에 실린 총 511편의 논문 중 성서교육 관련 논문은 9편뿐이다.[1) 그 밖에 교내

---

1) 이정효, "창조적 성경교육 방법에 관한 연구", 「복음과 교육」 1(한국복음주의기독교교육학회, 2004), 278-99; 김희자, "청소년과 장년을 위한 성경 교육방법의 새로운 방향", 「기독교교육정보」 8(한국기독교교육정보학회, 2004), 275-92; 고원석, "아동지향적 생동적 변증법적: 마틴 랑의 '투아 레스 아기투어'의 성서교육법", 「기독교교육논총」 13(한국기독교교육학회, 2006): 131-70.; 박종석, "성서교육의 내용 선정에 관한 연구", 「복음과 교육」 3(한국복음주의기독교교육학회, 2006), 249-82; 백은미, "흑인신학의 성서해석과 교육방법을 통해 본 한국성서교육의 과제들", 「기독교교육논총」 14(한국기독교교육학회, 2007), 223-54;

학술지와 연구소 정간물에 실린 논문들의 경우는 더욱 적다.2) 기독교교육 내용과 철학에서 중핵적 역할을 해야 할 성서가 실제 학문 영역에서는 철저히 배제되고 있다고 할 수 있다. 그 이유가 무엇이든 관심의 결여요, 따라서 관심을 불러일으킬 환기가 필요하다.

성서교육에 대한 관심을 불러일으키고 연구를 촉진시키기 위해서는 먼저 그동안의 성서교육연구에 대한 동향을 파악할 필요가 있다고 본다. 그런 다음에 파악된 내용을 바탕으로 기독교교육에서 성서교육의 나아갈 방향을 전망해 보도록 한다. 이로써 기독교교육은 보다 더 성서적 교육이 될 가능성을 갖게 될 것이다.

이 글에서 '성서교육'이라고 할 때, 본시 교육이란 이론과 실제 모두를 지시하는 것이기 때문에 성서교육의 이론과 실제 모두를 포함해야 할 것이다. 그러나 성서교육의 실제와 관련된 내용은 성서교육 현장 접근의 어려움, 일정한 형태로 집성할 수 없는 다양성 등 이유로 이 글에서는 취급되지 않는다.3) 이론의 경우라고 하더라도 신학

이금만, "성서기호학과 거룩한 독서를 접목한 통전적 성서교육", 「기독교교육논총」15(한국기독교교육학회, 2007), 25 – 59; 안근조, "한국적 성서해석학과 성서교육", 「기독교교육정보」17(한국기독교교육정보학회, 2007), 215 – 47; Meerha Hahn, "A Shared Praxis Approach to Feminist Bible Study", *Journal of Christian Education & Information Technology* 1(2000), 116 – 38; Jayhoon Yang, "Orality and Textuality in the Biblical Narrative and Its Application to Bible Teaching", *Journal of Christian Education & Information Technology* 7(2005), 259 – 89.

2) 정웅섭, "성서교육의 현대적 시점", 「신학연구」21(오산: 한신대학교, 1979), 235 – 62; 정웅섭, "성서교육에서의 Simulation", 「신학연구」23(오산: 한신대학교, 1981), 199 – 224; 박종석, "다시 성서로: 성서교육연구의 동향과 전망", 「교수논총」18(부천: 서울신학대학교, 2006), 131 – 53; 박종석, "성서교육의 목적", 「교수논총」19(부천: 서울신학대학교, 2007), 121 – 43; 김종윤, "성서교육에 있어서의 이데올로기 비평의 유용 및 한계", 「기독교와 교육」12(서울신학대학교 기독교교육연구소, 2004), 17 – 29; 남은경, "성경을 어떻게 읽을 것인가?: 현대의 다양한 성경 읽기 방법과 그 적용", 「기독교와 교육」12(서울신학대학교 기독교교육연구소, 2004), 116 – 24.

3) 성서교육의 실제에 대한 연구는 차후에라도 이론적인 문헌을 대상으로 해서가 아니라 실제로 현장에서 사용되는 성서교육 자료들을 대상으로 연구할 가치가 있는 주제이다. 한국성서학연

교에서의 성서교육이라고 할 수 있는 신·구약성서와 관련된 교육을 포함하지는 않는다.4) 이 글에서는 교회교육 현장을 대상으로 한 연구만 포함된다. 따라서 학교나5) 가정과6) 같은 교육의 장은 제외된다. 또한 이 글에서는 현대 상황에서 기독교교육이라고 할 때 포함시킬 수 있는 가톨릭,7) 유대교8) 등의 성서교육연구는 제외한다.

구소 편, 『한국교회 성경공부의 진단과 개선방안』(서울: 장로회신학대학교 기독교교육연구원, 1992) 참조.

4) 예를 들어, Fernando F. Segovia, *Teaching the Bible: The Discourses and Politics of Biblical Pedagogy*(Maryknoll, NY: Orbis, 1998); Kathleen A. Farmer and Russell W. Dalton, "Using Multimedia Resources in Teaching the Bible", *Interpretation* 56:4(Oct. 2002), 387 – 97; Stephen L. Cook, "Teaching the Bible in a New Millennium", *Anglican Theological Review* 84:1(Winter 2002), 3 – 9; David A. Scott, "Teaching the Authority of the Bible", *Anglican Theological Review* 84:1(Winter 2002), 11 – 24; Joyce A. Mercer, "Teaching the Bible in Congregations: A Congregational Studies Pedagogy for Contextual Education", *Religious Education* 100:3(Summer 2005), 280 – 95.

5) 예를 들어, Terence Copley, "Young People, Biblical Narrative and 'Theologizing': A UK Perspective", *Religious Education* 100:3(Summer 2005), 254 – 65.

6) 예를 들어, Edward A. Buchanan, *Parent/Teacher Handbook 1: Teaching Your Children Everything They Need to Know about the Bible*(Nashville, TN: Broadman and Holman Publishers, 2004).

7) 예를 들어, William Husson, "A Practical Model for Adult Bible Learning", *Religious Education* 77(Sept. – Oct. 1982), 534 – 39; Peter Williamson, "Actualization: A New Emphasis in Catholic Scripture Study", *America* 172:18(May 20, 1995), 17 – 19; Bob Zyskowski, "Bible Study: It's Not Just for Protestants Anymore", *U.S. Catholic* 65:8(Aug. 2000), 12 – 18; Pablo Richard, "Interpreting and Teaching the Bible in Latin America", *Interpretation* 56:4(Oct. 2002), 378 – 86; Chris Weber, Janet Schaeffler, and Kate Ristow, "How do I Teach about the Violent Images of God Portrayed in the Old Testament?", *Catechist* 39:2(Oct. 2005), 8 – 10. ; 김윤주, "성서교육의 쇄신", 「사목」33(1974. 5), 74 – 79; "소공동체와 성서 교육", 「사목」285(2002. 10), 18 – 34; 홍석정, "중고등부 주일 학교의 성서 교육", 「사목」285(2002. 10), 35 – 47.

8) 예를 들어, Michael Rosenak, *Tree of Life, Tree of Knowledge: Conversations with the Torah*(Boulder, CO: Westview Press, 2001); Penny S. Gold, *Making the Bible Modern: Children's Bibles and Jewish Education in Twentieth – Century America*(Ithaca: Cornell University Press, 2003); Barry Holtz, *Textual Knowledge: Teaching the Bible in Theory and Practice*(New York: Jewish Theological Seminary of America, 2003); Israel Idalovichi, "Should Bible Studies Remain in Israeli Public Schools? Teachers' Attitudes towards Bible Teaching as a Mandatory Subject", *Religious Education* 98:2(Spring 2003), 155 – 79; Ofra A. Backenroth, "Art and Rashi: A

성서교육연구의 동향 파악을 위해 필요한 연구내용의 분류는 교육적 범주에 따른다. 그렇더라도 그 내용이나 영역이 중복되는 경우가 있을 수 있기 때문에 관련도가 높은 곳으로 가려 둘 것이다. 또한 이 글에서 성서교육연구라고 할 때는 교육의 두 가지 차원, 즉 가르치는 차원과 배우는 차원 둘 다를 말하는 것이 아니라 가르치는 차원인 교수의 영역에 한정하도록 한다. 대부분의 문헌들이 이 차원을 다루기 때문이다.

## II. 연구 동향

### 1. 접근

#### 1) 철학적 접근

여기서 '접근'이라고 하는 것은 논의를 성서교육의 어느 특정 주제에 제한하지 않고 전체적으로 언급하는 경우를 말한다. 이에는 크게 철학적 · 신학적 그리고 교육적 접근이 있다. 성서교육에 대한 철학적 접근은 인식론과 관련된 구성주의적 접근이 눈에 띈다. 데이브 에스 놀턴(Dave S. Knowlton)과 수잔 시 섀퍼(Suzanne C. Shaffer)는 12학년을 대상으로 전통적인 성서교육 방식이라고 할 수 있는 암기식 교육을 구성주의 방식에 의해 새롭게 인식할 것을 주장한다.9)

---

Portrait of a Bible Teacher", *Religious Education* 99:2(Spring 2004), 151 – 66: Laila Lipetz, "Torah Literacy in the Elementary School Classroom", *Religious Education* 99:2(Spring 2004), 185 – 98.

9) Dave S. Knowlton and Suzanne C. Shaffer, "Shifting toward a Constructivist Philosophy for Teaching Biblical Principles in K – 12 Christian Schools", *Christian Education Journal* 1:3(Fall 2004), 116 – 29.

암기식 교육은 교육을 교수된 내용의 재생으로 본다. 이 같은 방식의 문제점은 성서의 의미 있는 이해를 방해하며 그리스도인의 삶에서 성서의 역할을 무효화시킨다는 점이다. 암기는 이해를 배제하며, 교육에서 학습을 배제하며, 교육의 사회적 차원을 배제한 채 개인적 노력으로 비하시키며, 교육을 성서 전체로부터 단절시킨다는 데 문제가 있다.

이 같은 접근의 문제점들을 극복하기 위해서, 제시된 구성주의는 다양한 결론을 권장한다. 이것은 기독교 진리의 절대성 부인이 아니라 학습자의 다양한 배경과 경험에 대한 인정이다. 즉 학습은 학습자의 배경에 의한 진리의 구성을 통해 이루어진다는 것이다. 그런 면에서 이들의 구성주의는 급진적 상대주의와 구별되며 인지적·사회적·실용적 구성주의의 노선과 유사하다.

구성주의 입장에서의 교사의 역할은 학습자에게 지식을 부여하고 확인하는 자가 아니라, 성서적 개념과 원리 이해의 기술 발전을 돕고, 독립적 사고를 하도록 돕는 자이다. 학습자 역시 비판 없는 지식의 수용자가 아니라 문제 해결자·탐구자·연구자·반성적 사고자가 되어야 한다. 구성주의적 성서교육은 단순한 암기를 넘어 실천으로 이어지며, 내용과 관련된 다른 영역과 연결되며, 학습 내용을 학습자가 선정할 수 있으며, 함께 현실세계의 문제를 푸는 데 참여할수 있다.

## 2) 신학적 접근

성서교육에 대한 두 번째 접근은 신학적 접근이다. 월터 브루거만(Walter Brueggemann)은 성서교육의 모델로서 정경에 대해 말한다.10) 교회교육이 성서와 무관하게 진행되고 있다고 판단한 브루거만은 이 책에서 구약과 교육학 사이의 중재를 시도하고 있다. 그는 교육을 공동체를 다음 세대로 지속시키는 것과 관계가 있다고 본다. 구약은 세대를 지속시키고자 하는 공동체를 보여 준다. 그러므로 구약은 교육에 관심을 가져야 했다. 그는 정경 비평이 관심을 갖는 정경화 과정과 정경형태 그 자체가 신앙공동체의 고백적 행위로 본다. 그래서 정경은 내용과 과정 둘 다로서 교육의 실마리이다.

브루거만은 정경으로서의 성서에 나타난 세 종류의 지식과 세 가지의 권위 있는 직책을 제사장의 토라, 현자의 상담, 예언자의 말로 보고 이것들이 각각 보수적·비평적·인본적 교육방식과 관련이 있음을 말한다. 이와 연관된 교육의 세 가지 과제는, 토라는 공동체 에토스(ethos)의 진술, 즉 주어진, 그래서 새로운 세대 사이에서 타협 대상이 될 수 없는 공동체의 성격에 대한 규정적 진술이다. 예언서는 손 안에 있는 것과 약속된 것 사이의 분열과 마찰의 의미를 갖는 하나님과 이스라엘의 파토스(pathos)를 다룬다. 이 같은 마찰은 권력이나 세력에 의해 극복되지 않고 상처에 의해 극복된다는 신념을 표현한다. 성문서는 로고스(logos)에 대해 언급한다. 그것은 인생의 의미와 질서, 신념에 대해 말한다. 훌륭한 교육은 정경에서 보듯 에토스, 파토스 그리고 로고스를 함께 견지한 것이다.

다니엘 제이 이스테스(Daniel J. Estes) 역시 브루거만과 같은 동기를 갖고 있으나 잠언을 통해 교육의 원리를 찾는다.11) 이스테스는

---

10) Walter Brueggemann, *The Creative Word: Canon as a Model for Biblical Education*, 김도일·강성열 역, 『기독교 교육: 월터 브르거만의 창조적인 말씀을 통한』(서울: 한들, 1999).

11) Daniel J. Estes, *Hear, My Son, Teaching & Learning in Proverbs 1-9*(Grand

잠언의 일부분인 그러면서도 구별된 단위로 여겨지는 1~9장의 자료들을 보다 조직적인 교육이론으로 종합하려고 한다. 이스테스에 따르면, 잠언에서 교육은 '인성 형성'(personal formation)이다. 그는 이것을 일곱 가지 교육적 범주로 나누어 살핀다. 세계관, 가치, 목적(＝결과), 커리큘럼(＝내용), 교수(＝가르침, pedagogy), 교사와 학습자의 역할이 그것이다. 이 같은 연구의 기여는 교육을 밖으로부터 부여하는(imposed from without) 것이 아닌 성서 본문 안으로부터 끌어내려고(arising from the text) 한 점이다.

### 3) 교육적 접근

성서교육에 대한 세 번째 접근은 교육적 접근이다. 이 접근은 관심에 따라 몇 가지로 나뉜다. 첫째, 성서교육과 기독교교육의 관계에 대해서이다. 제임스 엠 리(James M. Lee)의 경우가 그렇다.[12] 리는 교육과 관련지어 성서에 대해 여섯 가지로 말한다. ① 성서는 본래 기독교교육을 위한 책이지 신학적 저술이 아니다. ② 성서는 기본적으로 종교적 체험의 표현이다. ③ 성서는 오늘날에도 우리에게 말씀하시는 살아 있는 책이다. ④ 성서교육이 신앙을 의도한다고 할 때 정서적 차원을 포함해야 한다. ⑤ 성서교육은 학습자의 구체적 실존 상황에서 그 발달을 고려해야 한다. ⑥ 성서교육은 다양한 커리큘럼을 통해 다양한 학습결과를 낳아야 한다.

둘째, 기독교교육적 차원에서 성서교육과 관련된 내용을 전체적으

---

Rapids: Eerdmans, 1997).

12) James M. Lee, "The Bible and Religious Education: Educational Guidelines", *Biblical Themes in Religious Education*(Birmingham, Alabama: Religious Education Press, 1983), 1-61.

로 다루는 경우이다. 이 경우 성서교육과 관련지어 그 목적, 내용, 방법, 교사, 학습자 그리고 역사 등을 다룬다. 이와 같은 성격의 연구에 이정효가 있다.13) 이 경우 기독교교육의 차원에서 성서교육이 아닌 성서를 다루는 연구와는 구별되어야 한다.14)

셋째, 성서교육의 원리와 실천에 대해서이다. 메리 씨 보이스(Mary C. Boys)와 토마스 에이치 그룸(Thomas H. Groome)의 경우가 그렇다. 그들은 성서연구의 원리와 교육을 도식적으로 제시한다.15) 즉 우리가 지닌 성서는 무엇인가? 성서를 지닌 우리는 누구인가? 그리고 성서로부터 우리가 배우는 방식은 무엇인지 묻고 그리하여 우리가 성서를 어떻게 가르칠 것인지를 묻는다. 그들에 따르면, 성서는 ① 고대의 다양한 문헌의 총서, ② 공동체의 삶과 신앙의 반성과 조망, ③ 고전, ④ 인간 언어로 된 하나님의 말씀, ⑤ 경전이다. 성서를 지닌 우리는 ① 시간, 계층, 문화, 신조, 성, 인종에서 고유한 특별한 사람, ② 복수적 세속 세계 출신, ③ 신앙공동체의 일원, ④ 성서소유자이면서 소유된 사람― 해석자이며 해석된 사람이다. 이와 같은 성격의 성서와 그것을 읽는 자로서의 인간을 전제로 한 교육 방식으로 두 가지 원리를 제시한다. 본문과 자아/세계에 대한 비평적

---

13) 이정효, 『현대 성서교육론: 이론과 실제』(서울: 성광문화사, 1996).

14) 예를 들어, Sara Little, *The Role of the Bible in Contemporary Christian Education* (Virginia: John Knox Press, 1961); Iris V. Cully, *Imparting the Word: The Bible in Christian Education*(Philadelphia: Westminster Press, 1962); Mary C. Boys, *Biblical Interpretation in Religious Education: A Study of the Kerygmatic Era*(Birmingham, AL: Religious Education Press, 1980); Charles F. Melchert, *Wise Teaching: Biblical Wisdom and Educational Ministry*, 송남순 역, 『지혜를 위한 교육』(서울: 한국장로교출판사, 2002); Iris V. Cully, *The Bible in Christian Education*, 김도일 역, 『성경과 기독교교육』(서울: 한국장로교출판사, 2004).

15) Mary C. Boys and Thomas H. Groome, "Principles and Pedagogy in Biblical Study", *Religious Education* 77:5(Sept.–Oct. 1982), 486–507.

읽기와 본문과 경험 사이의 상호성이 그것이다. 본문과 자아/세계를 비판적으로 읽기 위해, 본문에 대한 접근은 민감하게, 기대를 갖고, 상호적으로, 다른 사람, 즉 전문가들, 과거의 소리, '아래편'의 소리의 도움으로, 신자들의 공동체 안에서 읽혀야 한다. 자아/세계에 대한 접근은 우리의 상황, 우리의 관심과 욕구 그리고 우리의 세계를 고려해야 한다. 본문과 경험 사이의 상호성을 존중하기 위해서는 본문이 자아-이해를 묻도록 하고, 프락시스(praxis)의 근거가 되도록 상호적 질문을 허락해야 한다.

## 2. 내용

### 1) 성격과 중요도

성서교육과 관련된 내용에 대한 연구는 성서 세계의 문화와 현대 문화 사이의 간격에서 생겨나는 내용, 성서교육에서 다루어야 할 내용, 교육 내용인 성서의 본문 해석에 대한 내용 그리고 성서 내용들이 형상화된 커리큘럼의 평가에 대한 것들이 있다. 첫째, 성서가 고대 문헌이라는 사실로부터 그 낯섦에 대해 어떻게 현대인들이 반응해야 하는가 하는 문제가 있다. 성서는 오늘날의 독자가 이해하기 어려운 문화적 충격을 줄 수 있는 이상한 내용들로 가득하다(예를 들어, 창 38장; 레 14장; 렘 13장; 요 9:6; 고후 12:2; 계 5:6-7, 12:3, 13장, 17장 등). 성서의 문화와 현대 문화 사이의 갭은 교육에서 성서의 상관성에 의문을 제기토록 한다. 가부장제 옹호, 반유대주의, 노예제, 인간중심주의, 폭력 또는 비관용 등 성서 내용은 오늘날 대단히 부담스러운 것들이다. 그렇다고 성서의 난감한 문제들을 제외시킬 경우 온전한 성서공부를 보장하기 어렵다. 성서와 현대의 거리는 성서에 대한 관심의 감소와 성서를 기초로 하는 기독교교육의 기초를 위협한다. 이 지점에서 중요한 것은 성서를 어떤 관점에서 보느냐이다. 종래의 신학적 관점들은 성서를 협소하게 또는 왜곡시켰다. 과학적 근본주의를 포함한 근본주의는 자신의 의견 외에는 다른 입장들을 수용하지 않는 입장과 성구를 도덕적으로 사용하여 성구를 윤리화하는 입장들이 그렇다.

이와 같은 성서와 현대의 문화적 간격을 극복할 수 있는 방안은 두 가지이다. 하나는 우리가 현대적 시선으로 성서를 읽으면 안 된다는 것이다.[16) 그러니까 낯섦은 낯섦대로 인정해야 한다는 것이다. 낯선 성서 나라로의 여행을 위한 길을 찾는 데 도움을 주는 것은 우선은 지식이고, 이것이 변형으로 이어지도록 해야 한다는 것이다. 이를 위해 사용할 수 있는 방법들에는 노래, 치료, 재판 방식 등이 있다. 요점은 너무 많이, 필요 이상으로 어렵게 가르치지 말라는 것이다. 성서와 현대의 문화적 간격을 좁혀 줄 수 있는 다른 하나의 방안은 성서를 역동화하고 상호작용할 수 있도록 해 주는 미디어에서 찾아야 한다고 본다.[17) 또한 성서를 공동체 안에서의 하나님과 인간의 지속적인 대화에 대한 증언으로 보고, 계시를 성서의 정경화 이후 종결된 것으로서가 아니라 아직도 여전히 진행되는 것으로 보아야 한다는 것이다. 성서교육은 하나님이 설계한 미래의 건설에 사람

---

16) Carol M. Bechtel, "Teaching the 'Strange New World' of the Bible", *Interpretation* 56:4(Oct. 2002), 368 – 77.

17) Didier Pollefeyt and Reimund Bieringer, "The Role of the Bible in Religious Education Reconsidered: Risks and Challenges in Teaching the Bible", *International Journal of Practical Theology* 9:1(2005), 117 – 41.

들을 참여시킬 수 있도록 읽고 해석하는 데 있다.

성서교육과 관련된 내용에서 어떤 것을 가르쳐야 할지에 대한 연구가 있다. 성서교육에서 다루어야 할 핵심적 주제들에 대해서 다양한 의견들이 있을 수 있다. 조셉 에스 마리노(Joseph S. Marino)에 따르면,[18] 그것들은 하나님 발견(주님을 발견하기), 신앙(주님과 걷기), 기도(주님과 있기), 제자직(주님 따르기), 정의(주님 나타내기), 죄(주님 배반), 화해(주님 안에서의 회복)이다.

2) 해석학

성서교육에서 다루어질 내용은 해석이 요구된다. 성서교육은 과거 성서 본문을 오늘날 우리들의 삶과 연결시키는 과제를 갖는다. 이 경우 성서 본문에 비중을 두는 경우와 삶의 문맥에 비중을 두는 경우로 나뉜다. 월터 윙크(Walter Wink)의 변증법적 해석학은[19] 처음에 성서 본문을 그 자체로 보지 못하게 하는 선입견을 부정하면서 비평적 물음을 제기하며 성서로부터 듣는 행위와 삶을 본문과의 대화를 통해 형성된 안목으로 바라보는 행위로 이어지는데, 이는 본문에 비중을 두는 해석학이라 할 수 있다.

그러나 엘리자베스 에이 프리크버그(Elizabeth A. Frykberg)는 오히려, 윙크의 해석학을 칼 지 융(Carl G. Jung)의 심리학을 원용한 전적인 인간적 작업으로 본다. 그러면서 그녀는 칼 바르트(Karl Barth) 신학의 입장에서, 그리스도를 만나려는 욕망을 지닌 독자가 성서 본문에서 그리스도를 만나 자신의 세계를 부정하고 재건하여

---

18) Joseph S. Marino, ed., *Biblical Themes in Religious Education*(Birmingham, AL: Religious Education Press, 1983).

19) Walter Wink, *Transforming Bible Study*(Nashville: Abingdon Press, 1980).

그리스도와의 지속적인 만남을 유지한다는 '변형된 변증법적 해석학'(Transformed Dialectical Hermeneutic)을 제안한다.[20]

로버트 엘 콘라드(Robert L. Conrad)의 경우에는 삶의 문맥에 비중을 두는 입장이다. 그는 성서 본문과 연결되는 삶의 고리를 '갈등'(conflicts)에서 찾는다.[21] 이 갈등의 모델은 학습자의 갈등을 확인하고 성서의 갈등을 소개하는 첫 단계로부터 갈등에 대해서 묵상(silence and meditation)을 통해 새로운 통찰을 얻는 단계를 거쳐 학습공동체 안에서 그 통찰을 해석하는 단계로 이어진다.

에른스트 헤스(Ernest Hess)의 경우는 독자의 삶의 문맥을 더 적극적으로 인정한다.[22] 그는 일반적으로 해석학에서 배제해야 할 편견을 '해석학적 원' 밖에 위치한 것으로서가 아니라 그 원의 일부로 여긴다. 이에 따라 헤스의 성서해석의 과정은 다섯 단계로 진행된다. 1단계: 우리의 편견에 참여하기 - 우리가 있는 곳에서 출발하기, 2단계: 성서 본문과의 만남을 통해 우리의 지평을 넓히기 - 본문이 말하게 하기, 3단계: 타자와의 만남을 통해 우리의 지평을 넓히기, 4단계: 대화 행위에 편견의 모험하기, 5단계: '지평의 융합' - 현재에 적용하기이다.[23]

존 디 보겔상(John D. Vogelsang)의 경우는 성서와 삶에 대해 같은 비중을 둔다.[24] 그는 마틴 부버(Martin Buber)에게서 차용한 '재

---

20) Elizabeth A. Frykberg, "Transforming Bible Study Transformed", *Religious Education* 88:2(Spring 1993), 182-89.

21) Robert L. Conrad, "A Hermeneutic for Christian Education", *Religious Education* 81:3(Summer 1986), 395-400.

22) Ernest Hess, "Practical Biblical Interpretation", *Religious Education* 88:2(Spring 1993), 190-210.

23) Hess, "Practical Biblical Interpretation", 194-209.

간'(reconstruction)의 개념[25] 아래, 전통적 방법과 양식비평(form criticism), 정경비평(canonical criticism), 문학비평(literary criticism), 한스 - 게오르그 가다머(Hans - Georg Gadamer)의 회복의 해석학(hermeneutics of recovery), 여성론자와 해방신학의 의심의 해석학(hermeneutics of suspicion), 해체주의(deconstructionism)에 이르는 방법들을 종합한다. 그는 해석학적 원의 세 가지 요소를 우리의 이야기(our story) - 그 이야기(the story) - 역사 안에서 전개되는 그 이야기(the story unfolding in history)로 본다. 여기서 그 이야기는 본문을 듣는 단계로, 여기서 역사적 · 문학적 · 전통적 그리고 이데올로기적이라는 네 가지 복수적 문맥이 고려된다.

### 3) 커리큘럼

성서의 교육 내용을 커리큘럼의 관점에서 본 연구들이 있다. 그것들은 커리큘럼의 원리와 평가에 대한 것이다. 알렉스 싱클레어(Alex Sinclair)는 학문적 연구와 영적 양육 사이, 교육에서 지적 차원과 정서적 차원 간의 긴장을 해결할 수 있는 커리큘럼을 제시하려고 한다.[26] 이를 해결하기 위해 조셉 슈왑(Joseph Schwab)의 분석 도구를 사용해서 성서학자 제프리 티가이(Jeffrey Tigay)와 야이르 자코비치(Yair Zakovitch)의 탐구 원리를 분석한다. 티가이는 성서를 구성하는 단위 자료들의 배후에 의미 단위가 있다고 보고 분석을 통해

---

24) John D. Vogelsang, "A Hermeneutics of Reconstruction", *Religious Education* 88:2(Spring 1993), 167 - 77.

25) Martin Buber, *Paths in Utopia*(New York: Collier Books, 1949), 27.

26) Alex Sinclair, "A Dialogical Approach to Critical Bible Study: The Use of Schwabian Deliberation to Integrate the Work of Bible Scholars with Educational Philosophy", *Religious Education* 99:1(Spring 2004), 107 - 24.

전체를 이해하고자 하는 원자환원 원리(atomic reductive principles)를 보여 준다. 내용을 구성요소로 쪼개어 전체와 분리시켜 분석하지 않고는 이해가 어렵다는 것이다. 반면에 자코비치는 성서의 구절은 전체로서의 성서 경전이라는 프리즘을 통해 읽어야 한다고 한다. 즉 어떤 내용은 보다 넓은 문맥 안에서 이해되어야 한다는 것이다. 티가이와 자코비치의 주장은 동일한 내용에 대해 어떻게 상이한 해석이나 접근이 가능한지를 보여 주지만, 이 두 사람은 모두 해석을 본문의 의미, 즉 저자의 의도를 추론하는 것으로 여기는 에릭 디 히르쉬, 주니어(Eric D. Hirsch, Jr.)적 입장에 서 있다.27) 여기서 싱클레어는 커리큘럼을 위해서는 독자와 본문의 대화를 중요시하는 가다머의 해석학을 내세운다. 슈왑의 논리를 따라 그 상이성이 절충되어야 한다고 보고, 이것을 위해 스티븐 켑네스(Steven Kepnes), 부버 그리고 가다머의 주장을 원용한다. 이들에 의하면 본문의 의미는 그 본문의 역사적 지평을 철저히 고려함으로부터 나온다는 것이다. 본문의 타자성을 인정하고 대화할 때 그 본문에 의해 독자가 변화되며 새로운 의미가 생성된다는 것이다. 본래 의미와 저작을 이용해 본문에 대한 대화적·해석학적 접근과 병합한다. 그리하여 커리큘럼 작성이 부분과 전체가 대화하는 방향에 기여코자 한다.

성서교육에서 커리큘럼의 원리에 이어 커리큘럼 평가에 대한 연구가 있다. 파멜라 엠 렉(Pamela M. Legg)은 그 척도를 적어도 세 가지로 말한다. ① 성서에 대한 신학적 입장, ② 성서비평의 방법 그리고 ③ 교육적 접근이다.28) 이와 같은 갈래에 따라 성서연구 교재

---

27) Eric D. Hirsch, Jr., *Validity in Interpretation*(New Haven, CT: Yale University Press, 1967), 10, 25.

를 판단하는 11가지 기준을 언급하고 있다. 성서에 대한 신학적 입장과 관련해서는 ① 어느 측면에서 성서를 권위 있다고 보는가? 즉 교리냐, 역사 기록이냐 등, ② 왜 성서가 권위가 있느냐? 그것이 하나님의 말씀이어서인가? 논리적이어서인가? 아니면 인간의 필요를 채울 수 있기 때문인가? ③ 성서의 말씀을 어떻게 보는가? 즉 명령으로 보는가? 설득으로 보는가? 아니면 제안으로 보는가? ④ 성서를 참여자들의 삶과 어떻게 연관 짓는가? 성서비평의 방법과 연관해서는 ① 성서연구 교재의 저자가 주로 사용하는 성서비평 방법, ② 교재를 공부하면서 교사나 학습자가 사용하는 성서비평 방법 그리고 교육적 접근과 관련해서는 ① 성서연구의 목적이 무엇인지? ② 성서공부의 상황, 즉 누구를 대상으로 얼마나 등 ③ 성서연구에서 다루는 특정 내용은 무엇인가? ④ 교수-학습의 성격, ⑤ 성서연구 교재의 구성 등이다. 이와 같은 기준을 근거로 한 예로, 케리그마(Kerygma)와 디사이플(Disciple) 교재를 평가한다. 전자는 보다 학문적이며 성서연구 기술과 비평적 해석학에 비중을 두는 데 비해, 후자는 성서 본문에 대한 비평적 연구를 포함하고 있지만 그보다는 인격적 반응에 더 비중을 두고 있기 때문에, 영적인 훈련을 위해 적절하다.

## 3. 방법

성서의 내용을 가르치기 위한 방법에는 먼저, 다양한 학문들의 연구 결과들을 동원하는 방식이 있다.[29] 존 엠 브라케(John M. Bracke)

---

28) Pamela M. Legg, "Understanding Bible Study Curricula: Theology, Hermeneutics, and Education in the Congregation", *Interpretation* 56:4(Oct. 2002), 399.

와 카렌 비 타이(Karen B. Tye)가 그런 경우이다.30) 교육이론과 성서 해석은 기본이고, 신경학, 문화연구의 결과들이 반영되고 있다. 학습 과정에서 두뇌의 역할은 학습이 어떻게 발생하는지 그 과정을 알려 주는 단서가 된다. 또한 그들은 감정에 대한 주의를 기울인다. 지식을 주기보다 변형을 가져오는 성서교육은 의도적으로 주의 깊게 학습의 장면에 감정을 초대해야 한다. 감정이 주의를 끌며, 주의는 학습과 기억에 결정적이기 때문이다.31) 성서를 읽고 공부한다는 것은 문화들의 만남이고 그것들의 상호 이해 과정이라 할 수 있다. 교사와 학습자의 문화적 배경이 다르며, 그들은 성서 본문의 문화층과 현격히 구별된다. 성서 본문의 다양한 의미층은 거기에 참여하는 자들이 자신의 문화적 편견을 인식하고 성서의 문화 안으로 들어가, 그 관점으로부터 그 세계를 보고 이해할 때 드러날 가능성이 높아진다.32)

성서의 내용을 가르치기 위한 해석학적 방법이 있다. 브루거만에 따르면,33) 역사-비평 방법은 본문 자체에 대한 주의보다 본문에 관한 자료들에 초점을 맞추기 때문에 비전문가가 소유하기는 어려운 방법이다. 반면에 사회학적 비평과 수사학적 비평은 비전문가가 성서 본문에 접근하도록 하는 비평이다. 그가 말하는 주석 방법의 세 단계는 ① 어떤 말이 어디에 있으며 그것들이 어떤 세계를 창조하기

---

29) 예를 들어, 성서가 인간심리에 대해 말하는 바를 들으려는 성서심리학이 있다. Jeffrey H. Boyd, "Biblical Psychology: A Creative Way to Apply the Whole Bible to Understanding Human Psychology", *Trinity Journal* 21:1(Spring 2000), 3-16.

30) John M. Bracke and Karen B. Tye, *Teaching the Bible in the Church*(St Louis: Chalice Press, 2003).

31) Bracke and Tye, *Teaching the Bible in the Church*, 40-41.

32) Bracke and Tye, *Teaching the Bible in the Church*, 86.

33) Walter Brueggemann, "That the World may be Redescribed", *Interpretation* 56:4(Oct. 2002), 359-67.

위해 함께 어떻게 기능하는지 하는 수사학적 분석하기(the force of imagination), ② 수사학적 분석에서 중요하게 등장하는 단어에 초점을 맞추면서 하는 단어 연구(the hosting of intertextuality), ③ 점유된 가치가 무엇인가 묻기(the pondering of ideology)이다.

루크 티 존슨(Luke T. Johnson)은 교회에 한 번도 참석한 적이 없는 사람 등 180여 명에게 신약을 가르친 경험을 기술한다.34) 부활의 경험보다 복음서 자료 해석에 관심을 갖는 역사-비평 방법은 이들의 삶의 경험과 해결에 도움이 안 된다. 그러므로 새로운 성서비평이 요구된다. 저자는 먼저 비평에의 참여와 출발선을 정하기 위해 참가자의 사회적 배경을 반성토록 했다. 다음으로 성서 본문의 네 차원, 즉 인간학적·역사적·문학적 그리고 종교적 차원을 검토하게 했다. 이것을 파악하게 하는 모델을 그는 경험/해석 모델이라고 했다. 이 모델은 세 가지 상호 연관된 단계들이 필요하다. 그것들은 ① 참가자들이 공유하는 상징 세계의 형성, ② 그 세계의 재해석을 낳은 경험과 신념, ③ 그 재해석을 포함하는 문헌 수집 등이다. 이 같은 과정을 통해 참여자들은 신약을 인간 경험과 해석 과정으로 보게 된다. 물론 자기 자신의 삶에 대해서도 생각하는 법을 배우게 된다.

로렌스 오 리처즈(Lawrence O. Richards)에게 성서는 계시된 실재(reality)로서, 반드시 인격적으로 경험되고 성육신적으로 내면화되어야 할 살아 있는 진리이다. 인간은 성서를 통해 하나님 계시의 말씀을 들을 수 있으며, 하나님의 말씀에 응답하는 신앙을 통하여 진리의 실체를 경험할 수 있으며, 결국에는 하나님 진리와의 완전한

---

34) Luke T. Johnson, "The New Testament and the Examined Life: Thoughts on Teaching", *The Christian Century* 112:4(Feb. 1, 1995), 108-11.

조화를 이루어 진정한 자유인이 될 수 있다. 즉 성서는 성육신적으로 신자들 안에 인격화되어서 생활화되어야 한다.35) 리처즈는 말씀이 신자들 가운데 육화하기 위한 구체적인 교수-학습의 단계들을 말한다. ① 관찰(observation): 성경의 본문이 쓰일 당시에 그 본문이 의미하는 바가 무엇이었는지를 살피는 단계, ② 해석(interpretation): 본문의 의미를 분명히 하기 위한 귀납적 추론의 단계, ③ 일반화(generalization): 본문이 말하는 의미의 큰 갈래를 정리하는 단계, ④ 적용(application): 독자에게 주는 성서의 의미를 연역적·개별적으로 적용하는 단계, ⑤ 이행(implementation): 독자의 변화를 위한 내용을 찾아 적용하고 실천하는 단계이다.

성서 이야기 교수에 대한 방법 제안이 있다. 케이 헬무트 라이히 (K. Helmut Reich)에 따르면,36) 선지자 나단(삼하 12:1-15)과 세례 요한(막 6:16-28)은 각각 왕의 잘못을 책망해야 하는 과제를 가졌다. 나단은 성공하고 요한은 실패했다. 차이는 나단은 두 가지 단계, ① 위협적이지 않은 그러면서도 의도를 벗어나지 않는 흥미 있는 이야기를 하고, ② 그 내용의 의미를 바로 말했지만, 이와 대조적으로 요한은 직접적인 접근을 취해서 염려와 두려움을 일으키고 결국에 실패했다. 이것을 창세기 이야기 교육에 폭넓게 적용할 수 있다는 것이다. 이와 같은 접근에 들어 있는 요소를 관계·문맥적 추론(relational and contextual reasoning)이라고 한다.

기존의 성서교육 방법을 새로운 시각으로 보는 연구가 있다. 성서

---

35) Lawrence O. Richards and Gary J. Bredfeldt, *Creative Bible Teaching*, rev. ed.(Chicago: The Moody Bible Institute, 1998), 47-89.

36) K. Helmut Reich, "Teaching Genesis: A Present-day Approach Inspired by the Prophet Nathan", *Zygon* 38:3(Sept. 2003), 633-41.

암기가 그것인데, 그것이 동기에 의해 자극받아야 한다고 본다. 동기에는 내적 동기와 외적 동기가 있는데 내적 동기는 활동에 있는 가치로부터 외적 동기는 활동과는 분리된 동기이다. 스코티 매이(Scottie May)는 암기와 기계적 학습을 구별한다.37) 기계적 학습이 내용의 기억이나 낭송과 동일하다 볼 수 있지만, 암기는 다르다는 것이다. 그것은 마치 음식을 먹고 소화시켜 자기 것으로 하는 것과 유사하다. 그것은 읽은 것을 암기하고 그것을 자신의 체험으로 변화시키는 '메디타치오'(meditatio)와 같다. 암기를 위한 구체적인 권장 내용을 여러 가지 언급한 후에 매이는 레프 비고츠키(Lev Vygotsky)의 인지 발달 이론에 나오는 '근접 발달지대'(the zone of proximal development) 라는 내용으로부터, 아동은 성경을 읽는 공동체에서 성공적인 성서 읽기를 할 수 있으며 암기한 성서 구절을 함께 나눔으로써 그 의미를 이해하고 적용할 수 있어서 학습의 질과 내면화를 이룰 수 있다고 보았다.

흔히 교육에서 사용되는 시청각은 성서교육에서도 긍정적이다. 다중매체가 성서교육에 시사하는 점에 대해 캐슬린 에이 파머(Kathleen A. Farmer)와 러셀 더블유 달튼(Russell W. Dalton)은 다음과 같이 말한다. ① 학습자에게 친숙한 언어 사용, ② 정서적 차원 고려, ③ 상징적 차원에서 능동적·상상적 참여 권장, ④ 모호성과 다중적 가치에 노출하기이다.38)

---

37) Scottie May, "A Look at the Effects of Extrinsic Motivation on the Internalization of Biblical Truth", *Christian Education Journal* 7:1(Spring 2003), 47.

38) Farmer and Dalton, "Using Multimedia Resources in Teaching the Bible", 392-97.

## 4. 교사

성서교육에서 교사에 대한 언급이 있다.39) 성서교육에서 일반적으로 교사는 성서해석자이다. 링크는 성서교육을 할 때 고려할 요건 중의 하나를 인간적 문맥의 고려라고 한다. 가르치는 자는 인간으로서 인간 세상에서 인간 학습자와 만난다. 성서는 세계를 포함한 이 인간적 차원에 관심을 갖는다. 그는 성경을 숙고할 수 있는 세 가지 모델을 제시한다. 첫째, 고대 유대 모델이다. 이 모델에서는 성서의 의미는 문자적(peschat) · 제안적(remaz) · 개인적(derush) 그리고 상징적 의미(sod)이다. 마가복음 4:35-41의 폭풍 만난 제자 기사를 통해 보면 문자적 의미는 있는 그대로의 사실을, 제안적 의미는 태풍을 잠잠케 하시는 예수는 누구인가이다. 개인적 의미는 폭풍 같은 어려움 속에 사는 성서 독자에게 주는 의미이다. 상징적 의미는 박해당하는 초기 교회 신자들이 자신들의 상황을 풍랑 속의 배로 생각하는 식이다. 두 번째 모델은 고대 기독교 모델이다. 이 모델에는 네 가지 접근을 포함한다. 첫째, 복음 선포를 뜻하는 케리그마이다. 둘째, 가르침을 뜻하는 디다케, 셋째, 권면을 뜻하는 파라클레시스 그리고 복음을 삶에 적용하는 것을 의미하는 호밀리아이다. 성서는 신앙에의 초대로서 그와 같은 의도로 나누어져야 할 것을 말한다. 세 번째 모델은 그가 경험한 현장 모델이다. 이 모델에는 세 가지 단계가 있다. 첫 번째는 정보적 단계로 주로 사실이나 진리의 전달 정신에 대해 전한다. 접근은 객관적이고 비인격적이다. 이 단계에서 교사는 과학자적 역할을 한다. 두 번째 단계는 변형적 단계이다. 영혼을

---

39) Mark Link, S. J. and Lawrence Richards, "The Teacher as Interpreter of the Bible", *Religious Education* 77:5(Sept.-Oct. 1982), 508-17.

향하여 상호 주관적이거나 상호 인격적인 접근을 한다. 여기서 교사는 선지자적 역할을 한다. 세 번째 단계는 신앙적 단계이다. 이것은 성령이 이끄시도록 하는 단계이다.

링크에 이어, 리처즈는 신앙이 성서로부터 기인한다고 말하면서, 그것은 구체적으로 신앙공동체 안에서 성장되며, 성경은 언제나 삶과 연관 있음을 신명기 6장 쉐마(Shema)를 통해 말한다. 성경은 인생의 주요한 주제들에 대해 말하는 책이며, 이 같은 성서의 주요 개념들은 인지적 차원 외에 경험적으로 학습될 수 있다고 말한다.

## 5. 학습자

### 1) 아동

성서교육을 위한 준비성에 대한 연구가 있다. 다니엘 에이 차니(Daniel A. Csanyi)는 로널드 골드만(Ronald Goldman)이 장 피아제(Jean Piget)의 인지발달에 근거해서 아동기의 성서교육에 대해 부정적인 점에 이의를 제기한다.[40] 성서가 성인을 위해 성인에 의해 기록된 것은 사실이지만 제임스 더블유 파울러(James W. Fowler)에 따르면, 아동기의 신화적·문자적 단계가 성서 내용을 글자대로 신화적으로 받아들여 왜곡가능성이 있음에도 불구하고 그와 같은 난점들은 거치고 지나가야 할 것들로 본다. 신앙의 발달에서 도약은 없으며 다음 단계로의 발달은 현 단계의 어려움을 통과해야 하기 때문이다.

성서를 아동이 읽어도 되는가? 즉 성서는 단순하지 않으며 보는

---

40) Daniel A. Csanyi, "Faith Development and the Age of Readiness for the Bible", *Religious Education* 77:5(Sept. – Oct. 1982), 518 – 24.

시각에 따라 그 성격이 상이하기 때문이다. 프랜시스 랜디(Francis Landy)는 성서 안에는 아동에게 부적절한 내용이 있는 것이 사실이지만 이것들은 Winnicott이 어머니와 유아 사이의 중간 지역인 놀이 공간(play space)에서 걸러질 수 있다.[41] 아동은 성인이 생각하는 바와 다르게 성서와 만날 수 있다. 아동이 원하는 성서 이야기가 주어질 때, 성서 안에 나타난 미추, 선악의 갈등은 서로를 변형시킨다는 것이 글쓴이의 주장이다.[42]

## 2) 청소년

성서 읽기와 중독성 음식 사용과의 관계에 대한 연구도 있다.[43] 연구에 따르면 성서를 읽는 학생이 마약 사용에 부정적인 것으로 나타났다. 교회에 출석하는 신자나 하지 않는 신자보다 성경을 읽는 학생이 마약에 대해 더욱 부정적이었다. 성경 읽기는 학생들의 몸뿐만 아니라 영혼에도 좋은 영향을 준다고 볼 수 있다.

## 3) 성인

크리스틴 이 블레어(Christine E. Blair)는 성서연구의 목적(회심, 하나님의 백성으로서의 자기 정체성 형성, 신앙의 실천 그리고 거룩한 생활 속에서 영적 성장)에 맞추어 성인성서 연구 모델을 5가지 무브먼트(movement)로 소개한다.[44] 기억하기(remembering) - 본문

---

41) Donald W. Winnicott, *Playing and Reality*(London: Tavistock, 1971).

42) Francis Landy, "Do We Want Our Children to Read This Book?", *Semeia* 77 (1997), 157 - 86.

43) Leslie J. Francis, "The Relationship between Bible Reading and Attitude toward Substance Use among 13 - 15 Year Olds", *Religious Education* 97:1(Winter 2002), 44 - 60.

44) Christine E. Blair, *The Art of Teaching the Bible: A Practical Guide for Adults*

재고하기(revisiting the text) - 비판적으로 반성하기(reflecting critically) - 재해석하기(reinterpreting) - 반응하기(responding)이다.

블레어에 따르면, 성인이 본문을 듣고 그것을 삶에 연결시키도록 하는 데 목적을 가진 성서교육은 네 가지 문제에 직면한다. ① 성서에 대한 무지, 따라서 어떻게 동기를 부여하며 성서를 알도록 할 수 있는가? ② 교수 방법, 따라서 어떻게 효과적으로 가르칠 수 있는가? ③ 해석, 따라서 성인들이 혼자 힘으로 성서 본문을 해석하기 위해 어떻게 현대적 도구와 신학적 원리들을 사용하도록 할 수 있는가? ④ 커리큘럼, 따라서 교재들을 어떻게 평가하며 좋은 교재에 어떻게 접근할 수 있는가? 이 같은 문제들의 해결책을 구체적으로 제안한다. 동기 문제에 있어서는 설교를 생활과 연결시켜 보도록 권장하며 그 본문을 다시 읽어 볼 것을 권한다. 말씀과 생활의 통합을 위해 블레어가 제안하는 것은 네 가지이다. ① 이야기하기와 훈련된 상상력, ② 비판적 - 분석적 성찰, ③ 의식과 목회를 통한 행동 등이다.

## 4) 노인

데니스 디 맥스웰(Dennis D. Maxwell)에 의한 60세 이상 노인 287명의 성경공부 참여와 신앙 성숙도의 관계에 대한 연구에 따르면,[45] 교회에 출석하지만 성경 공부에 참여하지 않는 사람보다 참여하는 사람이 신앙의 성숙도에서 평점이 높은 것으로 나타났다. 이것은 그룹 성서연구에 참여하는 정도와 신앙성숙도 간의 유의미한 관계를 말해 주는 것이다. 맥스웰은 신앙을 "하나님과의 경험적 관계

---

(Louisville: Geneva Press, 2001).

45) Dennis D. Maxwell, "Group Bible Study and Faith Maturity in Older Adults", *Religious Education*; 93:4(Fall 1998), 403 - 12.

에 근거한 가치관과 행위 그리고 삶의 정황에 대한 반응에 반영된 일련의 태도"로 정의한다. 평가도구는 피터 엘 벤슨(Peter L. Benson) 과 캐롤린 에이치 에크린(Carolyn H. Eklin)에 의해 개발된 신앙성숙 지표(the Mature Faith Index)[46])에 따른 것으로 성숙한 신앙을 나타 내는 8개의 핵심 차원에 근거한 38개 항목이다. 8개의 핵심항목은 ① 하나님의 구원의 은혜와 예수의 인성과 신성, ② 건강, 안전, 평화감, ③ 신앙과 삶의 통합, ④ 영적 성장 추구, ⑤ 신앙공동체 일원으로서의 역할, ⑥ 삶의 문제들에 대한 분명한 가치 소유, ⑦ 사회적 정의 옹호, ⑧ 봉사 등이다.

## Ⅲ. 나가는 글: 전망과 과제

앞에서 소개했던 성서교육의 동향을 바탕으로 성서교육에 대한 전망을 해 보자. 여기서 전망은 이 글이 교회라는 장을 전제로 한 것이기 때문에 교회와 다양한 환경 변화 사이의 관계 변수에 좌우될 것이다. 첫째, 현대 사회의 특성을 정보화·세계화 그리고 포스트모던이라고 한다면 앞에서 살펴본 성서교육연구들은 이 같은 내용들을 취급하는 데 인색했다. 따라서 앞으로의 성서교육연구는 사회의 특성과 조건들을 충분히 배려하는 데 관심을 기울여야 할 것이다. 둘째, 학문교류적 연구이다. 종래의 성서교육연구는 주로 사변적 성경이었다. 성서교육은 그 말에서 보듯 '교육'이고, 교육은 '인간'을 대

---

46) Peter L. Benson and Carolyn H. Eklin, *Effective Christian Education: A National Study of Protestant Congregations - A Summary Report on Faith, Loyalty, and Congregational Life*(Minneapolis: Search Institute, 1990).

상으로 처방되는 것이기 때문에 사변적 이론이 아닌 과학적·객관적 이론을 수용하여 응용할 필요가 있다. 셋째, 통합적 연구이다. 앞에서 살펴본 성서교육연구는 교육의 범주 차원에서 주로 범주만을 다루고 있다. 이것은 논문 작성의 관행이나 현실상 그럴 수밖에 없을 수 있다. 그렇더라도 논의 주제를 중심으로 관련된 내용들을 최소한이더라도 연결 지을 때, 성서교육의 전체적 조망이 드러날 것이다. 예컨대 은준관에 따르면, 성서교육은 "하나님 말씀을 '아는 것', 그 뜻을 올바로 '해석하는 것', 신앙적으로 '응답하는 것' 그리고 삶에 있어서 실제의 행동으로 '증거하는 것', 이 네 가지 차원이 서로 연계성을 가져야 한다."[47] 넷째, 성서교육의 인격성에 대한 연구이다. 성서교육에서 이 인격성이 결여될 때 교사와 학습자 사이에 소외가 발생한다. 이 인격성은 교사와 학습자뿐만 아니라 교사와 교육 내용의 경우에도 해당된다. 즉 교사와 교육 내용이 분리될 때 그것은 교사와 학습자의 분리로 이어진다는 것이다. 따라서 인격성을 전제로 한 도제적 차원에서의 성서교육연구가 필요하다. 다섯째, 교육목회적 관점에서의 성서교육연구이다. 종래의 성서교육연구는 교회교육사역의 한 부분으로 연구되어 왔다. 이런 방식의 연구는 그 심도에도 불구하고 성서연구의 정당한 장인 신앙공동체와는 무관할 수밖에 없다. 성서교육 목적은 개인의 신앙성숙을 넘어 신앙공동체의 성숙에 기여해야 한다. 따라서 앞으로의 성서교육연구는 신앙공동체와의 관계에 대한 서술뿐만 아니라 그 둘이 어떻게 유기적으로 결합될 수 있는지를 탐구해야 할 것이다.

---

47) 은준관, "한국교회와 성서교육", 김진홍 편 『한국을 성서 위에: 두레농민선교훈련원 개관기념 강연집』(대구: 도서출판 두레마을, 1989), 87 - 143.

교육목회적 차원에서의 성서교육은 필히 성서교육의 형태와 관련될 터이다. 교회에서의 성서교육 형태는 장과 교육 대상을 중심으로 해서 크게 나누어 교회학교와 성인들로 나눌 수 있을 것이다. 성서교육이 교회학교에서는 주로 부별로 행해지고 있으며, 성인들의 경우에는 수요예배 등을 통한 강해, 직분자, 새신자 등 특정 대상을 위한 교육, 양육과 사역을 위한 교육 등이 있다. 이에 대한 연구 역시 앞으로의 성서교육 과제가 될 것이다.

# 성서교육의 목적

## Ⅰ. 들어가는 글

큰 소리로 선포되어 우리의 삶에 영향을 미쳐야 할 성서가 침묵하고 있다. 일찍이 제임스 디 스마트(James D. Smart)는 성서가 오늘날 교회 안에서 그리고 기독교인들의 의식 속에서 침묵을 당하고 있다고 보면서 이런 현실은 기독교의 장래를 위태롭게 하는 모든 위기들의 토대가 된다고 지적하였다.[1] 성서에 대한 침묵은 무엇보다 성서를 왜 읽어야 하는지에 대한 목적 상실로부터 비롯된 것이다.

성서를 가르치는 목적은 무엇인가? 이에 대해 여러 사람이 여러 의견을 말했다. 파멜라 엠 렉(Pamela M. Legg)에 따르면, 성서교육 목적은 성서 내용에 대한 지식 습득, 성서 진리의 삶 적용 그리고 성서 본문에서 살아계신 하나님 만나기 등이며,[2] 크리스틴 이 블레어(Christine E. Blair)에 따르면, 회심, 하나님의 백성으로서의 자기 정체성 형성, 신앙의 실천 그리고 거룩한 생활 속에서 영적 성장 등

---

1) James D. Smart, *The Strange Silence of the Bible in the Church*, 김득중 역, 『왜 성서가 교회 안에서 침묵을 지키는가: 성서해석학』(서울: 컨콜디아사, 1982).

2) Pamela M. Legg, "Understanding Bible Study Curricula: Theology, Hermeneutics, and Education in the Congregation", *Interpretation* 56:4(Oct. 2002), 399.

이다.[3] 존 엠 브라케(John M. Bracke)와 카렌 비 타이(Karen B. Tye)는 성서교육 목적을 성서와 교육에 동일한 비중을 두면서, 정보적(informative)이라기보다는 변형적(transformative)으로 본다.[4]

이처럼 다양한 성서교육 목적들이 나오게 된 까닭 중에 하나는 목적에 여러 차원이 있기 때문이다. 성서교육 목적을 차원 면에서 검토할 때, 기존의 의견들을 포함하면서 아직 언급되지 않은 내용도 드러날 수 있을 것이다. 여기서는 다양하게 있을 성서교육 목적 차원들을, 중복을 피해 가면서 살펴볼 것이다. 그리고 이와 같은 차원들을 종합적으로 정리하여 마지막 부분에서 성서교육 목적을 제시하기로 한다.

## II. 성서교육 목적의 차원들

일반적으로 목적에는 두 가지 차원이 있다. 하나는 외재적 차원이고, 다른 하나는 내재적 차원이다. 그러나 여기서는 이에 더해서 개인적 차원, 사회적 차원, 학습자 차원 그리고 성서적 차원을 살펴볼 것이다.

### 1. 성서교육의 외재적 차원

목적의 외재적 차원은 '성서의 내용을 알기 위해서'와 같이 무엇

---

3) Christine E. Blair, *The Art of Teaching the Bible: A Practical Guide for Adults* (Louisville: Geneva Press, 2001).

4) John M. Bracke and Karen B. Tye, *Teaching the Bible in the Church*(St. Louis: Chalice Press, 2003).

을 위해 어떤 것을 하는 것이다. 이와 같은 의미에서의 성서교육 목적으로는 여러 가지를 들 수 있을 것이다. 첫째, 성서 내용을 알기 위해서이다. 성서는 인류의 유산이기 때문이다. 그리스도인이 아니더라도 성서는 인간 정신에 양식이 되는 위대한 책이다.[5] 성서 내용은 인류 문화를 지배해 왔다. 서구 유럽문명은 헬라이즘과 헤브라이즘의 양대 원류로 형성되어 왔다. 성서를 살아 있는 하나님의 말씀으로 읽지 않고 마음의 양식으로 읽는 자세는 지적인 독서라고 할 수 있다. 이로 인해 얻게 되는 지식은 인식 행위의 범주 중에서 가장 낮은 단계이다. 그럼에도 이와 같은 독서에도 장점이 있으니 그것은 성서를 전체적으로 읽는다는 점이다. 이와 같은 독서에서는 취사선택을 하려고 해도 중요도에 따른 선별 능력이 없기 때문에 그럴 수가 없다.

둘째, 성서는 구원의 도를 가르쳐 주기 때문이다. 인간은 본성적으로 구원을 갈망한다. 그리하여 구원의 길을 찾아 헤맨다. 인류의 정신문화는 모두 이 구원이라는 주제를 향해 있다고 해도 과언이 아닐 것이다. 그 구원에 대해 성서가 제시한다. 성서는 하나님의 위대한 구원 행위에 대해 증언하고 있다는 것이다. 성서의 하나님은 구원의 하나님이다. 그러나 그 구원은 오래전 낡은 과거의 구원이 아니다. 그 구원은 오늘날도 여전히 유효한 구원이다. 과거 하나님의 구원 행위는 현재에 계속 이어지는 구원 행위이다. 그래서 성서는 아직도 여전히 구원의 책이다.

셋째, 그리스도인이라면 그 종교의 경전인 성서를 당연히 알아야 한다. 그 내용과 규례, 의식 등을 알기 위해서 그렇게 해야 한다. 경

---

5) 이런 차원에서의 성서교육은 일반학교에서 문학과 관련된 성서 수업이다.

전은 그 종교의 정체성을 담지하고 있으며 그것이 그 종교를 신봉하는 자들의 정체성을 형성한다.

## 2. 성서교육의 내재적 차원

목적의 또 하나의 일반적 차원인 내재적 차원은 다른 무엇을 위한 것이 아니라 '그것 자체를 위해서' 하는 것이다. 성서교육의 경우를 예로 들면, 성서를 가르치는 그것 자체에 목적이 있는 경우이다. 물론 그 경우에 학습자의 편에서 어떤 결과가 발생할지 모르지만 그것은 본래 의도하지 않은 것이기 때문에 고려되지 않는다. 그러나 보통은 성서교육을 통해 성서를 교육하는 법을 배우는 것이다.

성서교육 목적의 내재적 차원과 관련된 내용은 두 가지이다. 하나는 성서 자체가 교육을 위한 책이라는 점이다. 즉 성서 자체가 교육을 요청한다. 성서는 본래 교육을 위한 책이지 신학적 논문이 아니다. 성서의 목적과 구성은 모두 가르침과 관련된다. 성서는 하나님이 성서와 만나는 모든 사람을 가르치기 위한 것이다. "무엇이든지 전에 기록한 것은, 우리에게 교훈을 주려고 한 것이며"(롬 15:4, 새번역, 이하 모두 같음) 이와 같이 성서는 하나님이 언제, 어떻게, 무엇을 가르치셨는가에 대한 역사이다.

성서교육 목적의 내재적 차원의 다른 하나는 성서교육을 배우는 것이다. 성서를 배우면서 성서를 가르치는 법을 알게 되는 것이다. 이것은 성서교육을 가르치는 교육, 즉 성서교육의 교육과는 다르다. 그러나 성서를 배우면서 성서를 가르치는 법을 배우는 것은 아무래도 성서교육을 위한 교육에서보다는 내용 면에서 구체적이지 않을 것이다. 성서를 배우면서 성서를 가르치는 법을 배우는 교육 형식이 비형식적이라면, 성서교육을 위한 교육은 형식적일 것이다.

그러나 성서교육을 위한 교육이 아니더라도 성서해석과 성서주해의 기본적인 원리와 적용 방식이 교육에서 사용되어 그와 같은 방법들을 자연스럽게 배울 수 있도록 되어야 한다. 성서가 나이와 지위 그리고 지적 능력의 차이에도 불구하고 만인을 위한 책이라면 성서의 해석 원리 역시 그 수준에 맞게 교육되어야 할 것이다. 교회 생활과 개인적 삶을 위한 성서 해석과 그 적용 원리에 대한 적절한 교육이 결여될 경우 학습자들은 결과적으로 성서로부터 멀어지게 될 것이다.[6]

## 3. 성서교육의 개인적 차원

성서교육의 개인적 차원에서의 목적은 첫째, 신앙이 성장하기 위해서이다. 성서는 그리스도인으로서의 삶이 성장하는 데 필수적이다 (Bible study is also essential for growing Christian lives).[7] 그리스도인의 삶은 신앙의 삶이다. 신앙의 삶은 마치 신앙과 삶이 별개로 존재하는 것 같은 인상을 준다. 그러나 신앙이 곧 삶이다. 신앙에는 지·정·의의 전인적 요소가 모두 포함되며 그 전인이 신앙이다.

한편 이 신앙은 발달하는 것인가? 즉 성장하면서 변화를 겪으며 자라나는 것인가? 아니면 특별한 사건을 통해 생겨나는 것인가? 전

---

6) Rachel Henderlite, *Forgiveness and Hope: A Theological Basis for Christian Education*(Richmond, VA: Knox, 1961), 41 – 45.

7) Barbara A. Keely, "Teaching the Bible in Our Churches", *The Clergy Journal* 77:6(Apr. 2001), 33.

자의 입장은 발달론적 입장으로 제임스 더블유 파울러(James W. Fowler)의 주장이고,8) 후자의 입장은 회심론적 입장으로 제임스 이로더(James E. Loder)의 주장이다.9) 이 두 입장을 종합하여 발달하는 중에 회심의 경험을 한다는 주장도 있다.10) 신앙의 양태가 어떻든 그것은 성서로부터 출발한다는 것이다. 성서에서 벗어난 신앙은 기독교적 신앙이라 하기 어렵다.

둘째, 개인적 삶의 문제를 해결하기 위해서이다. 삶에는 혼자 힘으로는 해결하기 벅찬 문제들이 있게 마련이며 그 답을 성서에서 찾을 수 있다. "주님의 말씀은 내 발의 등불이요, 내 길의 빛입니다"(시 119:105). 이 경우는 성서 내용을 아는 데 만족하지 않고 그것이 삶에 어떤 의미를 갖는가를 중시한다. 삶과 무관한 내용은 의미가 없는 것이 된다. 성서적 진리를 삶에 적용하는 것이 중요한 문제이다.

성서의 내용을 삶에 적용하고자 하는 입장은 성서 내용을 사실로서 단지 아는 차원을 넘어 이해를 추구한다. 이해 없는 적용은 불완전하기 때문이다. 그러나 이 이해는 종종 신학적 차원에서가 아닌 삶의 차원에서 이루어진다. 그래서 성서 내용에 대한 그릇된 이해의 가능성이 상존한다. 이와 같은 위험성은 성서 내용에 나타난 여러 가지 요소들의 상호 관계성을 파악하고, 성서적 관점에서 평가해야 할 뿐만 아니라,11) 묵상과 기도를 통해 수정되어야 한다.12)

---

8) James W. Fowler, *Stages of Faith: The Psychology of Human Development and the Quest for Meaning*, 사미자 역, 『신앙의 발달단계』(서울: 한국장로교출판사, 1987).

9) James E. Loder, *The Transforming Moment: Understanding Convictional Experiences*, 이기춘·김성민 공역, 『삶이 변형되는 순간: 확신 체험에 관한 이해』(서울: 한국신학연구소, 1988).

10) Harold Darling, *Man in Triumph*(Grand Rapids, MI: Zondervan Publishing House, 1969), 142 – 47.

셋째, 성서에서 살아계신 하나님을 만나기 위해서이다. 하나님을 만나고자 하는 동기는 하나님을 사랑하기 때문이며, 하나님과의 만남을 영적 변화의 계기 또는 변화의 표징으로 보기 때문이다.

사실 성서가 존재하는 궁극적 목적은 하나님과의 만남이다. 하나님을 만나기 위해 고대 히브리의 낯선 세계를 잘 몰라도 된다. 그 세계를 포함한 성서의 세계는 인간이 하나님께 도달하고자 했던 세계이며 하나님을 만난 세계를 말하고 있기 때문이다. 그렇다고 해서 하나님과의 만남이 성서 연구를 배제하는 것은 아니다. 진정한 성서적 영성은 성서에의 역사적 - 비평적 참여와 삶을 변화시키는 말씀의 잠재력에 대한 개방과의 사이에 절묘한 균형을 취하는 것이다.[13]

## 4. 성서교육의 사회적 차원

사회적 차원에서의 성서교육 목적은 첫째, 하나님의 나라 건설을 위해서이다. 하나님의 나라를 구하고 이루기 위해 해야 할 일은 이웃 사랑이다. 이 사랑은 용서와 화해와 자기희생을 통해서 실현된다. 그러나 하나님의 나라는 정의의 나라이다. 이 의는 예수 그리스도 안에서 계시되고 그를 믿음으로 유효하게 되는 하나님의 의를 핵심 내용으로 하지만 이웃과의 관계에서도 이루어져야 할 의이다. 그리하여 사랑과 정의가 이루어지는 하나님의 나라에는 평화와 기쁨이

---

11) James M. Lee, "Religious Education and the Bible: A Religious Educationist's", Joseph S. Marino, ed., *Biblical Themes in Religious Education*(Birmingham, AL: Religious Education Press, 1983), 19.

12) Kevin E. Lawson, "A Band of Sisters: The Impact of Long - Term Small Group Participation: Forty Years in a Women's Prayer and Bible Study Group", *Religious Education* 101:2(Spring 2006), 180 - 203 참조.

13) Sandra M. Schneiders, "Biblical Spirituality", *Interpretation* 56:2(Apr. 2002), 133 - 43.

넘친다. "하나님의 나라는…… 성령 안에서 누리는 의와 평화와 기쁨입니다."(롬 14:17)

그러나 '하나님의 나라'라는 거창한 구호를 내세우지 않더라도 성서교육은 사회적 차원을 고려해야 한다. 즉 성서교육은 개인적 구원과 영적 안정과 부요에 기여하는 것에 만족하지 않고 사회가 성서적이기 위해 신앙의 당위적 실천으로서 하나님 나라의 건설에 관심을 가져야 한다.

신앙의 실천으로서의 하나님 나라 건설을 위한 도구는 가치관이라 할 수 있다. 가치관은 인간이 자기를 포함한 세계나 그 속의 사상(事象)에 대하여 가지는 평가의 근본적 태도이다. 하나님의 나라는 이 근본적 가치가 성서적 성격인 사람에 의해 건설된다. 성서적 가치관은 성서적 진리를 사회생활에 적용하기라고 할 수 있다. 그러나 이 가치관 적용은 일회적이어서는 안 된다. 그와 같은 방식의 적용은 현실적으로 불가능하다. 그리스도인은 그 자체가 성서적 가치관으로 형성된 사람으로서 사회 안에서 살아가는 것이지, 사회 외부에 있으면서 특정한 문제에 대해 성서적 가치관을 적용하는 사람이 아니다. 그의 삶 자체가 가치관의 적용이며 가치관의 실천이어야 한다. 그러므로 하나님 나라 건설을 위한 전제 조건은 하나님의 백성으로서의 자기 정체성 형성이라고 할 수 있다. 하나님의 나라 건설을 위한 성서적 가치는 일반적으로 정의, 평화, 창조질서의 보전에 주로 국한되는 경향이 있다. 물론 성서의 정신과 대조할 때 일반 사회가 전쟁과 불의 그리고 환경 파괴로 오염되어 있음은 사실이다. 그렇다고 그것들에 대해서 성서적이라고 하더라도 원론적인 접근을 할 경우 설득력을 얻기 어렵다. 접근의 배후에는 하나님 사랑과 연결되는 이웃 사랑의 정신이 들어 있어야 한다.

## 5. 성서교육의 학습자 차원

성서교육의 목적에서 학습자 차원은 성서교육의 개인적 차원과는 다르다. 성서교육의 개인적 차원이 개인의 요구에 초점이 있는 데 비해, 학습자 차원은 인간의 발달적 차원에 초점을 맞춘다. 개인 역시 발달의 과정 안에 있기 때문에 개인적 차원은 학습자 차원을 포함한다.

일반적으로 인간발달에 대해서는 장 피아제(Jean Piaget)의 인지 발달이론, 로널드 골드만(Ronald Goldmann)의 종교적 사고 발달이론, 로렌스 콜버그(Lawrence Kohlberg)의 도덕 발달이론, 에릭 에이치 에릭슨(Erik H. Erikson)의 심리사회적 발달이론 그리고 제임스 더블유 파울러(James W. Fowler)의 신앙 발달이론 등이 언급된다.[14] 그런데 인간은 이와 같은 발달의 특성을 지닌 채 신앙과 세계와 삶에 참여한다. 이것은 신앙을 가진 사람으로서 세계에서 어떻게 살아가느냐 하는 내용이다. 여기서 신앙은 인생의 주기에 있어서 나타나는 일반적 특성으로 볼 수 있고, 세계는 그가 주로 신앙의 생활을 펼치는 영역이라 할 수 있다. 삶은 그에게 요구되는 이상적인 신앙의 삶이라 할 수 있다. 이 신앙-세계-삶이 학습자와의 연관 가운데서 구체적인 성서 교육 내용이 구성될 수 있을 것이다.

---

14) 이에 대한 신학적 입장에서의 이해는, James E. Loder, *The Logic of the Spirit: Human Development in Theological Perspective*, 유명복 역, 『신학적 관점에서 본 인간 발달: 영의 논리』(서울: 기독교문서선교회, 2006) 그리고 기독교교육적 입장에서의 이해는, Gabriel Moran, *Religious Education Development: Images for the Future*, 사미자 역, 『종교교육 발달』(서울: 대한예수교장로회총회교육부, 1992) 참조.

## 6. 성서교육의 성서적 차원

성서교육의 다른 차원은 성서 자체로부터 온다. 즉 성서가 성서 자신에 대해 또는 성서교육에 대해 무엇이라 말하고 있는지를 듣는 것이다. "무엇이든지 전에 기록한 바는 우리의 교훈을 위해 기록된 것이니"(롬 15:4)에서 볼 수 있듯이 성서는 하나님의 백성을 향해 교훈을 하기 위한 책이다. 그럼 과연 어떤 교훈인가? 요한복음 20장 31절은 성경의 존재 이유에 대해 이렇게 말한다.[15] "그런데 여기에 이것이나마 기록한 목적은, 여러분으로 하여금 예수가 그리스도요 하나님의 아들이심을 믿게 하고, 또 그렇게 믿어서 그의 이름으로 생명을 얻게 하려는 것이다." 성서 목적에 대한 이 구절을 통해 볼 때 성서교육은 사람들로 하여금 예수 그리스도를 믿게 하고, 생명을 얻게 하려는 것이다.

첫째, "그런데 여기에 이것이나마 기록한 목적은, 여러분으로 하여금 예수가 그리스도요 하나님의 아들이심을 믿게 하고"(요 20:31a)라고 성서는 사람들이 구원을 얻도록 성서를 가르치라고 한다. 신약성서에서 구원과 관련된 자료들은 세 층으로 나뉜다. 첫째, 실제 예수 사건, 둘째, 케리그마와 의식 속에서 그 사건의 선포와 축하, 그리고 셋째, 이 같은 자료들에 대한 신약 기자들의 신학적 성찰이다.[16] 예수의 구원 사건에 대한 신약 기자들의 다양한 표현에도 불구하고 그것들은 모두 예수의 구원 사건에 대해 말하고 있다. 성서

---

15) 물론 이 구절을 요한복음에 한정해서 해석할 수도 있다. Donald A. Carson, "The Purpose of the Fourth Gospel: John 20:31 Reconsidered", *Journal of Biblical Literature* 106(Dec. 1987), 639-51 참조.

16) Reginald H. Fuller, "Jesus Christ as Savior in the New Testament", *Interpretation* 35:2(April 1981), 156.

는 "그리스도가 우리 죄를 위해서 죽으셨다."는 증언에 충실하며, 바로 이것이 성서의 근본적 메시지이다.

구원은 예수에 대한 믿음으로만 발생한다. 그 외에 어떤 것도 불필요하다. 그러니 믿음은 하나님의 선물이지만 성서교육의 결과일 수 있다. 그 이유는 성서가 주님을 믿음으로만 오는 구원을 가르치기 때문이다.[17) 구원이 만민에게 필요하다면 구원을 가져오는 믿음을 제공하는 성서에 대한 교육도 모두에게 필요하다. 성 어거스틴(St. Augustine)에 의하면, 성서 기자들을 통하여 말씀하시는 하나님의 영은 인류에게 그들의 구원에 유익하지 않은 것은 가르치려고 하지 않았다고 한다.[18) 성서는 사람들에게 예수 그리스도로부터 오는 구원을 가르치기 위한 증언임을 알 수 있다.

둘째, 성서는 사람들이 생명을 얻도록 성서를 가르치라고 한다. "또 그렇게 믿어서 그의 이름으로 생명을 얻게 하려는 것이다"(요 20:31b). 여기서 직접목적어 '생명' 또는 '영생'은 요한복음서에서 7회 나온다(3:15, 16; 5:40; 6:60; 10:10; 17:2; 20:31). 도널드 에이 카슨(Donald A. Carson)에 따르면, 그들 중 어느 것도 생명 연장이나 영생 보전과 같은 것을 명백하게 말하지 않는다. 하나는 아주 분명하게 회심에 대해 말한다(5:40). 그리고 나머지 모두는 회심을 일으키는 내용과 관련해서 사용된다. 물론 영생을 말하는 것으로도 사용되지만 이 경우 죽음을 언급하면서 회심이나 변화를 일으킬 수 있을 것으로 여겨지는 문맥에서 사용되었다. 이로 보아 요한복음에서

---

17) Livingston Blauvelt Jr, "Does the Bible Teach Lordship Salvation", *Bibliotheca Sacra* 143(Jan. – Mar. 1986), 37 – 45.

18) Aurelius Augustinus, *De Genesi ad Litteram Libri Duodecim*, 1, 9, 20. Lee, "Religious Education and the Bible", 48 재인용.

이 20장 31절은 복음을 전파하려는 의도가 강한 것으로 볼 수 있다.19) 그러나 요한복음의 집필 의도가 카슨의 말대로 복음 전파에 있다고 하더라도 생명에 대한 비중은 경감되지 않는다. 복음을 전하는 의도가 그것을 듣는 사람들이 생명을 얻도록 하려는 것이기 때문이다. 이로써 우리는 성서가 말하는 성서 목적이 사람들로 하여금 예수 그리스도를 믿어 구원에 이르게 하고 생명을 얻도록 하기 위한 것임을 알 수 있다. 이 성서의 목적은 곧바로 성서를 가르치는 성서교육 목적이 될 수 있을 것이다.

## Ⅲ. 성서교육 목적

앞에서 살펴본 성서교육 목적을 차원 면에서 보는 것과 교수-학습 상황에서 보는 것 그리고 성서 자체로부터 본 내용들에는 겹치는 것들이 있다. 이것들을 중복을 피해 가면서 그 공통적 내용들을 중심으로 묶어 종합 정리하여 성서교육 목적을 나름대로 정해 보자. 앞에서 언급한 성서교육 목적들은 성서 내용, 구원의 도, 신앙의 지침을 알기, 성서교육 학습, 신앙 성장, 삶의 문제 해결, 하나님과의 만남, 하나님의 나라 건설, 세계 속에서 살기, 거룩함 그리고 생명 등이다. 이상 내용들의 공통적 내용들은 하나님을 알고, 사랑하고, 지혜롭게 사는 것이라고 할 수 있다. 성서 내용, 구원의 도의 중심은 하나님이며 그와 같은 내용들은 결국 하나님을 아는 것 외에 다름 아니다. 신앙의 성장이나 하나님과의 만남은 결국 하나님 사랑 외에

---

19) Carson, "The Purpose of the Fourth Gospel", 648.

다름 아니다. 하나님을 사모하여 하나님과의 만남을 바라고, 하나님과 만나 사랑의 교제를 나누며, 신앙이 자라 갈수록 하나님을 더욱 더 사랑하게 될 것이기 때문이다. 삶의 문제 해결, 하나님 나라의 건설, 세계 속에서의 살기 등은 그리스도인의 삶을 나타내는 것인데, 이는 지혜로운 삶 외의 다른 것이 아니다. 삶은 문제투성이일 수 있지만 하나님의 나라를 이루기 위해 살아가야 할 현실이다. 그러기 위한 삶은 책임적인 것이지만 그 책임은 지혜에 의해 완성된다. 따라서 성서교육 목적은 하나님 알기, 하나님 사랑하기 그리고 지혜로운 삶이라 할 수 있을 것이다. 그런데 이 목적은 교육목적으로서 타당한가. 일반적으로 교육목적으로서의 타당성은 그것이 전인적이냐로 평가된다. 그랬을 때 이 성서교육 목적은 하나님 알기, 하나님 사랑하기 그리고 지혜로운 삶은 각각 지적·정서적 그리고 행위적 성격과 대응한다. 이하에서는 성서교육의 이와 같은 목적들에 대해 좀 더 살펴보도록 보자.

## 1. 하나님 알기

하나님을 안다는 것은 무엇일까? 하나님을 안다고 할 때 그 앎은 성서에 주어진 대로의 하나님인가, 아니면 개인적으로 구성한 앎인가? 인식의 한계를 지닌 인간이 인식을 초월해 있는 듯한 하나님을 진정 알 수 있는가? 하나님을 온전히 아는 인격은 성령이다. 그렇다면 하나님을 안다고 할 때 하나님을 온전히 알기 위해서는 성령의 도움을 받아야 할 것이다. 이 성령의 도움은 인간의 응답에 의하여 일어난다. 토마스 아퀴나스(Thomas Aquinas)에 따르면 성령은 지식 또는 인식과 관련해서 지적이거나 합리적 지식 이외의 것을 포함한다. 찰스 이 부처드(Charles E. Bouchard)에 따르면, 그것의 성격은 본성적(connatural) · 직관적(intuitive) · 본능적(instinctive)이다.[20] 본성적 지식은 무엇에 관한 앎과 소유함의 차이로 설명될 수 있을 것이다. 본성적 지식은 천성과 전문가들, 예컨대 운동선수, 음악가 등의 자연스런 그러나 탁월한 재능 발휘와 같은 것이다. 그들은 자신들의 재능 발휘에 대해 단계적으로 설명할 수 없다. 그것들은 그들 안에 있기 때문이다. 그들은 그냥 그것을 알기 때문에 그렇게 할 뿐이다. 그 앎은 그들 존재 깊이에 머물고 있는 것이다. 인간은 '하나님의 형상에로'(into the image of God[ad imaginem Dei]) 창조되었기 때문에 초자연을 향해 운명 지어져 있다. 이 운명을 앞서 말한 본성적이라고 한다면 이 본성이 성령이 알려 주시는 은사와 협응하여 하나님을 알게 한다고 볼 수 있다.

여기서 성서교육은 단지 하나님을 알아 가는 교사와 학습자의 행위 이상으로 성령이 거기 함께해야 하는 행위이다.[21] 이성을 바탕으로 한 인간의 인식은 하나님의 말씀인 성서의 진리를 왜곡할 수 있다. 과학 인식론은 성령을 언어의 영역으로부터, 알 수 없는 신비한 정서적 · 열광적 영역으로 몰아냈다. 그러나 막상 이 인간 이성의 진리 왜곡가능성에 대한 방어자가 성령이다. 하나님은 당신의 말씀에 대한 바른 인식을 위해 성령을 보내시고 그에 의해 바르게 알려진다.[22]

---

20) Charles E. Bouchard, O.P., "Recovering the Gifts of the Holy Spirit in Moral Theology", *Theological Studies* 63(2002), 549 – 51.

21) 인식에서 초자연적 요소들을 인정하지 않는 사람조차 "성령 하나님이 우리 눈을 열어 진리를 파악할 있도록 한다." Esther L. Meek, *Longing to Know: The Philosophy of Knowledge for Ordinary People*(Grand Rapids, MI: Brazos Press, 2003), 195 이하.

22) René Girard, *I See Satan Fall Like Lightening*(Maryknoll, NY: Orbis Books, 2001),

## 2. 하나님 사랑하기

하나님을 사랑한다고 할 때, 그 사랑은 성서교육과 관련해서 두 가지 관계가 해명되어야 한다. 하나는 사랑과 교육, 즉 성서교육을 통해 하나님을 사랑하게 될 수 있느냐는 것이고, 다른 하나는 앞의 내용과 연관된 것으로서 사랑,[23] 곧 정서와 지식의 관계, 곧 하나님을 사랑한다는 것이 지식인지, 그리하여 하나님을 아는 것과 사랑하는 것 사이 관계가 무엇인지 하는 것이다. 그러나 이 두 가지 관계는 결국 한 가지 관계, 즉 정서와 앎의 관계로 수렴된다고 할 수 있을 것이다.

사랑은 우리가 아는 내용과 방법을 알려 주는 인식론적 기초이다. 안드레 로데(Andre Lorde)에 따르면, 사랑은 "우리 삶의 힘과 정보의 원천이다."[24] 따라서 사랑이 없으면 우리는 우리의 삶과 세계의 성질을 평가할 수 없으며, 변화시키는 결정을 내릴 수 없다. 사랑은 단순한 감각이나 감정이 아니라 깊은 느낌 속에서 어떤 이해를 향한 가장 강력한 빛을 제공한다.[25] 사랑은 우리의 삶에 기쁨을 주고 의미 있는 것이 무엇인지를 알려 준다. 그리고 사랑은 우리 자신과 삶을 변화시키는 힘을 발휘한다.

웬디 팔리(Wendy Farley)에 따르면, 사랑은 우리를 진리와 접촉시킨다. 참지식은 실재의 조각들에 대한 지적 파악이 아니라, 그 본성

---

189 - 90.

23) 사랑하는 일은 상당히 정서적이다. 정서가 빠진 사랑은 따뜻하지 않으며 냉랭하다. 사랑은 무엇보다 따뜻한 감정의 교류이다.

24) Audre Lorde, *Sister Outsider: Essays and Speeches*(New York: Crossing Press, 1984), 75.

25) Lorde, *Sister Outsider*, 77.

상 타자에 대한 사랑이다. 사랑은 우리를 이기로부터 떼어내 타인에게로 나가게 하며, 타인의 내용을 알도록 해 준다.[26] 사랑할 때 참으로 안다. 사랑은 정서일 뿐만 아니라 인식이기도 하다.

하나님의 사랑은 계명 준수로 표현될 수 있다.[27] 하나님을 사랑하는 것을 확인할 수 있는 길은 그가 하나님의 계명에 순종하는가이다. 하나님의 계명에 순종하기 위한 조건 중의 하나는 하나님 경외이다. 그런 면에서 하나님 사랑은 하나님을 경외하는 것이다. 경외는 무엇인가? 이스라엘은 칠 년마다, 초막절에 신명기 5~26장에서 지시한 바들을 백성이 모인 데서 공적으로 낭독해야 했다.

> "모세가 그들에게 명령하였다. '일곱 해가 끝날 때마다, 곧 빚을 면제해 주는 해의 초막절에, 온 이스라엘이 주 당신들의 하나님을 뵈려고 그분이 택하신 곳으로 나오면, 당신들은 이 율법을 온 이스라엘 백성 앞에서 읽어서, 그들의 귀에 들려주십시오. 당신들은 이 백성의 남녀와 어린 아이만이 아니라 성 안에서 당신들과 같이 사는 외국 사람도 불러 모아서, 그들이 율법을 듣고 배워서, 주 당신들의 하나님을 경외하며, 이 율법의 모든 말씀을 지키도록 하십시오. 당신들이 요단강을 건너가서 차지하는 땅에 살게 될 때에, 이 율법을 알지 못하는 당신들의 자손도 듣고 배워서, 주 당신들의 하나님을 경외하게 하십시오.'"(신 31:9-13)

이처럼 율법을 칠 년마다 낭독하는 목적은 하나님을 경외하게 하기 위한 것이다(12~13절). 하나님을 사랑하는 것은 하나님을 경외하는 것이고 하나님을 경외하는 것은 율법을 지키는 것이다(12절).

한편 하나님 사랑으로서의 계명 준수는 이웃 사랑과 분리될 수 없다. 이웃 사랑은 율법의 모든 계명 중에 가장 중요한 계명이다("둘째

---

26) Wendy Farley, *Eros for the Other: Retaining Truth in a Pluralistic World*(University Park, PA: The Pennsylvania State University Press, 1996), 86.

27) 『해설·관주 성경전서: 독일성서공회판』(서울: 대한성서공회, 1997), 331.

는 이것이다. '네 이웃을 네 몸같이 사랑하여라.' 이 계명보다 더 큰 계명은 없다."[막 12:31. 참조, 마 22:39, 눅 10:27]) 그리하여 예수께서도 말씀하셨다. "내 계명은 이것이다. 내가 너희를 사랑한 것과 같이, 너희도 서로 사랑하여라."(요 15:12) 예수께 와서 이웃 사랑 자체가 계명이 된다. 지켜야 할 계명으로서의 이웃 사랑이 아니라 이웃 사랑이 계명이다. 그래서 이웃을 사랑하는 자가 나(예수)를 사랑하는 자가 아니라 계명을 지키는 자가 나를 사랑하는 자가 된다 (요 14:21). 이렇게 되어 하나님 사랑의 확인으로서의 율법 준수는 이웃 사랑의 계명과 동일시된다.

## 3. 지혜롭게 살기

정서는 실천과 연관된다. 정서는 하나의 감정적 인식 형태이다. 그러나 그것은 가치에 대한 상호적 반응이기도 하다. 즉 정서는 두 가지 면, 수동적/능동적, 수용/반응을 갖고 있다. 한편, 정서는 신체와 관계가 있다. 정서적 변화는 신체 안에서 발생한다. 정서를 신체적 차원에서 볼 때 그것을 신체적 형태의 정서라 할 수 있을 것이다. 신체는 의지의 강도에 동조한다. 그런데 의지는 정서에 의해 강화되고, 확신을 갖고, 활기찰 수 있다. 따라서 신체는 정서에 의해 강화된 의지의 영향을 받는다. 결국 신체와 정서의 밀접한 관계를 알 수 있다. 여기서 신체를 확대 해석할 경우 행위로 이해할 수 있으며, 행위는 정서의 영향을 받는다고 할 수 있다.[28]

하나님 사랑과 관련된 이 정서의 실천적 형태를 지혜라고 할 수

---

28) Thomas Ryan, "Revisiting Affective Knowledge and Connaturality in Aquinas", *Theological Studies* 66:1(Mar. 2005), 53.

있다. 이 지혜 역시 성령의 은사라고 볼 수 있다. 지혜는 '사피엔티아'(sapientia)라는 말로부터 나왔는데, 그 뜻은 '지식을 맛봄'이다. 여기서의 지식은 단지 개념적이거나 추상적인 것이 아니라 즐거운 것이다.[29] 그것은 촉각적이다. 지혜는 신적인 것을 느끼고, 접촉하고, 맛보는 것이다. 신적인 어떤 것에 참여하고 나누는 것이다. 이 지혜에 의해 우리는 신앙적으로 행동할 수 있다.

지혜의 책이라고 할 수 있는 잠언(특히 1∼9장)에서 교육목적은 하나님을 아는 지식이다.[30] 하나님을 아는 지식의 별칭은 지혜 탐구이다. 지혜를 추구한 결과가 하나님을 알게 되는 지식이다. 그러나 이 지식조차 잠언의 본래 목적을 위한 동기 부여의 역할을 할 뿐이다. 잠언에서 가르침의 진정한 목적은 하나님께 대한 순종, 즉 하나님 경외라고 할 수 있다. 하나님께 대한 순종의 일차적 관련 내용은 언약이다. 이스라엘은 하나님과의 언약에 신실해야 한다. 하나님의 백성으로서의 삶을 성실하게 영위해 나가야 할 의무가 이스라엘에게 있다. 따라서 지혜는 단지 인지적 성격의 것이 아니며 삶 안에서 발휘되어야 하는 실천적 성격의 실재임을 알 수 있다.

앎과 삶의 관계는 거의 양면적이라 할 수 있다. 일반적으로 구성주의에 따르면, 인간의 인식은 세계 자체에 대한 인식이 아니다. 우리의 인식은 우리가 구성한 임의의 세계에 대한 재귀적 인식인 것이다. 여기서 인식을 객체에 대한 인식으로 보는 순진한 입장은 그 토대를 상실한다. 우리는 우리가 구성한 세계를 다시 인식할 뿐이다.

---

29) Thomas Keating, *Fruits and Gifts of the Spirit*(New York: Lantern, 2000), 108.

30) Daniel J. Estes, *Hear, My Son: Teaching & Learning in Proverbs 1 – 9*(Grand Rapids, MI: Eerdmans, 1997).

이런 의미에서 훔베르토 알 마투라나(Humberto R. Maturana)는 "앎이 곧 삶이요, 삶이 곧 앎이다."라고 말한다.31) 삶과 앎은 순환적이라는 것이다. 어떤 이가 삶을 부정적으로 본다면 그렇기 때문에 삶은 부정적인 것이 되고 그렇기 때문에 그의 삶에 대한 인식은 부정적인 것이다. 이와 같은 입장에서 지혜는 세계에서의 삶과 긴밀하며 그것을 진지하게 살아가도록 하는 행위적 인식 체계라 할 수 있다.

한편 또 다른 지혜서라 할 수 있는 전도서에서는 이 지혜의 내용을 구체적으로 언급한다.

> "헛되고 헛되다. 헛되고 헛되다. 모든 것이 헛되다. ……이제 나는 깨닫는다. 기쁘게 사는 것, 살면서 좋은 일을 하는 것, 사람에게 이보다 더 좋은 것이 무엇이랴! 사람이 먹을 수 있고, 마실 수 있고, 하는 일에 만족을 누릴 수 있다면, 이것이야말로 하나님이 주신 은총이다. ……너는 언제나 옷을 깨끗하게 입고, 머리에는 기름을 발라라. 너의 헛된 모든 날, 하나님이 세상에서 너에게 주신 덧없는 모든 날에 너는 너의 사랑하는 아내와 더불어 즐거움을 누려라. 그것은 네가 사는 동안에, 세상에서 애쓴 수고로 받는 몫이다."(전 1:2, 3:12-13, 9:8-9)

한평생 지혜를 구한 솔로몬은 이 세상의 모든 것을 '헛되다' 하며, 지혜로운 삶을 제시한다. 우리를 놀라게 하는 것은 그가 제시하는 지혜는 현학적인 것이 아니라 지극히 현실적이라는 것이다. 그것은 대단히 상식적이기도 하다. 지혜로운 삶은 기쁘게 살고, 좋은 일 하고, 맛있는 것 먹고 마시고, 자신이 하는 일에 자족하며, 멋도 부리면서 사랑하며 살아가는 것이다. 여기서 우리는 전도서가 권장하는 삶이 성서의 요체(要諦)라고 단언할 수는 없다. 그럼에도 불구하고

---

31) Humberto R. Maturana and Francisco J. Varela, *Der biologischen Wurzeln des menschlichen Erkennens*, 최호영 역, 『인식의 나무: 인식활동의 생물학적 뿌리』(서울: 자작아카데미, 1995).

성서의 정신은 현세를 외면하지 않는다는 것, 주어진 삶에서 하나님의 뜻을 실천하는 것이 지혜로운 삶이라는 것을 가르쳐 준다. 지혜는 천상에서의 삶을 위한 예비나 준비가 아니라 현세에서의 행복하고 윤택한 삶을 위한 길잡이인 것이다. "네가 어떤 일을 하든지, 네 힘을 다해서 하여라. 네가 들어갈 무덤 속에는, 일도 계획도 지식도 지혜도 없다."(전 9:10)

성서교육 목적은 아무래도 성서가 증언하는 하나님을 중심으로 수립되어야 할 것이며, 그것은 앞에서 생각해 본 대로 하나님을 알고 사랑하고 지혜롭게 되어 하나님과 더불어 살도록 돕는 것이다.


## Ⅳ. 나가는 글

우리는 앞에서 여러 가지 차원에서 성서교육 목적을 살펴보았다. 성서교육이 무엇을 위한 것이냐 하는 외재적 차원, 성서교육 자체를 위한 내재적 차원, 개인의 삶을 보다 정제하고자 하는 개인적 차원, 사회적 지향점을 위한 사회적 차원, 교수-학습 상황을 고려한 학습자 차원 그리고 성서가 말하는 성서교육 차원에 대해 살펴보았다. 그 내용들은 성서 내용, 구원의 도, 신앙의 지침을 알기, 성서교육 학습, 신앙 성장, 삶의 문제 해결, 하나님과의 만남, 하나님의 나라 건설, 세계 속에서 살기, 거룩함 그리고 생명 등이었다.

성서교육 목적을 제시하기 위해 성서교육의 이 여러 차원들을 중복을 피해 가면서 그 공통점을 찾아본 결과 우리는 성서교육 목적이 일반적으로 인간의 응답에 의한 성령의 도우심을 통해 하나님을 알고, 하나님의 말씀에 대한 순종과 이웃에 대한 사랑 가운데서 하나님을 사랑하고, 현실에서 하나님의 뜻을 실천하는 것으로서 지혜롭게 사는 것이라는 것을 알 수 있었다. 이 목적은 일반적 교육목적 타당성의 척도로 삼을 수 있는 지·정·의의 전인적 성격을 띤다고 할 수 있어 성서교육 목적으로서 타당하다고 할 수 있다.

이 글은 성서교육을 당연시하고 구태여 그 목적을 따지지 않는 교회 현장에 대해 분명한 목적을 갖고 성서교육을 할 것을 환기시킨다. 이 글머리에서 말했듯이 교회에서 성서교육의 부실함은 성서교육 목적을 제대로 인식하지 않고 행하기 때문일 수 있다. 성서교육뿐만 아니라 어떤 일을 제대로 수행하기 위해서는 목적의식을 분명히 가져야 한다. 성서교육도 여기서 예외는 아니다. 따라서 이 글은 교회에서 성서교육을 하려고 할 때 어느 차원에서 목적을 고려해야 할지에 대한 지침으로 유용할 수 있을 것이다.

# 성서교육 내용 선정에 관한 연구

## Ⅰ. 들어가는 글

성서를 교육할 때 어떤 내용을 가르치느냐 하는 문제는 진지하게 고려되지 않는다. 이미 성서교육 교재들이 나와 있고, 인도자의 취향에 따라 좌우되기 때문이다. 한편 하나님의 말씀으로서의 성서는 모두 배워야 할 것이지 어느 것을 선별한다는 것 자체를 부정적으로 보는 시각이 작용하기 때문이다. 그러나 당장 성서는 아동을 위해 기록된 것이라 보기 어렵고, 그 시대적·문화적 환경의 격차 때문에 성인이라도 이해하기 어렵다. 이 같은 기본적인 독서 현실 때문에라도 성서 내용은 선정될 필요가 있다. 특히 교육 차원에서 다양한 연령층의 학습자들을 대상으로 할 경우 그들의 조건에 적절한 내용을 고려하는 것은 기본일 것이다.

성서교육 내용 차원에서 어떤 내용들을 다루어야 할 것인지를 알기 위해서 성서교육 내용이 의미하는 바가 무엇인지에 대해 먼저 생각해 볼 필요가 있다. 여기서 성서교육 내용이라고 할 때, 성서를 교육하는 데 필요한 내용, 즉 성서교육 목적, 방법, 성서 자체, 교사,

학습자, 평가 등을 말하는 것이 아니고, 교육 내용으로서의 성서 내용을 말하는 것이다.

성서 내용으로서의 성서교육 내용에 대해 말할 때, 우선 성서교육 내용이 무엇인지와 성서 내용을 구분해야 한다. 성서교육 내용을 성서 내용이라고 생각하기 쉽다. 하지만 성서 내용은 성서교육에서 다루는 내용일 뿐 그것 자체가 성서교육 내용은 아니다. 성서는 그것을 성서교육에서 다룰 때 교육 내용 안에 진입할 수 있는 것이다. 그러므로 성서교육은 그 취급 범위 안에서 성서 내용에 관여한다. 그러므로 성서교육은 성서 내용 전체를 다 포함할 수 없다. 성서 내용은 그 양이 방대하여 모두 다루기에는 여러 가지 면에서 어렵다. 따라서 성서 내용 중에서 어떤 내용을 교육 내용으로 삼아야 할 것인지 생각해야 한다. 그러나 성서교육을 효과적으로 수행하기 위해서는 다른 차원에서 성서교육 내용으로서 성서 전체와 선정된 것으로서의 성서 내용 둘 다에 대해 생각해 보아야 할 것이다. 따라서 이하에서는 성서 내용 전체와 관련해서 성서교육 교재로서의 성서를 번역 차원에서 그리고 성서교육에서 교육해야 할 내용 선정 기준과 그에 따른 성서교육 내용에 대해 생각해 보고, 종합적으로 성서교육 내용이 어떠해야 할지에 대해 제안할 것이다.


## II. 성서교육 내용으로서의 성서 번역

성서교육에서 가장 기본이 되는 내용은 성서 그 자체라 할 수 있다. 그런데 오늘날 신자가 활용할 수 있는 성서는 하나가 아니라 여럿이다. 즉 각기 성격이 다른 다양한 번역들이 출간되어 있어 성서 연구 쓰임새에 맞는 바른 선정을 요구하고 있다. 일반적으로 성서연구에 이용할 수 있는 성서들에는 국역으로는 <개역한글판>(1961), <개역개정판>(1998), <표준새번역>(1993) 그리고 <표준새번역 개정판>의 개명인 <새번역>(2001),[1] <공동번역성서>(1977), <공동번역성서개정판>(1999) 등이 있다.[2] 이와 같은 역본들이 공존하고 있는데, 개정판들은 기존의 번역들을 개정한 것이기 때문에 성서교육에서는 개정판을 사용하는 것이 낫다. 영역으로는 KJV(The King James Version, 1611), RSV(The Revised Standard Version, 1946/ 1952), NEB(The New English Bible, 1961), NASB(The New American Standard Version, 1963), NIV(The New International Version, 1973) 등이 있다.

---

1) 〈성경전서 표준새번역 개정판〉이 출간된 지 두 해가 지난 후에, 책 이름을 좀 더 쉽고 친숙하게 부를 수 있도록 한다는 취지에서 〈성경전서 새번역〉으로 바꾸었다.
http://www.bskorea.or.kr/bskorea/pr/info_read.aspx?idx=113

2) 이처럼 성서가 새롭게 번역되고 계속 수정되는 이유는 다음과 같다. ① 말과 글의 표현이 계속 바뀌기 때문이다. ② 기존의 번역에 잘못된 곳이 있거나 부정확하게 번역된 곳이 있기 때문이다(형제의 동방에서 살리래(창 16:12, 개역한글판] → 모든 형제와 대항해서 살리래(개역개정판]). ③ 성서 독자의 수준을 고려해야 하기 때문이다. ④ 히브리어나 그리스어 뜻의 다양성 때문이다(처녀 딸[고전 7:36, 개역한글판] → 약혼녀[새번역]). ⑤ 성서 원문 연구의 발전 때문이다. http://www.bskorea.or.kr/about/inquiry/inquiry.aspx
그리하여 동일 구절에 대한 다양한 번역이 나타난다. 예를 들어 마태 5:9에 대한 번역은 다음과 같이 다르다.

| 개역한글판 | 개역개정판 | 표준새번역 | 새번역 | 공동번역/ 공동번역개정판 |
|---|---|---|---|---|
| 화평케 하는 자는 복이 있나니 저희가 하나님의 아들이라 일컬음을 받을 것임이요 | 화평하게 하는 자는 복이 있나니 그들이 하나님의 아들이라 일컬음을 받을 것임이요 | 평화를 이루는 사람은 복이 있다. 그들이 하나님의 자녀라고 불릴 것이다. | 평화를 이루는 사람은 복이 있다. 하나님이 그들을 자기의 자녀라고 부르실 것이다. | 평화를 위하여 일하는 사람은 행복하다. 그들은 하느님의 아들이 될 것이다. |

아동들이 사용할 수 있는 성서에는 The Good News Bible(The Good News Translation, 1976), CEV(The Contemporary English Version, 1995) 등이 있다. The Contemporary English Version은 "……원래 The Good News Translation과 같이 아이들을 위한 번역본으로 계획된 이 번역본은 의미동역(dynamic/functional equivalence)의 원칙을 차용하고 있다. 얼마나 쉽게 소리를 내어 읽을 수 있는가와 말씀을 들어서 얼마나 이해할 수 있는가에 특별히 초점을 두었다."3) 위에서 언급한 NIV 역시 교육용으로 사용할 수 있다. The New International Version은 "대체적으로 전통적이고 보수적인 성격을" 띠고 있는데, "명료하고 문학적으로 뛰어난 번역을 하는 것을 목표로 하고 있으며, 예배와 개인의 성경 읽기, 교육, 설교 그리고 말씀 암기용으로 준비되었다."4)

교육용으로 사용할 수 있는 한국어 성서에는 <새번역>이 있다. 이 번역의 원칙 중에는 "교회에서 드리는 예배와 교회학교 교육에 사용할 수 있는 번역이 되도록 한다."는 내용이 있다.5) <개역개정판>과 같이 예배용 성경으로 언급된 경우는 있었지만 교회학교에서의 교육용으로 언급된 성서는 <새번역>이 처음이다. 그만큼 교육에 사용되기를 의도한 성서라는 뜻이다. 아래 본격적인 교육용 성서라 할 수 있는 아동성서에 대해 살펴보도록 하자.

---

3) http://www.bskorea.or.kr/about/worldtrans/engbib/engbib_view06.aspx

4) http://www.bskorea.or.kr/about/worldtrans/engbib/engbib_view06.aspx

5) http://www.bskorea.or.kr/about/owntrans/major/feature03.aspx 〈새번역〉, 머리말.

## 1. 아동성서

아동을 위한 성서는 대체로 세 가지 형태를 취한다. 그것은 '이야기 성서', '발췌 성서' 그리고 '성경전서'이다.[6]

1) 이야기 성서

이야기 성서 내용은 주로 성서에 나오는 이야기와 인물을 중심으로 구성되었다. 여기에 속하는 성서에는 다음과 같은 것들을 찾아볼 수 있다.

① 이야기와 그림 성서

Rikkers, Doris and Syswerda, Jean E. 『바울 그림 성경』. 서울: 바울, 1995.

Taniguci, Elia. 김명수 역. 『그림과 함께 하는 이야기 성경』. 서울: 성안당, 1999.

Beers, Gibert and Beers, Ronald A. *The Big Book of All — Time Favorite Bible Stories: 150 Great Stories for Little People.* Waterville, ME: Thomas Nelson Inc,, 1992.

Schooland, Marian. *Marian's Big Book of Bible Stories.* Grand

---

6) 손삼권, "어린이 성경의 번역과 편집의 방향", 「성경원문연구」6(서울: 대한성서공회, 2000), 137 – 44. 그 밖의 어린이 성경에 대해서는, 심정택 외, "지금까지 나온 어린이 성경", 『성경원문연구』6(서울: 대한성서공회, 2000), 112 – 26 참조. 이 글에서는 지금까지 나온 대표적인 어린이 성경(John R. Kohlenberger Ⅲ and Noel Wescombe, *The Amazing Book*[Portland, OR: Multnomah Press. 1991], *Children's Bible: Words of Wisdom series*[Hong Kong Bible Society. 1993], *Read With Me Bible: An NIV Story for Children*[Grand Rapids, MI: Zondervan Publishing House, 1997]), 비디오("The Animated Stories from the New Testament"[Family Entertainment Network, 25분], "태초에"[교육개발사, 56분], "The Greatest Adventure Stories From The Bible"[(주) 에덴 프로덕션 총 56분 각 28분(한글, 영어)], "The Animaited Stories From The Bible"[AVACO, 25분]) 그리고 CD롬(Children's Bible Stories[Compton's Newmedia, 1996]) 등을 구성 특징 분석, 방향 제시 면에서 검토한다.

Rapids, MI: Eerdmans Pub. Co., 1975.

Aaseng, Rolf E. *Augsburg Story Bible*. Minneapolis: Augsburg, 1992.

Hastings, Shalina. *Children's illustrated Bible*. 최원준 역.『성경 전과』. 서울: 홍성사, 1998.

*Stories of Bible*. New York: American Bible Society, 1987.

The Daughters of St. Paul. *The Bible for Children*. St. Paul Editions, 1985.

Wangerin, Walter, Jr. *The Book of God for Children*. Grand Rapids, MI: Zondervan Pub. House, 1997.

『모퉁이돌 그림 성경 이야기』. 서울: 모퉁이돌, 1999.

편집부 편.『예쁜 이야기 성경』. 서울: 모퉁이돌, 1999.

『지혜 성경(잠언)』. 서울: 아가페, 2000.

비어스, 길버트 와쉬, 테리사.『귀염둥이 성경』. 서울: 아가페, 1994.

김소진 그림.『크레파스 성경』. 서울: 모퉁이돌, 1999.

류은진 그림.『아기 사랑 성경』. 서울: 모퉁이돌, 1989.

Madox, Mike and Anderson, Jeff. *Graphic Bible*. 고진하 역.『그 래픽 바이블』. 서울: 문학동네, 1993.

토마스, 맥.『두란노 Baby 그림 성경』. 서울: 두란노, 1997.

유은진 · 우지영 그림.『리틀 구약/신약』. 서울: 모퉁이돌, 1999.

전영택 · 이봉구 · 최효섭 · 유영희.『어린이 성경』. 서울: 기독교대 한감리회 총리원 교육국, 1962.

전혜령 그림.『아름다운 성경』. 서울: 모퉁이돌, 1999.

정종화.『명화로 엮은 이야기 성서』. 대구: 동양출판사, 1968.

헨리, 케런. 데이비스, 페나스 그림.『두란노 어린이 그림 성경』. 서울: 두란노, 1992.

우드, 팀 우드, 제니.『주머니 속에 꼬마 성경』. 서울: 홍성사, 1998.

알렉산더, 패트 백스터, 레온.『꿈나무 성경』. 서울: 생명의 말씀 사, 1997.

박은희 편. 정준영 그림.『엄마 무릎 성경』. 파주: 모퉁이돌, 2002.

② 만화 성경

Gaines, M. C. *Picture Stories from the Bible*. New York: Scarf Press, 1979.

Cook, David C.『재미있는 만화성경』. 서울: 생명의 말씀사, 1997.

워드, 리비 파게트, 짐.『만화성서대전』. 서울: 홍성사, 1994.

『Bible Now!: 어린이들에게 들려주는 101가지 성경 이야기(성경 전서 새번역)』. 서울: 대한성서공회, 2005.[7]

달러, 에티엔느 외.『만화 성경』1~4. 서울: 크리스챤 다이제스트, 1993~1994.

이와 같은 성서의 성격은 성서 이야기나 인물을 중심으로 동화나 이야기 혹은 만화 등 형식을 사용하여 성서 내용을 각색한 것이다. 이와 같은 성서는 성서의 중요한 이야기나 주요 인물 그리고 성서 전체의 흐름을 쉽게 파악할 수 있다는 장점이 있다.

그러나 이와 같은 성서 집필자의 신학적 성향과 문학적 상상력에 따라 성서의 본래 의미가 왜곡될 수 있다는 점이다. 또한 이와 같은 성서는 성서 본문을 직접 대하는 것으로부터 오는 만남이 배제된다

---

7) 이 성경은 지면이 만화식으로 구성되어 있으나 대사는 성구로 되어 있다.

는 것이다. 집필자가 이해한 내용을 간접적으로 전달받을 뿐 성서를 직접 읽을 때 오는 영감을 받을 수 없다는 점이다. 마지막으로 이와 같은 성서는 개인적으로 가정 등에서 사용할 수는 있겠지만 공적인 교회학교에서 교육용으로는 사용될 수 없다는 점이다.

③ 일러스트레이션 성서

만화 성서와 그 형태는 유사하나 성격 면에서 다른 성서가 일러스트레이션 성서이다. 일러스트레이션 성서는 성서에 그림이 들어 있는 성서를 말한다. 그림 성서는 보통 아동을 위한 것으로 생각하기 쉬우나 실제로 그림이 있는 일러스트레이션 성서는 7~8세기 성인 성서로부터 시작되었다. 성경에 사용된 일러스트레이션은 보통 세 가지 형태로 나타났다. 첫째, 문단의 첫 글자에 문양(illuminated initial letters)을 입히는 형태이다. 보통의 경우 단순한 도안이 일반적으로 사용되었고, 때에 따라서는 본문 이야기와 관련된 이미지를 도안으로 만들기도 하였다. 둘째, 성경의 장마다 테두리에 장식(decorated borders)을 도안하는 형태이다. 여기에는 꽃이나 장식 글씨 또는 동물의 형상 등이 사용되었다. 셋째, 세밀화 또는 소화상(miniature pictures)의 형태이다. 그 내용은 본문의 장면이었다.8) 당시 성서에서 일러스트레이션은 단순한 장식 이상의 의미를 갖지는 못하였는데, 이는 그림보다 본문 자체를 중시한 까닭이다.

그러나 13세기에 접어들면서 일러스트레이션은 성서 본문 내용의 묘사를 넘어서 내용 전달에 있어서 본문보다 더욱 중요한 역할을 담당하게 되었다. 이 같은 성서는 글을 모르는 사람들이 성서를 이해

---

8) Bruce M. Metzger and Michael D. Coogan, *The Oxford Companion to the Bible*(New York: Oxford University Press, 1993), 298 - 99.

하는 데 결정적 역할을 하였다. 여기에 적절한 인용구나 설명이 첨부될 경우 일러스트레이션은 성서 내용을 이해하는 데 크게 도움이 되었다. 16세기에 이르러서는 라파엘(Raphael), 도레(Gustave Doré), 조르주 루오(Georges Roualult), 마크 샤갈(Marc Chagall) 등 유명 화가들의 그림이 일러스트레이션으로 등장하게 되었다. 아동 그림 성서는 19세기 이후 주로 미국에서 발전되었다.

우리나라에서는 2004년 대한성서공회에서 『컬러 일러스트레이션 성경』을 발간하였다. 이 성서에는 1970년대 미국성서공회가 출판한 *Today's English Version*에 실렸던 애니 발라톤(Annie Vallotton)의 그림이 실려 있다. 발라톤은 단순한 선을 사용하면서도 선의 사용을 최소한 절제하면서 심도 있는 의미와 느낌을 전달하는 일러스트레이션을 추구해 왔다. 시대와 공간성을 초월한 발라톤 일러스트레이션의 단순성은 독자의 상상력이 개입될 수 있는 공간이 된다.9) 이와 같은 발라톤의 일러스트레이션에 대한성서공회는 색을 입히는 작업을 하였다. 채색은 파스텔조의 부드러운 색으로 이루어져 있는데, 색채의 심리학적 측면에 대해, 학자들은 강렬한 원색은 상상력을 감소시키고, 부드러운 중간색은 상상력을 자극하고 증진시킨다는 견해를 내놓고 있어서,10) 파스텔조의 부드러운 색을 입은 발라톤의 일러스트레이션은 시각적으로 표현된 이야기에 심미적 경험을 더해 주는 역할을 한다고 할 수 있다. 발라톤의 일러스트레이션은 그 단순성으로 인해 보편성을 띠며 본문 설명을 넘어 독자로 하여금 본문을 이

---

9) 김영래, "대한성서공회 『성경전서 새번역 컬러 일러스트레이션』 활용의 인식론적 고찰: 문자 이해에서 이미지 경험으로", 「성경원문연구」 17(서울: 대한성서공회, 2005), 13.

10) Frans Carlgren, *Education Towards Freedom*(East Grinstead, England: Lanthorn Press, 1993), 65 – 68.

해하고 경험하도록 유도한다. 또한 채색된 발라톤의 일러스트레이션은 매체의 다양화가 인식의 통전화를 가능하게 한다는 면에서, 문자의 이해에서 이미지의 경험을 촉진시키는 역할을 할 것이다.

이처럼 일러스트레이션 성서는 초기 단순한 장식 목적으로 출발하여, 의미 전달의 효과를 증대하기 위한 보조적 역할을 수행하였고, 더 나아가 글로서는 그 느낌이 전달되지 않는 심미적 경험의 차원에 이르기까지 그 기능이 확대되어 왔다. 또한 일러스트레이션 성서는 단지 아동들만을 위한 것이 아니라 전 감각을 통해 이해와 경험을 하는 모든 연령층에 해당된다.[11]

## 2. 발췌 성서

'이야기 성서'가 가진 성서와의 직접적인 만남의 한계 그리고 기독교 신앙공동체에서 공적 사용 불가라는 제한을 극복하고자 한 성서가 '발췌 성서'라 할 수 있다. 발췌 성서는 아동의 심리와 삶의 문맥을 고려하여 성서에서 일부를 발췌하여 순서대로 정렬한 것이다.

발췌 성서에는 다음과 같은 것들을 찾아볼 수 있다.

*The Children's Daily Devotional Bible.*

*The Good News Children's Bible.*

Batchelor, Mary. *The Children's Bible in 365 Stories.* Berkhamsted: Lion Publishing, 1985.

Kohlenberger, John R. Ⅲ. and Wescombe, Noel. *Amazing Book.*

---

11) 김영래. "대한성서공회 『성경전서 새번역 컬러 일러스트레이션』 활용의 인식론적 고찰", 12.

Colorado Springs: International Bible Society, 1991.

그러나 발췌 성서의 문제점은 성서의 어떤 내용을 발췌하느냐이다. 예를 들어, 발췌 성서인 *The Good News Children's Bible*과 *The Children's Daily Devotional Bible*에는 창조와 타락 이야기의 발췌가 다르게 나타나고 있다는 점이다.[12)

| The Good News Children's Bible | The Children's Daily Devotional Bible |
|---|---|
| **태초에** | |
| 창조이야기(1:1 - 2:3) | 창조이야기(1:1 - 16) |
| | 짐승과 사람(1:24 - 2:4) |
| 에덴동산(2:8 - 9, 15 - 17) | |
| **인류가 범죄하다** | |
| 첫 번째 사람들이 하나님께 불순종하다 | 첫 번째 죄(3:1 - 13, 20 - 24) |
| (3:1 - 13, 22 - 23) | |
| 가인과 아벨(4:2 - 7) | 가인과 아벨(4:1 - 11) |
| 네 아우가 어찌 되었느냐? (4:8 - 14,16) | |

## 3. 성경전서

발췌 성서가 성서 본문을 직접 대면하게 한다는 장점이 있음에도 불구하고 성서 전체를 모두 다루지 못한다는 한계가 있다. 이러한 문제에 직면하여, 성경전서는, 성서는 하나님의 영감된 말씀이므로 인간 이해 차원을 떠나서 모든 사람에게 말씀한다는 전제하에 아동도 성서 전체를 대면할 수 있다는 입장에서 성서 전체를 다루고 있다.

이와 같은 성서에는 다음과 같은 것들이 있다.

---

12) 임동원, "어린이 성경 번역에 있어서 발췌 본문에 대한 연구", 「성경원문연구」 6(서울: 대한성서공회, 2000), 7 - 27.

*The Children's Living Bible*. Wheaton, IL: Tyndale House Pub. 1987.

Clare, John D. *The Bible Alive*. Michigan: Zondervan Pub. House, 1993.

Wangerin, Walter, Jr. *The Bible for Children*. New York, NY: Checkerboard Press, 1986.

*International Children's Bible*. Texas: Sweet Pub. Inc., 1986.

*Psalty's Kids Bible*. Michigan: Zondervan Publishing House, 1991.

Richards, Lawrence O. and Richards, Sue W. *The Teen Study Bible*. Michigan: Zondervan Publishing House, 1993.

*Read with Me Bible: An NIV Story Bible for Children*. Michigan: Zondervan Publishing House, 1997.

*Contemporary English Version: Childrens's Illustrated Edition*. New York: American Bible Society, 1995.

아동 성서의 세 가지 형태인 이야기 성서, 발췌 성서 그리고 성경 전서는 각각 한계와 장점을 지닌다. 따라서 한계를 최소화할 수 있도록 아동의 발달 단계를 고려하여 이용해야 할 것이다.

## Ⅲ. 선정준거에 따른 성서교육 내용

성서교육에서 어떤 성서 내용을 다룰 것인지를 물을 때, 우리는 선정 기준에 대해 생각해 볼 것을 요구받는다. 성서교육 내용은 충동적, 우발적으로 선정되어서는 안 된다. 교육의 특성 중에 무의도적 성격이 있기는 하지만 교육에는 계획성이라는 특성도 있어 충동에 의한 내용 선정은 일과성에 지나지 않아 교육적이라 할 수 없다. 성서교육에서 내용은 인간의 영혼 형성에 큰 영향을 주는 것이기 때문에 분명한 준거가 필요하다.

기본적으로 교육 내용은 교육의 목표와 일관성을 지녀야 한다. 전성연은 교육 내용과 교육목표의 관계를 다음과 같이 말한다.

> "교육의 방향을 제시해 주는 교육목표가 설정되면, 그러한 목표가 충실히 반영된 교육 내용이 선정되어야 한다. 교육 내용은 교육목표를 달성할 수 있도록 그 목표를 구체적인 교육활동으로 변환시켜 놓은 것이다. 따라서 교육의 성패, 즉 본래 의도한 교육목표의 달성 여부는 어떠한 내용이 선정되느냐에 달려 있다고 할 수 있다."[13]

교육 내용은 일반적으로 두 가지 관점에 기초하고 있는데, 하나는 교육 내용을 교과내용이나 지식으로 보는 견해이다. 즉 교육 내용을 인간이 오랜 역사를 통해서 축적한 체계화되고 조직화된 교과지식으로 보는 입장이다.[14] 다른 하나는 교육 내용을 학습경험(혹은 학습

---

13) 전성연, "교육내용의 선정과 조직", 서울대학교 교육연구소 편 『교육학 대백과사전』(춘천: 하우동설, 1998), 584.

14) 구체적으로 그 내용은 학문 속에 포함된 사실, 개념, 원리, 일반화, 사고 체계 등이다. 이 같은 접근을 옹호하는 이들은 J. Galen Saylor and William M. Alexander, *Curriculum Planning for Modern Schools*(New York: Holt, Rinehart & Winston, 1966); Richard

과정)으로 보는 견해이다. 이 견해는, 지식은 미리 규정된 것이라기
보다 그것이 개인이나 사회에 필요한가 하는 관점에서 판단해야 한다
고 본다. 이와 같은 지식은 학습자와 주변 환경 간의 부단한 상호작용,
즉 총체적인 경험을 통해서 이루어진다고 가정한다.15) 그러나 학습은
학습되어야 할 내용과 그에 수반되는 여러 학습활동을 통해 이루어지
기 때문에 교과내용과 학습경험은 별개의 것이라고 보기 어렵다. 교육
내용은 교과내용과 학습경험 모두를 적절히 포함해야 한다.16)

전술한 바와 같은 기본 입장에서 교육 내용이 선정되는데, 교육
내용을 선정하기 위한 준거는 기본 입장의 차이에 따라 대단히 다양
하며 상이하다. 그 다양하고 상이한 준거 내용들은 공통점들이 있으
며, 그것들을 몇 가지로 가릴 수 있다. 전성연은 그것을 ① 중요성,
② 타당성, ③ 유용성, ④ 학습가능성, ⑤ 사회적 관련성으로 제시
한다.17) 첫째, 내용의 중요성이다. 이 준거는 선정될 내용이 해당 영

---

S. Peters, *Ethics and Education* Peters, 이홍우·조영태 공역, 『윤리학과 교육』(서울:
교육과학사, 2003); Philip H. Phenix, *Realms of Meaning: A Philosophy of the
Curriculum for General Education*(New York: McGraw-Hill, 1964); Paul Hirst,
"The Contribution of Philosophy to the Study of Curriculum", John F. Kerr, ed.,
*Changing the Curriculum*(London: University of London Press, 1968); Harry S.
Broudy, B. Othanel Smith, and Joe R. Burnett, *Democracy and Excellence in
American Secondary Education: A Study in Curriculum Theory*(Chicago: Rand
McNally, 1964); Jerome S. Bruner, *The Process of Education*, 이홍우 역, 『교육의
과정』(서울: 배영사, 1997) 등이다.

15) 이 같은 입장을 가진 학자들은 L. L. Tyler, "Learning Experiences", Torsten Husén, T.
Neville Postlethwaite, eds., *The International Encyclopedia of Education: Research
and Studies* 5(Oxford; New York: Pergamon Press, 1985); John F. Bobbit, *How
to Make a Curriculum*(Boston: Houghton-Mifflin, 1924); Hollis L. Caswell and
Doak S. Campbell, *Curriculum Development*(New York: American Book Company,
1935); J. Cecil Parker and Louis J. Rubin, *Process as Content: Curriculum
Design and the Application of Knowledge*(New York: Rand McNally, 1966); R.
Hyman, *Approaches in Curriculum*(New Jersey: Prentice-Hall, 1973) 등이다.

16) Hilda Taba, *Curriculum Development: Theory and Practice*, 이경섭 외 공역, 『교육과
정론』(서울: 형설출판사, 1982).

역에서 차지하는 비중의 경중이다. 둘째, 내용의 타당성이다. 이 준거는 선정될 내용이 교육목표와 부합하느냐 하는 것이다. 즉 선정될 내용이 교육목표 달성에 적합한가 하는 것이다. 셋째, 내용의 유용성이다. 이 준거는 학습자의 생활에 유용하느냐이다. 그러나 학습자의 생활을 어떻게 보느냐에 따라 그 내용이 달라진다. 학습자의 생활을 성인 활동을 위한 것으로 볼 경우, 학습자 개인에게 의미 있는 것으로 볼 경우 그리고 현재 진행 중인 생활, 사회적 · 정치적 논제 등에 대한 것으로 볼 경우 내용이 달라질 것이다. 넷째, 내용의 학습가능성이다. 이 기준은 선정될 내용이 학습자가 학습할 수 있는 가능성이 있어야 한다는 것이다. 즉 학습자의 학습 준비도, 경험, 욕구, 흥미 등이 반영된 내용이 선정되어야 한다는 것이다. 다섯째, 내용의 사회적 관련성이다. 이 기준은 사회를 유지하고 발전시키는 데 가치가 있다고 생각되는 사회문제, 제도, 인간정서 그리고 도덕적 가치, 민주주의의 원리와 가치 등과 관련된 교육 내용이 반영되어야 한다는 입장을 나타낸다.

이와 같은 교육 내용의 선정 준거에 대해 전성연은 다음과 같이 말한다.

"이상에서 논의한 교육 내용 선정준거들은 교육과정 개발 과정에서 반드시 적용되어야 할 준거들이다. 물론 교과특성에 따라 그 나름대로의 독특한 내용 선정의 준거가 있겠지만, 위에서 제시한 준거들은 교육 내용의 선정과 평가의 방향을 안내해 줄 수 있으며 일반적으로 적용 가능한 준거들이다."[18]

---

17) 전성연, "교육내용의 선정과 조작", 584 - 86.
18) 전성연, "교육내용의 선정과 조작", 586 - 87.

여기서는 이와 같은 전성연의 견해에 동의하며, 성서교육에서 가르쳐야 할 내용들을 구체적으로 살펴본다.

## 1. 중요성

성서교육에서 학습자에게 교육할 내용은 주로 교회(구체적으로는 교사)가 가르쳐야 할 내용으로 생각되어 왔다. 이 경우의 교육 내용은 일반적으로 교육에서 말하는 교과 중심의 교육 내용과 그 성격이 유사하다. 학습자가 학습해야 할 교육 내용은 교과에서 중요하다고 여기는 내용이라는 이 입장은, 성서교육 내용은 교회가 중요하다고 여기는 성서 내용이어야 한다는 입장과 동일하다고 할 수 있다.

교육 내용의 선정 준거에서 중요성이 의미하는 바는 두 가지이다. 하나는 이 기준에 따라 해당 영역에서 가장 가치 있다고 인정되는 내용을 선정해야 한다는 것이고, 다른 하나는 해당 영역에서 더 정교화되고 전문화된 내용을 습득하기 위해서 요구되는 가장 기초적인 내용을 선정해야 한다는 것이다.

중요성이라는 교육 내용의 선정준거에 따르면 성서교육 내용은 첫째, 성서에서 가장 가치 있는 내용이 선정되어야 한다. 그런데 성서 내용 중에서 어느 것이 가치 있다고 말하고 정하는 자는 누구인가? 성서에서 가장 중요한 내용에서 구약은 여명이고, 복음서는 빛이며, 서신서는 빛을 받은 자들의 삶이다. 그리고 이것이 성서의 핵심적 내용이다. 이는 랜돌프 씨 밀러(Randolph C. Miller)가 말하는 드라마로서의 성서의 주요 내용과 일맥상통한다. 그 내용은 하나님이 인간과 관계하는 대표적 사건들로서 5C(Creation, Covenant, Christ, Church,

Consummation)로 표현된다.[19]

한편 한스-루에디 웨버(Hans-Ruedi Weber)에 따르면, 기독교 교육의 의무는 사람들이 하나님을 아는 지식에서 자라 가도록 돕는 것이다. 그리고 하나님을 아는 주 자원은 성서이다. 그는 기독교교육은 전생에 걸친 모험의 여행이며 그 나침반 역할을 하는 것이 성서라고 한다. 성서 내용은 대단히 풍성하고 다양해서 간단히 요약할 수 없다. 기독교교육의 입장에서 성서의 메시지를 요약하는 여러 가능한 방법들 중의 유일한 것은 하나님의 창조하고 구원하고 완전케 하시는 행위로부터 보는 관점이다. 그래서 성서에서 가르쳐야 할 주요 내용은 창조자, 구원자, 온전케 하는 자가 된다.[20]

창조자로서의 하나님은 만물의 창조자(창 1-2장; 골 1:15-17), 인간의 창조자(창 1:27; 골 3:9-11)로 소개될 수 있으며, 하나님의 피조물인 자연(시 8편; 레 25장), 인간(마 25:31-46) 그리고 소유(마 25:14-30)에 대한 청지기직을 가르칠 수 있다. 구주로서의 하나님은 구원의 지평(출 6:6-8)과 관련해서 만민을 위한 구원을 소개할 수 있다(마 1:21; 28:16-20; 골 1:18-20). 온전케 하시는 주로서 하나님은 세계를 정의와 평화의 나라(사 11:1-9; 단 7:13-14)로, 낡은 세상을 두루마리처럼 말아 버리고 새 하늘 새 땅(렘 31:31-34; 겔 47:1-12; 사 65:17)을 여실 것이다. 이 나라는 예수 안에 이미 임했으며(막 1:15; 눅 17:21), 십자가로 완성되는 나라이다(고

---

19) Randolph C. Miller, *Biblical Theology and Christian Education*(New York: Charles Scribner's Sons, 1956), 5.

20) Hans-Ruedi Weber, "The Bible in Religious Education", Iris V. Cully and Kendig B. Cully, eds., *Harper's Encyclopedia of Religious Education*(San Francisco: Harper & Row, 1990), 62-64.

전 15:20 - 28; 계 19:11 - 160, 21 - 22). 그리고 아직도 성취되기를 희망해야 할 것이다(벧전 3:15).

가르쳐야 할 중요한 성서의 핵심적 주제들이 있다. 조셉 에스 마리노(Joseph S. Marino)에 따르면, 그것들은 하나님 발견(주님을 발견하기), 신앙(주님과 걷기), 기도(주님과 있기), 제자직(주님 따르기), 정의(주님 나타내기), 죄(주님 배반), 화해(주님 안에서의 회복)이다.[21]

## 2. 타당성

타당성의 준거는 선정될 내용이 교육목표 달성에 적합한가 하는 것이다. 성서교육을 왜 하느냐 하는 성서교육 목적은 차원적인 관점에서 탐구할 수 있다. 그것은 그것을 성서교육이 무엇을 위한 것이냐 하는 외재적 차원, 성서교육 자체를 위한 내재적 차원, 개인의 삶을 보다 정제하고자 하는 개인적 차원, 사회적 지향점을 위한 사회적 차원, 교수 - 학습 상황을 고려한 학습자 차원 그리고 성서가 말하는 성서교육 차원으로 나누어 검토할 수 있다.

성서교육의 외재적 차원으로는 성서 내용을 알기 위해서, 구원의 도를 배우기 위해서 그리고 신자로서 경전을 알아야 할 의무를 다하기 위해서이다. 이와 같은 목적에서 하는 성서교육 내용은 목적의 합집합으로서 성서 전체가 될 것이다. 그러나 성서교육 내용이 성서 전체라고 말하는 것은 실제로는 성서교육 내용이 없다는 말과 다름없다. 성서교육의 내재적 차원은 성서교육을 통해 성서를 교육하는 법을 배우는 것이다. 교육 내용 면에서 볼 때 성서를 교육하는 법을

---

21) Joseph S. Marino, ed., *Biblical Themes in Religious Education*(Birmingham, AL: Religious Education Press, 1983).

배우는 데 도움을 줄 수 있는 성서 내용이 어떤 것인지는 성서가 실제적인 전문적 교육서가 아니기 때문에 찾을 수 없을 것이다. 찾을 수 있다 하더라도 성서교육의 일반적 목적에 비추어 볼 때, 그와 같은 내용을 가르치는 것은 부적절하다. 성서를 교육하는 법을 배운다는 성서교육의 내재적 목적은 마치 잠재적 교육과정과 같은 것이지, 명시적 목적이라고 하기는 어렵기 때문이다.

### 3. 유용성

이 준거는 교육 내용이 학습자의 생활에 유용해야 한다는 것이다. 이것은 학습자의 무엇을 위해 유용한가 하는 문제인데, 즉 미래의 준비를 위해 유용한 것이어야 한다는 것인지, 학습자의 취향에 맞아야 한다는 것인지, 아니면 현재의 문제를 해결해 나가는 데 유용한 것이어야 한다는 것인지 여러 의견으로 나눌 수 있다.

학습자가 미래를 준비하는 데 필요한 성서 내용은 무엇일까. 이 물음에 대답하기 위해서는 먼저 학습자의 미래 모습이 어떠해야 하는지를 규정해야 한다. 이것은 일종의 교육목적일 텐데, 이 교육목적은 교육관에 따라 상이하고 그에 따라 성서교육 내용도 다양할 것이다. 그럼에도 불구하고 모든 기독교교육은 신앙인을 지향할 것이다. 그렇다고 볼 경우, 성서교육 내용은 신앙에 관한 것이 되어야 할 것이다.

학습자의 취향은 하도 다양하여 그에 따른 성서 내용의 선정은 무엇이건 가능할 수 있기 때문에 특정 성서 내용을 선정하는 일은 사실상 불가능하다. 현재 문제를 해결해 나갈 수 있는 성서 내용의 선정은 현재 문제를 어떻게 규정하느냐에 따라 다양할 수 있다. 생활 또는 신앙생활과 관련된 사회적·정치적 논제에 대한 합의가 이루어 진다 해도 그 같은 논제에 대한 성서 내용이 있다는 보장을 하기는 어렵다. 성서는 고대의 책이며 현대의 상황과는 매우 다른 사회 문 화적 문맥에서 쓰인 기록이기 때문이다. 그럼에도 불구하고 현실적 으로는 성서 공부반에서 사회적 문제를 다루고 있으며,22) 그 같은 시도들에 자료와 근거를 제공하는 성서학의 시도가 있다. 예를 들어, 존 로거슨(John Rogerson)은 핵문제, 유산, 노동과 실업, 복지, 세계 질서 등 사회 정치적 문제들을 구약의 차원에서 다룬다.23) 환경문제 역시 오늘날 중요한 문제이다. 마이클 에이 불모어(Michael A. Bullmore)에 따르면, 환경이란 주제에 대해 가장 중요한 성구들은 네 가지이다. 그것들은 시편 104편, 창세기 1~2장, 창세기 9장 8~17 절 그리고 로마서 8장 18~23절이다.24)

## 4. 학습가능성

이 기준은 선정될 내용이 학습자의 학습 능력 안에 있어야 한다는 것이다. 성서교육에서 이 학습자의 준비도는 일반적으로 종교적 사 고의 발달문제로 다루어진다. 기독교교육에서 종교적 사고에 대한 논의는 크게 세 부류로 나뉜다. 첫째 부류는 장 피아제(Jean Piaget) 의 인지발달구조 단계를25) 아동의 종교적 사고에 적용하며, 데이빗

---

22) Catherine P. Zeph, "Turning the Kaleidoscope: The Adult Religious Educator as Learning Consultant", *Religious Education* 94:3(Summer 1999), 351.

23) John Rogerson, *Theory and Practice in Old Testament Ethics*(London; New York: Clark, 2004), 81 – 143.

24) Michael A. Bullmore, "The Four Most Important Biblical Passages for a Christian Environmentalism", *Trinity Journal* 19:2(Fall 1998), 139 – 62.

얼킨드(David Elkind)는 이를 아동의 종교적 정체성과 기도 개념 발달에,26) 로날드 골드만(Ronald Goldman)은 성서 서사의 이해에 적용한다.27) 둘째 부류는 로렌스 콜버그(Lawrence Kohlberg)의 도덕발달론의 영향 아래서28) 피아제의 이론을 확대하는 입장으로, 이에는 종교적 사고의 정서적·실존적 측면에 주의를 기울이고자 하는 입장과 종교 발달을 사춘기 초기가 아닌 전 생애에 걸친 것으로 설명하는 입장이 있다. 기독교교육에서는 콜버그의 제자들인 제임스 더블유 파울러(James W. Fowler)와29) 프리츠 케이 오저(Fritz K. Oser)가30) 모두 여섯 단계의 다차원적 종교발달 모델을 제안했다.

25) Barbel Inhelder and Jean Piaget, *The Growth of Logical Thinking from Childhood to Adolescence: An Essay on the Construction of Formal Operational Stuctures* (New York: Basic Books, 1958).

26) David Elkind, "The Child's Conception of His Religious Domination:(1) The Jewish Child", *Journal of Genetic Psychology* 99(1961), 649 – 59; "The Child's Conception of His Religious Domination:(2) The Catholic Child", *Journal of Genetic Psychology* 101(1962), 185 – 93; "The Child's Conception of His Religious Domination:(3) The Protestant Child", *Journal of Genetic Psychology* 103(1963), 291 – 304; David Long, David Elkind, and Bernard Spilka, "The Child's Conception of Prayer", *Journal for the Scientific Study of Religion* 6(1967), 101 – 109.

27) Ronald Goldman, *Religious Thinking from Childhood to Adolescence*(London: Routledge and Kegan Paul, 1964).

28) Lawrence Kohlberg, "From Is to Ought: How to Commit the Naturalistic Fallacy and Get Away with it in the Study of Moral Development", Theodore Mischel, ed., *Cognitive Development and Epistemology*(New York: Academic Press, 1971).

29) James W. Fowler, "Toward a Developmental Perspective on Faith", *Religious Education* 69(1974), 207 – 19; "Faith and the Structuring of Meaning", Christiane Brusselmans, ed., *Toward Moral and Religious Maturity*(Morristown, NJ: Silver Burdert Company, 1980); *Stages of Faith*(San Francisco: Harper ami Row, 1981); "Stages in Faith Consciousness", *New Directions for Child Development* 52(1991), 27 – 45.

30) Fritz K. Oser, "Stages of Religious Judgment", Christiane Brusselmans, ed., *Toward Moral and Religious Maturity*(Morristown, NJ: Silver Burdett Company, 1980); Fritz K. Oser and Paul Gmünder, *Religious Judgement: A Developmental Perspective*(Birmingham, AL: Religious Education Press, 1991).

셋째 부류는 현대 피아제 발달 연구의 영감을 받아 아동과 성인의 사고 연속성을 강조하는 경향이 있으며, 잔류연령차를 문화적 지식의 양적 차이로 돌린다.31) 하지만 이와 같은 제한들이 신이나 기도와 같은 영적 사실에는 적용되지 않을 것으로 본다.32)

학습자의 종교적 사고에 대한 이 같은 연구들은 경쟁적 양상을 보여 주면서 부분적이며 불완전해서 종교적 사고의 본성과 발달에 대한 종합적이고 신뢰할 만한 결과를 내놓지 못하고 있다. 그럼에도 불구하고 이 이론들이 보여 주는 바는 종교적 사고가 상당히 교육의 영향을 받는다는 점 그리고 종교적 사고에 발달 단계가 있음으로써 교육의 구체성을 높인다는 점에서33) 성서교육에서 학습자의 준비도에 대해 긍정적일 수 있다. 그러나 그렇다고 해서 종교적 사고에 대한 저간의 연구들이 교육해야 할 성서 내용을 제시하는 것은 아니며 다만 성서 내용 선정을 위한 큰 울타리를 쳐 준다고 할 수 있다.

---

31) Alison Gopnik and Henry M. Wellman, "The Theory Theory", Lawrence A. Hirschfeld and Susan A. Gelman, eds., *Mapping the Mind: Domain specificity in Cognition and Culture*(New York: Cambridge University Press, 1994); Alison Gopnik, Andrew N. Meltzoff, and Patricia K. Kuhl, *The Scientist in the Crib: Minds, Brains, and How Children Learn*(New York: William Morrow, 1999).

32) J. L. Barrett, R. A. Richert, and A. Driesenga, "God's Beliefs Versus Mother's: The Development of Nonhuman Agent Concepts", *Child Development* 72:1(2001), 50-65; J. D. Woolley and K. E. Phelps, "The Development of Children's Beliefs about Prayer", *Journal of Culture and Cognition* 1:2(2001), 139-66.

33) Eli Gottlieb, "Development of Religious Thinking", *Religious Education* 101:2(Spring 2006), 256-57.

## 5. 사회적 관련성

이 기준은 사회를 유지하고 발전시키는 데 가치가 있다고 생각되는 교육 내용을 선정해야 한다는 것이다. 성서교육에서 이 기준과 궤를 같이하는 내용은 '하나님의 나라'라는 개념일 것이다. 토마스 에이치 그룸(Thomas H. Groome)에 따르면, 기독교교육 목적 중에 하나는 사람들로 하여금 기독교인으로서 하나님의 나라를 위해 살도록 돕는 것이다. 하나님의 나라는 구약에 나타난 하나님의 통치이며, 신약에서 예수 안에 나타난 인격과 사역이다. 이 하나님의 나라는 그리스도인의 책임을 요구하며, 그 책임은 개인적으로는 회심을, 교회적으로는 케리그마(Kerygma), 코이노니아(Koinonia) 그리고 디아코니아(Diakonia) 사명을 넘어 "그 나라의 가치들을 증진시킬 능력이 있는 사회적·정치적·경제적 구조를 창조하는 데 기여"하는 것으로 그리고 사회적으로는 정치·경제·사회·문화적 구조들에 대한 심판과 그 나라의 가치에 위배되는 실재들(예를 들어, 인종주의, 성적 쾌락주의, 차별, 억제되지 않은 자본주의, 전체주의, 소비주의 등)을 정복하고 제거하는 것이어야 한다.[34]

성서교육 내용을 선별하기 위해서, 교육 내용 선정 준거로서 사회적 관련성의 구체적 내용으로서의 사회문제, 제도, 인간정서 그리고 도덕적 가치, 민주주의의 원리와 가치 등 기독교교육적 번역이 필요하다. 현대에는 성서시대와는 대단히 격차가 큰 사회적 문제들이 즐비하다. 특히 정보화, 포스트모던 그리고 세계화 시대가 빚어낸 사회적 문제들과 관련된다고 여겨지는 성서 내용의 선정이 필요하다. 사

---

34) Thomas H. Groome, *Christian Religious Education: Sharing Our Story and Vision*, 이기문 역, 『기독교적 종교교육』(서울: 대한예수교장로회총회교육부, 1980), 86 - 87.

회적 제도는 종종 공동의 선을 위한 것이라는 명분으로 인간이 무시되는 경우가 있다. 무한 경쟁이 요구되는 신자유주의 시대에 인간성은 파괴되고 폭력적으로 변해 가고 있다. 인간다움이 무엇인가를 새롭게 발견해 나가는 것이 어느 때보다 필요한 시대가 되었다. 인간 본연의 숭고한 가치들은 폐기되고 타락하고 부패한 가치들이 자연스럽게 여겨지며 위세를 드러내는 시대가 되었다. 인간 사회에 필요한 참다운 가치가 무엇인지 성서 내용을 통해서 제시되어야 할 것이다.

　내용의 사회적 관련성과 관련해서 성서 세계의 문화에 대해 짚고 넘어갈 필요가 있다. 성서 세계는 현대 세계와 시공간적인 간격 때문에 사회적 관련성이 희박하다고 볼 수 있기 때문이다. 성서에는 오늘날의 독자가 보기에 이상해서 이해하기 어려운 내용들이 있다. 예를 들어, 유다와 며느리 다말(창 38장), 환자를 정하게 하는 의식(레 14장), 피남편("십보라가 부싯돌 칼을 가지고 제 아들의 포피를 잘라서 모세의 발에 대고, '당신은, 나에게 피 남편입니다' 하고 말하였다."[출 4:25]), 허리띠와 포도주 항아리의 상징(렘 13장), 침으로 흙을 개어 나면서부터 눈먼 사람을 고치시는 예수(요 9:6), 바울의 신비한 체험(고후 12:2), 일곱 뿔 일곱 눈을 가진 어린양(계 5:6－7), 머리 일곱 달린 용(12:3), 하나님을 모독하는 두 짐승(13장)과 큰 창녀(17장) 등의 내용은 현대인들이 참으로 이해하기 어렵다. 게다가 불평 가득한 민족을 보배로운 백성으로 삼으신 하나님의 뜻(신 7:6)이나, 사회적으로 천한 자들을 옹호하시며, 가난하고 무력한 자로 오시고 수치스런 죽음을 당하고 부활하신 분은 당시 세계의 사람들에게 얼마나 어리석게 보였겠는가(고전 1장).35) 그러나 이 같은

---

35) Carol M. Bechtel, "Teaching the 'Strange New World' of the Bible", *Interpretation*

낯선 성서의 세계에 대한 인정이야말로 성서 세계로 들어가는 입장권과 같다 할 수 있을 것이다. 성서의 이상한 세계를 낯선 사실로 볼 때, 성서는 그 진정한 모습을 드러내지 않는다. 사실을 뛰어넘는 상상력이 동원될 때, 성서의 낯선 내용들은 오히려 의미의 전달자가 될 것이다.36) 이와 연관 지어 생각해 볼 문제는 성서 세계의 문화는 시간과 공간의 거리 때문에 낯섦을 인정한다 하더라도 이성적으로 용납하기 어려운 내용들에 대해서이다. 그와 같은 내용들에 대해 부정적 입장을 지닐 때, 현대인의 이성에 호소하기 위해 과학적 입장에서 기적을 소홀히 여기고 하나님에 대한 설명을 단순화할 수 있다. 분노하고 복수하는 하나님을 생략하고 사랑과 용서의 하나님으로만 소개하는 경우가 그렇다.37) 성에 관한 것이나 강간 기사를 피하며, 긍정적·도덕적 메시지를 반영하기 위해 성서 내용을 조작한다. 예컨대 우물가의 리브가 이야기는 아동을 대상으로 하는 거의 모든 책에 실려 있는데, 그 이유는 그녀가 친절이라는 도덕적 덕에 부합되기 때문이다.38) 어느 경우에는 인물들을 강하게 대조시킨다. 예컨대, 야곱은 선하고 의로우며, 에서는 이기적이고 감정적이라고 한다. 이처럼 누락, 삭제, 그릇된 강조 등 조작을 통해 결국 성서에 특정 도덕을 부과하면서 성서 내용을 왜곡시키게 된다.

이제까지 살펴본 교육 내용 선정의 기준은 성서교육적 측면에서 검토할 때, 성서 내용을 선정하는 데 지침으로 작용될 수 있다. 그러

---

56:4(Oct. 2002), 370.

36) Bechtel, "Teaching the 'Strange New World' of the Bible", 375.

37) Penny S. Gold. *Making the Bible Modern: Children's Bibles and Jewish Education in Twentieth-Century America*(Ithaca: Cornell University Press, 2003), 141.

38) Gold. *Making the Bible Modern*, 153.

나 이 기준들은 일반교육을 위한 것이기도 하기 때문에 신앙적 삶의 양육을 위한 성서교육의 성격에 좀 더 초점을 맞출 필요가 있다.

## Ⅳ. 성서교육 내용의 성격

우리는 위에서 성서교육을 할 때 어떤 기준에서 그 내용을 선정해야 할 것인지에 대해 생각해 보았다. 이 기준들은 교육 내용 선정의 일반적 기준이기 때문에 교육의 특수 형태라고 할 수 있는 성서교육에 사용될 경우 추상적이거나 단편적인 것으로 여겨질 수 있다. 따라서 성서교육에 보다 적합한 내용을 선정하기 위해서는 다른 성격의 기준이 요구된다. 그 기준은 성서교육이 그 낭에 포함한 기독교교육의 일반적 성격으로부터 규정되어야 할 것이다.

성서교육에서 그 내용이 어떤 성격을 지녀야 하는지는 기독교교육과 성서교육이 공유하는 영역으로부터 규정할 수 있을 것이다. 그 공유 영역을 여기서는 신앙의 성장과 학습자의 발달로 보고 그에 대해 아래에서 살펴보겠다.

### 1. 신앙의 성장을 위한 내용

김수천은 종래의 교육 내용 선정에 대한 준거가 주로 교과적 지식을 중시하느냐, 학습자의 경험을 중시하느냐에 따라 이루어졌다고 보고, 중요한 것은 지식이냐, 경험이냐가 아니라, "오히려 삶이란 무엇이며 질 높은 삶은 어떤 삶인가"를 문제로 보고 있다.[39] 이 같은 입장은 성서교육에도 적용될 수 있을 것이다. 성서교육에서도 어떤 내용을 가르쳐야 하느냐고 할 때 성서 내용의 중요도나 학습자에 대한 타당도를 중심으로 교육 내용이 선정되어야 한다고 주장할 수 있으나, 정작 중요한 것은 선정된 성서 내용이 학습자의 신앙 성장에 도움을 줄 수 있느냐이다. 이와 같은 입장에서 성서교육 내용은 무엇보다 신앙 성장을 가져올 수 있는 내용이어야 한다.

일반적으로 기독교교육에서는 신앙을 지·정·의적 차원을 가진 총체적 실재로 본다.[40] 생동하는 기독교신앙은 이 세 가지 차원들, 즉 믿는 것, 신뢰하는 것 그리고 행하는 것을 포함한다. 기독교신앙을 목적으로 하는 기독교교육은 이 삼차원적인 신앙을 의도적으로 향상시킬 수 있도록 설계되어야 한다.

월터 브루거만(Walter Brueggemann)에 따르면 성서는 이스라엘 신앙공동체가 후손들에게 행한 신앙교육의 기록이다.[41] 이와 같은 성격의 성서에 대해 성서교육의 입장에서 유의해야 할 점은 이 성서 내용이 학습자의 신앙성장에 유익한가이다. 그랬을 때, 우리는 성서가 '그렇다'고 대답할 수 있다. 일반적으로 성서는 율법서, 예언서 그리고 성문서로 구성되어 있는데, 브루거만에 따르면 각 분류의 책은 각각 에토스(Ethos), 언약과 현실 사이에서 하나님과 이스라엘 사

---

39) 김수천, "교육내용과 교육방법의 관계", 서울대학교 교육연구소 편, 『교육학 대백과사전』(춘천: 하우동설, 1998), 578; "서양의 교육과정사 연구: 삶과 교과의 관계를 중심으로", 강원대 교육연구소, 「교육연구」3(1993), 92 - 107 참조.

40) Groome, *Christian Religious Education*, 103 - 106; John H. Westerhoff Ⅲ, *Will Our Children Have Faith?* 정웅섭 역, 『교회의 신앙교육』(서울: 대한기독교교육협회, 1983), 89.

41) Walter Brueggemann, *The Creative Word: Canon as a Model for Biblical Education*, 김도일·강성열 역, 『기독교 교육: 월터 브르거만의 창조적인 말씀을 통한』(서울: 한들, 1999).

이의 애증적 갈등인 파토스(Pathos) 그리고 로고스(Logos)와 상응한다. 여기서 공동체의 성격에 대한 규정적 진술인 에토스는 신앙의 지적인 차원, 파토스는 신앙의 정서적 차원 그리고 인생의 의미와 질서, 신념이 삶의 형식으로 표현된 로고스는 신앙의 행위적 차원과 대응한다고 할 수 있다. 신앙의 성장을 위한 성서교육 내용은 이 에토스, 파토스 그리고 로고스적 성격을 가진 성서 전체를 포함한 것이어야 한다. 물론 인간 발달을 고려할 때, 에토스적 토라는 아동, 파토스적 예언서는 청소년 그리고 로고스적 성문서는 성인에게 더 부합되는 내용으로 볼 수도 있다.

## 2. 학습자의 발달에 맞는 내용

성서 내용 전체가 학습자에게 교육가능한 것이라고 하더라도 그 정확성 면에서 발달 단계에 따라 차이가 날 수 있다. 학습자의 발달에 맞는 내용의 예를 일부 살펴보자.

### 1) 아동42)

성서에 나오는 개념 중에는 아동이 파악하기 어려운 한자어와 종교적 용어 등이 있다. 또한 신약성서의 경우 단어는 현대적 어휘라 하더라도 비유나 상징적 표현, 심지어 추상적 개념은 이해하기 힘들 것이다. 예를 들면, 성경에 등장하는 한자어(창공, 형상, 인자, 반석, 서원, 경솔히, 증거, 수난 등), 종교적 언어(안식일, 랍비, 선지자, 번제, 구원, 속죄, 성령, 은혜, 영생, 은혜의 해, 임마누엘, 할렐루야, 아멘 등), 추상적 개념(천국, 천부, 사랑, 용서, 하늘 등), 은유적 개념

---

42) Weber, "The Bible in Religious Education", 63.

(겨자씨, 소금, 빛, 길 등), 문화적 개념(달란트, 발 씻기기, 어부 등) 등이다.43) 이와 같은 성서 내용의 난해성으로부터 아동 발달에 필요한 성서 내용 선정이 요구된다.

① 취학 전

하나님의 사랑과 돌봄에 대한 이야기(예를 들어, 창 1장의 이야기, 막 10:13 – 16의 예수와 어린이 이야기, 확신과 감사 구절[예를 들어, 시 56:3; 145:10])44) 등을 배울 수 있다.

한편 베스 롤랜드(Beth Rowland) 등은 취학 전 아동이 배워야 할 내용을, 하나님이 멋지게 만드심(창 1:1 – 2:3); 비가 내리고 홍수가 남(창 6:9 – 9:17); 들은 것을 행한 모세(출 3:1 – 12:51); 소년과 거인(삼상 17:1 – 52); 자기 백성을 섬긴 왕비(에 1:1 – 8:17); 용감한 세 남자와 악한 왕(단 3:1 – 30); 하나님이 우리와 함께하심(눅 2:1 – 20); 거칠고 무서운 승선(막 4:35 – 41); 결코 작지 않은(막 10:13 – 16); 선한 이웃(눅 10:25 – 37); 잃고 찾기(눅 15:1 – 7); 위대하고 큰 소풍(요 6:1 – 14); 다시 사심!(막 15:12; 막 16:1 – 13)45)으로 제안한다.

그리고 제인 시 자렐(Jane C. Jarrell) 등은 하나님이 동물들을 만드심(창 1장), 하나님이 사람을 만드심(창 2장), 노아와 방주(창 6 – 8장), 바벨탑(창 11장), 아브람과 사래가 하나님을 따름(창 16장), 요셉과 그의 옷46) 등을 배워야 할 내용으로 한다.

---

43) 손삼권, "성경 읽기의 차원에서 본 어린이 성경 번역", 『성경원문연구』 6(서울: 대한성서공회, 2000), 100.

44) Weber, "The Bible in Religious Education", 63.

45) Beth R. Wolf and Bonnie Temple, *First & Favorite Bible Lessons for Preschoolers* (Loveland, CO: Group Publishing, 1996).

46) Jane C. Jarrell and Deborah Saathoff, *Incredible Edible Bible Story Fun for*

② 학령기47)

- 유년부/ 사람들 이야기(예를 들어, 창 37장의 요셉, 삼상 16:1
  -23의 다윗, 막 1:16-20의 제자들의 부름, 행 1:16-20의
  루디아); 확신과 감사의 구절들(예를 들어, 시 100편; 121편).
- 초등부/ 이어지는 이야기들(예를 들어, 모세의 사람들과 이스라
  엘 백성 또는 예수 생애의 이야기들); 시편에서 더(예를 들어,
  시 136편, 150편).

한편, 아동은 성서 내용을 자기중심적 혹은 자폐증적으로 이해하
므로 아동에게 제공되는 성서 내용은 아동이 읽고 이해할 수 있는
범위의 것이어야 한다고 주장하는 골드만은 아동에게 교육가능한 성
서 내용 범위를 다음과 같이 제안하고 있다.

(1) 초기 아동기(5～7세)

이 단계의 아동에게 행할 수 있는 종교교육 범위는 기본적인 욕구
를 충족시켜 주어야 한다. 성서나 기독교의 지식을 제공하려고 해서
는 안 되며, 관계와 영향에 의해서 학습될 수 있도록 도와야 한다.
이 단계의 어린이들 스스로 질문하고 연구하도록 자극을 주며 성취
동기를 유발시키는 것이 바람직하다.48) 그들은 부모를 하나님으로
생각하는 경향이 짙다. 부모의 모습에서 종교적 언어를 찾고 사용한
다. 이들을 위한 교수 내용은 거의 '생활 중심'으로 전개되고, 중심
되는 주제는 다음과 같다.

---

    *Preschoolers*(Loveland, CO: Group Publishing, 1999).

47) Weber, "The Bible in Religious Education", 63.

48) Ronald Goldman, *Readiness for Religion*: *A Basis for Developmental Religious Education*(New York: Seabury Press, 1974), 90.

죽음과 생명, 크리스마스나 추수감사절, 예배 참여, 아동의 욕구, 즉 안전에 대한 욕구, 환상에 대한 욕구, 재미를 가지고자 하는 욕구를 충족시켜 주는 내용을 가져야 할 것이다.

### (2) 유년기(7～11세)

유년기는 신체가 발달하는 단계로서 구체적인 조작으로 사고가 가능하며, 다소 논리적이어서 한 가지 사고와 연관시켜서 사고를 하게된다. 그들은 유물론적이고 물질적인 접근이 강하며, 타인에 의한 충동이나 욕망의 영향이 강하게 일어난다. 타인과 권위를 의식하며, 이들의 언어에 의해 행동이 좌우되기도 한다. 이들을 위한 성경 범위는 다음과 같다.

① 초기

가정, 친구, 애완동물, 우리를 돕는 사람, 목자와 양, 손, 다리, 옷, 조반 식사, 시간, 씨앗, 생일 파티 등 생활 내용으로 아동을 만나고 도와주는 새로운 것들 그리고 주는 것과 받는 것, 양(양치기, 양의 하루, 선한 목자 등).

② 후기

가정과 관련된 내용(예수님의 가정, 유목민, 피난민, 룻의 가정 등), 방학, 노래, 음악, 시, 우유, 불, 선물, 빵, 4계절, 여행, 처음과 나중 등 감정적이고 육체적인 내용 등.

### (3) 후기 아동기와 전 청소년기(11～13세)

이 단계의 아동은 영웅들의 이야기를 좋아하며, 취미 활동에 관심을 가진다. 사회적으로 자기 또래를 형성하며, 부모보다 친구관계를 중요시하며, 미지의 세계에 대한 탐구의욕이 강하다. 또한 종교적 환상이 사라지고, 의인적 관념으로 하나님을 이해한다. 단어 구사 능력이 굉장히 발달하며, 사고는 구체적이며 항상 사실과 관련시켜서 사고한다. 이러한 아동을 위한 성경 주제는 다음과 같다.

① 생활 중심 주제

나 자신, 창조, 빛, 물, 소리, 공기, 법과 질서, 이름, 이야기 등.

② 종교적 성서 중심 주제

성경의 본질, 예수님의 생애와 교훈.

그러나 발달 단계에 맞는 내용만 가르쳐서는 신앙의 성장을 기약할 수 없다. 신앙 성장을 하나의 연속적 발달 단계로 볼 경우, 상위 단계로의 전이는 하위 단계의 내용과의 갈등으로부터 촉발된다. 따라서 신앙 성장을 위해서는 현 발달 단계 수준보다 조금 높은 수준의 내용을 제시할 필요도 있다.

2) 청소년[49]

① 중등

예언서 일부(예를 들어, 사 6장; 렘 36장), 복음서와 사도행전 전체, 시편 전체.

② 고등

고등부/ 성서의 주제와 사상과 관련된 구절들(예를 들어, 신 5~6장에 나타난 언약 주제, 누가복음에서 복음의 개념 그리고 빌립보서와 빌레몬서에서 교회의 개념).

---

49) Weber, "The Bible in Religious Education", 63.

3) 성인50)

(잠언과 같은) 지혜문학을 포함한 성서 전체, 예언서, 서신서 그리고(다니엘과 계시록과 같은) 묵시문학.

4) 노년

삶과 죽음, 세대와의 연대문제, 은퇴, 소외, 외로움(홀로 되었거나 가족이 없는 노인들) 등과 관련된 성서 내용.


## V. 나가는 글

우리는 이상에서 성서교육에서 어떤 내용을 다루어야 하는지를 알기 위해, 성서교육의 텍스트라고 할 수 있는 성서 자체에 대해서 그리고 성서교육 내용의 일반적 선정 기준과 그 성격에 대해 살펴보았다. 성서교육의 주 대상인 아동을 중심으로 볼 때, 성서는 이야기 성서, 발췌 성서 그리고 성경전서 유형이 있다. 이야기 성서와 발췌 성서는 저자의 주관이 개입될 소지가 많아 교회학교 등에서 교육용으로 사용하기 어렵다. 교육용으로 사용할 수 있는 성경전서로는 <새번역>이 있다. 통전적 인식을 위해서는 일러스트레이션 성서를 사용할 수 있다. 성서 내용 선정의 일반적 기준은 중요성, 타당성, 유용성, 학습가능성 그리고 사회적 관련성 등이다. 성서교육 내용은 중요성 면에서 성서에서 가장 중요하고 기초적인 것, 타당성 면에서 성서교육 내용은 목적의 내·외재적 차원에 부합되는 것, 유용성 면에

---

50) Weber, "The Bible in Religious Education", 63.

서 학습자의 현재의 문제 해결과 미래의 준비를 위한 것, 학습가능성 면에서 학습자의 인지·도덕·종교적 사고 발달에 적합한 것 그리고 사회적 관련성 면에서 하나님의 나라 건설을 위한 것이 선정되어야 한다. 이 모든 성서교육 내용 선정의 기준은 마지막으로 신앙 성장을 위한 것인지 그리고 학습자의 발달에 적합한지로 요약될 수 있다.

성서교육에서 성서 내용에 대한 이상의 논의는 좀 더 구체화될 필요가 있다. 교재의 경우에만 보더라도 학습자들을 고려했다고 하더라도 그 내용은 저자의 신학적 경향 등에 의해 큰 차이를 드러내고 있다. 따라서 일반적 의미에서 성서교육 내용을 물을 때 대부분이 수용할 수 있는 답변을 기대하기는 어렵다. 이런 상황에서 성서교육에서 앞으로의 과제 중 하나는 학습자의 신앙 성장을 추구하고 발달을 고려한 보다 일반적인 내용의 제시이다. 이 글은 이 같은 과제의 기초가 될 수 있을 것이다.

# 이야기와 기독교교육: 서사비평의 교육적 응용

사람이 된다는 것은 이야기 안에서 사는 것이다.[1]

## I. 들어가는 말

인간의 가장 보편적 욕구 중 하나는 이야기를 듣고 싶어 하는 것이다. 인간은 태어나면서부터 어머니로부터 이야기를 듣는다. 그 이야기를 들으면서 아기는 어머니와 관계를 맺게 된다. 어머니로부터 아기에게로 향하는 이야기는 어머니의 아기사랑으로부터 시작되기에, 아기는 어머니의 이야기로부터 이야기 내용뿐만 아니라 사랑까지 받는다. 아기가 성장하여 아동이 되면서 이야기는 책, 특히 동화의 형태로 들린다. 책 속의 이야기들을 통해 아동의 세계는 현실 이상으로 확장된다. 책 속에서 꿈을 키울 뿐만 아니라, 교훈을 얻기도 한다. 청소년이 되면서 그들만의 이야기를 통해 자신의 정체성을 형성해 간다. 인간은 성인이 되어, 그 관심 범위를 개인사를 넘어, 사회, 국

---

1) Charles V. Gerkin, *Widening the Horizons: Pastoral Responses to a Fragmented Society* (Philadelphia: Westminster Press, 1986).

가 그리고 인류로까지 넓히게 되는데, 그 매개가 되는 것이 이야기이다. 이처럼 이야기는 단순히 재미있는 어떤 내용 이상으로 인간 사이의 관계를 형성 지어 줄 뿐 아니라, 인간 자신에 대해 그리고 인간경험의 확대를 추진하는 역할을 한다.

기독교에 있어서도 이야기는 큰 비중을 차지한다. 교회의 현장에서만 보더라도 기독교인은 예배를 통해 하나님의 구원하시는 이야기에 참여하며, 기도를 통해 하나님과 이야기를 나눈다. 봉사를 통해 이야기를 만들어 가며, 친교를 통해 이야기를 즐긴다.

교회교육의 현장은 어떤가. 설교를 통해 하나님의 이야기를 들으며, 찬송을 통해 이야기를 축하한다. 가르침을 통해 이야기의 교훈이 나누어진다. 특히 교사와 학생 사이에 나누어지는 성서 이야기는, 그것을 통해 하나님의 이야기를 듣고, 학생이 거기에 참여하는 이야기 잔치인 것이다. 성서 이야기 외에도 교회에는 기독교인으로서의 독특한 삶의 이야기가 있어, 그것을 나누는 사람들 사이에 기독교적인 새로운 비전을 형성하게 된다.

인간이 이처럼 이야기와 더불어 성장하며, 이야기 속에서 생활하면서도 이야기 자체가 무엇이냐에 대해 묻지 않는 것은 인간의 삶 자체가 이야기이기 때문이다. 그러므로 이제 이야기가 무엇이냐에 대해 묻는 것은 바로 삶 자체에 대해 묻는 것이기도 하다. 이야기와 삶의 관계가 이처럼 긴밀하다면, 그리스도 안에서 새로운 삶의 형성을 목적으로 하는 기독교교육은 이야기에 관심을 가져야 할 것이다. 그래서 이 글에서는 왜 기독교교육이 이야기에 관심을 가져야 하는지 그리고 이야기를 어떻게 교육시켜야 하는지에 대해 살펴보고자 한다.

## Ⅱ. 성서 이야기에 대한 요청

### 1. 이야기로서의 성서

기독교교육이 이야기에 관심을 가져야 하는 이유는 첫째, 성서 자체가 이야기이기 때문이다. 성서가 성령의 영감을 받은 저자들에 의해 기록되었지만, 일단 그 외형적인 측면에서는 무엇보다 인간기록이다. 성서에 대한 이제까지의 연구는 주로 이 인간기록으로서였다. 그래서 성서연구의 주도적 흐름은 성서를 역사적 자료로 보고 그 객관적 상황을 도출해 내려는 데 집중하였다. 이 같은 성서연구방식을 우리는 역사비평이라고 부른다. 여기에는 여러 비평방식들이 포함된다. 예를 들어 자료비평은 성서 기자들이 성서를 기록할 때 사용한 자료들을 추적해 내려고 한다. 양식비평은 개별적인 전승들이 성서에 포함되기 이전에 갖고 있던 삶의 정황을 밝혀내는 데 힘을 기울인다. 편집비평은 성서 기자들이 자료를 수집하고 개별 전승단위들을 배열한 방식을 관찰함으로써 성서 기자들의 신학과 편집의도들을 찾아내고자 한다.2)

하지만 이 모든 방법들은 성서의 서사적인 성격을 간과하고 있다는 결정적인 한계를 갖고 있다. 역사비평은 성서의 각 책들을 이루고 있는 문서들에 관심을 기울이면서, 그 문서의 내용이 아닌 그 내용 배후의 역사적 정황을 해석해 내려고 한다. 그래서 가장 중시해

---

2) 성서연구방법에 대한 내용과 기술에 대해서는 Otto Kaiser and Werner G. Kümmel, *Exegetical Method: A Student's Handbook*(New York: The Seabury Press, 1981)을 참조하라. 성서에 대한 여러 접근들에 대해서는 James M. Efird, *How to Interpret the Bible*(Atlanta: John Knox Press, 1984), 3 - 12를 참조하라.

야 할 본문은 죽은 것이 된다.3) 이 문제를 극복하기 위해 나온 것이 문학비평이다.

문학비평은 역사비평의 여러 방법들에 의한 연구결과, 성서 기자들을 그 책의 저자로까지 생각하기에 이르렀다. 성서 기자들을 저자로 본다면 성서는 하나의 작품이 된다. 이렇게 시작된 문학비평 중 하나가 서사비평이다.4)

서사비평의 성서에 대한 기본입장은 성서는 이야기라는 것이다. 인간창조의 역사로부터 시작하여 역사의 종말로 끝나는 성서에는 수많은 이야기들로 가득 차 있다. 소위 구속사적 흐름이라고 말하는 성서의 큰 사건들, 즉 인간역사의 시작(창세기) – 출애굽(율법서) – 이스라엘 왕국(시편과 지혜문학) – 포로기와 귀환(예언서) – 예수의 생애 (복음서) – 그리스도 교회의 시작(사도행전과 서신들) – 역사의 수렴 (묵시문학)은 하나님의 긴 이야기라고 할 수 있다. 물론 율법서나 시편, 지혜문학, 예언서 그리고 서신서 등을 이야기로 보기는 어렵다.5) 그러나 성서를 전체적으로 볼 때 하나님께서 인간을 구원하신다는 이야기 성격이 강하다.

---

3) 이 같은 역사비평에 대한 성서교육학자의 입장에 대해서는 Walter Wink, *The Bible in Human Transformation: Toward a New Paradigm for Biblical Study*(Philadelphia: Fortress Press, 1973), 3 – 4, 10, 15; Wink, *The Bible in Human Transformation*, 11 – 12 재인용을 참조하라.

4) 그 밖의 문학비평에 대해서는 Mark A. Powell, *What is Narrative Criticism?*, 이종록 역, 『서사비평이란 무엇인가?』(서울: 한국장로교출판사, 1993), 35 – 51을 참조하라.

5) 그러나 시무어 비 채트맨(Seymour B. Chatman)은 이야기를 구성하는 중심요소인 사건에 말 (존은 '배고프다'고 말했다), 생각(존은 '가야겠다'고 생각했다) 그리고 느낌이나 감정(존은 불편한 느낌이 들었다)까지 포함시킨다. 이렇게 보면 성서의 대부분 내용을 이야기로 생각할 수 있다. Seymour B. Chatman, *Story and Discourse: Narrative Structure in Fiction and Film*(Ithaca, NY: Cornell University Press, 1978), 45. 그러나 다나 엔 퓨웰(Danna N. Fewell)과 데이빗 에이치 건(David H. Gunn)은 예언서까지 포함된 성서 내용의 대부분을 이야기로 본다. 이에 대해서는 Danna N. Fewell and David H. Gunn, "Narrative, Hebrew", David N. Freedman, ed., *The Anchor Bible Dictionary* 4, 1023을 보라.

성서를 이야기로 보는 서사신학(narrative theology)은 기독교의 교리나 신조까지도 그 뿌리를 이야기에서 찾으며, 이야기 안에서 그것들의 의미를 추구한다. 서사신학자들은 하나님께서 이야기를 통해 그것을 읽는 독자에게 직접적으로 접근하신다고 말한다.6)

성서에 대한 이 같은 접근은 기독교교육에 의미를 가진다. 기독교교육은 이야기를 통해 하나님과 삶의 의미에 대해 배울 수 있다. 그러므로 기독교교육은 이야기에 주의를 기울이며, 이야기를 읽거나 들을 때 그 이야기의 의미를 어떻게 파악할 것이며, 그 의미와 이야기를 읽는 독자의 개인적 이야기들에 대한 경험을 어떻게 통합할 것인지에 대해 추구해야 할 것이다.7)

## 2. 내용과 방법의 통합으로서의 이야기

내용과 방법 또는 이론과 실천은 기독교교육에서 오랫동안 논의되어 온 문제이다. 일반적으로 특정한 내용을 어떤 방법으로 가르쳐야 하는지에 대해 많이 언급하여 왔다. 내용과 방법을 통합하려는 시도 중에 눈에 띄는 것은 듀이의 진보적인 교육관이나, 파울로 프레이리의 의식화 교육관이다.8) 그러나 이것들은 주로 행동에 의한 방법에 치우친 감이 없지 않아, 방법의 다양성을 축소시킨다.

이야기는 어떤가? 누구나 한 번쯤은 그런 경험이 있으리라. 어린

---

6) Jerry H. Stone, "Narrative Theology", Iris V. Cully and Kendig B. Cully, eds., *Harper's Encyclopedia of Religious Education*(San Francisco: Harper & Row, 1990), 440 – 41.

7) Stone, "Narrative Theology", 441 – 42.

8) 이에 대해서는 필자의 졸고, "현실과 교육: 파울로 프레이리(Paulo Freire)를 중심으로", 「기독교와 교육」8(부천: 서울신학대학교 기독교교육연구소, 1995), 47 – 56을 참조하라.

시절 어른들로부터 이야기를 들으며 웃기도 하고, 울기도 하며, 때로는 무서워하던 경험이 있을 것이다. 이것은 이야기에 대한 독자 또는 청자의 이야기에의 참여를 단적으로 보여 주는 예이다.

> "이야기는…… 독자를 참여자로서 이야기 속으로 끌어들인다. 독자가 그 속에 있다. ……이야기의 자연스런 기능은 독자들이 이야기를 듣고 행동에 참여하고 이야기 전개에 개입시킨다는 것이다."9)

이처럼 이야기가 독자를 이야기 속에 끌어들이는 이유는 어디 있는가? 이야기는 그 성격상 다른 사람이나 사물에 대해서 말할 뿐 아니라 바로 이야기를 듣는 그 사람 자신에 대해 말한다. 성서의 경우도 마찬가지이다. 성서 이야기는 전 시공간을 포함하는 위대한 이야기와 구성의 한가운데에 우리를 위치 짓는다. 그래서 우리로 하여금 위대한 극작가요, 이야기꾼인 하나님 자신과 관계를 맺게 한다.10)

이야기 속에 참여하고 관계를 맺는 것 자체를 통해 독자는 이야기 내용과 그 내용을 통해 일으키고자 하는 변화를 동시에 경험한다. 거기에서는 내용과 방법이 분리되지 않는다. 이야기는 일정한 내용이지만 그것 자체가 방법으로서 기능하기 때문이다. 이야기의 이런 특성은 아마 이야기 안에 내재된 경험적 요소 때문일 것이다. 성서 이야기 경우도 마찬가지이다. 성서는 그 어떤 책보다 우리 자신과 우리의 경험들에 대해서 많이 언급한다. 사실 성서는 하나님의 구원 사건에 대한 반응으로서 하나님 백성의 체험기록이다. 그래서 성서

---

9) Norman Perrin, *The New Testament: An Introduction*(New York: Harcourt Brace Jovanovich, 1974), 165.

10) Amos N. Wilder, *Early Christian Rhetoric*(Cambridge: Harvard University Press, 1971), 56 - 57.

의 이런 종교 체험적 성격은 그것을 단지 고대에 기록된 문서로만 보는 태도를 배척하고, 독자로 하여금 직접 성서 안으로 들어오도록 초청한다. 성서의 초청에 응하는 사람은 성서의 이야기 안에 참여하는 방식을 통해서 자신을 만나고, 자신과 관계된 것들을 배우게 된다. 그동안의 역사비판적 연구와 서사비평적 연구의 차이가 바로 이것이다. 이것을 창문과 거울로 비유할 수 있을 것이다.[11] 역사비평이 성서 본문 이야기를 창문으로 간주하고, 연구자는 그것을 통해서 다른 시대와 장소에 대한 어떤 것을 알고자 한다. 그래서 본문 이야기는 독자가 추구하는 통찰 사이에 있어서, 통찰을 얻는 수단이 된다. 즉 교육적으로 학생은 내용과 분리되어 뒤에 남는 관찰자에 불과하게 된다. 이와는 달리, 서사비평은 본문 이야기를 거울로 간주한다. 연구자는 본문 이야기를, 본문 이야기 자체와 만남으로써 새로운 사실들을 발견하게 된다. 교육적으로 학생은 내용 속에 가담하게 된다.

## 3. 전인적 교육을 가능케 하는 이야기

독자가 이야기 안으로 들어갈 때, 그는 이야기를 기억하고, 이해하고, 느낌으로써 반응한다.[12]

그러나 이야기는 그 이상으로 삶을 형성시키는 역할까지 한다. 토마스 에이치 그룸(Thomas H. Groome)이나 파울로 프레이리(Paulo Freire)가 삶의 형성을 위해 언급한 대화나 행동의 프락시스가 아직도 인위적으로 조작된 학습 순서를 따른다는 느낌이 있다.[13] 그러나

---

11) Powell, *What is Narrative Criticism?*, 31 – 32.
12) Stone, "Narrative Theology", 441.
13) 그래서 그런지 James M. Lee는 Thomas H. Groome의 Shared praxis approach를 인

이야기는 구태여 뭐라고 교훈하지 않더라도, 이야기를 들으면서 깨닫는 바가 있고, 어떻게 살아야겠다는 마음을 갖게 한다.

이야기는 그것을 읽는 독자에게 이것을 알아야 하고, 이것을 느껴야 하고, 이렇게 살아야 한다고 말하지 않는다. 그것은 어디까지나 이야기에 참여하는 독자의 몫으로 남겨 놓는다.

물론 이야기는 독자에게 말을 건넨다. 그리고 자신의 말을 하고 싶어 한다. 일반적으로 독자가 이야기를 대할 때 독자 이야기 정보라는 의사소통 형식을 취한다고 생각하지만,[14] 이것은 이야기를 너무 단순하게 보는 것이다. 현대의 문학비평, 특히 서사비평에서는 실제 저자와 실제 독자를 기본적으로 상징하지만, 그것을 떠나 텍스트 안에도 내재된 저자와 독자가 있음을 말하며, 오히려 거기에 더 주의를 기울여야 한다고 주장한다. 그런데 서사비평은 여기서 한 걸음 더 나아가 이야기 속에 해설자와 수화자가 숨어 있음을 발견해 낸다. 그래서 이것을 그림으로 그리면 다음과 같다.[15]

| | | | | |
|---|---|---|---|---|
| 실제 저자 | → | 텍스트 | → | 실제 독자 |
| 내재된 저자 | → | 서사 이야기 | → | 내재된 독자 |
| 해설자 | → | 이야기 | → | 수화자 |

지적 과정이라고 말한다. 이에 대해 Groome은 대단히 불쾌해하며, 그 접근의 출발과 결과가 역동적인 praxis라고 말한다. Tomas H. Groome, *Sharing Faith: A Comprehensive Approach to Religious Education and Pastoral Ministry*(San Francisco: Harper Collins, 1991), 456. n.32.

14) Jim Wilhoit and Leland Ryken, *Effective Bible Teaching*(Grand Rapids, MI: Baker Book House, 1988), 195.

15) Powell, *What is Narrative Criticism?*, 56 - 60.

이야기가 독자에게 어떤 것을 말하고 싶든, 그 내용은 이야기 안에 포함된 여러 층의 의사소통 과정을 거쳐서 독자의 삶에 와 닿으며 삶의 스타일 변화를 요구하게 된다.

더구나 이야기의 대부분은 어떤 정보를 제공하거나 감정을 순화하는 데 목적이 있지 않다. 이야기의 본질적 주제는 삶이다. 이야기의 소재가 무엇이든 그것은 인간문제를 다루기 위한 것이며, 그 인간문제는 결국 삶의 문제로 귀결된다. 서머셋 모옴(Somerset Maugham)은 이야기(소설)의 특성을 광범위한 독자층에 호소하는 주제를 흥미있게 제시하는 것이라고 보았다.16) 그런 것이 있다면 바로 인간이고 그의 삶의 문제인 것이다.

기독교교육은 바로 이 삶의 스타일 형성을 목적으로 한다. 삶의 스타일은 개인이나 사회가 살아가는 방식이다. 그것은 자신의 태도나 가치 목표들을 의도적으로 일관성 있게 보여 주는 삶의 방식이며 행동양식이다. 삶의 스타일을 구성하는 요소들에는 자기 - 이미지, 신념, 태도, 도덕적 기준, 관계, 행동 그리고 습관이나 관습이 있다.17) 흔히 교육 목표로 삼는 지 · 정 · 의 역시 이 삶의 스타일 안에 통합된다. 그럼에도 불구하고 기독교교육의 이론과 실천면에서 이것들이 개별적으로 논의되고 실천되어 왔다. 이 같은 분리 현상은 현장을 간과한 이론적 논의(또는 현장을 포함시키려는 어떤 성의도 없는 자세)에서 두드러졌으며,18) 현장 역시 주먹구구식의 타성에 젖은 성의

---

16) Somerset Maugham, *The Ten Novels and Their Authors*, 홍사중 역, 『세계 10대 소설과 작가』(상) 삼성문화문고 41(서울: 삼성문화재단, 1973), 32 - 36.

17) 이 같은 삶의 스타일에 관해서는 Douglas E. Wingeier, "Life - style", Cully and Cully, *Harper's Encyclopedia of Religious Education*, 381 - 82를 참조하라.

18) 이에 대해서는 이론과 현장의 괴리를 극복하려는 노력 중의 하나로 쓰인 손삼권 · 박종석 · 홍순원, 『신앙교육이야기』(서울: 만남과 나눔, 1993)를 참조하라. 현장의 소외에 대한 비판은

없는 실천으로 만연되어 있다. 이러한 현상을 극복하기 위해서 실천
은 있지만 그것을 정리할 능력이 없는 현장에서보다는, 기독교교육
학자들이 실천에 대한 관심을 가지고 또는 적어도 자기의 이론적 관
심 분야를 현장에 접목시키는 실천적 자세가 요구된다 할 것이다.[19]

성서 이야기는 삶의 스타일 형성에 도움을 준다. 성서는 죽은 문
자가 아니라 살아 있어서 오늘날도 신자들에게 말을 건다. 오늘날
대부분의 신학자들은 성서가 상당히 주관적인 성격을 띤다고 말한다.
성서가 진리를 말하고 있지만 그 진리는 역사적으로 발전해 온 것이
며, 성서 이야기를 읽는 독자의 개인적·심리적, 기타 요인에 의해
어느 정도 변형될 수 있다고 말한다.[20] 이것은 해석학적 문제이다.
그러나 동일한 본문에 대한 해석학적 의견이 분분하다는 것으로부터
이미 성서의 주관적 성격이 드러난다. 서사비평에서는 이 측면을 적
극 수용한다. "오늘날 학자들은 성서 이야기가 우리들을 참여시키고
우리가 우리 자신과 세계를 인식하는 방식을 변화시킬 수 있는 힘을
가지고 있다는 사실에 대한 인식을 점차로 하고 있다. 이것은 마치
영화관으로 들어가는 것과 같다. 일단 극장 안으로 들어가면 우리는
우리가 실제로 생활하는 세계와는 다른 현실을 발견하게 된다. 그럼
에도 불구하고 이런 현상과의 만남은 우리가 극장을 떠나서 실제의

---

특히 머리말 부분인 6 - 9쪽을 참조하라. 서사비평에서 통찰을 얻은 이 글 역시 이런 노력
중의 하나이다.

19) 이러한 예들 중의 일부가 Jennine Schmid, *Religion, Montessori, and the Home: An Approach to the Religious Education of the Young Child*, 박종석 역, 『가정에서의 몬 테소리 기독교교육』(서울: 한국교회교육협회, 1989) 그리고 John H. Westerhoff Ⅲ and William M. Willimon, *Liturgy and Learning Through the Life Cycle*, 박종석 역, 『교회 의 의식과 교육』(서울: 베드로서원, 1992)이 될 것이다.

19) Raymond E. Brown, *The Community of the Beloved Disciple*(New York: Paulist Press, 1979), 21.

현실로 돌아온 후에도 우리에게 영향을 끼친다."21)

성서 이야기가 가진 이런 삶을 형성시키는 기능은 성서연구 분야에서 오랫동안 간과되었던 부분이다. 대부분의 성서학자들은 주로 이성적인 차원에서만 성서의 이야기를 다루어 왔다. 역사적인 연구를 통해 성서 이야기를 대상화하는 데 그쳤다. 그럼으로써 독자와 성서 이야기와의 상호작용 경험을 빼앗아 갔다.22) 제임스 엠 리 (James M. Lee) 역시 성서에 대한 교육이 인지적 차원에 치우쳤음을 비판하면서 정서적 차원과 함께 삶의 스타일에 대한 관심을 환기시켰다.23) 그는 예수와 초대교회의 교육 중심을 차지하고 있는 것이 삶의 스타일이었다고 한다.

그러므로 삶의 스타일 형성은 기독교교육의 목적이라기보다 성서 이야기의 핵심적 의도라고 볼 수 있다. 로렌스 오 리처즈(Lawrence O. Richards) 역시 성서 이야기 속에서 삶의 스타일 형성가능성을 말하며, 어린아이까지라도 성서의 이해하기 어려운 용어에 대해서 이야기와의 만남을 통해 그 이야기의 의도를 몸으로 감지할 수 있다고 하였다.24)

---

21) Powell, *What is Narrative Criticism?*, 153.

22) Powell, *What is Narrative Criticism?*, 154.

23) James M. Lee, "Religious Education and the Bible: A Religious Education's View", Joseph S. Marino ed., *Biblical Themes in Religious Education*(Birmingham, AL: Religious Education Press, 1983), 24 - 27.

24) Lawrence O. Richards, "The Teacher as Interpreter of the Bible", *Religious Education* 77(Sept. - Oct., 1982), 515 - 16.

## Ⅲ. 이야기 구성요소들

인간의 가장 보편적 욕구 중 하나는 이야기를 듣고 싶어 하는 것이라고 볼 수 있다. 반드시 옛날이야기가 아니더라도 사람은 일어난 일에 대해 관심을 가지며, 그에 대한 내용을 알고 싶어 한다.

다행히 성서에는 상당히 많은 이야기가 포함되어 있다. 이것은 교육을 하는 입장에서 이미 풍성한 자료가 준비되어 있는 것과 마찬가지여서 여간 감사한 일이 아니다.

그럼에도 불구하고 성서 이야기를 잘 가르치지 못하는 이유는 그 이야기에 나오는 인물들의 갈등이라거나 구성보다는 너무 쉽게 이야기의 의미를 추출해 내려는 시도 때문이다. 그래서 이야기는 역동적인 사건이 되는 것이 아니라 하나의 교훈이나 사상을 끌어내는 소재나 예화거리에 지나지 않게 된다.

그러므로 여기서는 성서 이야기를 그 본래의 역동성을 살려야 한다는 면에서, 그에 필요한 이야기에 대한 기본 이해와 기술들에 대해 알아보고자 한다.

### 1. 사건

서사비평에서 말하는 이야기는 'narrative'라고 하는 것이다. narrative는 저자가 독자에게 이야기를 들려주는 문학작품이다. 그래서 자연히 narrative는 이야기 자체와 그 이야기를 어떤 식으로 들려주느냐하는 방식으로 나뉜다. 우리는 전자를 이야기(story)라고 하고 후자를 담론(discourse)이라고 부른다.

이야기는 사건, 인물 그리고 배경으로 구성된다. 이 세 요소의 상호작용을 플롯(plot)이라고 한다. 담론은 이야기가 전개되는 방식을 말한다. 사건, 인물 그리고 배경이 동일하다 하더라도 어떤 방식으로 구성하느냐에 따라 각기 다른 narrative가 생성된다.[25)]

사건은 이야기 안에서 일어나는 일이다. 사건이 없으면 이야기는 성립되지 않는다. 사건은 그 사건이 빠지면 이야기의 근본구조가 무너지는 사건과 생략되어도 이야기 형성에 큰 영향을 미치지 않는 주변 사건으로 나뉜다. 그러나 성서 이야기에서는 이와 같은 구분이 큰 의미를 갖지 않는다. 그것은 어느 것이 핵심사건이고 어느 것이 주변사건인지를 구별하는 객관적 기준이 없을뿐더러 동일한 이야기에 대한 해석의 다양성 때문이다.[26)]

사건은 일정한 순서로 진행된다. 이 진행순서는 실제 사건의 발생순서를 말하는 이야기 진행순서와 사건묘사 순서로 나뉜다. 사건묘사 순서는 앞으로 일어날 일을 현재 미리 알리거나 일어난 사건을 거슬러 올라가는 것을 말한다.[27)]

사건에서 주의해서 보아야 할 요소는 인과관계이다. 인과관계는 한 사건이 다른 사건의 발생에 영향을 주는 것을 말한다. 성서 이야기의 상당 부분을 이 같은 인과관계에서 보려는 시도가 서사비평의 특징이기도 하다.[28)] 성서 이야기가 행해질 때, 이런 인과관계를 파악하지 못하므로 이야기를 오해하는 경우가 생긴다. 예를 들어 마태복음 12장 9~14절은 예수의 제자들이 안식일에 이삭을 줍는 사건과

---

25) Powell, *What is Narrative Criticism?*, 53 - 54.
26) Powell, *What is Narrative Criticism?*, 72 - 73.
27) Powell, *What is Narrative Criticism?*, 72 - 73.
28) Powell, *What is Narrative Criticism?*, 79.

그 후에 나오는 예수에 대한 재판사건을 이어 주는 역할을 한다. 즉 12장 1~8절로 볼 때 예수의 재판이유는 안식일을 범한 일 때문으로 보이나 12장 9~14절은 예수의 재판이유가 그것이 아니라, 예수가 자신을 안식일의 주인이라고 한 것이다.[29]

사건에서 주의해서 보아야 할 또 다른 요소는 갈등이다. 갈등은 '행동·사상·욕망 또는 의지의 불일치'라고 할 수 있다.[30] 갈등은 다양한 차원에서 일어난다. 대개의 경우, 갈등은 등장인물들 사이에서도 일어난다.[31] 다른 문학작품에서도 그렇지만 성서 이야기에서도 이 갈등이 어떻게 해소되는지를 주의 깊게 살펴야 한다.[32]

예수가 폭풍을 잠잠케 하는 이야기에서 이 갈등은 물리적 갈등, 인물들 사이의 갈등 그리고 도덕적·영적 갈등으로 나타난다. 제자들과 그들의 생명을 위협하는 폭풍 사이에는 물리적 갈등이 있다. 그리고 이것 때문에 제자들과 예수 사이에 인물 간 갈등이 생긴다. 그리고 이것은 더 나아가 제자들이 가져야 할 믿음과 현재의 두려움 사이의 영적 갈등으로 확대된다.[33]

교육 현장에서 이야기가 어떻게 발전되어 나가는지 그 과정이 간과되기 쉽다. 이야기가 어떻게 전개되어 나가는지 발단-전개-갈등-절정-대단원의 일반적 문학형식의 전개순서를 염두에 두고 살펴야 한다. 특히 갈등이 무엇인지는 정확히 파악해야 하며, 또한 그것이 어

---

29) Powell, *What is Narrative Criticism?*, 79-81.

30) Laurence Perrine, *Story and Structure*(New York: Harcourt, Brace, 1959), 44.

31) Powell, *What is Narrative Criticism?*, 82-83.

32) 이상 사건에 대한 연구의 예에 대해서는 Powell, *What is Narrative Criticism?*, 85-94를 참조하라.

33) Wilhoit and Ryken, *Effective Bible Teaching*, 213-14.

떻게 해결되는지에 노력을 기울여야 한다. 그리고 마지막에는 이야기 사건의 의미가 무엇인지 이해하도록 해야 한다.[34]

## 2. 인물

인물 하면 흔히 사람을 떠올리지만, 경우에 따라서는 사람 이외 것들도 등장한다. 창세기 3장에서는 뱀이, 사사기 9장 8～15절에서는 나무가 등장인물이며, 복음서에서는 천사나 귀신이 인물로 등장한다. 또한 단일인물이 아닌 무리가 등장하는 경우도 있다.[35]

이야기에서 인물은 저자가 그에 대해 들려주거나 보여 주는 내용을 통해 알려진다. 들려준다는 것은 해당 인물에 대해 저자가 직접 어떻다고 언급하는 것이고 보여 준다는 것은 저자가 등장인물이 자기 자신에 대해서나, 다른 인물이 그에 대해 표현하는 것을 말한다. 이것이 나타나는 형식은 행동, 대화, 생각 그리고 인물의 신념과 가치를 통해서이다.[36]

예를 들어, 마가복음 4장 35～41절에 나오는 예수가 파도를 꾸짖는 이야기에서, 제자들의 두려움과 예수의 냉정함과 그리고 그의 능력은 그 인물들의 행동을 통해서 분명히 나타난다. 또한 이야기 끝에 나오는 예수와 제자들 간의 서로에 대한 반응(40～41절)을 통해서도 알 수 있다. 그에 앞서 우리는 제자들의 두려움을 예수를 원망하며 하는 말은 "우리의 죽게 된 것을 돌아보지 아니하시나이

---

34) Wilhoit and Ryken, *Effective Bible Teaching*, 214 - 15.

35) Powell, *What is Narrative Criticism?*, 95 - 96.

36) Powell, *What is Narrative Criticism?*, 97. 그리고 Wilhoit and Ryken, *Effective Bible Teaching*, 212.

까?"(38절) 속에서 찾아볼 수 있다. 저자가 직접 인물에 대해 말하는 곳은 41절의 제자들이 "심히 두려워하여"에서이다.[37]

교회교육의 현장에서는 성서 이야기에 등장하는 인물들을 살아 있는 사람으로 생생하게 그려 보도록 해야 한다. 그렇게 함으로써 이야기의 구체적 내용들을 통한 인물들의 성격 파악이 보다 용이해질 것이다. 성서 이야기에 등장하는 인물들을 생생하게 그리는 작업은 이야기에서 생략된 부분에 대한 상상력 발휘도 포함된다. 물론 전혀 어울리지 않는 이야기의 여백 채우기는 삼가야 한다.

성서의 인물들은 보편성을 띤다. 그러므로 그것이 무엇인지를 가려내면 성서가 오늘날 우리에게 직접 말하는 이야기가 될 수 있을 것이다.


## 3. 배경

배경은 등장인물이 행동하기에 적합한 상황을 설정해 주는 이야기의 한 요소이다. 배경은 다양한 기능을 수행한다. 무엇보다 배경은 이야기에 나타난 인물들 행동의 일부라는 것이다. 배경과 행동 그리고 인물들 사이에는 보통 상응하는 일치가 있다.[38] 배경은 상징적이다. 배경이 이야기에 행동의 일부 이상인 경우가 흔히 있다. 그것은 배경이 이야기 의미의 일부가 될 때이다. 예를 들어 구약의 롯 이야기에서, 타락한 성, 소돔은 도덕적 괴물이며, 물질주의와 성적 타락의 상징이다. 예수가 폭풍우를 잠잠케 하는 이야기에서 폭풍이 이는

---

37) Wilhoit and Ryken, *Effective Bible Teaching*, 212.

38) Powell, *What is Narrative Criticism?*, 121 – 23. 그리고 Wilhoit and Ryken, *Effective Bible Teaching*, 211.

호수는 위험과 인간의 무력함을 나타낸다.39) 또 배경은 등장인물의 모습을 보여 주고, 갈등을 해소시키며, 이야기의 틀을 마련해 주는 일을 한다.

배경에는 물리적 환경, 즉 장소뿐만 아니라 시간 그리고 사회적 상황까지 포함된다. 즉 배경에는 세 가지 유형, 곧 공간적·시간적 그리고 사회적 배경이 있다.40)

예수가 폭풍을 잠잠케 하는 이야기에서 배경은 위험을 조성하는 방향으로 설정된다. 공간적 배경인 호수에 갑자기 불어닥친 폭풍 때문에 작은 배를 타고 호수 위에 있는 제자들에게 위험이 닥친다. 이 배경은 몰려오는 어둠을 통해 위험을 가속하며, 배를 때리는 파도가 제자들에게 닥친 위험을 더욱 부추긴다. 급기야 이 위험은 제자들의 신앙을 시험하는 매체로 작용하여 이야기 의미의 일부가 된다.41)

교육 현장에서 이 배경은 자주 간과되는 경향이 있다. 우리가 위에서 보았듯이 이야기에서 배경 자체가 이야기의 결정적 요소가 될 수 있다. 그러므로 우리는 이야기에서 배경에 대해 우리가 아는 바가 무엇인가를 먼저 물어야 한다. 그리고 그 배경이 이야기의 구성에 어떤 역할을 하는지를 밝혀야 한다. 이것들을 추구하는 데 도움이 된다면 배경과 관계된 그림, 슬라이드 또는 지도 등이 사용될 수 있을 것이다. 시청각 자료가 부족한 경우에는 주석이나 성서사전도 도움이 될 것이다.42)

---

39) Wilhoit and Ryken, *Effective Bible Teaching*, 211.
40) Wilhoit and Ryken, *Effective Bible Teaching*, 123.
41) Wilhoit and Ryken, *Effective Bible Teaching*, 211.
42) Wilhoit and Ryken, *Effective Bible Teaching*, 212.

# Ⅳ. 이야기로부터 의미로

우리가 이제까지 이야기에 대해 언급한 것은 주로 무엇이, 어디에서, 누구에게 일어났는가 하는 문제였다. 그런데 이야기는 사건을 설명할 뿐만 아니라, 그 사건의 의미를 캐내기를 요구한다. 이야기는 삶에 관한 함축적 언급이라고 할 수 있다.

이야기는 의미이다. 왜냐하면 그것은 경험이며, 추상적 개념이 아니다. 저자는 이야기하려는 어떤 의도를 가지고 있는데, 그것을 말하기 위해 여러 가지 사건이나 인물, 배경 등을 선택하여 적절하게 구성한다.43)

물론 저자는 이야기를 통해 이런 주장들을 간접적으로 한다. 저자는 이야기 안에서 의미에 옷을 입혀 구체적 형체로 만든다. 그리고 독자가 그 의미와 대면하게 한다. 이야기에서 이 의미는 주로 이야기 속의 인물들과 연관된다. 그래서 이야기 속의 인물들은 그 자신보다는 어떤 면에서 의미의 담지자라고 볼 수 있다. 인물과 더불어 있는 의미는 대개의 경우 삶에 대한 논평이다. 인물의 행동을 통해 삶은 이야기 안에서 실험된다. 그것이 독자들이 삶에 대해 어떻게 행해야 하는지를 정하게 한다.44)

우리가 이야기로부터 의미를 추구하고자 할 때 일반적으로 두 가지 관계를 거치게 된다. 하나는 이야기가 무엇에 관한 것이냐이고, 다른 하나는 이야기에 나타난 그 무엇을 어떻게 보아야 하느냐이다.

---

43) Flannery O'Connor, *Mystery and Manners: Occasional Prose*, Sally Fitzgerald and Robert Fitzgerald, eds., (New York: Farrar, Straus & Giroux, 1957), 75 - 76.

44) Wilhoit and Ryken, *Effective Bible Teaching*, 215 - 16.

## 1. 무엇에 관한 이야기인가?

이야기가 무엇에 관한 것인지를 나타내는 방식에는 몇 가지가 있다. 하나는 반복이다. 반복은 사건이 발생하는 빈도와 관계된 것으로, 반복은 대체로 강조의 의미를 갖고 있다. 그래서 독자로 하여금 사건의 의미를 한 번 이상 고려하도록 요구한다.[45]

이야기가 무엇에 관한 것이냐를 나타내는 또 다른 방식에는 강조가 있다. 인물이나 사건에 할애된 지면의 양도 이야기가 말하고자 하는 것의 실마리가 될 수 있다. 그러나 적은 지면을 차지하고 있다 할지라도, 그것이 결정적이거나 세부적이라면 양과 관계없이 중요할 것이다. 마지막으로, 이야기가 무엇을 말하는지를 요약하는 방식도 있다.

예수가 폭풍을 잠잠케 한 이야기에서, 이야기의 관심은 두 가지로 나타난다. 하나는 예수의 정체성이다. 또 하나는 무슨 일이 일어났느냐이다(그것은 자연에 대한 예수의 통제능력과 제자들의 두려움이다).[46]

## 2. 관점

관점은 이야기의 저자가 독자에게 말하려는 내용이다. 이 관점은 시사비평에서는 평가관점이라고 하는 것으로, 저자가 이야기를 이끌어 나가기 위해서 세운 규범, 가치 그리고 전면적인 세계관을 가리킨다.[47] 달리 말하면, 평가관점은 판단의 기준이라고 정의할 수 있는

---

45) Powell, *What is Narrative Criticism?*, 78.

46) Wilhoit and Ryken, *Effective Bible Teaching*, 216 – 17.

47) "모든 저자들은 어느 종류의 이야기를 구성하기 위해, 몇 가지 세계에 대한 인상과 그 세계에서 무엇이 옳고 그르냐에 대한 인상을 갖고 있고, 갖고 있어야 한다." Joyce Cary, *Art and Reality*(Garden City, NY: Doubleday, 1961), 174.

데, 독자는 이야기를 구성하는 사건, 인물 그리고 배경을 이 관점에 의해서 평가하게 된다.48)

때로 이야기의 저자는 직접 자신의 관점을 제시하기도 하나, 성서 이야기에서 그 같은 경우는 대단히 드물다. 그보다는 이야기 중의 인물을 통해 관점 파악의 실마리를 찾는다. 예수가 폭풍을 잠잠케 한 이야기에서 예수는 제자들에게 묻는다. "왜들 무서워하느냐? 아직도 믿음이 없느냐?" 우리는 예수의 이 말을 통해 제자들의 두려움을 해석할 수 있다. 첫 번째 말은 꾸짖음이다. 제자들이 무서워해서는 안 된다는 뜻이고, 두 번째 말은 두려움을 신앙의 결핍으로 보고 있음을 알 수 있다.

동일한 구절에서 제자들 역시 묻는다. "이분이 누구이기에 바람과 바다까지도 그에게 복종할까?" 제자들이 던진 예수의 정체에 대한 물음을 통해, 우리는 이 이야기를 예수가 누구시냐에 대한 언급으로 볼 수 있겠다는 시야를 얻는다.49)

이야기로부터 의미로의 이동은 위험을 내포한다. 이야기가 무엇에 관한 것인지 그리고 이야기의 주제를 어떻게 보아야 하는지 우리는 잘 알 수 없다. 또 사람마다 이야기를 다르게 볼 수 있는 가능성도 상존한다. 그럼에도 우리는 이야기의 의미에 대한 도전을 받아들여야 한다.

해석되지 않은 성서 이야기(단지 줄거리를 말하는 데 그치는 이야기)는 나태이다. 성서는 신앙의 삶에 관해 말하며, 그것이 무엇인지를 알아내는 것은 우리의 과제이다. 그러나 이야기를 극단적으로 비유

---

48) Powell, *What is Narrative Criticism?*, 54.
49) Wilhoit and Ryken, *Effective Bible Teaching*, 218.

적이거나 영적으로 해석하여 이야기의 의미를 오해해서는 안 된다.[50] 그러므로 성서 이야기 세계 속으로 들어가 그 의미를 찾아내지 않는 것도 잘못이지만, 그 이야기를 금세 영적인 것이나 실천적 적용으로 또는 도덕적 교훈으로 바꾸어 놓는 것도 피해야 할 잘못이다.

## V. 나가는 말

우리는 이 글을 통해 문학비평의 한 부류인 서사비평이 관심을 갖는 이야기가 기독교교육에 어떻게 응용될 수 있는지를 살펴보았다.

성서의 이야기를 포함한 모든 이야기들은 이야기라는 그 형식을 통해 독자를 이야기 안으로 끌어들인다. 그래서 독자는 이야기 속의 사건에 참여하며, 인물들과 소통을 하게 된다. 이야기 자체가 내용도 되고 방법도 되는 통합이 바로 이야기 안에서 일어나게 되는 것이다. 더구나 독자가 이야기에 참여하는 동안에, 독자는 이야기가 전하고자 하는 지·정·의를 포함한 삶의 스타일 형성에 영향을 받게 된다. 이것은 이제까지 성서교육에 대한 개별적 접근들이[51] 바라기는 했지만 이루지 못했던 통합을 이야기라는 형식을 통해 어떻게 가능한지를 강력하게 시사해 주는 이야기의 최대 장점이 아닐 수 없다.

이야기는 교회의 교육 현장에서 가장 흔한 교육형식이다. 그것은

---

50) 성서 이야기에 대해서 교회 현장에서 흔히 저질러지는 그릇된 잘못에 대해서는 Wilhoit and Ryken, *Effective Bible Teaching*, 26을 참조하라.

51) 예를 들어서, Mark Link, S. J.는 성서교육에 대한 단계를 셋으로 나누어 말한다. 그것은 사실 전달을 하는 정보적 수준, 정서에 호소하는 형성적 수준 그리고 영혼 변화를 꾀하는 변형적 수준이다. "The Teacher as Interpreter of the Bible", *Religious Education* 77:5(Sept. – Oct. 1982), 513 – 14.

누구나에 의해 행해지며, 그래서 너무 쉽게 생각한다. 그러나 사실은 가장 흔한 것, 늘 우리와 함께 있는 것이 가장 어려운 것이다. 이야기가 무엇이냐를 새삼스럽게 묻는 것은 흔한 것 속에 진리가 가득 들어 있으며, 무엇보다 우리가 그 속에서 살고 있기에 외면할 수 없기 때문이다. 더구나 이야기를 빼놓고 교육을 어떻게 할 것이냐를 생각하면 더욱 그렇다.

# 교회학교 교재에 대한 사회학적 연구

## I. 들어가는 글

교회학교 교재에 대한 종래의 연구는 대부분 그 내용에 대한 것들이었다. 그런데 교재연구의 목적이 내용 분석에 그치지 않고 비판적 검토를 통해 새로운 방향까지 제시해야 하는 것이라면 종래의 교재연구는 제한된 연구에 머물고 있는 것이다. 실제로 교재 내용에 대한 연구는 주로 특정 부서나 주제에 한정되어 다루어져 왔기 때문에 교재 전체의 의도를 파악하는 데는 한계가 있었다. 또한 교재 내용에 대한 연구자의 해석이 본래 의도와는 달리 해석될 가능성도 있어서 교재 내용에 대한 연구로는 교재 성격을 제대로 파악하는 데 충분하지 못했다. 그러므로 교재연구에 대한 새로운 방법이 요청된다.

교재 의도를 이해하기 위한 방법 중 하나는 교재에 관여되는 사람들을 연구하는 것이다. 보이는 교재 내용 배후에는 드러나지 않은 그들의 의도가 숨겨져 있다고 볼 수 있다. 글자의 행간 사이에 있는 내용까지 파악할 수 있다면 일보 진전된 교재 이해가 가능할 것이다. 나아가 이 같은 이해를 바탕으로 교재의 문제점을 찾아내고 비판적으로 그 대안을 제시하는 단서로 삼을 수 있을 것이다.

그래서 이 연구의 목적은 교재 편찬과정에 참여하는 집단들의 성격을 탐색함으로써 교재 성격을 파악하고 그것을 기초로 해서 교재 방향을 제시하는 데 있다. 이것을 위해, 첫째, 교재 편찬과정에 어떤 집단들이 어떻게 참여하고 있는지, 둘째, 그 집단들의 영향의 성격은 무엇인지, 셋째, 그 집단들의 영향력이 실제로 교재에 어떻게 반영되고 있는지를 살펴볼 것이다. 그리고 이런 분석 뒤에는 대안으로서의 교재관을 제시할 것이다.


## II. 교재의 편찬과정

### 1. 교재의 성격

여기서는 교재의 편찬과정에 대해 알아보기 전에 먼저 교재 성격이 편찬과정에 참여하는 이들과 어떤 관계가 있는지를 살펴본다.

교재라는 말로 사용되는 어휘는 학교교육에서 교과서라는 어휘에 상응하는 말이다. 일반교육에서도 교재라는 말이 사용되는데, 그 말은 말 그대로 교육 재료이다. 이 교육 재료인 교재를 학습지도에 맞게 편집한 것이 교과서이다. 일반교육에서의 교과서는 각 교과에 따라 여러 종류가 될 수 있을 것이다. 그러나 교회학교에서의 교과서인 교재는 교육 내용이 교과로 세분되어 있지 않은 관계로 단일하다. 여기서는 교재의 본래적 성격을 알아보기 위해 일반교육에서 말하는 교과서의 정의에 대해 살펴본다.

교과서에 대한 정의는 다양할 것이나 몇 가지만 살펴본다.

"교과서란 교육하는 데 쓰이는 교재를 학습지도에 맞게 편집한 도서이며, 각 교과가 지니는 지식 경험 체계를 쉽게 그리고 명확하고 간결하게 편집해서 학교에서 학습의 기본 자료로 활용할 수 있도록 제작된 교과이다."[1]
"교과서는 교육과정 내용을 지도하기 위하여 계획된 자료이며, 교육과정을 기준으로 구체적이고 주된 학습 자료로서의 역할을 하는 것이다."[2]
"교육과정에 따라 편찬한 학교교육의 주된 교재로서 가르치는 데 사용되는 학생용 또는 교사용 도서"[3]이다.

이상의 정의를 통해 알 수 있는 것은 교과서는 교육과정에 따라 편찬한다는 사실이다. 그런데 그 교육과정은 어차피 그것이 속한 사회집단의 영향하에 있을 수밖에 없다.

윌리엄 에프 피나르(William F. Pinar)와 마이클 더블유 애플(Michael W. Apple)로 대표는 '재개념주의자'(reconceptualists)들은 랄프 더블유 타일러(Ralph W. Tyler) 중심의 전통적 교육과정이 이론적이지 못할 뿐만 아니라 탈역사적, 즉 생산성과 효율성만을 강조했기 때문에 인간을 비인간화시켰다고 비판하면서, 인간 해방을 위해, 피나르는 개인의 실존적 자아성찰을, 애플은 개인을 구속하는 사회적·경제적·정치적 조건에 대한 비판을 대안으로 제시하고 있다.

이처럼 새로운 교육과정 개념은 지식을 보편적이고 객관적인 것으로 정당화하면서 그 자체의 성격을 문제시하지 않았던 전통적 교육

---

1) 서울대학교 사범대학 교육연구소 편, 『교육학대사전』(서울: 배영사, 1975), 곽병선 편 『한국의 교육과정』(서울: 한국교육개발원, 1989), 288 - 89에서 재인용.

2) L. C. Deighton, *The Encyclopedia of Education* 9(1972), 곽병선 편 『한국의 교육과정』(서울: 한국교육개발원, 1989), 289에서 재인용.

3) 서울대학교교육연구소 편, 『교육학용어사전』(서울: 하우, 1994), 81.

과정론자들을 비판하고, 지식이 사회적·역사적 조건으로부터 자유로울 수 없으며, 더구나 지식의 선택은 특정집단의 이해관계에 의해 결정된다는 것이다.

## 2. 교재의 편찬과정

교재가 어떤 과정을 거쳐 편찬되고 있는지를 알아보는 것은 교재 내용의 성격을 이해하기 위한 선결과제이다. 그 이유는 교재 내용의 결정과정 자체가 문화의 선택과정이며 가치 판단의 과정이기 때문이다.[4] 일반적으로 교재 편찬에 관한 제반 사항들은 중요한 정책 결정의 대상이다. 그런데 누가 정책을 결정하느냐에 따라 교재의 전반적인 성격이 결정된다.

이 부분에서는 교재의 편찬과정을 따라가면서 그 과정마다에 영향을 끼치는 사회적 요소들을 검토한다. 즉 교재 편찬과정에 참여하는 집단들이 교재에 어떤 식으로 어떻게 영향을 미치는지 그리고 그들은 왜 그렇게 행위하는지를 살펴본다.

일반적으로 교재의 편찬과정은 커리큘럼 작성 - 교육과정위원회 - 교재 집필, 교재 편집 위원회 - 원고수정 - 발행 순서로 진행된다. 이 과정에 참여하는 집단들은 크게 네 부류로 볼 수 있다. 첫째, 무형의 교단이다. 둘째, 관계 위원회의 위원들이다. 셋째, 실무자들이다. 넷째, 교재 집필자들이다.

커리큘럼의 주제 선정은 실제적으로 실무자(간사)에 의해 이루어진다. 주제는 암묵적으로 교단의 성격을 고려해서 선정된다. 간사에

---

4) 이혜영, "교과서와 이데올로기", 윤구병 편 『교과서와 이데올로기』(서울: 천지, 1988), 92.

의한 주제 선정은 일차적으로 교단에 의해 통제받는다. 교파에는 교리라고 하는 것이 있는데 이 교리를 지키고 추종자들에게 소속감을 환기시키며 타 신앙체계로부터 자신의 신앙인들을 보호할 제도가 요구되었던바, 바로 여기서 교단이 생겨나게 된 것이다. 이로부터 교단은 공공연하게 영향력을 행사할 수 있는 무형의 권력으로 등장한다. 그리고 교단이란 이름 자체가 정당성의 근거가 되기까지 한다.

어느 교단을 막론하고 표방하는 종교적 교리와 그것을 구체화시키는 현장 사이 갈등은 있게 마련이다. 이는 이론과 실천 사이의 불일치라고 말할 수 있겠다. 이런 경우 교권을 지닌 교단은 대부분 현실을 외면하고 원칙적인 교리로 회귀한다.

선정된 주제에 의한 커리큘럼 작성은 간사에 의해 진행된다. 작성된 커리큘럼은 교육과정위원회의 검토를 거치게 된다. 교육과정위원회는 총회의 항존부서인 교육부 산하의 소위원회이다. 이들 위원회는 5~6명 위원으로 구성된다. 이들은 거의 중진 목회자들로 구성된다. 커리큘럼 심의과정에서의 기준은 주로 교단의 정체성을 그르치지 않느냐와 문제의 소지는 없느냐이다. 이런 문제와 상충되지 않을 경우 커리큘럼에 대한 심의는 무난히 넘어가게 된다.

교육과정위원회와 유사한 역할을 하는 위원회에 교재편집위원회가 있다. 이 위원회는 커리큘럼에 의해 집필된 원고를 검열하는 기구이다. 이 위원회가 원고 검열 시 사용하는 기준은 다음과 같다. 교단의 신학적 입장과 다른 점, 주제에서 벗어난 내용, 의미가 안 통하는 문장, 보충했으면 하는 내용 및 기타이다. 이 기준은 교재편집위원회가 집필자가 쓴 원고를 교단 입장에서 검토할 뿐 아니라 적절하지 않은 내용은 집필자의 의견을 무시한 채 교단 입장에 맞추어 얼마든지 수정할 수 있음을 보여 준다.

위에서 교재 편찬과정에서의 관련 집단(교단, 위원회, 집필자)의 영향력을 살펴보았다. 여기서는 그들이 왜 그렇게 행위하는가 하는 사고체계를 중심으로 살펴보려고 한다. 사고체계는 기독교인 또는 목회자로서 가장 중요한 것으로 생각되는 내용에 대한 것이다.

교단은 교재에 교단 성격을 부여한다. 그것은 일종의 이데올로기로 그 목표는 교단적 성격을 가진 신자 만들기이다. 그것은 교재 내용이나 전개 방식 등을 사용하여 이루어진다.5) 그리하여 교단 전통을 교재를 이용한 교육을 통하여 유지해 나간다.

교단에서 전통을 고수하려는 이유는 다른 곳에서도 찾을 수 있다. 탤컷 파슨스(Talcott Parsons)의 사회체계이론(social systems theory)에 따르면,6) 한 세계를 구성하고 있는 요소들은 기능상으로 서로 상호의존적이라는 것이다. 그리고 사회체제를 구성하고 있는 요소들은 상부체제 유지에 공헌해야 한다는 것이다. 예를 들어, 사회체계가 학생 - 학급 - 학교 - 교육체계 - 사회 식으로 구성되어 있다고 한다면, 학생은 학급을 위해, 학급은 학교를 위해 기능을 발휘할 때 전체 사회가 유지될 수 있다는 것이다. 이런 관점에서 본다면 학생은 교회를 위해, 교회는 교단을 위해 봉사해야 된다는 식이 된다. 물론 교단이 신자를 교단적으로 사회화하기 위해 사용하는 교재의 가르침대로 학생들이 배우느냐 하는 것은 분명치 않다. 그럼에도 불구하고 교단의 그런 노력을 무시할 수는 없을 것이다. 왜냐하면 대개 이런 기능론적 입장은 다양한 가치로 이루어진 사회적 가치의 합의를 당연한 것으로 여겨, 있는 현

---

5) 이 같은 내용들에 대한 탐구는 생략한다.
6) 이종각, 『교육학 논쟁』(서울: 도서출판 하우, 1994), 105 - 108.

실을 그대로 인정한다는 한계에도 불구하고, 종교적 사회에서는 갈등을 불순종 등 종교적 가치라는 통제 기구로 통제하기 때문에 갈등 당사자에게는 죄의식까지 불러일으킬 수 있기 때문이다.

교재와 관련지어 이 일의 추진자는 교육과정·교재편집위원회의 위원들이다. 그들은 대부분 50~60대의 현직 목회자들이다. 2, 30년의 목회 경력을 통해 권위가 몸에 배어 있다. 그들을 키운 시대는 경제적으로는 전쟁의 파괴로부터 벗어나 의식주 문제를 해결하기 위해 애쓰던 시절이었다. 월남전에 젊은 피를 팔아 가면서, 열사의 사우디에 근로자들을 파견하면서까지 한강의 기적을 일으키기 위해 부심하던 시절이었다. 정치적으로는 군부 독재시절이고 반공을 국시로 하던 서슬이 시퍼런 시절이었다. 생의 가치가 '잘 살아보세'라는 물질적 가치로 전도되고, 인간의 자유보다는 질서를 내세운 권위에 짓눌리던 시절이었다. 교회적으로는 부흥회의 물결이 마치 전투를 치르듯 전국을 휩쓸던 시절이었다. 신학교에서도 그들이 받은 교육은 성경과 기도와 전도 그리고 구령열이었다. 그래서 그들은 물질적 가치의 우위로부터 물량주의를, 군사독재로부터는 권위주의를 그리고 부흥회로부터는 축복주의를 배웠다. 이것들은 오늘날, 교회를 먼저 고려해야 한다는 교회주의(churchnism), 인간은 없고 하나님만 있는 하나님 우상주의(God–Idolism), 명목적 영성(cominal spiritualism), 축복주의(blessingnism)로 나타난다.

집필자의 성격은 어떤가, 교단의 교재 집필자들은 모두 교단이 정한 신학교 출신이다. 그들은 같은 학교에서 같은 교수에게 배움으로 같은 사고방식을 소유하고 있을 수 있다. 그들의 사고체계는 그들을 가르친 교수들로부터 온 것일 텐데. 교수들은 누구인가, 그들은 거의 예외 없이 서구 교육을 받은 사람들이다.

자본주의 교육은 교육을 통한 인간성 고양과 제도의 합리화를 믿는다. 보다 많은 교육, 보다 높은 수준의 교육은 학생 자신의 능력과 노력 여하에 따라서 결정되는 것으로 한 개인의 교육수준은 곧 그의 생산성 지표가 되며, 따라서 사회적 특권과 보상도 거기에 비례한다고 본다. 생산성 위주의 능력본위 교육은 계층을 평준화하는 힘을 갖는다고 본다.7)

그러나 마르크스주의 관점에서 교육을 보는 사람들은 자본주의 사회의 교육은 본질적으로 불평등한 사회·경제적 평등화란 환상에 불과하다고 주장한다. 자본주의 교육체제는 자본주의 사회를 지배하고 있는 부르주아 계급에 의하여 지배되고 그들의 이익과 이데올로기를 반영하고 있기 때문에 애초부터 노동계급에게는 불리하게 작용한다는 것이다. 따라서 자본주의 교육은 사회적 합의나 통합의 산물이기보다는 사회 제 세력 간의 갈등·대립·투쟁의 산물이며, 보다 좋은 교육, 보다 많은 교육을 놓고 일어나는 경쟁의 규칙도 특정집단에게 유리하도록 편파적으로 되어 있다는 것이다.8)

자본주의 교육이 개화된 미국에서 교육받은 교수들의 지도를 받은 집필자들은 알게 모르게 자본주의 교육 이념을 따르게 된다. 자본주의적 교육은 효율성·합리성·생산성을 강조한다. 자본주의 교육 풍토에서 성장하고 전문교육까지 자본주의 색채 교육을 받은 집필자들은 자연히 교재에서 이런 내용들을 은연중에 강조하게 된다. 즉 집필자들은 그 형태가 자본주의에서 교단 교육이념으로 외형만 바뀌었

---

7) 이에 대해서 이종각, 『교육학 논쟁』, 89 - 124를 참조하라.
8) 이종각, 『교육학 논쟁』, 125 - 57을 참조하라.

을 뿐 사실상 자본주의 교육 정신인 합리성·효율성·생산성을 강조하게 된다는 것이다.

위에서 교재의 편찬과정에 개입하는 교단과 관계위원회의 위원들의 영향력은 집필자에게 전달되어 그 영향권 내에서 자신들의 지적 배경을 기반으로 집필을 하게 된다. 그 결과 출현하는 교재 성격을 아래에서 살펴본다.


## Ⅲ. 교재의 성격

### 1. 삶과는 무관한 비현실성

한국교회의 교재 내용 성격은 현실적이지 않다. 그 이유는 크게 두 가지이다. 하나는 주로 교리나 성서 내용이 현대적으로 해석되지 않고 그대로 다루어지기 때문이다. 다른 하나는 집필자들이 받은 교육 성격 때문이다. 교재 내용들은 성서에 대한 철저한 문자주의적 접근으로 인해 성서가 가지고 있는 은유·우화·비유·상징 등의 본래적 의미를 적절히 해석하여 담아내지 못함으로써, 우리 토양에 맞지 않은 내용들이 그대로 전달되고 있다. 초월적인 내용들이 그대로 소개됨으로써 성서 내용이 마술적으로 학습자들에게 이해되고 있다(예를 들어, 예수님께서 구름 타고 오신다거나 우리가 하늘로 들려 올라간다는 등의 내용). 그리고 성서 내용을 설명하기 위해 제시된 내용들조차 성인들에게나 가능한 내용들(뇌물을 주고받는 현장)이거나 학습자들의 삶과는 무관한 내용들이 생각 없이 제시된다. 나아가서 현실로부터의 도피를 조장하는 내용까지 있다("누가 뭐래도 나는 믿어요."). 사회 현실을 학습자의 수준을 고려하지 않고 그대로 인용하고, 성서를 문자적으로 그대로 옮길 때 현실성이 없다. 교재에서 나타나는 이 같은 비현실성은 전체적으로 그들이 배우는 내용들을 비현실적인 것으로 생각하게 하며, 더 크게는 신앙을 삶과는 무관한 교인으로서 취해야 할 기대역할을 감당하는 정도로 생각하게 할 수 있다.

교재의 이 같은 비현실성은 집필자들의 교육 배경으로부터도 기인한다. 그들은 삶과는 무관한 교육을 어려서부터 받아 왔고 대학과 대학원에서도 그와 같은 교육을 받았다. 본래 교육은 삶의 문제를 해결하기 위한 것이었다. 원시 시대의 교육은 사냥, 즉 그들의 생명을 유지하기 위해 필수적인 기술을 배우는 것이었다. 그러나 문명이 발전하면서 생존과 연관된 교육을 받아야 하는 계층과 그렇지 않은 계층으로 나뉘게 되었다. 그 후 점점 교육은 삶과 무관한 것이 되었고, 교육 대상도 점점 하향화하기 시작했다. 그래서 산업혁명으로 인한 기술의 발달로 노동에 투입되었던 아동들이 불필요하게 되었다. 이제 그들을 무질서하게 그냥 내버려 둘 수 없어 효과적인 통제를 위해 설립된 것이 대중교육의 시작이었다.[9] 그리하여 우리나라의 경우, 최근 들어서 교육목적은 상급학교 진학을 위한 것으로 전락해 버렸다. 교육정책이라는 것도 입시제도 변경과 동의어가 됐을 정도이다.[10]

---

9) John Gatto, *Dumbing Us Down: The Hidden Curriculum of Compulsory Schooling*, 김기협 역, 『바보 만들기: 의무 교육, 무엇이 문제인가』(서울: 푸른나무, 1994) 참조.

10) 한국교육 현장문제와 그 대안에 대해서는, 이행원, 『한국교육의 선택: 교육정책 현안과 현장 이슈의 대안모색』(서울: 나남, 1992)을 참조하라.

집필자들의 비현실성은 그들이 누구로부터 배웠느냐에서도 기인된다. 교수들로부터 전수된 학문이 본질적으로는 비현실적인 것이 아니지만 실제적으로 현실과 연관 지을 수 있는 방법을 배우지 못했기 때문에 비현실적이 된다. 또는 교수들로부터 배운 학문이 현실보다 너무 앞서 있거나(그래서 그 내용을 이용하기 위해서는 현실이 발전할 때까지 기다려야 하거나), 현실에서는 중요하지 않은 내용을 비중을 두어 배우고, 실제로 현실에서 큰 비중을 차지하는 문제는 학문 영역에서 경시된다. 결국 집필자들이 교수들로부터 배우는 학문은 그 본래 의도야 어떻든 대단히 비현실적인 것이 되어 버린다. 더구나 그들이 가르치는 이론적 학문은 대부분 수입 학문이라는 점에서 우리나라의 현실과는 맞지 않는다. 그리고 대부분 교수들은 수입한 지식이 고갈되면 어김없이 외국에 나가 새로운 지식 상품을 수입해 들어오는 지식의 중개상들처럼 보인다.[11] 그렇게 됨으로써 지식의 비현실성은 지속성을 띠고 현장에 영향을 미치게 된다.

## 2. 성실성을 가장한 경쟁심 조장

교회학교 교재 내용 상당 부분이 성실함을 강조한다. 예를 들어, 달란트 비유(마 25:14 - 30)가 철저하게 자본주의적 관점에서 금전 활용에 관한 것으로 변질된다. 성실성은 때로는 경쟁관계를 부추기게 된다. 자신의 최선을 다하는 것으로서의 성실함이 아니라 남보다 더 잘해야 한다는 경쟁심리로 변질된다는 것이다. 더구나 경쟁심은 결과적으로 인간관계를 파괴하는 상황을 유발할 수 있기 때문에 심

11) 조동일 『우리 학문의 길』(서울: 지식산업사, 1994), 26 - 37. 그리고 장상호, 『학문과 교육』
상(서울: 서울대학교 출판부, 1997), 132 - 33도 참조.

각한 문제가 된다. 결국 신실함 - 경쟁심 조장 - 인간관계 파괴라는
고리로 이어지는 내용들이 은연중에 교재에 배어 있다. 그렇게 된
이유는 크게 관계위원회 위원들의 삶의 방식과 집필자들의 성장 배
경을 들 수 있다.

관계위원회 위원들은 7, 80년대 교회의 급격한 성장기를 경험하면
서 다른 교회보다 더 큰 교회로 성장시키기 위해 큰 노력을 기울였
다. 큰 것이 아름다운 것이 되었고, 성장이 하나님의 뜻을 이루는 것
이 되었고, 열심이 신앙인의 기본자세가 되었다. 이러한 분위기 속에
서 의도와는 달리 나타난 현상이 경쟁적 분위기였다. 나아가 경쟁은
필요악으로까지 간주되게 되었다.

집필자들은 어려서부터 경쟁 속에서 자랐다. 경쟁에서 이기기 위
해서 요구되는 자질은 성실성이었다. 가정에서는 형제들과의 비교를
통해 또는 다른 집 아이들과의 비교를 통해 성실함이라는 가면을 쓴
경쟁심이 조장되었고, 그와 같은 경쟁심은 학교에서 절정에 달하였
다. 한국의 교육경쟁 양식은 나름대로 특이하다. 사회에서 지위상승
을 위한 길은 학력 이외에 다른 방법이 없는 단층적인 노동구조를
바탕으로, 지위분배에서 학력에 따른 불평등이 크며, 지위경쟁에서도
학력의 유용성이 높아 학력경쟁을 부추길 뿐 아니라 인구가 증가하
고 인구의 도시집중으로 자연 경쟁률까지 높아져 학력경쟁이 높을
수밖에 없다.[12]

이 같은 경쟁적 분위기는 대학에 들어와서도 근본적으로 변하지
않고 사회생활로까지 연장된다. 능력이 없으면 도태된다는 것은 경
쟁으로부터 낙오된다는 말인데, 사회가 인간을 능력으로만 판단하기

---

12) 이종각, 『교육학 논쟁』, 256 - 63.

때문에 이런 일들이 생기게 된 것이다. 그 결과 인간 가치를 단순히 생산력으로 따지게 되고 이 생산력을 높이려는 노력 때문에 인간 자아에 대한 배려는 경시된다. 무엇 때문에 그렇게 열심히 해야 하느냐는 물음 앞에 근원적인 대답이 주어지지 않는다면, 예수님으로부터 칭찬과 상을 받기 위해서라는 목적조차도 경쟁에 다름 아닐 것이다.

## 3. 문화적 제국주의 숭배 이데올로기 조장

우리나라 교재에서 성서 내용을 이해시키기 위해 도입 부분에서 사용하는 내용 중에는 외래적인 것이 대단히 많다. 이솝이야기, 외국의 위인 등 다분히 외래적이다. 이와 같은 성격의 이야기들은 우리 민족의 상황에서도 얼마든지 끌어낼 수 있는 것이다. 그런데 왜 집필자들은 구태여 그런 외래적인 이야기들과 인물을 선택했을까. 그 이유는 그들이 우리 문화를 애써 배척했다기보다는 우리 문화에 대한 무지 때문이었을 것이다. 우리는 어쩐 일인지 우리 것보다는 이국적인 것이 더 편하게 느껴지도록 교육받아 온 것이다. 그래서 이국적인 문화에 많이 접한 사람일수록 학교생활이나 사회생활에 적응하기 쉽게 되어 버렸다.

피에르 부르디외(Pierre Bourdieu)는 학교가 지배계급의 언어 · 신분 · 지위 · 위신 · 관습과 같은 문화자본을 통해 사회의 불평등구조를 유지시킨다고 한다. 즉 학교는 지배계급의 문화유형에 따라 경영되기 때문에 피지배계급의 문화성향(habitus)을 가진 학생들이 성공하기는 어렵다는 것이다.[13] 교재에서도 문화적 자본을 통해 불평등

---

13) 이에 대한 실증적 논의는 Pierre Bourdieu, "문화적 재생산과 사회적 재생산", 이규환 · 강순원 편 『자본주의사회의 교육』(서울: 창작과비평사, 1984), 100 - 31을 참조하라.

구조를 심화시키고 있다. 그것은 우선 어린이 교재의 그림에서 나타난다. 그림의 색상은 거의 원색적이다. 따라서 화려하게 보인다. 그것 자체로는 밝고 명랑한 느낌이 들어 좋다. 그러나 폭력과 과중한 공부 부담, 병들고 오염된 세상 그리고 전쟁과 미움에 대한 묘사까지 화려한 색으로 하는 것은 곤란하다. 그 이유는 그림은 그 자체로 자기 말을 하는 것이라고 볼 때, 이런 식의 색채 사용은 대단히 슬픈 일, 고통스러운 일에 대해 웃으며 쾌활하게 말하는 것과 같다. 그러나 무엇보다 이런 식으로 전체적으로 화려한 색채의 그림을 대하는 농어촌 어린이들을 상상해 보자.[14] 그들의 생활과는 괴리된 느낌을 받게 되고 막연한 사치심과 허황된 꿈을 조장하게 되지나 않을까 하는 우려가 된다.

집필자들과 삽화가는 그들의 성장 배경이 어떻든 당장 그들이 이 교재와 연관 지어 한 행위, 즉 글을 쓰고 그림을 그렸다는 것 자체가 고급스런 문화행위를 수행하고 있음을 알 수 있다. 그렇다고 모든 글쓰기와 그림 그리기가 고급문화의 향유라고는 말할 수 없다. 그러나 최소한 교단의 교재에 글을 쓰고 그림을 그릴 정도의 위상이라면 어느 정도 그들의 문화수준은 짐작할 수 있을 것이다. 집필자들과 삽화가는 자기들의 문화를 그린다. 자신의 성장환경 그리고 교육 배경 그리고 생활환경으로부터 나온 문화들을 그리고 있다. 그런데 그것은 그들의 문화이지 교재를 배울 일반적 학생들의 문화는 아니라는 것이다.

위와 같은 교재의 성격들로부터 앞으로의 교재의 방향을 잡을 수

---

14) 필자의 시간적(2년 8개월)·지역적(충청북도 제원군 덕산면)인 면에서 제한적이긴 하지만, 경험에 의하면, 농촌의 색채는 잿빛이었다. 그들의 주거환경이 그랬고, 그들의 삶의 정조가 그랬다.

있다. 그것을 다음과 같이 제안한다.


## IV. 대안적 교재론

### 1. 현대의 문제를 과감하게 수용하는 교재

오늘날의 시대는 정보통신 시대가 되어서 한 나라뿐 아니라 사회나 개인이 고립되어 살 수 없는 시대가 되었다. 이 같은 추세 속에서 교회 역시 21세기를 맞이하기 위한 준비를 착실히 진행시켜 나가야 할 것이다. 이런 차제에 현장 교회교육의 중핵을 이루는 교재 주제가 교단의 교리를 중심으로 맴돌아서는 안 될 것이다. 단지 전통적이기 때문에 그 이념을 붙드는 구태는 벗어 버리고 사회의 변화 추세에 따라가는 유동적인 자세가 필요하다.

특히 포스트모던시대를 맞이하여 교재의 다양화는 당연한 추세여야 한다. 물론 포스트모더니즘을 20세기 후반의 서구 자본주의적 문화현상으로 보는 견해도 있다. 그럴 경우 포스트모더니즘에 대한 논의는 결국 서구 자본주의 그것도 다국적 기업의 소비대중이 되자는 운동 이외에 아무것도 아닐 것이다. 그런 우려에도 불구하고 우리나라는 세계화 추세에 따라 포스트모더니즘의 영향이 더욱 가세될 것 같다. 그러므로 우리는 이런 상황을 현실로 받아들여야 한다.

세계화의 시대에 택해야 할 교육 주제 중에는 정의·평화 그리고 창조질서의 보전이 있다.15) 실제로 최근 기독교교육은 다양한 주제

---

15) 김성은, "세계화와 자녀교육을 위한 의식개혁", 「디다케」6(부천: 서울신학대학교 기독교교육과 학생회, 1996), 69-71.

를 그의 과제로 받아들이고 있다. 여성문제, 소수 인종 문제, 종교 다원주의(타 종교 문제), 에큐메니컬 운동 등에 대해 교육적 접근을 하고 있다.16) 이 같은 주제를 원만하게 논의하기 위한 바탕은 대화이다.17)

## 2. 교회교육 현장의 참여가 있는 교재

파울로 프레이리(Paulo Freire)가 기존의 교육을 비판하면서 이렇게 말한 적이 있다.18)

> "너는 생각할 필요가 없다.
> 그가 네 대신 생각하니까!
> 너는 볼 필요가 없다.
> 그가 네 대신 보니까!
> 너는 말할 필요가 없다.
> 그가 네 대신 말하니까!
> 너는 행동할 필요가 없다.
> 그가 네 대신 행동하니까!"

그의 말처럼, 교재 집필자들은 학습자들이 그러리라고 머릿속에서 상상하고 쓰지 않았을까. 그것이 아무리 학습자의 요구에 근접했더라도 그것은 학습자의 것이 아닌 집필자들의 것이다. 배워야 할 사람이 배제된 교재이어서는 안 된다. 일반학교에서 사용되는 교재의

---

16) 이에 대해서는 Jack L. Seymour and Donald E. Miller, eds., *Theological Approaches to Christian Education*, 김재은 · 임영택 공역, 『기독교교육과 신학의 대화』(서울: 성광문화사, 1994)를 참조하라.

17) 김성은, "세계화와 자녀교육을 위한 의식개혁", 71.

18) Paulo Freire, *Education for Critical Consciousness*, 채광석 역, 『교육과 의식화』(서울: 중원문화사, 1978), 81 – 82.

경우에는 현장 실험을 통해 교재 수정이 이루어진다.[19] 교회학교의 교재 발간 상황이 열악하다 하더라도 현장의 교사와 학생의 교재에의 참여는 외면될 수 없다.

교재에 현장 참여가 이루어질 때, 비로소 교재는 살아 있는 교재가 된다. 남의 삶이 아닌 우리의 삶의 문제를 다루는 피가 흐르는 그런 교재가 되어야 한다. 교육 의도의 구체화 또는 교육의 종합예술이라고 할 수 있는 교재에도 현실 감각 결핍은 여실히 드러난다. 프레이리가 문맹자를 위한 문자 교육교재라고 해서 보았던 책에는 "보통 평화스럽고 잘 장식된 예쁘고 아담한 집들이나, 미소 짓고 있는 잘생긴 부부(보통 금발인), 뽀얀 얼굴의 아이들이 훌륭한 아침을 먹은 뒤 산뜻한 가방을 둘러메고 부모들에게 손을 흔들며 학교 가는 모습 따위의 삽화가 등장하고",[20] "날개는 새의 것이다." "에바는 포도를 보았다." "수탉이 운다." "까르링요의 아버지의 이름은 안또니오다. 까르링요는 착하고, 품행이 단정하고, 공부를 열심히 하는 소년이다." "망치로 못을 박을 때, 당신의 손가락을 찧지 않도록 조심하시오." 등 내용이 나온다는 것이다.[21] 프레이리는 "이와 같은 교재가 도시나 농촌에서 온종일 일만 하는 사람들이나 실업자들에게 무슨 의미를 줄 수 있단 말인가." 하고 한탄한다.[22] 현실과 무관한 교육은 인간으로 생각게 하며, 현실에 반응을 보이는 일은 자기로서는 할 수 없는 일이고, 더욱이 그것은 죄라고 생각하게 된다. 그러므로

---

19) 곽병선 『한국의 교육과정』, 327.

20) Paulo Freire, *The Politics of Education: Culture, Power, and Libertion*, 한준상 역 『교육과 정치의식: 문화, 권력 그리고 해방』(서울: 학민사, 1986), 43.

21) Paulo Freire, et. al., 김쾌상 외 역, 『민중교육론: 제3세계의 시각』(서울: 한길사, 1979), 20-21.

22) Freire, *The Politics of Education*, 44.

현실을 외면한 교육은 인간을 소외시키는 교육일 뿐만 아니라 인간 경시의 교육이다.23)

더구나 신교육사회학자들의 주장처럼 지식이 인간의 문제를 해결하기 위한 것이라면 지식은 사회적으로 구성된다고 볼 수 있다. 그렇다면 지식은 불변적인 것이 아니라 변화가능성을 가진다. 이 같은 맥락에서 볼 때 지식은 사람과 사람 사이의 약속문제이기 때문에 그 지식을 산출한 특정집단이나 계급의 상표이다.24) 지식은 상황에 따라 가변적이기 때문에 지식의 기능을 다하도록 현장 참여가 요구된다.

## 3. 경쟁보다 개성을 존중하는 교재

우리는 포스트모던한 사회를 다원주의 사회라 불러도 좋을 것이다. 포스트모던은 모더니즘이 중시하던 인간 이성, 과학성, 진리의 객관성과 보편성 그리고 합리성과 인간 중심주의 등에 대하여 과격할 정도의 비판을 가한다.25) 이 같은 포스트모더니즘의 특성 중에서 교재와 연관 지어 생각해 볼 것은 먼저 인간 이성과 과학성에 대한 문제이다. 일반적으로 이제까지의 교재들은 이성을 상대적으로 강조하여 왔다. 신앙이 대부분 기독교교육학자들의 동의처럼, 지·정·의로 구성되는 것이라면 교재에서의 상대적 이성 강조는 균형을 깨는 일이다. 더구나 오늘날 신세대들은 이성 – 감성으로 가던 기성세대와는

---

23) 조혜정은 지식과 삶이 겉도는 현상을 '식민지성'이라 규정하고 지식과 삶의 연계를 강조하고 있다. 이에 대해서는 그녀의 『탈식민지 시대 지식인의 글읽기와 삶 읽기 1』(서울: 또 하나의 문화, 1992)을 참조하라.

24) David Blackledge and Barry Hunt, *Sociological Interpretations of Education*(London: Croom Helm, 1985), 290 – 315.

25) 서광선, 『한국기독교 정치신학의 전개』(서울: 이화여자대학교 출판부, 1996), 195.

달리, 감성 – 이성으로 사물을 파악하고 있다. 그들은 먼저 느끼고 그 다음에야 깨닫는 것이다. 신세대들의 이런 변화를 인정한다면 교재에서 감성적 접근의 비중을 늘려야 할 것이다.

포스트모더니즘의 특성 중에서 교재와 연관 지어 생각해 볼 두 번째 문제는 진리의 객관성과 보편성의 문제이다. 이 문제는 타 종교와의 대화문제와 관련이 있는 문제이기도 하다. 그러나 여기서는 교재와 연관 지어 생각해 본다. 만일 기독교의 진리만이 유일한 참진리라고 생각한다 해도 그 길에 이르고자 하는 사람들은 개성을 지닌 고유한 개인이며, 그렇기 때문에 단일성으로 묶어 통일성을 추구하는 교육이 아니라 다양성을 인정하면서 서로 격려하고 서로 배워 가며 진리에 이르는 교육을 추구해야 할 것이다.

## 4. 위계를 조장하지 않는 교재

본격적으로 다루지는 않았지만, 우리나라의 교회학교 교재 중에는 남성 우월주의적인 내용들이 많다. 그런 것을 통해 은연중에 성차별이 생길 수 있다. 더구나 성서가 가부장적 중심으로 기술되었다고 하는 여성신학자들의 주장이 있고 보면, 남녀불평등을 조장할 수 있다고 오해를 받을 수 있는 내용들을 실어서는 안 될 것이다.

앞서 논의에서 언급했지만 교재에서는 도시와 농어촌 간, 계층 간의 문화 차이가 드러나지 않도록 해야 할 것이다. 신교육사회학은 학교를 중류계급을 위한 제도적 장치로 본다. 중류 가정에서 양육된 학생은 생활이나 지식에서 학교에 보다 잘 적응한다는 것이다. 그렇다면 소위 엘리트들에 의해 쓰인 교재 내용은 농어촌보다 도시교회

어린이들에게 훨씬 더 친근하여 이해하기가 용이할 것이다.26)

지역과 계층의 특성을 살리는 교재의 출간은 부르디외가 말하는 학생의 '아비투스'(habitus)의 상황 파악에 도움이 되어 효과가 있을 것이다. 아비투스는 개인이 사회세계나 일상생활에서 무의식적이고, 후천적으로 획득하는 생활양식, 인지, 성향의 체계 등을 말한다.27) 학생들이 교육 현장에 올 때는 개인에게 고유한 이 아비투스를 소유한 채 온다는 것이다. 그러나 한편으로는, 이상적으로 보이기는 하지만 그것은 또 그 나름대로 문화를 고정시킨다는 등 단점이 있을 듯하고, 또 그렇게 특성을 살린 교재 발간에 드는 재정적 능력이 없으므로 지역 특성과 계층 특성을 살린 교재는 아직 꿈에 지나지 않는다. 그러나 앞으로의 가능성을 모아 지역과 계층을 포함하는, 더 넓게는 문화 전반에 대해 충분히 논의할 가치는 있다.


## V. 나가는 글


지금까지 한국교회의 교회학교 교재에 대해 사회학적인 입장에서 살펴보았다. 그러는 과정에서, 교재에는 교단과 교육부위원회 위원들 그리고 집필자들이 큰 영향을 끼치고 있다는 사실을 알았다. 교단은

---

26) 그러나 연구에 따르면(Frank Musgrove, *School and Social Order*[Chichester: John Wiley and Sons, Ltd., 1979]), 중류계급 학생들의 가정과 학교 간에는 연속성이 없다는 것이다. 즉 중류계급 부모는 학교의 고상한 취지와는 달리 보상적인 성취를 위한 준비를 요구한다는 것이다. 더구나 노동계급의 학생들도 여러 가지 이유로 학교에서 가르치는 중류계급의 가치에 동화하지 못하고 있다는 것이다. 그러므로 학교는 신교육사회학이 주장하는 것처럼 중류가 아닌 주류적 지식을 가르치고 있다고 보아야 할 것이다. Blackledge and Hunt, *Sociological Interpretations of Education*, 290 - 315.

27) 이에 대해서는 강창동, "Bourdieu의 장과 하비투스에 관한 교육적 논의", 「교육학연구」 34:1(1996), 1 - 22를 참조하라.

교단의 도그마를, 교육부 위원들은 교단성이라는 명분을 가지고, 집필자들은 그들의 지적·문화적 배경을 가지고 교재에 그 나름대로 영향을 끼치고 있다. 우리는 여기서 한 걸음 더 나가서 그들이 왜 그런 식으로 힘을 행사하는지 그들 집단의 배경에 대해서 살펴보았다. 그 결과 교단은 전통을 축자적으로 지키려 하지만 그 전통의 정신을 잃고 있으며, 교육부 위원들은 그 세대가 겪은 질곡의 역사가, 명분을 내세운 성장이 영적인 면과 물질적인 면에서 드러나고 있다. 집필자들의 경우 그들의 학문적 배경이 거의 동일한 데서 오는 한계가 이미 전제되며, 그들의 경쟁적 교육경험들이 교재에 은연중에 나타나고 있다. 그 결과 교재는 그것을 배우는 어린이들의 삶과 무관하게 비현실적이며 성실성을 내세우면서 실제로는 경쟁심을 조장하고 있으며 문화적 제국주의 숭배 이데올로기를 은연중에 주입하고 있다. 그러므로 앞으로의 교재는 교단의 전통에 대한 고착 증세에서 벗어나 정보화시대·다원화시대를 맞이하여 대면하게 되는 오늘날의 문제를 과감하게 수용해야 할 것이며, 교회교육 현장의 학생과 교사가 참여하여서 함께 만드는 교재가 되어야 할 것이며, 포스트모던시대에 맞게 경쟁보다 개성을 존중하면서 함께 진리를 찾아가도록 하는 교재가 되어야 할 것이며, 지적으로나 문화적·경제적으로 위계를 조장하지 않는 교재이어야 할 것이다.

교회학교 교재에 대한 사회학적 연구는 종래의 내용 중심 연구가 교재 의도를 완전히 제대로 파악하지 못함으로써 놓치고 있던 내용 배후의 의도까지 파악하게 함으로써 교재의 성격을 보다 잘 이해할 수 있게 해 주었다. 그 결과 전체적으로 교회학교 교재는 성서 중심으로 구성되어 있어 현실의 요구가 외면되고 있음을 알았다. 교회학교 교재에 대한 사회학적 연구를 통해 앞으로의 교재는 성서와 현실이 변증법적으로 영향을 끼치는 성격의 교재가 개발되어야 함을 알 수 있었다.

# 제2부 신앙공동체의 교육

# 체제적 기독교교육의 구상

## I. 들어가는 글

오늘 기독교교육이 처한 상황은 무엇인가? 첫째, 기독교교육은 무엇보다 그 외형적 위기에 처해 있다. 즉 규모 면에서 전에 비해 현저히 축소됨으로써 존립의 위기감을 느끼고 있다.[1] 선교 120년의 역사, 전 인구의 21.6%를 차지하는 교세, 6만 6천 개의 교회, 12만 4천 명이 넘는 성직자, 28만 9천 개의 교육기관, 166만 명의 어린이, 82만 8천 명의 중고생, 기독교대한성결교회의 경우, 2천3백여 교회, 주일학교 11만 5천 명, 청소년 4만 5천 명의 교세이다. 이 숫자들은 교회가 성장을 위해 매진한 결과이나, 전성기 때의 교세에 비해 50% 수준이다. 이와 같은 난관에 부딪혀 교회는 여전히 다시 성장에 초점을 맞추고 있다. 성장의 결과가 여전히 성장으로의 매진을 요청한다는 것은 아이러니컬하다. 둘째, 급격한 교세의 감소는 기독교교육으로 하여금 자신을 돌아볼 수 있는 반성의 기회가 된 듯하다. 즉 기독교교육은 그동안 나름대로 노력을 해 왔음에도 불구하고 왜 교

---

1) 한미라, 『개신교 교회교육』(서울: 대한기독교서회, 2005).

세의 감소라는 결과가 빚어졌느냐 하는 것이다. 그 대답의 일단은 기독교교육이 공동체를 상실했었다는 것이다. 기독교교육은 그 외형이 어떻든 초점의 화살은 늘 개인을 겨누고 있었다. 기독교교육이 회심을 말하든, 신앙을 말하든, 의식화를 말하든, 심지어 공동체를 말해도 그것들은 개인을 어떻게 변화시키느냐에 비중을 두어 왔다. 개인에 대한 균형 잃은 강조는 공동체를 단순히 개인의 합 정도로 보았기 때문이다. 그리하여 공동체를 외면한 기독교교육은 공동체가 가져올 수 있는 유익과 새로운 패러다임의 가능성을 놓치게 된 것이다. 셋째, 기독교교육은 나름대로 노력을 기울이기는 했지만 여전히 학교형 교수 패러다임을 고집하고 있다는 것이다. 신앙도 지식을 배우듯 가르칠 수 있다는 전제를 둔 교수형 패러다임은 교육을 가르치는 자와 배우는 자로 확연히 구분함으로써 교육을 정식화하고 있다. 이와 같은 교육 패러다임은 지식을 중심으로 그것을 가진 자와 갖지 못한 자를 구분 지으면서 교육을 인지적 성격으로 왜곡 편향되게 한다. 그렇게 됨으로써 전인적 돌봄의 대상이 되어야 할 학습자를 단지 지식의 수혜 대상으로 축소시키게 된다. 결국 학교형 지식 중심형 교육은 학습자를 전인으로서 보는 시선을 가리면서 교육을 빈곤하게 만든다. 정리하면 오늘날 기독교교육이 직면한 문제 상황은 교세의 감소, 개인 중심 교육 그리고 지식 중심 교육 형태라고 할 수 있다.

기독교교육이 이와 같은 난감한 상황으로부터 빠져나올 수 있는 방안을 두 가지 방향에서 생각해 볼 수 있을 것이다. 하나는 현재 기독교교육 문제 원인이 무엇인지 규명하고 그것들을 개선할 수 있는 방안을 생각해 보는 것이다. 다른 하나는 지금까지와는 전혀 다른, 어떤 면에서 현재 패러다임을 무시한, 새로운 기독교교육 패러다임을 탐구하는 것이다. 사실 기독교교육의 문제 상황을 극복하기 위한 이와 같은 방식은 일반적인 것으로 볼 수 있으나 그 성격상 크게 대비되는 것이다.[2] 그러나 사실 상이하게 보이는 이 두 가지 사태 해결 방식은 공통 성격을 갖고 있다. 그것은 사태를 하나의 전체로 본다는 것이다. 사태를 하나의 전체로 보는 방식은 사태에 포함된 모든 문제들과 요소들을 전체적으로 봄으로써 사태를 보는 폭넓은 관점을 갖게 한다. 전술한 바와 같은 기독교교육의 여러 난점들은 부분적인 해결책을 찾기보다 전체적인 안목에서 검토할 때 보다 합리적이고 효과적인 해결책을 발견할 수 있을 것이다. 왜냐하면 부분적인 해결책의 추구는 부분과 부분의 관계를 고려하지 않기 때문에 불완전하다.

어떤 문제나 문맥을 하나의 전체로 보려는 시각을 체제적 접근

---

2) 김희배, "미래지향적 산업교육 시스템 개발을 위한 시론: Banathy의 신체제 설계론을 중심으로", 「교육공학연구」9:1(1994), 63에 따르면, 그 차이는 다음의 표와 같다.

**체제 관련 사고방식의 두 유형**

| 전통적 사고방식 | 새로운 사고방식 |
|---|---|
| • 기존 체제 내에 무엇이 잘못되었는가? | • 현대 정보화시대의 본질과 특성은 무엇인가? |
| • 어떻게 기존체제를 개선 또는 좀 더 효율적으로 향상시킬 수 있겠는가? | • 그러한 특징들이 교육적으로 함의하는 바는 무엇인가? |
| • 어떻게 기존체제를 보다 효과적으로 재구성할 수 있겠는가? | • 새로운 사회상에 상응하는 교육의 기능 및 역할은 무엇인가? |
| • 어떻게 하면 보다 질 높은 조직과업의 성과를 이룩할 수 있겠는가? | • 위 세 가지 물음에 대한 답으로서 주어지는 새로운 교육적 구상은 무엇이며, 새로운 교육체제 설계를 창출함에 있어서 그 철학적 지침이 되는 신념과 가치는 무엇인가? |
| • 어떻게 하면 보다 나은 평가도구를 설정해서 조직과업의 성과를 잘 측정할 수 있겠는가? | • 새로운 교육적 구상과 새로운 체제 설계의 창출을 실현시켜 줄 수 있는 새로운 접근방법과 새로운 전략은 무엇인가? |
| • 어떻게 하면 현 사회체제에 보다 잘 적응할 수 있겠는가? | • 어떠한 전략과 접근방법이 새로운 사회체제를 개발하고, 구현하고, 제도화시켜 주는 데 활용될 것인가? |

(system approach)이라고 한다. 체제적 접근은 기독교교육의 전술한 바와 같은 고질적인 문제를 완전히는 아니지만 상당히 해결할 수 있어 보인다. 따라서 이와 같은 문맥에서 이 글에서는 체제적 접근의 유익 그리고 기독교교육에서의 체제적 접근의 가능성을 생각해 보려고 한다.

## Ⅱ. 체제적 접근의 이해

체제란 말은 다양하게 정의될 수 있지만3) 일반적으로는 "전체를 형성하기 위해서 상호 관련된 일련의 대상 혹은 실체"4) 혹은 "속성들이 부분들의 그것으로 환원될 수 없는 통합된 전체"를 가리킨다.5) 이와 같은 체제 유형에는 대표적으로 열린(또는 개방) 체제(open system)와 닫힌(또는 폐쇄) 체제(closed system)가 있다. 이 체제들을 환경과의 관계에서 보면, 열린 체제는 비교적 환경과 자유로운 상호작용을 하는 체제이며, 닫힌 체제는 열린 체제에 비해 상대적으로 환경

---

3) 여기서 '체제'라고 번역한 시스템의 의미를 분명히 이해하기 위해 '체제'와 '체계'의 의미를 분명하게 구분할 필요가 있다. 어원적인 측면에서 볼 때, '체계'라는 말은 라틴어에서 유래한 것으로 순서나 간격이라는 의미가 있고, '체제'는 그리스어에서 유래한 용어로서 유기적 총체를 의미한다. 체계적인 연구가 환원론적 가정을 토대로 전개되는 연구를 의미한다면 체제는 총체적인 이해를 지향하는 연구를 의미한다. 한편, 체계적인 접근이 주로 단계적이고 선형적인 절차를 의미하는 데 반해서, 체제적인 접근은 전체 체제의 유기적 총체나 복잡한 생태학적 관계를 이해하기 위한 방법을 의미한다. 유영만, "체제과학에 비추어 본 교육공학의 과도이탈", 「교육공학연구」13:2(1997), 214.

4) A. D. Hall and R. E. Fagen, "Definition of a System", eds., Walter Buckley, *Modern Systems Research for the Behavioral Scientists: A Sourcebook*(Chicago: Aldine Publishing Company, 1968), 81 이하.

5) Timothy A. Lines, *Systemic Religious Education*(Birmingham, AL: Religious Education Press, 1987), 43.

과의 상호작용이 원활하지 않은 체제를 말한다.

이 system은 다음 네 가지 요소들로 구성된다. 첫째, objects이다. Objects는 체계의 부분, 요소 혹은 구성원이다. 둘째, system은 attributes, 즉 system과 system의 대상이 갖는 특성이나 속성으로 구성된다. 셋째, system은 objects 간의 내적인 관계들로 구성된다. Objects 간의 관계는 상호간의 영향, 상호의존성과 압력을 의미한다. 넷째, system은 environment를 소유한다. System은 결코 진공상태에서 존재할 수 없으며, 주변 환경의 영향으로부터 자유롭지 못하다.

이와 같은 체제의 특징은 다음과 같다. 첫째, 전체성(wholeness)과 상호의존성(interdependence)이다. 체제는 부분이 아니고 하나의 전체이다. 체제는 각 부분들로 되어 있으나 그것들은 서로 관련되어 있고, 그래서 개별적으로 파악해서는 안 되고 하나의 전체로서 이해해야 한다. 또한 부분들은 상호 의존되어 있다. 그래서 부분들은 서로 영향을 주는 관계이며, 달리 말해 상호 제약을 가하는 관계라고 할 수 있다. 둘째, 위계성(hierarchy)이다. 체제는 상위체제(suprasystem)와 하위체제(subsystem)로 분류되는데, 하위체제는 다른 체제의 상위체제가 될 수 있다. 그러니까 체제는 여러 단계의 상, 하위체제로 구성되어 있어서 여느 체제는 다른 체제의 일부가 된다고 할 수 있다. 셋째, 자기 - 규제(self - regulation)와 통제(control)이다. 그리고 체제는 목적지향적이라서 자체의 목적으로부터 통제를 받고, 그런 목적을 달성하기 위해서 행동을 규제한다. 넷째, 상호 교환(interchange with the environment)이다. 열린 체제의 경우 환경과 상호작용을 지속한다. 다섯째, 균형(balance)이다. 체제는 환경의 변화에 따른 혼란을 거치면서 원래의 균형 상태로 돌아가려고 한다. 즉 항상성

(homeostasis)을 유지하려고 한다. 항상성이란 원래 생체에 있어서 내장의 평형을 유지하기 위한 기능을 말하는데, 이것이 열린 체제에서는 환경으로부터 계속 에너지가 이입되고 생산물이 계속 유출되지만 체제의 성격은 변하지 않음을 의미한다. 그리하여 열린 체제에서는 엔트로피(entropy)[6]가 증가하는 것을 저지해 나가면서도 조직이 항상성을 유지함으로써 지속적인 성장을 이루어 나가는 특성이 있다. 여섯째, 변화(change)이다. 체제는 고정되어 있지 않고 계속해서 변한다. 체제는 변화과정을 통해서 환경과 교류하며 적응한다(morphogenesis). 일곱째, 등종국성(等終局性, equifinality)이다. 등종국성이란 시작조건이 서로 다르고 여러 가지 상이한 진로를 통한다 하더라도 결국에 가서는 동일한 최종성과를 나타내는 것을 말한다.[7] 스테픈 리틀존

---

6) '엔트로피'라는 개념은 1865년 루돌프 줄리우스 이 클라우시어스(Rudolf Julius E. Clausius)가 '열역학 제2법칙'을 수량적으로 나타내기 위하여 도입한 함수이다. '열역학 제2법칙'은 엔트로피의 함수 또는 엔트로피 증가의 원리로서 열은 낮은 온도의 물체로부터 높은 온도의 물체로 스스로 옮기는 일이 없으며, 온도 평균의 상태로부터 온도 불평균의 상태로 스스로 옮기는 일이 없다고 하는 법칙이다. 이는 자연현상이 일어나는 방향을 규정하는 것으로 불가역 현상(不可逆現象)을 말한다. 엔트로피의 뜻을 일반화시키면, 물체가 자연스럽게 혼돈상태(混沌狀態, chaotic state)에 접근하는 경향이라고 할 수 있다. 따라서 엔트로피는 불확실성(uncertainty), 잡음(雜音, noise), 혼돈(混沌), 유형의 결여, 무질서, 동질성(同質性, homogeneity), 확률(確率, probability), 비예측성(unpredictability) 등과 연관이 있는 개념이다. 예를 들어, 설탕과 물을 혼합하였을 때, 설탕의 퍼짐은 일종의 무질서, 즉 엔트로피를 증가시키는 것이다. 분리된 체제이거나 또는 균일한 환경 속에 있는 체제는 엔트로피가 증가된다. 즉 정(正)의 엔트로피(positive entropy)는 해체와 종언(終焉)을 향한 체제의 자연적 움직임이라고 볼 수 있다. 닫힌 체제는 정의 엔트로피를 경험하기가 쉽지만, 열린 체제는 부의 엔트로피를 경험하기 쉽다.

7) 등종국성은 일반체제이론(General Systems Theory)을 창시한 루드비히 폰 버틀란피(Ludwig von Bertalanffy, *General Systems Theory*[New York: Braziller, 1968], 132-34; 현승일 역, 『일반체계이론』[서울: 민음사, 1990])가 처음으로 제시한 개념으로, 시스템 종국 상태(final state)에의 도달이 시스템의 초기 조건(initial conditions)에 의해 결정되지 않는다는 것을 의미한다. 즉 초기 조건이 다르다고 하더라도 또는 종국 상태에 도달하는 방법이 다르다고 하더라도 종국 상태의 결과는 같을 수 있다는 것이다(James G. Miller, *Living Systems*[New York: McGraw-Hill, 1978], 41). 예를 들어, 섬게(sea urchin) 배(胚, embryo)의 성장에 있어서 초기 단계에 몇 개의 세포를 이식하면 배가 변형된다. 그러나 세포를 이식하지 않은 경우나 이식한 경우나 섬게가 되는 데에 있어서는 차이가 없다. 즉 초기에

(Stephen Little john)과 로베르타 그레이(Roberta Gray)에 따르면, 이상 특성들 가운데 가장 중요한 것은 전체성과 상호 의존성이다.[8] 하나의 체제는 그것을 구성하고 있는 각 부분들 간의 상호작용이기 때문이다.

여기서 체계적 접근과 체제적 접근의 차이를 분명히 해 둘 필요가 있다. 문제의 해결을 위한 기존의 접근은 주로 체계적(systematic) 접근이기 때문이다. 체계적 접근은 체제적(systemic) 접근과 다르다. '체계적'은 순서(order), 간격(interval)의 의미를 가지고 있으며, '체제적'은 조직된 전체(organized whole)의 의미로 사용된다. 전자는 흐름도 형식의 직선적이고 단계적인 절차와 분석적 논리에 초점을 두고 있는 데 비해서, 후자는 원형 형식의 상호 유기적인 과정과 상호 관련적인 전체상에 강조점을 두고 있다. 체제적 접근의 주요 특징은 다음과 같다.[9] 첫째, 체제적 접근은 체제 설계를 결과(product)

---

세포 이식을 하여 배가 변형된 섬게나 변형되지 않은 섬게나 모두 섬게가 되는 데에 있어서는 차이가 없다는 것이다. 사회 시스템의 경우도 유사한 경우를 발견할 수 있다. 예를 들어, 초기 자본의 상태가 다르더라도 기업의 바람직한 자본구조의 형성은 일정한 비용에 대해 수입을 증가하거나 또는 일정한 수입을 가지고 비용을 절감하여 도달될 수 있는 것이다. 그러나 월터 클리(Walter Buckley, *Sociology and Modern Systems Theory*[Englewood Cliffs, NJ: Prentice-Hall, Inc., 1967)가 지적한 바와 같이 생물 시스템(biological system)은 형태정형적(morphostatic)이지만, 사회 시스템(social system)은 형태창조적(morphogenic)이라는 점이다. 즉 생물 시스템은 유전적으로 미리 결정된 어떤 형태를 향해 발달이나 성장을 하게 되지만, 사회 시스템은 미리 결정된 형태를 향해 발달이나 성장을 하지는 않는다는 것이다. 따라서 사회 시스템은 등종국성의 특성보다는 다종국성(多終局性) 또는 다종성(多終性, multifinality) 특성을 가지고 있다는 것이다. 이러한 지적으로부터 등종국성을 사회 시스템에 적용하는 것은 무리가 있다고 볼 수도 있을 것이다.

8) Stephen W. Littlejohn and Roberta Gray, *Learning and Using Communication Theories*(Belmont: Wadsworth Publishing Company, 1999), 41.

9) Alexander J. Romiszowski, *Designing Instructional Systems: Decision Making in Course Planning and Curriculum Design*(London: Kogan Page, 1981); Roger M. Kaufman, "A Holistic Planning Model: A Systems Approach for Improving Organizational Effectiveness and Impact", *Performance and Instructional Journal* 22:8(October 1983), 3-10; Jerrold E. Kemp, *The Instructional Design Process*(New

가 아닌 '과정'(process)으로서 간주한다. 즉 체제접근은 의도적으로 설정된 체제의 목적을 달성하기 위해 일련의 투입요소들이 상호 관련적으로 기능하는 하나의 '역동적 과정'(dynamic process)으로서 간주된다. 둘째, 체제적 접근은 조직체제의 목적달성을 위해 '전체성'(wholeness)과 '통합성'(integrity)을 지향한다. 이는 체제를 구성하는 부분적 요소들이 아무리 복잡다양하게 가능할지라도 궁극적으로는 모든 구성요소들이 의미 있게 통합되어 전체적 합일체를 지향하고 있기 때문에 체제접근 역시 이에 상응하는 전체적이고 통합적인 접근 논리를 견지해야 함을 의미한다. 셋째, 체제적 접근은 기본적으로 해당 조직체의 '상위체제'(supra – system)와 '하위체제'(sub – system)를 동시적으로 고려하는 가운데 적용된다. 즉 체제 내 구성요소들을 각각 하나의 독립된 하위체제로 간주하는 가운데 그 구조적 기능을 파악한다. 이와 동시에 체제 밖의 환경적 요소들(사회적 맥락요인)을 또 다른 차원에서의 상위체제로 간주하고 그와 관련된 위계적 문제와 상호작용적 문제를 조직체의 운용과정 속에서 중요한 요인으로 고려하는 가운데 문제해결을 시도한다. 넷째, 체제적 접근은 본질적으로 '폐쇄체제'(closed system)가 아닌 '개방체제'(open system)를 지향해 나아간다. 이는 체제 접근이 해당 조직체의 계속적인 발전적 변화와 성장을 목표로 가능한 한 체제의 환류(feedback)를 통해 수집된 정보를 토대로 체제 밖의 환경과 끊임없이 적극적인

York: Harper & Row, Publishers, 1985); Bela H. Banathy, "Instructional Systems Design", Robert M. Gagné ed., *Instructional Technology: Foundations*(Hillsdale, NJ: Lawrence Erlbaum Associates, Publishers, 1987); Bela H. Banathy, *Systems Design of Education: A Journey to Create the Future*, 이인숙 역, 『체제적 교육 설계』 (서울: 원미사, 1996).

상호작용을 지향해 나아감을 의미한다.


## Ⅲ. 교육의 체제적 접근


### 1. 체제적 교육 설계

최근 교육에 대한 체제적 접근에 대한 인식이 확대되어 왔다. 예를 들어, *Phi Delta Kappan* 1989년 12월호와 1990년 1월호, *Educational leadership* 1988년 2월호와 1992년 4월호, 1993년 9월호 및 *Educational Technology* 1994년 1월호 등은 체제적 교육 재설계에 대한 특별호로 발행됨으로써 교육에 대한 체제적 접근의 관심을 보여 주었다.

> "체제적 교육 재설계를 위한 노력은 기존의 교육체제 및 개혁을 위한 접근에 대한 회의로부터 자생적으로 대두되었다. 체제적 관점에 준거를 둔 학자들은 교육체제와 그 주위 환경과의 관련성을 숙고하여 체제적 설계의 원리 및 과정을 소개하고 있다.[10] 이들은 사회의 광범위한 변화는 교육에 동시적 변화의 필요성을

---

10) Banathy, Systems Design of Education; Bela H. Banathy, "Designing Educational Systems: Creating Our Future in a Changing World", Educational Technology 40(Nov. 1992), 41 – 45; I – S. Lee, "A Conceptual Model for Systemic and School Restructuring: Intersection of Systemic, Historical, and Futuristic Perspectives", L. P. Peeno, ed., Proceedings of the 36th Annual Meeting of International Society for the Systems Sciences(Denver, CO., 1992), 596 – 608; In – Sook, Lee, Identifying Values: The Front – end of Systemic School Restructuring(ERIC Document Reproduction Service No.373 – 731, 1994); In – Sook, Lee, "Exploration of the Significance of Values in the Design of Educational Systems", Systems Practice 8:3(1995), 263 – 76; Charles M. Reigeluth, "Principles of Educational System Design", International Journal of Educational Research 19:2(1993), 117 – 31; A. Lieberman, D. Zuckerman, A. Wilkie, E. Smith, N. Barinas and L. Hergert, Early Lessons in Restructuring Schools: Case Studies of Schools of Tomorrow⋯⋯ Today(New York: Columbia University, National Center for Restructuring Education,

야기하며, 교육체제는 구성요소들 사이의 상호관련성을 고려하는 全체제(whole system)의 관점에서 설계되어야 한다는 기본전제를 공유하고 있다."11)

일반교육에서 체제적 접근의 대표자는 벨라 에이치 배너시(Bela H. Banathy)이다. 그는 체제 설계의 기본방향을 '비전 → 구상 → 설계'로 이어지는 3단계로서 설명·제시하고 있다.12) 김희배는 이를 나름대로 요약·정리해서 하나의 개념적 모형으로서 구성·제시하고 있다.13)

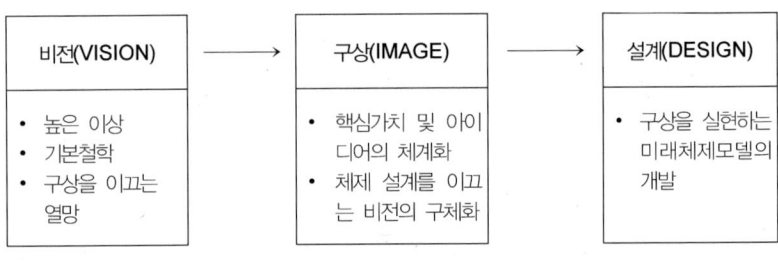

〈그림 1〉 체제 설계의 기본방향

이와 같은 개념적 모형을 바탕으로 배너시는 기본적으로 체제 설계에 대한 논리적 탐구과정을 4단계로 나누고, 각 단계별로 탐구대상이 되는 세부적 설계과업들을 일종의 나선형적 구조(spiral type)로 설계할 것을 제안한다. 이에 따라 체제를 설계하는 과정을 개괄적으로 표시해 보면 <그림 2>와 같다.

　　Schools and Teaching[ERIC Document Reproduction Service No.ED 339-113], 1991).

11) 이인숙, "신교육체제 설계를 위한 가치 규명의 모형에 관한 연구", 「교육공학 연구」 11:1(1995. 7), 3-4.

12) Banathy, Systems Design of Education.

13) 김희배, "미래지향적 산업교육 시스템 개발을 위한 시론", 65.

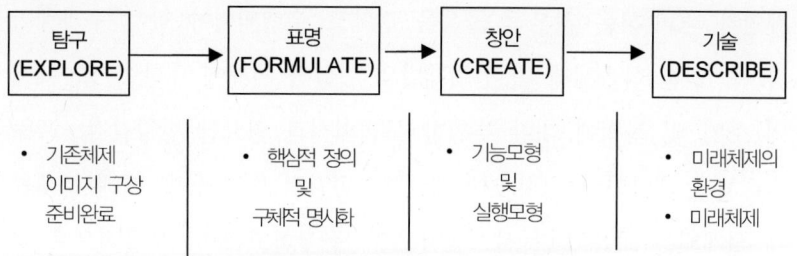

〈그림 2〉 체제 설계 탐구과정 개관

<그림 2>에 제시된 항목들을 토대로 해서 체제 설계가 이루어지는 논리적 탐구과정을 개념적으로 모형화해서 나선형적 구조로 나타내면<그림 3>과 같다.

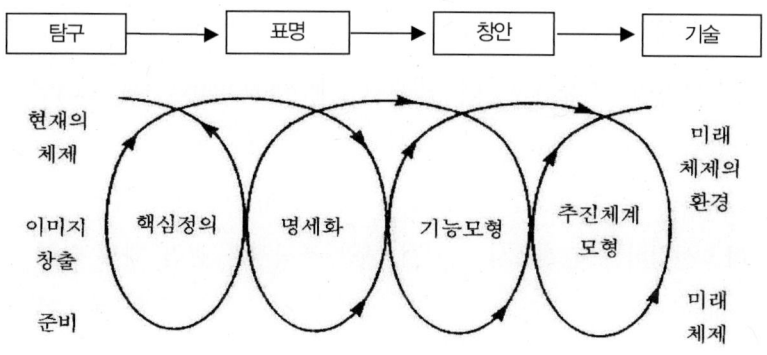

〈그림 3〉 체제 설계의 탐구논리에 관한 개념적 모형

<그림 2>와 <그림 3>으로 제안된 배너시의 체제 설계 탐구논리에 대한 개념적 모형을 각 단계별로 간략히 설명하면 다음과 같다. 먼저 나선형적 구조의 첫 번째 단계는 향후 설계될 조직체제의 핵심적 정의에 관한 것으로서 '무엇에 관한 체제인가'와 '무엇을 위한 체

제인가'라고 하는 기본적 물음을 전제로 수행되어야 할 탐구과제이다. 즉 인간 학습체제 및 인력개발의 이상적 체제에 대한 열망, 체제의 소명 및 목적에 대한 투철한 목적의식과 명료한 방향감각, 교육/훈련체제 개발의 사회적 기능에 대한 공감적 비전 등에 대해서 새롭게 설계되는 교육/훈련 시스템이 보다 풍부하고 보다 포괄적으로 갖추어야 될 핵심적 해답들을 공식적으로 표면화하는 단계를 의미한다. 일반적으로 이 단계에서 체제의 임무와 목적이 거시적이고 전체적 측면에서 설정·진술된다.

다음으로 두 번째 단계는 새롭게 구성되는 미래 조직체제에 포함되어야 할 세부적 요소들을 구체적으로 명세화하는 단계로서, 보통 이 단계에서 체제의 주체성 및 책무성, 해당 체제와 다른 체제(사회, 정부, 지역단체 및 기관 등)와의 관계성이 고려된다. 따라서 이 단계에서 체제가 기능하는 데 필요한 대안(alternatives)과 요구조건(requirements)이 다양한 시각에서 탐색되고 결정된다.

세 번째 단계는 새롭게 설계된 이상적 체제(미래체제)의 기능을 고려·선정하는 단계로서 여기서 해당 조직체와 관련 체제 간의 경계(boundaries)가 설정되고, 해당 체제 속에서 합목적적으로 수행될 체제의 세부적 기능 및 주요 수단이 체제적으로 구안된다. 그리고 이를 예비시행적(trying out) 차원에서 모형화하여 그 교육적 기능 및 효능성을 시험해 보는 평가단계가 수반된다.

마지막으로 네 번째 단계는 실행체제(enabling system) 모형을 창의적으로 고안·시행해 보는 단계로서 이 단계에서 새롭게 개발될 교육/훈련 체제의 개인적·조직적 능력과 그 실천적 가능성이 확인된다. 또한 해당 조직체의 유효적절한 운영전략의 수립과 그를 통한 조직구성원들의 성취동기 부여 그리고 다양한 가용자원 및 전략(지식, 정보, 기술 등)의 활용 등이 다각적으로 이루어진다. 이와 같은 체제 설계 탐구논리에 따른 단계별 설계과업이 수행되고 나면, 체제 설계가는 그에 입각한 이상적인 미래 체제를 산출해서 해당 조직체에 실천적으로 적용해 나아가는 것이다.

## 2. 학습 조직

기독교교육에서도 일찍이 체제적 접근의 목표지향적 성격과 체제를 구성하는 요소들 간의 상호 관련성, 즉 통전성이 주리라고 예상되는 유익 때문에 티머시 라인즈(Timothy Lines) 등의 주의를 끌었다.14) 그러나 그는 *Functional Images of the Religious Educator*라는 그의 저서 마지막 부분에서 체제적 접근을 시도하지만 여전히 구체적이고 실천적인 제안을 하지 못하는 아쉬움을 남기고 있다.15)

여기서 라인즈의 일반 원칙 제시에 그치는 한계를 지적하면서,16) 바버라 제이 플라이셔(Barbara J. Fleischer)가 대안으로 제시하는 것이 피터 엠 센게(Peter M. Senge)의 학습 조직(learning organization) 이론이다. 학습 조직의 동기는 격변하는 환경에 대응하려는 데서 나왔다. 이다음 순간에 어떤 일이 닥칠지는 아무도 모른다. 그리고 그

---

14) Timothy A. Lines, *Systemic Religious Education*(Birmingham, AL: Religious Education Press, 1987).그리고 시스템 이론을 구체적으로 기독교교육에 적용한 사례로는 동일 저자의 *Functional Images of the Religious Educator*(Birmingham, AL: Religious Education Press, 1992) 참조.

15) Lines, *Functional Images of the Religious Educator*, 14장 참조.

16) Barbara J. Fleischer, "From Individual to Corporate Praxis: A Systemic Re-Imagining of Religious Education", *Religious Education* 99:3(Summer 2004), 321-22, 328.

때 가서 문제의 해결을 위한 방안들을 찾는다 해도 이미 늦다. 학습 조직은 이와 같은 사태를 극복할 수 있는 능력을 키우는 것을 목적으로 하고 있다. 센게는 『제5의 수련』(The Fifth Discipline)이란 책에서 학습 조직, 즉 학습하는 조직의 핵심이 되는 다섯 가지 수련에 대해 말하고 있다.17) 이에 대해 그는 학습 조직 이론의 실천서라고 할 수 있는 현장기록(fieldbook)에서 다음과 같이 요약하고 있다.18)

- 자아완성(personal mastery)

원하는 결과를 창출할 수 있는 개인적 역량을 확장하는 방법을 학습하고, 조직 원들이 선택한 목표나 목적을 향해 각자 자신을 계발할 수 있는 조직의 여건을 조성하는 수련이다. 자아완성을 기독교교육에 적용한 예는 패트릭 브레난(Patrick Brennan)에게서 볼 수 있다.19) 그는 자신의 교회에서 사역을 위한 개인의 은사 발견과 부름을 위한 모임을 열었다. 모임의 내용은 학습과 발견으로 구성되었는데, 우선 자신의 은사가 무엇인지를 생각해 보고 찾을 수 있는 경험을 제공하고, 한편으로는 평신도 신학을 공부한다. 이런 내용을 수련한 후에는 회중이 발견한 열정과 은사들을 교회가 후원하는 여러 사역들 중의 하나에로 초청하였다. 여기서 중요한 것은 개인의 은사 발견이 공동체의 비전과 합치하는 사역으로 이어지는 동기가 이제까지처럼 교회의 타율적 권위에 의해서가 아니라 우선 개인의 자기 발전 욕구로부터 나와야 한다는 점이고, 그것이 결국 교회의 비전이라는 인식에 도달하도록 해야 한다는 것이다.

- 사고모형(mental models)

세계에 관한 우리의 생각과 관점들을 끊임없이 성찰하고, 객관화하고, 다듬으면서 그것들이 자신의 행동과 선택에 어떤 영향을 미치는지를 깨닫는 수련이다.

---

17) Peter M. Senge, The Fifth Discipline: The Art and Practice of the Learning Organization, 안중호 역, 『피터 센게의 제5경영』(서울: 세종서적, 1996).

18) Peter M. Senge, Art Kleiner, Charlotte Roberts, Richard B. Ross, and Brian S. Smith, The Fifth Discipline Fieldbook: Strategies and Tools for Building a Learning Organization, 손태원 · 박광량 역, 『학습조직의 5가지 수련: Fieldbook』(서울: 21세기북스, 1996), 22 - 23.

19) Patrick Brennan, Re-Imagining the Parish(New York: Crossroad, 1990).

- 공유비전(shared vision)

우리가 창조하고자 하는 미래의 이미지를 창조하고, 거기에 도달하기 위한 원칙과 관행들에 대한 공감확대를 통하여 조직 내에 공생의식을 구축하는 수련이다.

- 팀 학습(team teaching)

조직 구성원들이 개개인 능력의 단순 합을 뛰어넘는 지혜와 능력을 구축할 수 있도록 대화와 집단적인 사고방법을 전환하는 수련이다.

- 시스템 사고(system thinking)

시스템의 동태를 결정짓는 요인들과 그들 간의 관계를 기술하고 이해할 수 있는 언어 또는 그에 대한 사고방법을 체득하는 수련이다. 이를 통해 시스템을 더 효과적으로 만들 뿐만 아니라, 자연과 문명이 공존할 수 있는 행동을 이끌어 내게 된다.

플라이셔는 학습 조직 수련을 종교교육의 개념틀로 사용하는 유익함에 대해 네 가지로 언급한다. 첫째, 학습 조직이 종교교육을 위한 체제적 틀로 사용될 수 있다는 점이다. 학습 조직은 라인즈가 제시한 일반적 원리보다 체제적 학습에 더 구체적 접근을 할 수 있다.[20] 또한 학습 조직에서 발생하는 역동성이 교육 주체를 전체로서의 회중으로 전환시킨다. 학습 조직에서 말하는 수련들은 회중의 다양한 하부체제를 통해 양성되고 개발될 수 있다. 그리고 공동체의 실천을 추구하는 종교교육자들을 위한 보다 분명한 지도 역할을 할 수 있다. 둘째, 체제적 종교교육은 전체로서의 회중을 대상으로 하기 때문에 교육과 목회를 나누어 생각할 수 없다는 점이다. 교육과 목회의 대상이 동일한 회중이기 때문이다. 그러다 보니 교육과 목회는 협력할 수밖에 없게 된다. 회중이라는 전체 체제를 지향하는 이 접근에서

---

20) Fleischer, "From Individual to Corporate Praxis", 328.

기존의 교육 따로, 목회 따로의 사역 형태는 부적절할 수밖에 없다. 그리하여 회중의 입장에서 교육과 목회 영역에서 대상에 불과했던 회중들은 그 두 영역을 자신 안에서 통합하여 주체가 되어 교회를 이루어 가게 된다.21) 셋째, 학습 조직은 회중을 살아 있는 유기체로 본다. 그렇기 때문에 회중은 양육될 뿐만 아니라 스스로 성장한다. 여기서 센게의 개념은 조직을 말하고 기독교교육에서는 회중으로서의 공동체를 말하는데, 학습 조직을 적용하는 것은 무리가 아닌가 하는 의구심이 들 수 있다. 제인 레이건(Jane Regan)에 따르면, 분명 공동체(community)는 조직(organization) 이상의 것을 지닌다. 초석, 역사적 드라마, 기억 그리고 신념의 구현 등이 그것이다. 따라서 조직과 공동체는 서로 대체될 수 없다.22) 그럼에도 불구하고 지금 현실적으로 공동체인 교회의 활력을 위해서는 무엇보다 새로운 교육의 패러다임이 요청된다고 하면서 그 실마리를 학습 조직 모델에서 찾는다. 그녀에 따르면 성인의 경우를 중심으로 학습 조직 모델은 교회의 성인 신앙 형성의 틀로서 사용할 수 있으며, 전체 신앙공동체의 비전과 행위를 심화시키기 위해 적용될 수 있다고 본다.23) 한편, 이와 같은 공동체는 이미 그 안에 학습 조직 수련들을 해 왔고, 그것들은 학습 조직의 보다 분명한 원리들에 의해 공동체를 보다 의

---

21) 이에 대한 예는 Thomas R. Hawkins, *The Learning Congregation: A New Vision of Leadership*(Louisville, KY: Westminster/John Knox, 1997)과 Jim Herrington, Mike Bonem, and James H. Furr, *Leading Congregational Change: A Practical Guide for the Transformational Journey*(San Francisco: Jossey-Bass, 2000) 그리고 Jim Herrington, et al. *Leading Congregational Change: A Practical Guide for the Transformational Journey*, Workbook(San Francisco: Jossey-Bass, 2000) 참조.

22) Jane Regan, *Toward an Adult Church: A Vision for Faith Formation*(Chicago: Loyola Press, 2002), 120-21.

23) Regan, *Toward an Adult Church*, 113-69.

도적으로 성장시키는 데 도움이 될 것이다. 전에는 교회의 선교와 세계에서의 그 역할에 대한 모호한 인식 속에서 추종하던 회중을 이제는 보다 의도적으로 사태를 인지하도록 돕는다는 것이다. 넷째, 종교교육자는 학습 조직 창출의 촉매자가 된다. 기존의 종교교육자는 주로 신앙을 개인에게 전달하는 일과 신앙을 나누는 공동체(faith-sharing community)를 형성하기 위한 노력을 기울였다. 그러나 학습 공동체에서 종교교육자는 주도적 역할을 하기보다 보조적 역할을 하게 된다. 종교교육자는 회중들이 지혜롭고, 의도적이고, 성서적이라고 알려진 행위를 배우고 그에 대한 능력을 키워 가면서 그들의 공유된 선교를 실현할 수 있도록 돕는 데 초점을 맞춘다. 그것은 구체적으로 ① 개인적으로는 관심 분야의 상황을 해석하고 분석하는 중에 시대의 징표를 읽도록 돕는 것이다. 기존의 종교교육자는 회중이 읽어야 한다고 여기는 것들을 제시했으나, 이제 종교교육자는 회중이 읽고 싶어 하는 것을 다만 잘 읽을 수 있도록 돕는다. ② 이렇게 되면 회중의 성서 읽기 방식이 달라진다. 전에는 주어진 성서를 성서만으로 또는 교회 안에서 독립적으로 읽었다면, 이제는 회중이 선정한 성서적·신학적 본문을 사회문화적 그리고 문학적 문맥과의 관련 속에서 의존적으로 읽게 된다. 그런 가운데 종교교육자는 회중이 기독교의 전통, 하나님의 통치, 그를 위한 행동 지침을 잘 배우도록 돕는다. ③ 또한 종교교육자는 개인, 팀 그리고 공동체 전체가 각자가 아닌 전체로서 자신들이 처한 상황에서의 비전과 가치를 반성하는 기회를 창조하도록 도와야 한다. 이것은 학습 조직의 현실성을 보여 준다. 학습 회중은 현실을 보되 현실 안에서뿐만 아니라 비전과 공동체의 가치에서 현실을 보면서 그 비전과 가치를 현실에서 구현시켜 나간다. ④ 그래서 결국 회중은 공동체의 목표와 공동체적 행동 계획 면에서, 전체이면서 부분을 뜻하는 군집명사적 의미에서 하나님의 통치에 헌신하는 바가 무엇인지를 구체화하게 되며, 종교교육자는 이것을 돕는다.24) 종교교육자의 이와 같은 역할의 변화는 외형적으로는 주도적 위치의 축소로 보이지만 사실은 보다 전문성을 요구하는 새로운 역할의 수령이라 할 수 있다.

이와 같은 학습 조직의 장점은 회중 전체의 자율적 참여를 원칙으로 하기 때문에, 회중의 교회 애착도가 커질 수 있다. 또한 신학의 영향을 덜 받으면서, 개교회의 신학적 성향이 소신 있게 실천될 수 있다. 그리고 교회와 세계의 연결이 자연스럽게 이루어질 수 있다. 또한 학습 조직은 인간의 성취욕을 만족시켜 준다. 교회가 무조건적인 희생을 강요하고 그에 순응하여 사심 없는 희생을 하는 것 같으나 사실은 이 세상의 희생을 저 세상의 대가로 치환하고 있는지도 모른다. 이와 같은 희생은 오래갈 수 없으며 좀 더 항구적인 보상체계가 필요한데, 이것은 학습 조직의 기본 전제인 개인의 성장 욕구를 충족시키는 데서 찾을 수 있다.

센게의 학습 조직을 응용한 기독교교육에서의 학습 공동체 모형은 라인즈가 시작하고 종교교육자를 내용으로 하는 시도를 했으나 여전히 추상적이어서 미진한 기독교교육에 대한 체제적 접근을 보다 구체화함으로써 기독교교육에 대한 체제적 설계의 가능성을 열어 놓았다고 볼 수 있다. 그럼에도 불구하고 센게의 학습 조직을 응용한 기독교교육체제 설교는 체제적 접근의 가장 강점인 하나의 전체로서의 공동체가 어떻게 형성될 수 있는지 그리고 자율적 학습 공동체가 어

---

24) Fleischer, "From Individual to Corporate Praxis", 329 – 30.

떻게 조직될 수 있는지에 대한 언급이 불충분하다. 이 문제를 해결하기 위해 전술한 체제적 교육설계 이론들을 종합적으로 응용해 다시 한 번 기독교교육에 대한 체제적 접근을 시도해 보기로 하자.

## Ⅳ. 기독교교육의 체제 설계 구상

기독교교육의 체제적 설계 의도를 분명히 하기 위해, 이 글의 서두에서 지적한 오늘날 기독교교육의 문제 상황을 다시 한 번 상기해 보자. 우리는 거기서 오늘날 기독교교육이 직면한 문제 상황을 교세의 감소, 개인 중심 교육 그리고 지식 중심 교육 형태라고 했다. 이와 같은 문제들의 해결은 체제적 설계에 의해 어느 정도 해소될 것으로 보인다. 교육의 체제적 특성은 무엇보다 환경과의 끊임없는 교류를 통해 공동체를 쇄신하며 성장해 나간다는 것이다. 이는 교회가 세계를 상호작용할 대상으로 보지 않았기 때문에 맞게 된 교세의 감소문제 원인을 지각하게 할 뿐 아니라 그 문제를 해결할 수 있는 실마리가 될 수 있을 것으로 보인다. 또한 체제적 접근은 교육 공동체를 하나의 전체로 본다는 점이다. 이는 기독교교육문제 중 하나인 개인 중심 교육을 극복할 수 있는 단초가 될 수 있다. 그리고 체제적 접근은 공동체를 이루는 부분들의 관계를 중시하기 때문에, 지식 중심의 기독교교육을 극복할 수 있어 보인다.

## 1. 교육체제의 목적

체제적 접근은 분명한 목적의식에서 출발하는데, 이 목적은 높은 이상을 표현하며, 공동체의 기본 철학이고, 공동체가 지향하는 구체적 구상을 이끄는 열망이라고 할 수 있다. 예를 들어, 토마스 에이치 그룸(Thomas H. Groome)에 따르면 기독교교육의 목적은 하나님의 나라를 위한 교육, 기독교 신앙을 위한 교육, 자유를 위한 교육이다.25) 이 목적은 교단의 경우 각각 다르며,26) 기독교대한성결교회의 경우, 성결인의 양성에 있다.27) 이와 같은 일반적 교육목적은 해당 공동체의 교육 설계를 규정하는 근거가 된다. 그런데 체제적 접근은 이와 같은 상위의 교육목적뿐만 아니라 하위목적도 고려한다. 교육체제는 구성요소들 사이의 상호 관련성을 고려하기 때문이다. 이 점을 고려할 때 모든 이해관련자 집단의 가치를 검토하고 명료화하며, 더 나아가 합의된 가치를 구체화하고 명확히 진술하는 것을 체제적 교육 설계의 중요한 일로 본다. 사실 가치는 ① 비전(visions)의 바탕이 되며, ② 체제 설계 과정에서 내려지는 선택, 결정 및 행위를 이끌어 가며, ③ 궁극적으로 한 체제와 그 프로그램을 평가하는 실질적인 도구로서의 역할을 한다.28) 그렇기 때문에 교육의 체제적 설

25) Thomas H. Groome, *Christian Religious Education: Sharing Our Story and Vision*, 이기문 역, 『기독교적 종교교육』(서울: 대한예수교장로회총회교육부, 1980).

26) 『기독교교육논총: 한국교단의 기독교교육사』(한국기독교교육학회, 1999) 참조.

27) 박종석, "성결교회의 교육목적", 한국성결교회연합회 교육분과 편, 『'성결과 비전' 교육과정』(서울: 기독교대한성결교회 출판부, 2003), 25 - 32 참조.

28) Milton Rokeach, *The Nature of Human Values*(New York: Free Press, 1973); N. Isaacson & J. Bamburg, "Can Schools Become Learning Organizations?", *Educational Leadership* 50:3(1992), 42 - 44; Peter Checkland, *Systems Thinking, Systems Practice*(New York: John Wiley and Sons, 1981); Banathy, *Systems Design of Education*; Lee, "Exploration of the Significance of Values in the Design

교에서는 공동체의 교육목적뿐만 아니라 공동체 구성원들의 가치를 함께 고려해야 한다. 피터 체크랜드(Peter Checkland)에 의하면 가치는 체제 설계의 초기단계에서 간과되어서는 안 된다.[29] 가치는 비전(visions)의 바탕이 되며 체제 설계 과정을 이끌어 가는 '선호된 미래'(preferred futures)로서의 역할을 한다.[30] 따라서 교육체제 설계 과정은 교육과 관련된 가치에 대한 이해관련자들의 자각을 불러일으키고, 가치를 명료화하며, 그 가치가 널리 공유되도록 하는 과정이어야 한다.

교육체제에서 이 목적은 공동체의 욕구와 구성원들의 욕구로 표현된다. 기독교교육의 경우 우선 공동체가 상호작용해야 하는 상위체제로서의 사회·문화적 욕구가 있을 것이다. 그것들에는 포스트모던의 속성인 다양성, 정보화, 생태·환경, 유목문화 등을 근간으로 하는 것들이 있을 것이다. 공동체의 욕구에는 교단과 담임목회자의 욕구를 들 수 있을 것이다. 교단은 교단 교육 지향점이 그 내용이 될 것이고, 담임목회자의 경우 목회 방침을 포함해, 신자의 제자화, 교

of Educational Systems"; Allan M. Mohman and Thomas G. Cummings, *Large-Scale Organizational Change*(San Francisco: Jossey-Bass, 1989); Senge, *The Fifth Discipline*; Peter Pruzan and O. Thyssen, "The Renaissance of Ethics and the Ethical Accounting Statement", *Educational Technology* 34:1(1994), 23-28; G. Goulet and A. Dolbec, "The Designing Community: A Learning Community", Paper presented at the third annual conference on Comprehensive Design of Education organized by the International Systems Institute, Monterey, CA(December 1991); M. Fambrough, "Doing by Learning, Learning by Doing: Practitioner's Experience with Theory and Practice", Marvin R. Weisbord and 35 international co-authors, *Discovering Common Ground: How Future Search Conferences Bring People Together to Achieve Breakthrough Innovation, Empowerment, Shared Vision, and Collaborative Action*(San Francisco, CA: Berrett-Koehler, 1992), 345-60.

29) Checkland, *Systems Thinking, Systems Practice*.
30) 이인숙, "신교육체제 설계를 위한 가치 규명의 모형에 관한 연구", 6.

세의 유지, 성장, 발전 등이 될 것이다. 또한 하위체제로서의 또래 욕구도 있다. 이에는 집단 활동의 욕구와 파트너십의 욕구가 있을 것이다. 개인적 욕구에는 깃듦(소속감)의 욕구와 하나님 · 친구 · 교사와의 만남, (신앙을 포함한 전인적) 자람, 은사활용 그리고 나눔(sharing)의 욕구 등이 있을 것이다. 이와 같은 욕구들이 교육체제의 설계에서 목적과 함께 얽혀 들어가야 할 것이다. 따라서 체제적 교육 설계에서 목적은 개인과 회중의 동반 성장을 지향해야 하며, 그 목표는 공동체의 비전과 일치하도록 해야 한다.

## 2. 체제적 공동체의 형태

체제적 접근에서 공동체는 하나로서의 전체이다. 이와 같은 공동체의 형태는 우선은 오늘날 기독교교육이 직면한 교세 감소라는 처지를 극복하는 데 도움이 될 수 있을 것으로 보인다. 우선 교회 현장에는 대부분 교회에 부서로 나누어 교육할 만큼의 학생들이 없고, 그들을 지도할 교사들도 절대적으로 부족한 형편이다.[31] 그러므로 교육에 대해 체제적 입장에서 설계할 경우 교회학교 현장의 교세적 열악함을 개선할 수 있어 보인다. 더구나 부서를 통합 운영할 경우 형제자매를 함께 지도할 수 있어서 공동체에 정착시키기에 크게 유리하다.

체제적 교육에서 공동체는 아동부와 청소년부를 통합할 경우, 발

---

31) 기독교대한성결교회의 경우, 2005년 교세표를 참고로 한 교회학교의 교세 상황은, 유치부를 포함한 유년주일학교의 학생 수는 모두 합쳐 11만 5천여 명으로 전체 교회 수 2,300개로 나눌 경우, 한 교회의 학생 수는 50여 명이 된다. 그러나 이 숫자는 재적이기 때문에 37~42명 정도로 추정된다. 이에 따라 교사 수도 5~6명 정도로 추정된다. 더구나 이 기준에 맞는 교회 수는 150여 개로 나타나 교회학교의 수적 열악함을 보여 주고 있다.

달에 맞춘 교육이 어려워진다는 점은 있지만 그 이상의 장점들이 있다. 부서를 통합할 경우의 유리한 점은 전술한 바와 같은 지식 중심의 기독교교육을 극복할 수 있다는 점이다. '함께함'(togetherness)이 주는 정서적 유대가 있다. 이것은 가르칠 수 없고 배울 수 없는 것이다. 그것은 그냥 느끼는 것이고 체험하는 것이다. 또한 모델링의 효과가 있다. 어린아이는 더 나이 든 형이나 누나에게서 배운다. 삶 자체를 배우며 닮고자 한다. 역으로 나이 든 오빠나 언니는 어린 동생들에게 자연스레 리더십을 행사하게 되기 때문에 리더십 개발의 기회가 될 수 있다. 또한 기존의 분리형 부서 운영의 난점이었던 진급시 탈락문제를 상당히 완화할 수 있다는 것이다. 낯선 부서로의 편입과 그에 따른 부적응과 탈퇴의 문제가 크게 개선될 것으로 보인다.

## 3. 체제 내 구성요소들 사이의 관계

기독교교육체제를 구성하는 요소들, 즉 하위체제들 사이의 관계 양상에는 크게 세 가지가 있다. 첫째, 교회와 시대 징조로서의 사회·문화와의 관계이다. 주로 신학적 성향에서 나온 거부감 때문에 교회는 세계를 거부하고 자신 안으로 위축되어 있었다. 명분은, 세계는 속된 것이고 그래서 접촉 불가한 실재였지만, 그 결과는 교회의 대사회적 영향 감소였고, 교회 역시 사회로부터 소외당하게 되었다. 기독교교육에 대한 체제적 접근은 환경을 중시한다. 환경과의 상호작용이 없을 경우 엔트로피의 증가로 공동체가 소멸한다고 보기 때문이다. 교회와 사회·문화와의 관계는 가치를 매개로 교류된다. 어떤 가치, 즉 세계관에 의해 세계와 상호작용하느냐는 교회가 소유한 신학의 성격에 따라 제한받을 수밖에 없으나 가능한 한 폭넓은 관점이 요청된다. 예를 들어, 신학적 렌즈라고 할 수 있는 이 거름틀은 전통적으로 기독교전통에 제한된 협소한 것이었다. 그러던 것이 인간 실존적 상황(David Tracy)과 개인적 경험(J. and E. Whitehead) 그리고 사역 기관(C. Winters) 등의 창이 덧붙여짐으로써 사회와의 교류 폭이 넓혀져 왔다.[32] 존 웨슬리(John Wesley)의 경우, 이 세상과 접촉하는 틀을 성서, 전통, 이성 그리고 경험으로 제안하고 있는데, 이는 체제적 기독교교육 설계에서 유용하게 사용할 수 있어 보인다.

둘째, 교회의 사명과 사회 · 문화 그리고 체제 구성원들 사이의 관계이다. 주지하다시피 교회의 사명에는 케리그마(Kerygma), 디다케(Didache), 코이노니아(Koinonia), 디아코니아(Diakonia), 레이투르기아(Leiturgia)가 있다. 이 교회의 5대 사명이 구체적으로 세계와 어떤 관계를 형성해야 되는지는 교육적 체제 설계의 과제이다. 또한 이 다섯 가지 사명이 내부적으로 어떻게 균형과 조화를 이루어 가야 하는지에 대한 진지한 모색 역시 필요하다. 이 교회의 사명들이 체제의 구성원들과 접촉하는 것은 구성원들의 욕구와 비전을 통해서이다. 교회의 사명들은 구성원들에게 날것으로 전해져서는 안 되고 또 그럴 수도 없다. 어차피 전달된 내용은 이미 전달자에 의해 변화된 것이기 때문이다. 그래서 교회의 사명들이 체제 구성원들의 욕구, 비전과 상호작용하는 것은 오히려 권장할 만한 것인데, 전달자에 의해 변질될 수도 있었을 교회의 사명에 대한 내용들은 체제 구성원들의 욕구와 비전에 의해 개인적으로 소화될 수 있기 때문이다. 여기서

---

32) Barbara J. Fleischer, "A Theological Method for Adult Education Rooted in the Works of Tracy and Lonergan", *Religious Education* 95:1(Winter 2000), 23 - 37 참조.

체제 구성원들의 욕구와 비전은 단지 개인적 취향을 의미하는 데 그치지 않고 은사와 소명을 포괄하는 개념이기 때문에, 교회의 사명들과의 상호작용은 구체적인 사명으로 이어질 수 있다.

셋째, 체제 구성원들 사이의 관계이다. 체제 구성원들은 개인, 그룹, 목회자 그리고 그것들이 모두 포함된 회중이다. 이것들은 모든 경우의 수로 관계를 맺어야 하는데, 그것이 가능하기 위해서는 평등이 요청된다. 특히 목회자와 개인 사이에서 이 평등이 더욱 요청된다. 사실 루터가 종교개혁을 통해 주장했던 만인사제직은 사제를 전제하고 그에 대비되는 개념으로서의 평신도를 말한 것이 아니고, 신자는 모두 성직자이거나 평신도라는 의미로 해석해야 할 것이다. 본질적 의미에서 체제적 기독교교육의 설계가 가능하려면 이 평신도와 성직자의 관계가 평등해야 한다. 그럼에도 불구하고 만인사제론이 종교개혁 이후에도 교회 안에서 실제적·구체적으로는 별로 큰 힘을 발휘하지 못하고 있다. 교직자는 여전히 전체로서의 회중이 되기보다는 새로운 형태의 성직자 계급을 형성하고 있는 것이다. 이상과 같은 체제 구성요소들 간의 상호 관계는 기독교교육체제 설계에 중핵을 차지하는 내용이기 때문에 더 구체적으로 탐구되어야 한다.

체제적 기독교교육은 나무라는 유비로서 살아 있으면서 그래서 열린 체제임을 시사할 수 있다. 나무는 하나의 유기체로서 단계가 아니라 확장됨으로써 성장을 지속한다. 즉 이제 갓 땅을 헤집고 나온 작은 싹이나 오래된 고목이나 그 어느 것이나 모두 나무라는 점이다. 체제는 규모 면을 떠나서 환경과의 대사를 통해서 살아 있고 성장하는 데서 그 특성을 찾을 수 있다. 따라서 체제 구성요소들 간의 관계 양상에 대한 판단은 체제의 성장 여부로 판단할 수 있을 것이다.

# V. 나가는 글

충분하고 완전한(체제 자체의 유동적 성격 때문에 완전한 체제는 사실 불가능하다) 기독교교육체제를 제시하지는 못했지만 기독교교육에 대한 체제적 접근은 기독교교육의 고질적인 병폐인 교세 감소, 개인 중심 교육 그리고 지식 중심 교육을 극복할 수 있는 하나의 방안으로 보인다. 그럼에도 불구하고 체제적 접근은 여타의 유행처럼 지나가는 방안들과는 달리 공동체인 체제 자체가 내적으로는 구성원들 간에 그리고 외부적으로는 환경과 상호작용하며 자율적으로[33] 작동하기 때문에 어떤 일정한 틀에 매이지 않는, 끝없이 변신을 거듭해 나간다는 의미에서 기존의 방안과는 다르며, 또한 하나의 방안이기를 거부한다. 더구나 이 체제적 기독교교육은 교육에서 목회로의 패러다임 변화를 도모하고 있는 현행의 기독교교육적 노력에 일조를 하리라 기대한다.

이 글에서 제안한 기독교교육체제의 설계 구상은 좀 더 구체화되고 심화되어야 할 과제를 남겨 둔다. 보다 만족스러운 기독교교육의 체제 설계를 위해서는 구조, 기능, 과정 그리고 환경 등에 대한 심층적 탐구가 요청된다. 또한 기독교교육체제를 설계한 후에는 그 체제가 기본적으로 전일성, 상호 관련성, 상호작용, 위계성, 자기 조절, 균형, 역동성 등 체제의 본성들을 지니고 있는지 특정 교회에서 그 타당성과 적절성 검증을 위해 실험을 거칠 필요가 있다.

---

33) 이 면에 대해서는 최근 주목을 받고 있는 대안학교들의 운영 및 교육 방법을 참고할 수 있을 것이다.

# 신앙공동체 형성을 위한 기독교교육체제로서의 설교
## : 청소년을 중심으로

## Ⅰ. 들어가는 글

오늘날 우리 사회는 정보사회[1]로의 진입이라는 사회변동의 한 전환기에 처해 있다. 정보사회는 우리 사회의 여러 영역에 걸쳐 영향을 끼칠 것이다. 마찬가지로 정보사회는 기독교공동체에 대해서도 영향을 미칠 것이다.

기독교공동체는 그 유산을 성장 세대들에게 전수하여 성장 세대를 자신 안에 편입시키며, 그로써 자신을 존립시키고 그 정체성을 유지

---

1) '정보사회'는 '정보화사회', '고도정보화사회' 그리고 '정보과학사회'와 구별되어 사용되기도 한다. 그럴 경우, 정보사회(information society)는 농업사회 – 산업사회에 이어지는, 다양한 정보의 생산과 전달을 중심으로 전개되는 사회로 사회의 발전단계설을 근거로 한 문명사적 규정이다. 정보화사회(information oriented society)는 정보의 대량 생산·유통·소비에 의해 특징지어지는 사회로 탈공업 사회의 특징적 상황을 나타내는 개념으로 생겨났다. 고도정보화사회는 정보화의 진전 단계를 고려한 개념으로 1960년대의 제3세대 독립 컴퓨터를 중심으로 한 정보화와 비교하여, 1980년대의 분산 처리 네트워크화를 통한 생활의 정보화와 사회의 정보화가 진행되는 사회를 말한다(『두산세계대백과사전』[서울: 두산동아, 1999]). 정보과학사회는 정보사회의 개념에 인지공학이나 생명공학의 현대적 추세와 이와 관련된 사회·문화적 차원의 변화를 반영하는 용어이다(권기헌, 『정보사회의 논리: 지식정보사회와 국가경영 논리』[서울: 나남출판, 2000], 22). 그러나 일반적으로는 이 모든 용어의 의미를 포괄하는 '정보사회'라는 말이 쓰인다.

해 나간다. 성장 세대들 중에서 정보사회에서 주의를 기울여야 할 세대는 청소년이다. 청소년은 정보사회의 영향을 가장 많이 받고 있는 세대이기 때문에, 기독교공동체는 이들에 대한 특별한 관심이 필요하다.

한편, 기독교공동체가 자신의 유산을 성장 세대에게 전하여 공동체를 유지 발전시켜 나가는 교육적 전략 중에 하나는 설교이다. 사실 설교는 기독교공동체의 존재적 특성이라고도 할 수 있다. 현실적으로 기독교공동체의 성립과 존립은 설교로 인해서였다. 자신을 기독교공동체라 불렀던 어떤 공동체에서도 설교가 망각된 적은 없다. 기독교공동체는 설교를 통하여 자신을 기독교공동체로서 알았고, 그렇게 유지시켜 나갈 수 있었다.

그렇다면 여기서 우리는 다음과 같은 질문을 던질 수 있다. 기독교공동체가 공동체의 보전을 위해서 관심을 가져야 할 세대가 청소년이라면 그리고 설교가 공동체 형성의 중요한 매개라면, 오늘날과 같은 정보사회에서 청소년에 대한 설교는 전통적인 방식에 자족해도 되는가? 만일 현재의 청소년 설교가 기독교 공동체 형성에 충분하지 못하다면 정보사회의 청소년 설교는 어때야 하는가?

우리는 이 같은 물음에 답하기 위하여 아래에서 먼저 정보사회에서 청소년은 어떻게 달라져 있는지 새롭게 이해하고자 하며, 그와 같은 이해를 바탕으로 정보사회에서 기독교공동체의 형성을 위해 어떤 목적을 가져야 하며, 그것을 위해서는 설교 내용으로 어떤 것들을 선정하여야 하며, 또 어떤 방법으로 설교해야 할지에 대해 탐구해 보기로 한다.

## Ⅱ. 정보사회의 청소년

여기서는 정보사회에서의 청소년에 대해 살핀다. 정보사회라는 독특한 문맥은 인류 문명사에서 독특한 단계이고, 그것은 청소년에 대한 전통적 이해를 거부하며 새로운 시각에서 전 시대와는 달라진 청소년에 대해 이해하기를 요구한다. 이와 같은 과제를 위해 여기서는 청소년에 대한 일반적 이해의 틀인 신체적 · 정서적 · 사회적 · 도덕적 · 지적 · 신앙적 차원에서 청소년을 이해하고자 한다.

정보사회는 그 이전 단계인 산업사회와 비교할 때, 여러 면에서 다르다.2) 특히 다음과 같은 면에서 산업사회와 구별되는 특성을 지닌다.3) 첫째, 정보사회는 시간적 · 공간적 소멸이 가능한 사회이다. 정보통신네트워크의 연결로 언제, 어디서든 통신이 가능하게 됨으로써 시간과 공간의 극복이 이루어지고 있다. 둘째, 정보사회는 열린사회인 동시에 경쟁사회이다. 정보네트워크를 통한 자유로운 의사소통이 닫힌사회의 존립을 위협하고 있다. 그러나 정보화로 인해 모든 부문과 영역에서 경쟁이 발생할 것이며, 이로 인해 경쟁자들 사이에서 격차가 두드러지게 될 것이다. 셋째, 정보과학사회는 윤리적 문제가 심각하게 제기되는 사회이다. 과학만능주의가 전통적인 생명관을 부정하게 되고, 정보의 홍수 속에서 정체성 수립에 어려움을 겪을 것이다. 이와 같은 정보사회로 인한 변화는 특히 청소년들에게 영향을 크게 미칠 것이다. 청소년은 모든 세대들 중에서 정보통신기술의

---

2) 비교의 측면들에는 경영, 기술, 개발생산, 시장, 가치관, 사회, 경제적인 차원들이 있을 것이다. 최동수, 『정보사회의 이해』(서울: 법문사, 2001), 57 참조.
3) 권기헌, 『정보사회의 논리』, 58 - 59.

활용도가 가장 높기 때문이다.[4]

정보통신혁명은 공간의 축소를 가져왔다. 세계정보통신기반의 구축으로 지구촌이 하나의 포괄적인 실시간(real‐time) 정보네트워크로 변화되었다.[5] 공간의 축소는 곧 막대한 양의 정보 유입을 의미한다. 엄청난 양의 정보는 새로운 지식을 축적게 하며, 기존의 지식을 보완하거나 부정하거나 도전한다. 한편, 정보는 관점을 형성하는 기능도 한다. 특정한 문제에 대한 다양한 정보들이 단일한 관점으로 수렴되는 경우가 그렇다. 청소년의 신체에 대한 자기 이해가 그런 경우이다.

정보화의 영향으로 청소년들은 미디어 등에 나타난 연예인들의 외모를 선호하게 되며, 미디어는 그와 같은 청소년들의 선호 경향을 이용하여 그들에게 시대적 경향의 특정한 기준을 요구한다. 한 연예 프로그램은 10대 고교생들을 출연자로 뽑으면서 지원서의 내용에 여학생의 경우 남자친구 유무, 이상형 스타일, 남자를 볼 때 가장 먼저 보는 곳, 남학생의 경우 가슴둘레, 자신 있는 신체부위, 따라다닌 여학생 숫자 같은 항목들로 채우고 있다.[6] 미의 기준을 정하는 것은 미디어이다.

청소년들의 성에 대한 가치관도 크게 변하고 있다. 정보사회는 정보네트워크를 통해 정보의 교환 등 차원에서 자유로운 의사소통이 가능하게 된 사회이다. 긍정적으로는 닫힌사회에 도전하며 부정하여

---

4) 한국청소년개발원이 서울 시내 중·고등학교(12개교)에 재학 중인 1,250명의 청소년을 대상으로 설문조사를 실시한 결과, 컴퓨터를 이용하는 청소년은 전체의 절반 정도(57.0%)를 차지하는데, 이들의 컴퓨터 이용시간은 일주일에 8.3시간이었다.

5) 권기헌, 『정보사회의 논리』, 58-59.

6) 《조선일보》(2002. 5. 2).

그 붕괴를 촉진하는 효과가 있으나 부정적으로는 무분별한 정보의 난립으로 사실 왜곡의 가능성이 높아진다는 것이다. 특히 전통적으로 사적인 영역들로 치부되었던 내용들의 경우에 그 정도가 심하다. 그런 영역들 중에 하나가 성이다. 사회가 개방되고, 초고속정보통신망이 가정의 안방까지 도달함에 따라, 이제 성은 더 이상 은밀한 것이 아니다. 사이버공간을 통한 음란물 노출은 사실상 통제를 벗어나 있으며, 성에 대한 호기심이 높고 민감한 청소년들이[7] 자유롭게 출입할 수 있는 지역이 되어 있다. 인터넷 이외에도 영화, 비디오, 선정적 잡지 등이 가세하여 감각적인 성적 세계의 경계를 확장해 나가고 있다. 문제는 이와 같은 매체들을 통하여 전파되는 성이 상업주의적 동기에서 사람의 시선을 끌기 위해 감각주의적이고 파격적인 방향으로 치닫는다는 데 있다. 성에는 신체로서의 성(sex)과[8] 역할

---

7) 청소년은 제2차 성징이 발현되면서 이성에 대한 강렬한 호기심을 가지며 동경하게 되고, 성충동을 가지며, 성적 갈등으로 고민하게 된다. 성문제는 청소년들의 전체 상담 내용 중에서 큰 비중을 차지한다. 일례로 서울YMCA의 경우, 전체 시담 건수 중에서 성문제에 관한 상담이 차지하는 비중은 68.4%에 이른다. 서울YMCA, 「YMCA 청소년 상담실 8년간 활동보고서」(서울 YMCA 청소년상담실, 1992), 11 – 13.

8) 우리나라 사회의 성에 대한 태도는 크게 여섯 가지이다. 첫째, 현대적 자유주의이다. 성을 되도록 즐기며 성에 대한 화제를 공개적으로 토론하고 남녀평등을 믿으며, 이혼도 불사하는 급진적 경향을 보이는 성향이다. 이와 같은 성향을 가진 사람들은 주로 대학교육을 받은 젊은 남자들이다. 둘째, 도덕적 보수주의이다. 성을 즐기는 것을 용납하지 않고 남녀의 불륜을 패륜으로 본다. 남녀평등을 믿으면서도 성에 대해 폐쇄적이고 도덕적이고 이상적인 태도를 갖고 있다. 고등교육을 받은 중년여성들이 이 집단에 속한다. 셋째, 반보수주의이다. 남성의 방종한 성행위에 대해서는 관대한 반면 여성의 순결을 강요하며, 이혼은 용납지 않는 남존여비사상에 강하게 반대하는 것이 특징이다. 즉 여성의 자유와 해방을 원하며 성을 즐기고 성의 도덕적 가치를 부정한다. 중등교육을 받은 중년 여성이 여기에 속한다. 넷째, 정통적 자유주의이다. 성의 즐거움을 인생의 중요한 부분으로 보고 여성에게는 순결을 강하게 요구하면서도 남성의 혼외정사는 당연한 것으로 인정하는 이중 잣대를 갖고 있다. 이들은 대부분 중등교육을 받은 중년 남성들이다. 다섯째, 여권주의이다. 성에 관한 전통적 규제와 속설을 부인하고 성의 즐거움과 자유를 구가한다. 남존여비사상에 강력히 저항하고 오히려 여존남비적인 사상에 가까울 정도로 남녀평등을 주장한다. 그러면서도 이상적이고 질서와 윤리를 강조한다. 이들은 대학 졸업, 대학원 졸업 등 아주 높은 교육수준의 젊은 여성들이다. 여섯째, 합리적 자유주의이다. 성에 대한 정확한 지식이 있고 성에 대해 자유로우면서도 이에 대한 책임을 강조한다. 남녀평등을 주장하고 현실적

로서의 성(gender)이 있는데,9) 신체로서의 성만이 유독 조명을 받음으로써 성에 대한 단선적 생각을 조장하고 있다. 그런 과정에서 성은 자연스럽게 왜곡되며 청소년들에게 비뚤어진 성개념을 이식하게 된다.10)

신체와 성에 대한 청소년들의 변화된 인식은 그들에게 감각우선주의의 경향을 갖게 한다. 인쇄미디어는 관념을 강조한다. 전자미디어는 색채, 소리, 동영상 등을 통하여 감각에 호소한다. 전자미디어에 익숙한 청소년들은 효용성이나 실용성보다는 색상이나 디자인과 같은 감각적인 면을 더 중시한다. 내용의 진위보다는 감각적 호(好)·불호(不好)를 더 중시한다. 청소년들의 감각 선호 경향은 정보미디어 내용의 성격과 관계가 깊다.

정보과학기술의 발달로 우리는 압축된 시간의 세계에 살고 있다. 변화가 가속화되면서 사람들은 과거를 돌아볼 여유도 미래를 바라보는 희망도 잃었다. 현재가 과거와 미래를 시간의 선상에서 추방시켰

여건을 중요하게 생각하는 합리적 태도를 보인다. 이 집단은 전부 대학 출신의 남자들이다. 김광일·이근덕·정동철 "성에 대한 태도조사", 「정신건강연구」1(서울: 한양대학교 정신건강연구소, 1983).

9) 현재 우리 사회는 서구 사회가 수백 년에 걸쳐 점진적으로 치러 낸 농경사회에서 산업사회, 후기산업사회에로의 전이를 불과 수십 년 사이에 겪어야 했기 때문에 성역할이 혼재하는 양상을 보이고 있다. 세대 간, 남녀 간 그리고 한 개인 안에서도 여러 가지 성역할 규범이 혼재하여 심리적 갈등을 일으킨다. 오늘날에는 대중매체를 통한 왜곡된 이성상이 고착되는 경향이 있다. 남자는 여자의 일생을 책임지는 능력 있고 책임감 있는 사람이어야 하고, 여자는 그런 능력 있는 남성을 사로잡을 '귀여운 여자'로서의 매력을 지녀야 한다는 새로운 고정적 남·여성상이 대중매체를 통해 청소년들의 뇌리에 박히기 시작한 것이다. 조혜정, "청소년의 성문화", 한국청소년개발원 편 「청소년 문화론」(서울: 서원, 1993), 89-90.

10) 청소년의 왜곡된 성개념 조장은 정보화 이외에 체계적이고 적극적인 성교육의 부재, 성을 종족 번식에서 쾌락의 도구로 생각하는 의식 구조의 변화, 남성의 성욕과 공격성을 남성적이라고 생각하는 오인으로부터도 비롯된다. 이와 같은 사회·문화적 영향에 의한 성개념이 1970년대 중반 이후 청소년 성문제의 급증으로 이어진다. 이영숙, "성문제", 한국청소년개발원 편 「청소년 문제론」(서울: 서원, 1993), 280-83.

다.11) 과거와 미래가 현재로 압축된 왜곡된 시간 세계에서는 오직 빠르기만이 지선(至善)이 된다. 우리는 이것을 '찰나주의'(Quarterism) 라고 부를 수 있을 것이다. 인내심을 잃어버린 요즘 청소년의 사고·행동양식을 일컫는 이 말은, 빠르고 단기적인 해결과 만족을 추구하며, 모든 것을 현재의 의미로만 생각하는 신세대에 대한 우려가 담긴 말이다.12)

한편, 찰나주의는 청소년의 정신생활을 변화시킨다. 청소년들이 접하는 인터넷의 내용들은 사고를 요하지 않으며 재미를 목표로 한다. 복잡하고 느리고 재미없는 내용에는 잠시도 머물지 않고 다른 사이트(site)로 마우스를 옮긴다. 속도에 민감한 까닭에 시간이 걸리는 집중력, 사고력과 상상력은 결핍되어 가고, 대신 생각이 필요 없는 감각의 영역은 강화된다.

정보사회에서의 청소년에 대한 신체적 이해에 이어 정서적 변화에 대해 살펴보자. 정보사회의 청소년들의 가장 두드러진 정서적 특성은 과격해지고 점차 폭력성의 농도가 짙어진다는 것이다. 폭력성의 가속화는 정보사회의 성격과 미디어의 영향 때문이다. 정보사회는 사회 구성원 간의 또는 국가 간의 형평성을 높이는 역할보다는 상대적인 우위를 점하는 요소로서 작용하게 될 가능성이 크다. 지구적인 범위에서 부문과 영역이 소멸되는 형태의 무한 경쟁이 치열하게 전개되면서 국가 간의 격차는 더 벌어질 것이고, 사회구성원들 사이에서도 예외는 아닐 것이다.13) 개인적인 태도나 가치관,14) 정보해독력

---

11) 올해 연세대학교 총학생회의 구호가 '현재를 즐겨라!'는 뜻의 '카르페 디엠'(Carpe Diem, Seize the Day)인 것은 정보사회에서의 청년의 삶의 자리 성격을 보여 준다는 데서 인상적이다.

12) 권기헌, 『정보사회의 논리』, 119.

등에 의한 격차에서부터 정보의 집중적 소유 등은 불평등한 정보구조를 형성할 것이며, 그에 따라 정보를 독점화하여 자본화와 권력화하려는 경쟁은 더욱 치열해질 것이다.15) 이 같은 경쟁적 분위기는 스트레스를 야기하며, 다시 불안정감과 정서불안을 낳게 된다. 그 결과 폭력적 행동을 야기한다.

최근 유행처럼 번지는 조직폭력을 내용으로 하는 영화들은 폭력을 미화하고 선동한다. 실제로 그와 같은 영화의 영향을 받아 친구를 살해한 사건도 발생해 충격을 안겨 주었다. 그런데 이와 같은 청소년들의 폭력적 성향의 배경에는 정보화의 어두운 면이 깔려 있다. 청소년들이 즐기는 대부분의 게임들은 폭력적이다. '스타크래프트'(Star-craft), '디아블로'(Diablo), '리니지'(Lineage) 등이 그렇다. 이들 게임들은 온갖 최신 무기를 동원하여 상대편을 살상하는 내용으로 구성되어 있다. 문제는 이와 같은 게임을 통하여 살상에 대해 무감각해진다는 것이다. 그러면서 사람의 생명은 클릭(click) 한 번 정도의 가치로 평가절하된다. 이전에 유행했던 '스트리트 파이터'(Street fighter) 같은 격투기 게임들은 오히려 인간적이다.

정보화로 인하여 급격하게 변화하는 세상에 대하여 청소년들은 불안하게 느끼며, 세상의 변화를 따라가지 못한다는 생각에서 열등감을 갖기도 한다. 목적의식이 결여될 경우 무력감과 합쳐져 자기존재 가치를 상실하게 될 수도 있다.

---

13) 권기헌, 『정보사회의 논리』, 59.

14) D. Michael, *Information Technology: Some Critical Implication for Decision Makers* - Conference Board Management Change Studies1(New York: The Conference Board, 1972), 42-44.

15) Frank Webster and Kevin Robins, *Information Technology: A Luddite Analysis*(Norwood, NJ: Ablex Publishing Corporation, 1986).

정보사회의 청소년들을 사회적 차원에서 살펴보자. 청소년들이 접촉하는 주된 사회는 학교, 가정 그리고 사회이다. 정보사회와 신자유주의 등의 영향으로 인한 경쟁이 학교에서 전개되면서 그로부터 벗어나고자 하는 욕구가 평균 이상이거나 이하인 학생들에 대한 따돌림(왕따) 현상으로 나타난다.[16] 따돌림 현상이 일시적인 조롱의 수준을 넘어 신체적 가학으로까지 발전될 경우, 등교를 거부하거나 자살 등의 행동을 유발할 수 있다.

정보화로 인한 여가 등이 확보되면서 사람들은 자기계발 등 여가·사회활동에 시간을 투자하게 되었다. 이에 따라 청소년들이 성인들의 보호와 관심에서 벗어나 홀로 지내는 현상이 두드러진다. 그래서 집에 가기 싫다는 생각이 들어, 오락실에 가거나 길거리를 배회하게 된다.[17] 핵가족화로 인한 애정 결핍과 세대 간의 단절된 문화가 점차 확산되고 있다. 그래서 분열가족의 양상까지 띠게 되는데, 컴퓨터·전자오락·비디오·만화 등과 같은 새로운 문명 현상에서 성장한 청소년들은 기성세대와는 전혀 다른 의식·정서·행동방식을 소유하게 되는 것이다. 전통적 가정의 해체는 사회적 가치의 전통적 이전(移轉) 경로의 차단이라는 점에서 심각하다.[18]

그렇기에 정보사회에서 전통적 가치가 여전히 유효한가 하는 물음

---

16) 왕따의 이유로는 자신의 심리적 영역이 희미하다거나, 부모님께 순종적·의존적이고, 자기주장이 없으며, 싫어하는 것에 대해서 단호히 '아니'라고 말을 못 하고, 친밀한 관계를 맺는 능력이 부족하며, 너무 예민하여 과민하게 반응하고, 커뮤니케이션에 결함이 있으며, 너무 착하기 때문인 것으로 알려져 있다.

17) 오늘날 미국의 경우 성적 타락과 범죄 원인 중 하나로 60~80년대 부모들이 직장문제로 자녀들을 집에 멋대로 방치한 때문으로 돌린다. 불완전한 가정이 정서에 영향을 미치고 범죄로 이어지는 사슬을 볼 수 있다. 한홍, "설교자를 위한 신세대의 상황 이해", 「그 말씀」 6(1998. 1), 160.

18) 권기헌, 「정보사회의 논리」, 124-25.

에 대해 역시 부정적으로 대답할 수밖에 없다. 정보사회는 급격한 가치관의 변동을 겪고 있다. 전통적 가치관의 붕괴를 가속화하는 동인 중의 하나는 대중문화이다. 청소년들이 가까이하는 영상매체들은[19] 감정을 앞세워 비정상적 관계를 변호하며, 내실보다는 화려한 외양을[20] 추구해야 할 이상으로 제시한다. 이러한 사회적 분위기에서 인간의 근본 도리를 목적으로 한 중층적 유교질서는 구시대의 폐기되어야 할 유물로 천시된다.

전통적 가치가 붕괴되고 대신 그 자리에 물질주의가 우상처럼 들어서고 있다. 사람들은 돈이 행복을 가져다준다고 믿고 있으며, 행복을 사치와 유흥으로 생각하고 있다. 신세대 역시 기성세대와 마찬가지로 물질주의에 젖어 있다. 쾌락을 위해 돈이 필요하며, 돈을 위해서는 어떤 짓도 불사한다. 소비 중심의 소비문화, 구매의 즐거움을 촉구하고 유행과 개성을 추구한다. 청소년의 물질주의에 경도된 무분별한 가치관은 사회 일반 가치관의 반영에 불과하다.

청소년들의 물질주의적 가치관은 곧바로 윤리적인 문제와 연결된다. 물질로 살 수 있는 감각적 쾌락을 향유하기 위해 폭력, 강도 등

---

19) 한국청소년개발원이 서울 시내 중·고등학교(12개교)에 재학 중인 1,250명의 청소년을 대상으로 설문조사를 한 결과, 조사대상 청소년 거의 대부분이 TV(98.0%), 영화나 비디오(95.4%)를 보고 있고 시청시간은 일주일에 22.3시간으로 나타났다.

20) 예를 들어, 대중가요의 경우를 보면, 80년대에 들어오면서부터 그 주요 수용층은 10대가 되어 현재에 이르고 있다. 하나의 문화산업으로서의 대중가요 생산은 이윤 획득을 목적으로 하는 자본가를 정점으로 하여 그에 의해 고용된 문화적 노동자와 생산적 노동자들로 구성된 산업조직에 의해 이루어진다. 최대 이윤 획득은 대량 소비에 의해 가능하다. 대량 소비를 위해서는 수용자들의 취향을 가능한 한 동질화시킬 필요가 있다. 그러면서도 수용자들이 획일성을 느끼지 못하도록 교묘한 차이의 전략을 사용한다. 그것은 이를테면 가수들의 개성 강조, 의상이나 헤어스타일의 독특한 꾸밈, 춤과 율동의 변화 등을 통해 이루어진다. 노래 자체는 가사의 내용이나 선율의 진행, 편곡의 형식 등에서 사실상 차이가 없는 노래들임에도 대중은 이러한 주변적 요소들에서 차이와 변화를 느끼게 되는 것이다. 김창남, "청소년 문화와 대중음악", 한국청소년개발원 편 『청소년 문화론』(서울: 서원, 1993), 172-77.

의 행각을 양심에 거리낌 없이 저지른다. 또한 대부분 물질과 연관되어 있는 부정부패를 보면서 어른으로서의 권위를 인정하지 않게 되었다. 언행일치가 되지 않는 기성세대를 향하여 그들은 냉소를 보낸다.

매스미디어 등을 통한 비행 보도는 TV 매체 등에 대한 선호성과 합쳐져서 모방범죄의 동기를 제공하기도 한다. 비행청소년들의 경우 이와 같은 매스미디어의 영향을 더 크게 받은 것으로 나타났다.[21]

정보화는 청소년의 지적인 차원에서도 영향을 미친다. 장 피아제(Jean Piaget)에 의하면 청소년 초기인 약 12세경부터 형식적 조작기(formal operations)가 시작된다. 청소년은 "언어적으로 진술된 가설에 의해 추론하고 더 이상 구체적인 물체와 그것의 조작에 의해 추론하지 않는" 능력을 획득한다.[22] 한편 피아제는 관심, 동기, 환경적 자극에 따라 과학, 예술, 기술적 영역 등에서 인지적 능력의 분화가 이루어진다고 보았다.[23] 그렇다면 정보사회에서의 청소년들은 게임의 상황, 특수효과 영화나 가상현실(virtual reality)[24] 등에 익숙하여 지각적으로 주어진 것에 머무는 구체적 조작기가 연장될 수 있다. 그와 같은 현상이 심화될 경우 청소년은 현재의 정보와 모순되는 정보가 주어질 경우 기존의 정보에 집착하려고 할 수 있다.[25] 따라서

---

21) 최창섭, "대중매체와 청소년", 한국청소년개발원 편 『청소년 문화론』(서울: 서원, 1993), 164.

22) Jean Piaget, "Intellecual Evolution from Adolescence to Adulthood", Rolf E. Muss, ed., *Adolesce Behavior and Society*, 3d ed.(New York: Random House, 1980), 72.

23) Rolf E. Muuss, *Theories of Adolescence*, 정옥분·윤종희·도현심 공역, 『청년발달의 이론』(서울: 양서원, 1999), 252.

24) 컴퓨터 기술을 기반으로 모의적으로 구성된 3차원 공간에서, 입체적인 영상그래픽을 이용하여 인간과 주어진 사물 간에 상호작용이 이루어지는 상황을 의미한다.

25) John C. Coleman and Leo Hendry, *The Nature of Adolescence*, 남승희 편역, 『청소년은 누구인가』(서울: 서원, 1993), 43-44.

인터넷 안의 가상현실이 실제 현실과 공존하면서 한 사람이 두 세계를 동시에 살아가는 일상생활의 이중화(duality) 현상이 일어날 수 있다.[26]

그런데 무엇보다 정보사회가 청소년에게 끼칠 수 있는 심각한 영향은 자아정체성과 관계된 문제이다. 자아정체성을 자아와 정체성의 결합어로 본다면 전자는 개인적 정체성으로, 후자는 사회적 정체성으로 볼 수 있다. 그렇다면 자아정체성은 이미 사회적 관계를 전제한 개념어이다. 신세대는 정보화 및 영상매체 안에서 출생하여 영화나 오락 그리고 광고의 상업주의와 감각주의에 젖어 있다. 그와 더불어 컴퓨터와 그 세계는 신세대의 일부를 이루고 있다. 이런 환경에서 미디어나 컴퓨터 등에 지나치게 매달릴 경우 정상적인 발달이 이루어지지 않고, 결국 자신을 통제할 수 없게 된다.[27]

인간과 인간의 교류 대신에 인간과 컴퓨터의 관계가 일반화되어 갈수록 개인들은 컴퓨터를 '제2의 자아'(the second self)로 삼게 된다. 그리하여 컴퓨터를 상대하는 기계적 사고방식이 부수적으로 형성되면서 개인 간의 관계에서 기존의 언어에 바탕을 둔 교류에 혼란을 일으키게 된다.[28]

네티즌(netizen)들의 경우 가상현실 속에서 실제의 자신들과는 다른 자아를 만들어 살아간다. 이를 사이버에고(Cyberego)라고 한다. 여자가 남자로, 남자가 여자로, 어린이가 성인으로, 성인이 청소년으로 사이버공간(Cyberspace) 안에서는 자신의 정체를 숨기고 바꿀 수 있다. 정보사회가 고도화되어 사이버공간이 활성화되면, 익명성을 기

---

26) 권기헌, 『정보사회의 논리』, 262.

27) 낸시 포어, "가상현실과 아이들", 「녹색평론」28(1996. 5/6), 63-64.

28) Sherry Turkle, *The Second Self: Computers and the Human Spirit*(New York: Simon & Schuster, 1984).

초로 한 사회관계가 주를 이루게 된다. 면접적 접촉이 결여된 전자적 공간에서의 익명성은 자아정체성의 사회적 차원을 불필요하게 함으로써 정상적 자아 형성에 장해가 된다.

또한 가족, 직업, 지역과 같은 일상적인 사회질서가 무시되고 기호나 취미, 성향 등이 중요한 기준이 된다. 사이버공간에서는 언어도 일상의 언어와는 다르다. 사용하는 언어를 보면 그가 네티즌인지 아닌지를 구별할 수 있다.[29] 사이버문화에 익숙한 청소년들은 실제의 자아와 사이버에고, 두 개의 자아를 갖고 있다.

이상에서 우리는 정보사회가 청소년에게 규격화된 신체를 요구하며, 왜곡된 성정보를 제공하며, 불안과 폭력을 조장하며, 전통적 가치를 붕괴시키고, 물질주의적 가치관을 주입하며, 정체성의 혼란을 일으킨다는 사실을 알았다. 이와 같은 정보사회가 끼치는 부정적 내용의 영향은 기독교공동체 정신과는 질적으로 다르다. 그 상이성은 뒤에서 모색할 청소년교육 설교체제의 목적으로 기능할 수 있을 것이다. 한편, 정보화사회에서의 청소년 특성은 기독교공동체의 성격과 격차가 있다. 그 격차는 교육의 가능성이며 의무이다.


## III. 청소년을 위한 설교

### 1. 청소년과 설교

청소년과 설교의 관계에 대해서는 두 가지 차원에서 살펴볼 수 있

---

29) 김창민, "정보화와 새로운 문화의 도래", 「정보문화」36(1996. 1/2), 33－35.

을 것이다. 그것은 청소년을 고려한 설교와 설교를 고려한 청소년의 상호 방향에서이다. 첫째, 청소년을 고려한 설교에 대해 생각해 보자. 우리는 청소년에게 설교하려고 한다. 이와 같은 의도는 '청소년설교가 따로 있어야 하는가?' 하는 질문을 유발할 수 있다. 이 질문 안에는 다시 '청소년 설교가 왜 필요한가?'라는 보다 구체적인 답변을 요구하는 물음을 포함하고 있다. 우리는 이 물음에 대해서 다음과 같이 대답할 수 있다.

청소년 설교는 일반적인 설교, 즉 교회의 전체 회중을 향하여 하는 설교와 다르다. 우리가 '교회의 일반 회중을 향하여 하는 설교로 족하지 않는가'라고 생각하게 하는 계기는, 선포되는 설교가 일정한 효과가 있다는 전제로 할 때 가능한 물음이다. 그러나 이 같은 물음에 대해서는 잠깐만 생각해 보아도 잘못되어 있다는 것을 알 수 있다. 우리가 다른 요소는 고려하지 않고, 여기서 문제가 되는 '청소년'이라는 대상의 차원에서만 생각해 보자. 만일 여러 연령층으로 구성된 회중을 향하여 설교를 한다고 하자. 그 설교의 내용과 형식에 이해도나 친밀성 면에서 가장 근접한 연령층 외에 다른 연령층에 대하여, 그 설교는 호소력을 갖지 못할 것이다. 설교는 하나님의 말씀이라는 원천적인 권위와 능력에도 불구하고 그것을 듣는 청중의 배려 없이는 허공을 울리는 한낱 인간의 소리가 될 수도 있다. '씨 뿌리는 사람의 비유'[30]에서 보듯이, 씨가 문제가 아니라 밭이 문제가 될 수 있다.

우리는 위에서 간결하게나마 청소년 설교를 '청소년을 대상으로 한 설교'라고 정의했다. 이 말의 의미를 보다 선명하게 밝히기 위해

---

30) 마태복음 13:1-9, 마가복음 4:1-9, 누가복음 8:4-8.

서는, 이 정의에 사용된 주요 용어인 '청소년'과 '설교'라는 단어 안에 내재되어 있는 내용들을 드러내야 할 것이다. '청소년'이라는 말은 이미 인간의 발달 단계를 고려한 용어이다. 발달 단계는 "인간발달의 연속선상에서 현저하게 구분되는 어떤 기준에 따른 단계"를 말한다.31) 발달 단계를 이와 같은 의미로 수용할 때, 청소년은 다른 연령층과는 확연하게 차이가 나는 고유한 시기라는 것을 알 수 있다.

청소년이 인간발달의 고유한 단계라고 한다면 그리고 그에 대하여 어떤 영향을 행사하려고 한다면 그에 상응하는, 다시 말하면, 발달에 적합한 처방이 필요하다는 것이다. 설교의 경우 역시 마찬가지이다. 그래서 청소년 설교는 청소년의 발달에 적합한 설교를 의미한다.

한편, 이와 같은 청소년이 갖는 발달적 의미는 설교와 어떤 관계가 있는가. 즉 '청소년과 설교는 상호 어떤 관계가 있는가'이다. 먼저, 청소년 → 설교의 영향을 생각해 보자. 설교는 영원한 하나님의 말씀에 대한 선포이다. 그래서 그 말씀의 의미는 엄격한 의미에서 '일점일획'이라도 변경되거나 변질되어서는 안 될 절대적 보존의 대상이다. 그런 의미에서 '청소년'이라는 변인은 설교에 어떤 영향을 미칠 수도 없고 미쳐서도 안 된다. 한편, 설교에는 하나님 말씀의 불변하는 의미 차원 이외에, 그 의미가 옷을 입은 형식의 차원이 있다. 형식은 의미를 담은 내용을 보다 용이하게 전달하기 위한 도구라고 할 수 있다. '청소년'이라는 변인은 이 설교 형식의 차원과 관계되며, 그에 대해서 영향을 미칠 수 있다. 청소년은 아동이나 성인과 신체적·심리적·사회적·문화적으로 다르다. 다른 연령층과의 이 차이들이 설교의 형식적인 면에 영향을 허용하게 된 요인들이다. 이와

---

31) 서울대학교교육연구소 편, 『교육학용어사전』(춘천: 하우동설, 1994), 282.

같은 요인들이 구체적으로 설교에 어떻게 영향을 미치는지는 뒤에서 다루게 될 것이다.

다음으로 청소년 ← 설교의 방향에서 둘 사이의 관계를 생각해 보자. 하나님의 말씀은 인간의 영혼을 구원하며, 변화시킨다. 하나님 말씀의 불변적 의미 차원에서 설교는 청소년을 따로 구별하여 고려하지 않는다. 그러므로 발달에 적합하지 않다는 등의 근거를 대며 하나님의 말씀을 미리 차단하거나 방해하려고 해서는 안 된다. 하나님의 말씀은 인간의 가장 뛰어난 지혜보다 높으며 사람들의 고고하다고 하는 학식을 넘어선다. 인간의 모든 지식은 인간이 예측하거나 상상할 수 없는 하나님의 말씀의 신비 앞에 무릎을 꿇어야 한다. 인간의 지식을 무력화시키는 하나님 말씀의 신비는 인간의 규명이나 설명을 초월해 있다. 따라서 우리는 하나님 말씀인 설교가 청소년에 대하여 구체적으로 어떻게 영향을 끼치는지 조금도 알 수 없다. 다만 그 언표될 수 없는 영향은 인정될 뿐이다.

청소년과 설교의 관계에 대한 위에서의 논의를 바탕으로 이제 청소년 설교와 교육의 관계에 대해 생각해 보자. 청소년 설교가 논의의 여지를 남기는 것은 '설교'라는 말을 수식하는 '청소년'이라는 말의 규정적 성격 때문이다. 청소년 설교를 다른 설교와 구분하는 원인 역시 '청소년'이라는 말이다. 청소년을 준거로 하고 그 준거와 연관된 설교의 성격에서 볼 때, 청소년 설교의 특성은 교육적이다. 그렇게 볼 수 있는 이유는 두 가지이다. 하나는 청소년은 교육받는 세대라는 것이며, 다른 하나는 설교도 일종의 교육이라는 것이다.

일반적으로 청소년 시기는 고대부터 국가나 사회 유지에 필요한 지식이나 유산을 학습하는 시기였다. 그리스의 아테네나 스파르타와 같은 도시국가(polis)에서는 청소년 시기까지 군사나 신체 훈련을 시켰다.32) 이후 학교가 점차 발달하면서, 일곱 가지 자유교과(septem artes liberales)33) 이외에 자연과학 등 내용을 가르침으로써, 청소년에 대한 교육은 더욱 정교화되면서 시대를 이어져 내려왔다. 우리는 여기서 청소년들이 교육받은 내용이 아니라 교육을 받았다는 사실에 주의를 기울이고자 한다. 그러나 고대로부터 현대에 이르기까지 청소년이 교육을 받는 교육세대였다는 사실이, 설교에서도 청중으로서의 청소년이 교육받는 대상이라는 주장을 정당화시켜 주지는 않는다. 오히려 설교에서 청소년은 여전히 교육의 대상인가를 묻게 한다.

교회에서 일반적으로 교육세대라고 할 수 있는 아동과 청소년은 성서와 교회의 전통과 생활에 대하여 교육을 받아 왔다. 이와 같은 전통은 질과 양에 있어서 계속 이어질 것으로 보인다. 청소년 세대에 대한 교회의 교육적 사명은 기독교신앙의 본성에 속한다. 종종 기독교신앙은 순례의 여행(pilgrimage)으로 비유된다. 장망성을 떠난 기독자(Christian)가 천성을 향해 나아가듯이, 모든 교육세대는 하나님의 형상을 향하여 나아간다.34) 그 길은 쉽지 않으며 단순하지 않다. 질적인 면에서의 청소년 세대에 대한 교회의 교육적 사명 외에 양적인 면에서도 교회는 청소년세대에 교육을 행해야 할 필요가 있다. 기독교공동체의 지체로 간주될 수 있는 단계인35) 세례가 어린아

---

32) 정영근 외, 『교육학적 사유를 여는 교육의 철학과 역사』(서울: 문음사, 1999), 236.

33) 이것은 헬레니즘시대와 로마시대, 중세를 거쳐 근세에 이르기까지 고등교육에서 일반교육의 뼈대를 형성했던 과목들로서, 세 가지 형식과목(trivium: 문법, 변증법[논리학], 수사학)과 네 가지 내용과목(quadrivium: 천문, 기하, 음악, 산수)을 합해서 부르는 용어이다. 손인수・정건영 『교육철학 및 교육사』(서울: 교육출판사, 2000), 39.

34) Nicholas H. Beversluis, *Christian Philosophy of Education*, 최강석 역, 『기독교 교육철학』(서울: 한국개혁주의신행협회, 1979), 82.

이들에게도 베풀어졌지만, 대부분의 세례후보자(Catechumen, hearer)
는 성인들이었다. 이들에 대한 교육은 3년 동안 지속되었다.[36] 청소
년에 대해 교회에서의 교육 시간이 충분했던 초대교회와 비교할 때,
현대교회는 복잡다단한 사회의 양상으로 인하여 청소년에 대한 교육
시간이 크게 부족하다. 청소년에 대한 교육은 오늘날 교회의 존립문
제와도 연관된 대단히 중요한 문제이다.

청소년 설교의 특성을 교육적으로 볼 수 있는 다른 하나의 이유는
설교도 일종의 교육이라는 것이다. 여기서 교육이 무엇인지 잠깐 생
각해 보자. 교육에 대해서는 여러 가지 개념 정의들이 시도되었다.
그러나 교육에 대한 대부분의 개념 정의는 규범적이라는 데 문제가
있다. 이와 같은 난점을 극복한 것으로 보이는 교육에 대한 한 가지
개념 정의는 마치 상식과 같은 것이다.[37] 장상호에 의하여 주장된
교육의 개념은 "교육은 가르치고 배우는 상호 행위"라는 것이다. 그
는 교육의 세계가 마치 사다리와 같은 여러 수준의 발달 단계를 나
타내는 '품위'(品位, transtalent) 사이에 장치된 모종의 자율적인 구
조의 형태를 띤 것으로 가정한다.[38] 교육계는 두 가지 상이한 과정
으로 구성되어 있다. 하나는 현재의 품위 수준을 중심으로 한층 더
높은 품위를 계발하는 과정(이것을 배움에 해당하는 '상구'[上求,
ascending education]라 칭한다)이고, 다른 하나는 그것의 바람직성

---

35) John H. Westerhoff Ⅲ and William H. Willimon, *Liturgy and Learning through the Life Cycle*, 박종석 역, 『교회의 의식과 교육』(서울: 베드로서원, 1992), 27.

36) Westerhoff and Willimon, *Liturgy and Learning through the Life Cycle*, 25.

37) 여기서 주의해야 할 것은 상식은 학문의 영역에 속하지 않는다는 것이다. 그러나 그것을 학문적으로 규명할 수는 있다.

38) 장상호, "교육적 관계의 인식론적 의의", 「교육원리연구」, 1:1(서울대학교 교육원리연구회, 1996), 23-25.

을 타인에게 전파하는 과정(이것을 가르침에 해당하는 '하화'[下化, descending education]라 칭한다)이다.

여기서 우리가 관심을 갖고 있는 설교 안에서도 가르침과 배움의 현상이 확인된다. 교육적으로 보아서, 설교는 일종의 교육 행위로서, 설교자는 가르치고, 청중은 배운다. 설교자는 설교에서 무엇을 말할 것인지 하는 의도를 구상한다. 의도와 계획이라고 할 수 있는 구상은 교육의 특성이다. 청중은 교육의 장(場)이라고 할 수 있는 예배 행위 안에 있으며, 설교 시에는 교사라고 할 수 있는 설교자를 상대한다. 청중은 일반적인 판단으로는 설교자가 전하는 말씀을 배우려고 하는 적극적 의욕을 보인다. 이와 같은 분위기는 여느 교육의 현장에서는 보기 어려운 현상이다. 설교는 그 형태나 명칭에서 교육이라고 말하기 어려울지 모르나 그 성격에서 교육적 내용이 다분하다.

설교에서 확인되는 가르치고 배우는 교육 행위는 설교자와 청중 사이에만 존재하는 것은 아니다. 설교자와 청중 사이 흐르는 말씀의 교류 속에 설교자의 의도와 구상을 뛰어넘는 하나님의 역사와 청중의 응답이 숨어 있다.39) 그것은 가시적 형태로 드러나지는 않지만 사실은 진지하게 전개되는 교육 행위라고 할 수 있다. 설교에서 하나님이 가르치시고 회중은 배운다. 그런 면에서 설교는 교육은 아니지만 교육적 성격이 들어 있다. 이하에서는 이제까지의 전제들을 두고 정보사회에서의 청소년 이해와의 연관 속에서 설교의 목적, 내용 그리고 방법에 대해서 구체적으로 생각해 보도록 한다.

---

39) 설교에서와 같은 교육 구조는 가시적 교육 안에 또 하나의 교육이 들어 있는 마치 소설이나 영화의 구성에서 볼 수 있는 '액자식'의 교육이라고 할 수 있는 특이한 형태이다.

## 2. 청소년을 위한 교육 설교체제

### 1) 목적

청소년교육 설교의 목적은 청소년에게 교육적 차원을 특성화하여 설교함으로써 정보사회의 영향으로 빚어진 그릇된 인식과 마음과 행위를 기독교공동체의 전통과 가치관을 기반으로 하여 바로잡는 데 있다. 그 구체적인 내용은 다음과 같다.

기독교 신앙공동체는 하나님께서 당신의 형상에 따라 사람을 지으시되 나름대로 독특하게 지었다고 이해한다. 그러므로 인간은 어떤 잣대에 의해 동일하게 평가될 수 없다. 우리 모두의 신체는 하나님 보시기에 좋은 것이다. 또한 기독교공동체는 인간을 전인적으로 이해해 왔다. 인간의 육체는 정신과 더불어 온전한 인간을 구성하는 요소이다. 그러므로 성을 도구화하는 것은 인간 전체를 목적이 아닌 수단으로 이용하는 것이다. 기독교는 폭력을 반대하고 평화를 옹호한다. 기독교공동체는 성서를 통해 그리고 그 역사를 통해 평화를 이루기 위해 힘써 왔다. 개인 영혼뿐만 아니라 공동체에서 사람들 사이의 관계 그리고 하나님과의 관계에서 평화를 말하며, 평화를 위해 일하기를 요구한다(사 11:1 - 9; 롬 12:28; 롬 14:19; 고후 5:19).[40] 또한 기독교공동체는 정보사회 현재를 기준으로 하는 오도된 가치관이 신앙공동체가 갖고 있는 본질적인 가치관에 위배된다고 생각한다. 신앙공동체는 전통이라는 과거를 현재에 되살리며 미래를 향하여 전승

---

40) 민영진, "구약에서 본 샬롬", 대한예수교장로회총회교육부 편, 『성숙한 교회와 평화교육』(서울: 대한예수교장로회출판국, 1988), 21 - 30; Gerhard Kittel and Gerhard Friedrich, *Theological Dictionary of the New Testament*, 번역위원회, 『신약성서 신학사전』(서울: 요단출판사, 1986), 236 - 41; Roland H. Bainton, *Christian Attitudes toward War and Peace*, 채수일 역, 『전쟁 · 평화 · 기독교』(서울: 대한기독교출판사, 1981), 12 - 13.

시켜 나간다. 기독교는 연속성과 변화성, 역사적 전통과 현재 경험 사이의 긴장관계 속에 처해 왔다.[41] 메리 이 무어(Mary E. Moore) 는 이 난제를 해결하기 위하여 전통화 공동체로서의 교회를 제안한 다.[42] 과거 전통과 현재 경험이 미래를 향하여 전통화(traditioning) 되도록 해야 한다는 것이다. 신앙공동체 안에는 시간의 모든 차원이 있다. 기독교 신앙공동체에서 과거와 미래가 괄호 치기(parenthesize) 되어서는 안 된다. 신앙공동체의 과거 전통과 미래 비전은 존재 근 거이기 때문이다. 특히 물질주의적 가치관은 우리가 물질의 주인이 아니라 물질이 우리의 소유주가 될 수 있는 위력을 갖고 있다는 사 실을 인식하고 경계하여야 한다.[43] 성서는 하나님과 물질을 동등한 위치에 두고 대조한다(마 6:24; 눅 16:13[44]). 이 사실로부터 물질은 하나님만큼 인간에게 힘을 행사할 수 있으며, 나름대로의 인격을 가 진 실재임을 알 수 있다.[45] 하나님 사랑은 물질에 대한 사랑과 극명 하게 대비된다. 사람은 하나님과 물질을 동시에 섬길 수 없다. 그 둘 사이에서 긴장을 유지하며 양립적인 삶을 사는 것은 불가능하다. 분 명한 선택이 요구된다. 하나님과 물질은 함께 공존할 수 없기 때문 이다. 기독교공동체는 인간이 하나님 안에서의 본래적 자아가 있음

---

41) 이 주제에 대한 기독교교육에서의 논의는 Padraic O'Hare, ed., *Tradition and Transformation in Religious Education*(Birmingham, AL: Religious Education Press, 1979)를 참조.

42) Mary E. Moore, *Education for Continuity & Change: A New Model for Christian Religious Education*(Nashville: Abingdon, 1983).

43) Jacques Ellul, *L'homme et l'argent*, 양명수 역, 『하나님이냐 돈이냐』(안양: 도서출판 대 장간, 1991), 99.

44) 누가복음 16장에 대한 자세한 연구는 오덕호, 『하나님이냐 돈이냐?: 누구복음 16장의 문학·역사비평적 연구』(천안: 한국신학연구소, 1998)를 참고.

45) "예수는 맘몬 대신에, 보통 돈이나 부를 나타내는 아람어 낱말을 쓸 수도 있었는데, 맘몬이라 는 낱말을 씀으로써 돈을 의인화하고 그것을 일종의 신격으로 다루었다." Ellul, *L'homme et l'argent*, 97.

을 믿으며 그것을 회복해야 한다고 생각한다.

### 2) 내용

사춘기의 신체 변화는 급속하고 남녀 차가 크기 때문에 변화를 겪는 청소년들을 당황하고 불안하게 만든다. 신체의 급속한 변화에 대한 예비적 지식이 없거나, 신체의 변화가 기대에 어긋나거나, 사회적 기대에 못 미칠 경우 고민하게 된다.46) 즉 신체의 변화는 심리에 영향을 미치게 된다. 청소년기의 심리적 변화 원인을 생리적 변화나 성적 욕망의 증가에서 찾았으나, 최근에는 신체적 변화 외에 사회적 요인이 청소년의 심리적 변화 요인으로 언급된다.

청소년기의 신체 변화에 따른 심리적 의의는 다음과 같다. 첫째, 자아의식의 형성과 성인 의식을 갖게 된다. 둘째, 자기의 능력을 과신하여 무리한 일을 많이 하고 실패하면 열등감을 갖게 된다.47) 셋째, 신체 발달의 개인차로 인해 열등감을 가질 경우 사회적 적응에 곤란을 가져온다. 넷째, 신체 발달의 부조화 요인으로 정서적 불안을 느낄 수도 있다.

청소년 설교에서는 이와 같은 발달적 내용을 고려하면서, 우리의 신체를 하나님께서 허락하셨다는 사실로부터 자부심과 감사를 갖도록, 하나님께서 주신 신체를 흡연이나 음주로 해치지 않도록, 청지기적인 의미에서 하나님께서 주신 몸을 잘 관리하도록 그리고 다른 사

---

46) Coleman and Hendry, *The Nature of Adolescence*, 33.

47) 그러나 자아존중감이 낮은 청소년은 성취의 결과를 환경이나 우연의 탓으로 돌리며, 실패는 자신의 능력 부족으로 돌리기도 한다. C. S. Dweck and E. S. Elliot, "Achievement motivation", *Socialization, Personality, and Social Development*, E. Mavis Hetherington, ed., *Handbook of Child Psychology: Formerly Carmichael's Manual of Child Psychology*, Paul H. Mussen, ed.,(New York: Wiley, 1984), 643 – 91.

람의 신체 역시 하나님으로부터 온 것이라는 사실을 인정하고 귀하게 여기도록 하는 내용을 전할 수 있을 것이다.

청소년의 성은 성과 관련된 행동과 성문제로 나눌 수 있다. 성과 관련된 행동에는 이성교제, 처음 성관계, 자위행위, 동성애 등이 있다. 청소년의 대표적인 성문제는 미혼모, 성비행, 성폭행, 청소년매춘 등이다.[48) 청소년 성문제의 원인은 크게 개인적 원인과 사회적 원인으로 나눌 수 있다. 개인적 원인은 순간적 충동에 대한 자제력 부족이나 욕구 발산, 보상적 행동 등 심리적 기제가 성적으로 나타나는 경우이다.[49) 사회제도적 원인으로,[50) 첫째, 체계적이고 적극적인 성교육의 부재이다. 가정, 학교 그리고 사회의 성교육은 가속화되는 성개방 풍조에 대응하고 있지 못하다. 청소년들은 인터넷, 음란잡지나 비디오 등을 통해 왜곡된 성지식을 받아들이고 있는 실정이다. 둘째, 성의식 구조의 변화이다. 성이 전통 사회의 종족 번식의 기능에서 서구사회의 개방적 성윤리를 맹종하여 쾌락의 도구가 되어 버렸다. 셋째, 남성의 성욕과 공격성을 남성적이라고 오인한 까닭이다. 우리 사회의 남성 위주 성윤리의 이중 잣대가 그것을 보여 준다.

성과 관련된 내용은 신체로서의 성으로부터 성의 다른 한편인 역할로서의 성으로 이끄는 내용이어야 한다. 성은 소중한 것이다. 성을 인간의 전인을 구성하는 것으로 이해할 때, 인격적이 되며 존중해야 할 것이 된다. 또한 성은 평등한 것으로 이해되어야 한다. 하나의 성으로 족했다면 이성은 필요 없었을 것이다. 그리고 남성과 여성은

---

48) 이영숙. "성문제", 274 - 80.
49) 전광문. "청소년의 성문제 실태와 대책", 「청소년」38(서울청소년지도육성회, 1987. 6), 76 - 77.
50) 이영숙. "성문제", 280 - 83.

파트너로서 평등하다. 또한 성은 아름다운 것이다. 아름다운 것은 쾌락으로서의 성이 아니라 인격적 관계가 전제된 사랑으로서의 성이다.

인간 내면에는 공격성이 숨어 있다. 공격성의 원인은 선천적이라는 입장(Sigmund Freud), 좌절의 결과라는 사회적 입장, 공격성은 강화되어 학습된다는 교육적인 입장 등이 있다.[51] 공격성의 감소를 위해서는 공격에너지를 발산시켜 정화효과를 노린다거나, 처벌을 하거나, 사과를 통해 공격충동을 해소하는 방안이 있으나,[52] 일시적일 뿐 인간 안의 근원적인 공격성을 제거할 수는 없다. 공격성은 억제해서 극복되는 것이 아니다. 오히려 그것을 자유롭게 표현하여 자신의 내부에 존재하는 공격성을 발견하고, 그것을 타인과의 관계에서 건설적이고 창의적으로 해소할 수 있는 방안을 모색하도록 해야 한다.[53]

폭력은 평화에 의해 극복되어야 한다. 기독교공동체의 평화를 위한 노력은 비평화의 현실에 대한 날카로운 비평적 인식, 평화로운 세계에 대한 비전을 바라며 평화를 꿈꾸는 경험, 평화를 위해 일하도록 도전하는 내용으로 구성되어야 한다.

청소년들은 우정, 사랑, 자유 그리고 정직에 가치를 둔다. 그리고 관계와 음악이 매우 중요하다.[54] 청소년 시기는 일생에서 가장 동조성이 높고 또래의 영향을 많이 받는 때이다. 또래관계 속에서는 우선 우정관계 형성과 유지가 중요하다. 특히 이때 자기노출, 자존심의 증가와 감소 등이 우정관계 형성의 결정적인 변인이 되며, 물과 같이

---

51) 김현택 외, 『심리학: 인간의 이해』(서울: 학지사, 1996), 376－37.

52) 김현택 외, 『심리학』, 377.

53) 정웅섭, "교회의 평화교육", 김성재 편, 『평화교육과 민중교육』(서울: 풀빛, 1990), 155.

54) Joseph D. Ban, "Adolescents in Canadian Culture: Religious Development", *Religious Education* 81:2(Spring 1986), 225－38.

담담하고 온건한 자세로 친구관계를 맺는 것이 그 어느 다른 방법보다 더 효과적이고 바람직하다. 우정은 유아기의 애착관계(attachment)와 아동기의 단짝친구관계(chumship) 등에서 출발한다. 청소년기의 우정은 세 단계로 나눌 수 있다. 초기(11～13세)에는 활동에 중심을 두고 친구관계가 형성된다. 중기(14～16세)에는 안정－충실성에 바탕을 두고 신뢰성이 중심이 된다. 후기(17세 이상)에는 성격과 흥미가 요소가 된다.

최근 서울 YMCA청소년 상담실의 서울 시내 거주 남녀 중고생 1,661명을 대상으로 한 조사를 보면 살아가는 목표로 '모든 속박에서 벗어나 자유롭게 사는 것'(40.1%)을 제일로 꼽았다. 일반적으로 청소년기의 자유를 부모로부터의 독립으로 생각한다. 그래서 부모에게 작별을 고하고 집을 떠나는 것으로 생각하기도 한다. 그러나 진정한 독립은 내적인 것이다. 따라서 청소년의 독립은 가정 안에서 일상적인 결정을 할 수 있는 자유, 새로운 관계를 갖는 감정적인 자유, 교육적·정치적 신념의 자유, 미래 직업 선택에서 스스로에 대한 책임감을 갖는 개인적 자유이다.55) 우리 그리스도인들은 근본적으로 인간을 억압하고 있는 죄와 죽음으로부터 해방된 자유로운 자들이다. 그럼에도 불구하고 우리는 현실적으로는 여전히 부자유를 느낀다. 자유는 예수님으로부터 온다(눅 13:10－17). 예수님께서 이 세상에 오신 것은 바로 우리를 자유롭게 하시기 위함이기 때문이다.

청소년의 가장 중요한 발달과업은 정체감 형성이다.56) 자아정체감

---

55) Coleman and Hendry, *The Nature of Adolescence*, 102.
56) '자아정체감'(self－identity)은 에릭 에이치 에릭슨(Erik H. Erikson)이 처음 사용한 말이다. 에릭슨은 인간의 심리사회단계를 심리적 또는 내면적 힘(심리)과 양육이나 교육적 기회와 같은 사회적 또는 외면적 요소들(사회)과의 상호 영향에 의해 형성된다고 보는 인성을 여덟 단

의 측면들에는 독립을 추구하는 행동, 자신에 대한 통제의 역부족으로 획득한 독립의 상실에 대한 불안, 문제의 여러 측면들을 볼 수 있도록 하는 추상적 능력을 갖는 지적 발달 또는 교사의 판단에 의한 인정으로부터 동료들에 의한 학교에서의 지위 부여, 급격한 신체적·생리적 변화로 인한 외모, 이성, 성인들과 사회의 여러 문제들에 둘러싸여 압력을 받고 있는 상태에서의 행복감 그리고 개인의 필요성 자각에서 결정한 과업의 성취 여부가 주는 만족감 등이다.[57] 자아정체감에는 성취의 수준(types, statuses)이 있다. 제임스 이 마르시아(James E. Marcia)는 에릭 에이치 에릭슨(Erik H. Erikson)이 자아정체감의 형성기를 직업적 또는 이념적 관여가 발달하는 시기라고 본 데에 근거하여, 직업 선택, 종교 및 정치 이념에 대한 관여와 위기 경험 여부에 대한 조사를 통해 자아정체감 성취 수준을 조사하였다. 대학생을 대상으로 한 것이기는 하지만 정체감 성취의 수준을 네 수준으로 구분하고 있다.[58] 첫째, 정체감 확산(identity diffused) 상태이다. 이에 속하는 사람은 직업계획이나 이념적인 세계관에 대해 강한 위임(commitment)을 하지 않거나, 쉽게 중단해 버린다. 둘째, 정체감의 조기성숙(identity foreclosed) 상태이다. 정체감 위기를

---

계로 제시하고 있는데, 자아정체감은 청소년기의 내용이다. 에릭슨의 인생주기에 대한 내용들은 다음의 책들에 나타나 있다. Erik H. Erikson, *Identity: Youth and Crisis*(New York: Norton, 1968); *Identity and the Life Cycle*(New York: Norton, 1980); *The Life Cycle Completed*(New York: Norton, 1982).

57) Donald W. Felker, *Building Positive Self-Concepts*, 김기정 역, 『긍정적 자아 개념의 형성』(서울: 문음사, 1987), 156-64; D. J. Stanwyck and Donald W. Felker, *Measuring the Self-Concept: A Factor Analytic Study*, A Paper Presented at the Annual Meeting of the National Council on Measurement in Education(New York, 1972).

58) James E. Marcia, "Development and validation of ego identity status", *Journal of Personality and Social Psychology* 3(1966), 551-58.

겪지 않은 채 바로 부모나 기타 권위에 의해 주어진 대상의 가치관을 선택의 여지없이 그대로 받아들여 거기에 동조하고 있는 상태이다. 셋째, 정체감 유예(identity moratorium) 상태이다. 여러 가지 대상에 적극적인 위임을 보이나 위임의 안정성과 만족이 결핍되어 있으며 대개는 위기를 경험하고 있다. 마지막으로, 정체감 성취(identity achieved) 상태이다. 이 수준은 이미 위기를 경험하고 이념 세계와 사회적 역할에 비교적 강한 위임을 보이는 상태이다. 자아정체감을 정립하기 위해서는 소속감, 능력감, 가치감을 발달시켜야 한다.59) 또한 자기 객관화, 자기 수용, 희망의 구현과 이상 실현의 경험적 실험의 필요성, 실행의 지혜와 용기, 참고 및 조언이 필요하다.60)

## 3) 방법

우리는 위에서 정보사회의 청소년을 기독교공동체로 형성시키는 데 적절하다고 생각되는 설교의 내용들에 대해 살펴보았다. 여기서는 그 내용들을 어떻게 가장 효과적으로 전달할 수 있느냐에 대해 생각해 보도록 한다. 그런데 설교의 내용 차원에서 생각할 때, 지금까지의 누적된 설교 연구에서 다양한 내용에 따른 각각의 방법을 탐색해 낼 수는 없다. 여기서 방법의 논의를 위한 입장의 정리가 필요하다. 설교학에서 방법과 유사하다고 여겨지는 내용은 실제적인 방법이라고 할 수 있는 기술적인 내용 등을 제외하면 전개와 형식이다. 일반적으로 설교는 서론 - 본론 - 결론 순서로 진행된다. 그리고 일반적으로 대표적으로 사용되는 형식에는 설화체 설교(narrative preaching),

---

59) Felker, *Building Positive Self - Concepts*, 164 - 70.

60) 서봉연, "자아정체감의 형성과 발달", 한국청소년개발원 편, 『청소년심리학』(서울: 서원, 1993), 77 - 79.

이야기식 설교(storytelling preaching), 분석설교, 대화설교(dialogue preaching), 구속사적 설교, 영상형식 설교, 상관설교(then now), 인물설교, 독백설교, 일인칭 설교 등이 있다.[61] 문제는 설교 차원에서 일단 방법이 규정되어 있다면, 내용 면에서 조정이 되어야 할 것이다. 사실 구체적인 각각의 내용에 대한 설교의 방법은 존재할 수 없다. 그래서 여기서는 위에서 언급한 설교 내용들의 공통점을 찾아, 그것을 지·정·의라는 전인으로 요약해서 그에 맞는 설교 방법들을 모색해 보기로 한다.

(1) 지적 차원

제임스 더블유 파울러(James W. Fowler)는 청소년기 신앙 특성을 종합적-인습적(12세 이상), 개별적-반성적(17~18세 이상)으로 본다.[62] 신앙의 종합적-인습적 특성 중에서 종합적이라는 것은 구별되는 상이한 요소들을 모아 하나의 새로운 전체 또는 단위를 형성한다는 데서 지적인 차원과 관계가 있다. 개별적-반성적이라는 것은 신앙이 자기 자신의 것이라는 데서 개별적이며, 그가 믿는 바를 개인적으로 검토하고 비판적으로 숙고한다는 의미에서 반성적이다. 청소년은 자신의 개인적 신념, 태도 그리고 삶의 스타일에 대한 책임을 진지하게 지기 시작한다.[63] 그것은 직접적 신앙이다.

이와 같은 성격에 맞는 설교 방법에는 귀납법적 설교와 분석설교 그리고 서사설교가 있다. 귀납법적 설교는 "사람들이 일반적으로 어떤 실체를 경험하는 방식과 일치되며, 삶의 문제 해결 행동이 자연

---

61) 주승중, "설교의 다양한 형식"1, 「교육교회」(2000. 3), 37.
62) James W. Fowler, *Stages of Faith*(San Francisco: Harper and Row, 1981), 151-73.
63) Fowler, *Stages of Faith*, 174-83.

적으로 그리고 일반적으로 사용하는 방법과 일치되도록"64) 하려는 설교이다. 논리적인 면에서 전통적 설교의 연역적 방식과는 다르다. 조직적이고 논리적이어서 설교 내용이 명료하다. 제시된 주제를 따라 설교자와 청중이 함께 마치 목적지를 찾아 여행을 떠나는 것과 같은 설교이다.65) 청소년의 신앙과 정체성 탐구를 돕는 설교는 그 자체가 탐구적이어야 한다. 그러기 위해서는 생각의 내용(what to think)이 아니라 생각의 방식(how to think)을 가르쳐야 하며, 믿어야 할 내용(what to believe)이 아니라 직접적 신앙을 가능케 하는 것(what to enable)을 말해야 한다.66) 이를 위해서 벤저민 에스 블룸(Benjamin S. Bloom) 등에 의해 개발된 교육목표분류학67) 사고의 6가지 수준을 응용할 수 있을 것이다. 다음의 표는 다양한 사고 수준에서의 질문의 예를 나타낸다. 이것들은 소위 '대화설교'68)에서 사용되는 질문의 성격으로 사용될 수 있을 것이다.

---

64) Fred Craddock, *As One Without Authority*(Nashville: Abingdon Press, 1971), 66.

65) 주승중, "설교의 다양한 형식5: 귀납법적인 설교", 「교육교회」(2000. 7~8), 30-31.

66) Harley Atkinson, *Ministry with Youth in Crisis*(Birmingham, AL: Religious Education Press, 1997), 50.

67) Benjamin S. Bloom et al., *Taxonomy of Educational Objectives. Handbook 1: Cognitive Domain*(New York: David McKay, 1965).

68) 이에 대해서는, William D. Thompson and Gordon C. Bennett, *Dialogue Preaching: The Shared Sermon*(Valley Forge: The Judson Press, 1969); George W. Swank, *Dialogic Style in Preaching*(Valley Forge: The Judson Press, 1981)을 참조.

| 수준 | 기술형태 | 예제/예문 |
|---|---|---|
| 지식 | 기억하기<br>상기하기<br>인식하기 | 지난주에 내준 신앙의 정의 외우기 |
| 이해 | 이해하기<br>설명하기 | 신앙을 당신 자신의 말로 설명해 보겠습니까?<br>"예수님께서……."라고 말씀하신 것은 무슨 의미라고 생각합니까? |
| 적용 | 실행하기<br>해결하기 | 예수님께서 "네 원수를 사랑하라"고 하신 말씀을 학교에서 어떻게 적용할 수 있습니까? |
| 분석 | 확인하기<br>결론짓기 | "돈이 일만 악의 뿌리"라는 것을 증명할 수 있는 어떤 증거를 댈 수 있습니까? |
| 종합 | 산출하기<br>예측하기 | ……에 관한 당신의 생각, 느낌 그리고 가치들을 나타내는 그림을 콜라쥬(collage)로 표현해 보시오.<br>만약에 ……하다면 그것이 어떨 것 같습니까? |
| 평가 | 판단하기 | 더 나은 ……은 어느 것인가?<br>왜 ……을 선호하는가? |

　분석설교는 본론이 주제에 대한 정의(What), 주제가 필요한 이유(Why) 그리고 주제의 실천 방안(How)으로 구성되며 이성과 논리적이라는 특성이 있다.

　설화체 설교(Narrative preaching)는 성경의 이야기를 반복하는 이야기식 설교와 다르다. 설화체 설교는 이야기가 전혀 들어 있지 않을 수도 있다. 다만 그 구성이 이야기식이기 때문에 그렇게 불릴 뿐이다. 즉 설화체 설교는 하나의 구성(plot)이다. 일반적으로 구성은 모순되는 문제를 제시함으로 평형을 깨뜨리는 단계(Upsetting the equilibrium) - 모순되는 점과 불일치를 분석하는 단계(Analysing the discrepancy) - 문제해결을 위해 실마리를 제시하는 단계(Disclosing the clue to resolution) - 복음을 경험하는 단계(Experiencing the Gospel) - 결과를 기대하는 단계(Anticipating the consequence)로 되어 있다.[69]

청소년 설교자는 청소년들이 자신의 신앙에 대해 의심을 갖는 것이 잘못된 것이 아님을 상기시켜 주고,[70] 신학적이고 삶 연관적 문제들에 대해 지적으로 씨름하도록 격려해야 한다. 이를 위해 알맞은 성서의 문학 형태는 신약의 서신서 등이 될 것이다.

(2) 정서적 차원

파울러는 청소년기 신앙의 특성을 종합적 – 인습적(12세 이상), 개별적 – 반성적(17~18세 이상)으로 본다.[71] 신앙의 종합적 – 인습적 특성 중에서 인습적이라는 것은 개인의 신념이 중요한 타인들, 즉 가족, 또래, 목회자 같은 이들과 일치하고, 그들에 의해 형성되며, 그들과 협력한다는 사실에서, 지적인 차원과 관계가 있다. 존 에이치 웨스터호프 3세(John H. Westerhoff Ⅲ)는 이런 타입의 신앙을 강한 소속감과 중요한 사람과의 상호작용을 특징으로 하는 '귀속적'(affiliative) 성격의 신앙이라고 부른다.[72] 이 발달 단계의 청소년 신앙은 간접적이다.

청소년의 정서적 차원에 어울리는 설교의 형식은 일인칭 설교, 상담설교 등이 있다. 일인칭 설교는 설교자가 하나님의 말씀을 가리고 자신이 설교의 주인공이 될 수 있다는 개연성 때문에 금기시되어 왔다. 그러나 설교자 자신의 삶이 성경 말씀 속에 녹아 진솔하게 전달될 때, 청중에게 미치는 감동은 그 어떤 설교보다 클 수 있다는 면에서 선호된다.[73] 오늘날의 설교는 회중들의 지적인 차원의 면만을

---

69) Eugene L. Lowry, *The Homiletical Plot: The Sermon as Narrative Form*, 이연길 역, 『이야기식 설교 구성』(서울: 한국장로교출판사, 1996).

70) Os Guinness, *In Two Minds*(Downers Grove, IL: Inter Varsity, 1976), 27.

71) Fowler, *Stages of Faith*, 151 – 73.

72) Westerhoff, *Will Our Children Have Faith*, 94.

만족시켜 주는 선적인(linear) 전달만이 아니라, 회중들의 감성과 의지에까지 호소하는 전인적인 전달을 기대하고 있다. 이를테면, "당신의 아픔을 저도 느낍니다." 하는 식으로 말하는 설교자를 찾고 있다는 말이다.74) 일인칭 설교에서 사용되는 자기 이야기의 형태에는 보통 네 가지가 있다.75) 예화로서의 자기 이야기, 회상으로서의 자기 이야기, 고백으로서의 자기 이야기, 자서전적인 자기 이야기이다.

상담설교는 상담의 기술을 사용하여 의심 · 염려 · 불안 · 실패 · 좌절 · 외로움 · 우울 · 문제 · 갈등 · 위기 등 문제를 극복하도록 돕는 설교이다. 상담설교에서는 먼저 내담자가 어떤 형편에 처하여 있는지(where they are)를 알아보고, 다음에 현재 형편에서 어디로 나아가야 할지 그 목표(where to go)를 정하고, 그 목표에 도달할 구체적인 방법(how to go)을 찾아낸 후에, 마침내 그 해결 방법을 실제의 문제상황에 적용하도록 격려한다(encourage to apply).76) 정서적 차원의 설교에 적절한 성서의 문학 양식은 성문서, 특히 시편이 적절할 것이다.

(3) 의지적 차원

진정한 신앙은 단순히 아는 것이나 느끼는 것 이상이다. 페리 다운즈(Perry Downs)가 말했듯이 신앙의 '면류관 차원'은 의지적인 것이다.77) 자신이 믿고(지적) 가치 있다고(정서적) 생각하는 삶의 스타

---

73) 계지영, 『현대설교학 개론』(서울: 한국장로교출판사, 1998), 227 – 28.

74) 조지 바나, "새로운 세대를 향한 설교 방법", 『그 말씀』(1998. 6), 51.

75) Richard L. Thulin, *The "I" of the Sermon*(Minneapolis: Fortress Press, 1989), 18 – 28.

76) 김만풍, 『상담설교』(서울: 크리스챤서적, 1995). 또는 Donald Capps, *Pastoral Counseling and Preaching*, 전요섭 역, 『목회상담과 설교』(서울: 솔로몬, 1996).

77) Perry G. Downs, "Faith Shaping: Bringing Youth to Spiritual Maturity", Warren S.

일을 따르며 사는 것은 의지의 선택이다. 청소년들에게 하나님이 기뻐하시는 삶의 스타일을 선택할 수 있는 기회를 주고, 자신의 선택을 검토할 수 있는 기회를 제공해야 한다.

청소년에게 의미 있는 일을 할 수 있는 동기나 다짐을 하게 할 수 있는 설교에 전기설교(biographical preaching)가 있다. 전기설교는 교육적인 가치를 지닌다. 이것은 다른 말로 하면, 모범의 가치를 지니고 있다는 말이다. 사람들에게는 누구나 경건하고 훌륭한 사람을 닮고자 하는 바람이 있다. 전기설교는 오늘의 회중들이 성경의 인물들과 자신들을 동일시하게 되는 가치가 있다.[78]

토마스 에이치 그룹(Thomas H. Groome)의 나눔의 접근(shared praxis approach)은 의지적 차원의 설교에 응용될 수 있다. 그는 설교를 대화적 차원에서의 나눔으로 보고, 나눔의 접근을 구체적으로 설교에 적용한다.[79] 제1무브먼트(movement)에서는 설교자에 의해 제시된 주제를 나의 문제로 느끼게 하는 단계이다. 제2무브먼트는 청중이 주제에 대한 인식을 넘어 비판적 성찰을 하는 단계이다. 제3무브먼트는 설교자가 청중의 삶의 자리를 염두에 두고 본문을 해석하는 단계이다. 제4무브먼트는 설교자의 초청에 따라 청중이 본문의 의미가 그들의 삶의 정황에 의미하는 바를 생각해 보는 단계이다. 제5무브먼트는 설교자가 청중에게 프락시스적 결정과 반응을 보이도록 하는 단계이다. 이와 같은 단계를 거쳐 청중은 느낌 – 인식 – 행위

---

Benson and Mark H. Senter, eds., *The Complete Book of Youth Ministry* (Chicago: Moody, 1987), 50.

78) 주승중, "설교의 다양한 형식: 전기 설교(Biographical Preaching)1", 「교육교회」(2001. 5), 40.

79) Thomas H. Groome, *Sharing Faith: A Comprehensive Approach to Religious Education and Pastoral Ministry*(San Francisco: Harper Collins, 1991), 372 – 78.

의 차원을 거쳐 나가게 된다.

## Ⅳ. 나가는 글

이전의 사회발전 단계와는 질적으로 큰 차이를 보이는 현대 정보사회는 새로운 성격의 청소년들을 탄생시켰다. 청소년들은 정보사회의 미디어 등이 제시하는 기준에 맞추어 신체에 대한 규격화된 관점들을 갖고 있으며, 성에 대한 관념이 육체적 성 쪽으로 왜곡되어 있다. 급변하는 정보사회의 추세를 따라가지 못하는 데서 오는 불안감, 정보적 차원에서 진행되는 경쟁 등으로 인한 정서불안 등은 폭력 등으로 부정적으로 발현되고 있다. 여기에 전자게임의 폭력성이 가세하면서 구체적인 폭력 행위로 나타나고 있다. 자기 계발, 성취 등의 명분으로 가정이 제 기능을 하지 못하게 되면서 가정이 담당했던 전통적 사회가치의 전달 통로가 단절되었다. 따라서 기존의 전통적 가치는 무시되고 냉소받아야 할 대상이 되어 버렸다. 이러한 가치의 전도는 전자미디어 등의 상업주의와 합쳐져 소비를 조장하고 물질의 가치를 정신보다 우위에 두는 현상으로 나타났다. 그래서 돈을 위해서는 어떤 짓도 서슴지 않는 맘모니즘의 노예가 되었다. 한편, 정보사회가 창출한 사이버공간은 인간이 자기 정체성에 혼란을 일으킬 가능성이 있다. 사이버공간에서 제2의 자아인 사이버에고를 형성해 활동하다 보면 두 개의 자아 사이에서 혼란을 일으키게 될 수 있다.

정보사회가 초래한 이와 같은 청소년에 대한 특성들은 기독교신앙공동체와 본질적으로 배치된다. 따라서 이들 청소년들에 대한 교육을 통해 기독교공동체는 정보사회가 확신시키려는 내용과는 대조적인 인간의 전인성, 평화, 기독교적 가치관, 하나님 자녀로서의 신앙 등 정신과 전통을 지켜 나가야 한다.

정보사회의 찰나주의적 생활방식에 익숙한 청소년들에게 적절한 교육방식은 설교이다. 성경공부를 하는 교육과 예배를 양분화하는 현실에서 설교 안에서 교육과 예배를 통합시킬 수 있다.

청소년의 전인적 성장을 위한 설교는 지적인 차원에서는 귀납법적 설교와 분석설교 그리고 서사설교 등을 이용할 수 있고, 정서적 차원에는 일인칭 설교, 상담설교 등이 있다. 그리고 의지적 차원에서는 전기 설교와 그룹의 나눔의 교육을 설교에 이용할 수 있을 것이다.

정보사회에서의 청소년 설교는 청소년에 대한 새로운 이해에 근거해야 하며, 청소년에게 적절한 주제들에 대한 하나님의 말씀으로 전해야 한다. 특히 아동설교와 장년설교의 중간이라는 모호한 위치에 있는 청소년 설교는 기독교공동체 형성의 중요한 교육적 형식이라는 인지하에 보다 정치하게 탐구되어야 한다.

# 기독교교육의 본성을 찾아서: 기도의 교육

## I. 들어가는 글

인간은 본능적으로 종교적이다. 그 종교심의 표출은 형식의 유무를 떠나서 일반적으로 기도라는 형태를 통해 나타난다. 기도는 흔히 생각하듯 위험으로부터의 보호나 간절한 소원의 표현에 그치지 않는다. 기도는 그 동기와 형태가 복잡할 뿐만 아니라 인간 심리에 미치는 효과도 크다. 그래서 우리가 만일 기도를 좀 더 잘 이해하게 된다면 종교 생활을 보다 더 잘 영위할 수 있게 되며, 기도가 심리에 미치는 영향을 고려하면 보다 성숙한 인간성 형성에도 도움이 될 것이다.

뿐만 아니라, 기도는 기독교교육에서 중핵적인 자리를 차지하고 있다. 현실적으로 볼 때, 기독교교육은 기도로 시작해서 기도로 끝난다고 할 수 있다. 교회의 교육 현장에서 교육과 관련된 사안들은 모두 기도의 세례를 거친다. 교육의 기획에서부터 그 실행까지 모두 기도로 시작하고 기도로 준비하고 기도하는 중에 행해지며, 계획의 성취 여부도 기도의 유무로 평가한다. 기도는 기독교교육의 실천 곳곳에 촘촘히 스며들어 있다.

그럼에도 불구하고 기도는 기독교교육에서 진지한 취급을 받지 못하고 있다. 일상적인 것이 사실은 가장 기본적이고 중요한 것임에도 불구하고 홀대받는 경우가 왕왕 있는데, 기도가 바로 그런 경우이다. 기도는 마땅히 기독교교육에서 정당한 대우를 받아야 하며 상실했던 지위는 회복되어야 한다. 이 글의 관심은 바로 기독교교육에서의 이 기도의 지위 복구이다. 이를 위해 우리는 먼저 기도가 무엇인지에 대해 살펴볼 것이다. 기도의 동기, 내용, 형태 그리고 효과 등, 기도에 대한 전반적인 내용들을 살펴봄으로써 기도가 기독교교육에 보다 의미 있게 자리 잡을 수 있는 방안 마련의 단초로 삼고자 한다. 기도에 대해서는 종교심리학적으로 이해하고자 할 것이다. 기도의 당사자는 종교성을 지닌 인간이고, 기도하는 인간의 마음은 신학 등에 의해서는 충분하게 이해될 수 없기 때문이다. 신학은 기도의 대상인 하나님에 대해 자기현현적인 하나님의 계시와 삼위일체의 하나님으로 역사하시는 하나님을 설명하지만 그 하나님께 기도하는 인간에 대해서는 죄인과 양자 등으로 단순하게 이해하고 있어서 기독교교육으로까지 이어지는 구체성이 부족하다. 성서에서 기도는 사람들이 그들의 삶 가운데서 어떻게 그분과 관계를 맺어 왔는가에 대해 진술하지만, 기도를 받고 응답하는 하나님에게 초점을 맞춤으로써 기도하는 인간의 현실에 대한 기술을 놓치고 있다.

기독교교육에서 기도는 대체로 기도 자체로 논의되어 왔으며 기독교교육과 관련짓고자 하는 논의는 불충분했다. 예컨대, 아이리스 브이 컬리(Iris V. Cully)는 영적 발달을 위한 하나의 수단으로서 침묵과 묵상훈련과 함께 기도에 대해 언급하지만 기독교교육과 연결고리를 만들지 못하고 있다.[1] 따라서 이 글에서는 기도가 기독교교육의 범주인 목적과 내용, 방법 그리고 교사와 학습자, 모두와 어떤 관련을 가질 수 있는지를 탐구할 것이다. 만일 기독교교육이 그 모든 범주 차원에서 기도와 결합할 경우 인간의 생각이 최소화된 의미에서 가장 순수한 의미의 기독교교육이 어떤 모습일지를 흐릿하게나마 볼 수 있을 것이다.2)

## Ⅱ. 기도의 이해

### 1. 기도의 내용

"기도는 우주 안에 있는 궁극적 · 인격적 실재로서의 신과의 교류, 교통 또는 대화이다."3) 그와 같은 신과의 교류는 자발적인 것이다. 만일 강제적이라면 그것은 복종이라고 할지언정 기도라고 할 수 없다. "기도는 가장 자발적이면서 가장 인격적인 종교 표현이다."4) 절대자와의 자발적인 인격적 교류는 기도하는 사람이 보다 직접적 · 즉

---

1) 침묵은 하나님께서 새로운 힘을 가지고 나타나게 하시기 위해 분주했던 일상생활로부터 잠시 벗어나기 위한 의도적 시간을 말하고, 묵상은 성경의 인물이나 어떤 개인적 의미를 지닌 영적 삶의 안내자 혹은 어떤 한 가지 성경의 사건에 대해 집중하고 그 상황 가운데 임재 하셨던 하나님을 초대하여 하나님이 자신의 인성에 어떻게 영향을 끼치고 계시는가를 느끼고 깨닫는 시간을 말한다. 기도는 하나님과의 대화로 인격적인 하나님과의 만남이며, 입술의 봉사가 아니라 마음으로 하는 예배이고 거룩하신 하나님의 선물이다. Iris V. Cully, *Education for Spiritual Growth*, 오성춘 · 이기문 · 류영모 공역, 『영적 성장을 위한 교육』(서울: 대한예수교장로회총회 교육부, 1986).

2) Monty L. Lynn, "Ora et Labora: The Practice of Prayerful Teaching", *Christian Education Journal*(Fall 2004), 44.

3) E. Glenn Hinson, "Prayer", Iris V. Cully and Kendig B. Cully, eds., *Harper's Encyclopedia of Religious Education*(San Francisco: Harper & Row, 1990), 494.

4) Friedrich Heiler, *Prayer: A Study in the History and Psychology of Religion*(New York :Oxford University Press, 1932).

각적 그리고 개인적 방식으로 종교적 경험을 하게 한다.5) 그러니까 기도는 절대자와의 인격적 교류이면서 자신에 대해서는 종교적 체험임을 알 수 있다.

세상에는 기도를 전업으로 하는 신비가, 예언자, 승려 그리고 종교적 지성인(사상가, 신학자)이 있다. 이들은 아무래도 종교인이기 때문에 기도 행위와 가까워 보인다. 그러나 기도가 그들의 전유물은 아니다. 성인 인구의 **44%**가 매일 기도한다고 한다. 그렇다고 그들이 모두 교회에 나가는 사람은 아니다.6) 즉 교회에는 나가지 않더라도 기도는 한다는 것이다. 인간에게 기도는 보편성을 띤다. 물론 기도의 빈도에 있어서는 남자보다 여자가 더 하는 것으로 나타나지만,7) 직업에 상관없이 남녀노소와 빈부귀천을 불구하고 누구에게나 공통된 종교 행위이다. 이 같은 사실에서 기도가 인간의 종교적 본성을 표현하는 중요한 행위임을 알 수 있다. 그러므로 우리는 기도가 종교적 행위를 지시하는 가장 중요한 종교적 활동의 하나임을 알 수 있다. 그렇다면 인간은 왜 그렇게 기도하는가? 즉 기도를 하는 동기는 무엇인가? 이에 대해서 살펴보자.

기도는 일반적으로 경탄 · 감탄 · 공포 · 무거운 책임 · 기쁨과 만족 · 욕구 · 유혹 · 사랑의 정황에서 하게 된다. 이것을 좀 더 자세하게 살펴보자. 기도의 이유 또는 동기에 대한 머레이 지 로쓰(Murray G. Ross)의 조사에 의하면 기도의 동기는 다음과 같다.8) ① 하나님

---

5) William W. Meissner, *Psychoanalysis and Religious Experience*(New Haven and London: Yale University Press, 1984).

6) Michael Argyle and Benjamin Beit-Hallahmi, *The Social Psychology of Religion* (London andBoston: Routledge & Kegan Paul, 1975), 3, 12.

7) Argyle and Beit-Hallahmi, *The Social Psychology of Religion*, 3.

8) Murray G. Ross, *Religious Beliefs of Youth*(New York: Association Press, 1950), 63.

이 나의 기도를 들으시고 대답하시기 때문에(32.8%), ② 곤궁과 위기에 처할 때 도움이 되기 때문에(27.2%), ③ 기도하고 나면 후련하고 기분이 상쾌해지기 때문에(18.2%), ④ 기도가 나에게 인간과 사회에 대한 의무를 상기시키기 때문에(10.7%), ⑤ 습관에 따라서(4.0%), ⑥ 선한 사람들은 다 기도를 하기 때문에(0.97%), ⑦ 기도를 하지 않으면 모험이 되기 때문에(0.58%), ⑧ 기타(5.8%) 등등이다.

이 내용에 따르면 기도의 동기는 다양하고 복잡하다고 할 수 있다. 그러나 기도의 가장 중대한 두 가지 동기는 곤궁과 위기에 처할 때 도움이 되고 하나님이 기도를 들으시고 이에 응답을 하기 때문이라는 것이다.9) 그러나 전체적으로 볼 때, 우리는 사람이 기도하는 가장 큰 이유는 필요에 대한 인간의 욕구로 볼 수 있다. 기도의 심리학에서 욕구를 무시할 수 없다. 인간의 필요가 지속적인 한 기도도 그치지 않을 것이다.10)

마이클 아길(Michael Argyle)과 벤저민 베이트 - 할라미(Benjamin Beit - Hallahmi)에 따르면, 주요한 기도 내용은 가족과 친구, 특히 아픈 사람, 보다 행복한 가족생활, 평화 그리고 위기에 처한 자신을 위해 도움을 청하는 것이다.11) 또 다른 연구에 따르면, 기도할 때 간구하는 내용은 다음과 같다. 육체적 욕구(음식, 건강, 기후 등), 보호,

---

또한 Walter H. Clark, *The Psychology of Religion: An Introduction to Religious Experience and Behavior*(New York: The Macmillan Company, 1958), 311; Paul E. Johnson, *Psychology of Religion*, 김관석 역, 『종교심리학』(서울: 대한기독교서회, 1964), 193도 참조.

9) Johnson, *Psychology of Religion*, 194.

10) Henry C. Witherington, *Psychology of Religion: A Christian Interpretation*(Grand Rapids, MI: Wm. B. Eerdmans Publishing Co., 1955), 115 - 32.

11) Argyle and Beit - Hallahmi, *The Social Psychology of Religion*, 12.

죄의 용서, 갈 길을 보여 달라고 하는 일, 맡은 일을 감당할 수 있는 힘, 겸손, 하나님의 현존에서 느끼는 안전, 앞을 내다보는 명철, 가족과 친구들을 위한 중재, 하나님의 도우심에 대한 감사, 하나님의 긍휼에의 진정, 고난을 감당하는 힘, 땅 위에서 하나님의 뜻을 위해 일하는 것, 더 나은 생활을 하며, 이전의 실수를 거듭하지 않는 일, 마음의 깨끗함, 영혼의 화평, 무엇이든지 감행하는 용기, 하나님이 저와 함께 언제나 계시다는 신앙, 인류에 대한 더 큰 확신, 생의 가치를 분별하는 능력, 이웃을 효과적으로 섬기는 능력, 교회와 그 지도자 그리고 교회 신도, 유혹을 받는 자, 하나님의 나라 그리고 국제 정세의 개선 등이다.[12] 사실 기도의 내용은 어떻고 일정하게 규정지을 수 없을 만큼 다양하고 광범위하다고 할 수 있다. 그러나 기도 내용은 기도 동기에서 보듯이 기도하는 사람의 욕구(그것이 자신의 것이든, 타인의 것이든)와 밀접하게 관련되어 있다.

그런데 특별히 중요한 욕구가 존재하는가? 인간의 인격적인 견해에 의하면 인간에게 가장 긴요한 욕구는 무엇보다도 상호 반응하는 관계를 가져 보겠다는 욕구이다. 여기에서 신적 존재와의 교류를 원하는 또 다른 기도의 큰 동기를 찾을 수 있다. 결국 인간은 필요한 욕구 때문에 그리고 신적 존재와의 연합을 추구하기 위해 기도한다는 것을 알 수 있다.

한편 앞에서 언급된 기도 내용들은 대부분 개인적인 것이다. 그런데 기도를 포함한 영성은 개인적인 것일 뿐만 아니라 공동체적이기도 하다.[13] 인간이 존재한다는 것은 함께 존재한다는 것이다(To be

---

12) Johnson, *Psychology of Religion*, 191.

13) Maria Harris and Gabriel Moran, *Reshaping Religious Education: Conversations on*

is to be with). 인간 존재의 위대함은 우리가 서로 형제와 자매가 될 수 있다는 데 있다. 기도는 우리가 다른 피조물과 함께 연대해 있다는, 즉 공동체성 안에서 그 의미가 완성된다. 이런 면에서 공동체성을 살리는 기도 내용은 다른 사람들과 관계된 정의와 피조 세계와 관계된 생태계 문제가 포함되어야 할 것이다.

## 2. 기도의 형태

기도에는 어떤 것들이 있는가? 기도는 여러 가지 방식으로 분류될 수 있다. 당장 기도를 외형적으로만 보더라도, 기도에는 길고 짧은 기도가 있으며, 개인적인 기도가 있으며, 공적인 기도가 있다. 그리고 열심히 하는 기도가 있고 성의 없이 하는 기도가 있다. 진지한 기도가 있으며 형식적인 기도가 있다. 이 같은 기도에 대해, 여기서는 기도의 형태를 목적과 심리적 성격 그리고 개인의 성격에 따라 분류한다. 첫째, 목적에 따른 분류이다. 헨리 시 위더링턴(Henry C. Witherington)은 기도를 그 목적에 따라 다음과 같이 분류한다.[14] ① 절망의 외침: 급박한 상황에서의 기도이다. ② 개인적 간구: 개인적 도움이나 보호를 바라는 기도이다. ③ 중보의 기도: 병든 자, 슬픔에 빠진 자, 불신자, 가족, 권세를 가진 자 등을 위한 기도이다. ④ 헌신 또는 성별의 기도: 소위 서원 기도이다. ⑤ 감사의 기도: 하나님께서 베풀어 주신 은혜나 감사하다고 여겨질 때 드리는 기도이다. ⑥ 묵상 또는 친교의 기도: 하나님과의 연합을 목적으로 기도의 대

---

*Contemporary Practice*(Louisville, KY: Westminster John Knox Press, 1998), 109 - 110.

14) Witherington, *Psychology of Religion*, 115 - 32.

상 자체를 추구하는 기도이다. ⑦ 예방적 기도: 예상되는 위험에 대한 하나님의 섭리적 돌보심을 구하는 기도이다. ⑧ 능력 시위의 기도: 하나님의 임재와 능력의 특별한 현시를 구하는 기도이다. ⑨ 공적 기도: 예배나 집회, 모임에서의 기도이다. ⑩ 모범적 기도: 예를 들어, 주기도 같은 기도이다.

둘째, 심리적 성격에 따른 분류이다. 제임스 비 프래트(James B. Pratt)에 따르면, 종교에는 주관적인 면과 객관적인 면이 있다. 주관적 종교가 사람의 심리와 반응에 초점을 맞추는 반면에, 객관적 종교는 하나님 의식과 반응을 향한다.[15] 기도를 엄정하게 주관적 형태와 객관적 형태로 분류할 수 있는 것은 아니다. 다만 그 성격의 비중에 따라 그렇게 할 수 있을 뿐이다. 주관적 형태의 기도 중 첫 번째는 간구의 기도이다. 이것은 기도하는 사람의 필요를 아뢰는 기도이다. 둘째, 교류의 기도이다. 이것은 하나님을 알고 그와의 사귐을 추구하는 기도이다. 이것과 긴밀하게 연관된 기도 형태는 명상 기도이다. 이 기도는 주관적인 교류 경험을 포함할 수 있지만, 주로 어떤 문제나 경건한 생각에 초점을 맞추면서 개인의 내적 사고에 관심을 갖는다. 고백 기도가 있다. 의식적·형식적인 경우가 아니라면, 이런 종류의 기도는 감당 못 할 죄의식으로부터 터져 나올 수 있다. 또 다른 주관적 형태의 기도는 헌신의 기도이다. 이 기도는 기도자가 자신을 신을 위한 봉사에 바치는 것이다. 그때 기도는 기도자의 삶에 영향을 미친다. 특별한 성격이긴 하지만 주관적 형태라고 할 수 있는 두 가지의 기도는 중보 기도와 교육적 기도이다. 전자는 간구 기도의 변형이다. 그 목적은 자신의 유익을 위해서가 아니라 다른

---

15) James B. Pratt, *The Religious Consciousness*(New York: The Macmillan Co., 1920).

사람을 위해 하는 것이다. 후자는 타인을 위한 것이라는 데서 중보 기도처럼 객관적이지만, 유익이 하나님보다는 사람에게 생긴다는 점에서 주관적이다. 교육적 기도는 항상 공적이거나 반은 공적이고 가르침을 주기 위해 계획된 기도이다.

주관적 형태의 기도와 대조되는 객관적인 형태의 기도가 있다. 이 중 첫 번째는 경배와 찬양의 기도이다. 이런 형태의 기도는 창조자의 위대함에 대한 느낌으로부터 그리고 그가 만든 놀라운 것들에 대한 경이와 경외감에서 비롯된다. 경배와 찬양의 기도와 긴밀한 관계가 있는 기도는 감사의 기도이다. 이 기도는 받은 축복에 대해 하나님의 탓으로 돌리는 기도이다.[16]

기도 형태의 세 번째는 종교성에 따른 분류이다. 월터 에이치 클라크(Walter H. Clark)는 종교인을 네 가지 유형으로 분류한다. 그들은 신비가, 종교적 지성인, 선지자 그리고 제사장이다. 신비가는 하나님의 임재를 계발하여 마침내 그와 하나가 되려고 한다. 그러므로 그의 기도는 이 같은 노력들을 포함한다. 종교적 지성인의 기도는 지성적 또는 철학적 기도이다. 그것은 윤리적 이상에서 나온 생각이 차지하고 그것에 관심을 갖는다. 선지자적 기도는 지적 기도처럼 윤리와 도덕적 선에 대해 관심을 두지만, 그 범위에 있어서 개인적인 것을 넘어선다. 제사장적 기도는 앞의 세 가지 기도 성격을 모두 포함한다. 그러나 실제와 형태에서 반복적인 성격을 지닌 의식적 기도라 할 수 있다. 이 같은 기도들은 보통 사람들의 기도와는 성격이 다르다.[17]

---

16) Clark, *The Psychology of Religion*, 312 - 17.
17) Clark, *The Psychology of Religion*, 317 - 22.

이상에서 우리는 기도 유형들을 살펴보았다. 이 기도 유형들은 기도가 향하는 방향 면에서, 크게 나를 위한 기도와 타자를 위한 기도로 나눌 수 있을 것이다. 나를 위한 기도는, 나의 요구를 만족시키기 위해서 신에게 나의 요구를 들어 달라는 기도이다.[18] 타자를 위한 기도는 '당신'에게 전적으로 나를 바치는 것을 말하며, 그와의 생명적인 만남을 통해서 생의 전체 의의를 더 강렬하게 한다. 내가 충족되는 것은 자기 추구에 의해서가 아니라, 타자에 대한 추구를 통해서 그리고 타자로부터의 포촉이 아니라 타자에 대한 자기 봉헌으로 말미암아서만 가능하게 된다.[19] 이 같은 기도는 순수한 관심을 의식적으로 경험하는 것이며 또한 '당신'과 진실한 사귐을 가지려는 시도이다. 이럴 경우 기도는 '말로나 무언중에 하는 갈망' 이상의 것이 되며, 울음이나 대화 이상의 것이 된다.[20] 여기서 우리는 또 다른 기도의 형태인 언어적 기도와 무언의 기도 형태를 발견할 수 있다.

이와 같은 기도들은 일정한 단계들을 갖고 있다. 종교에는 공통적으로 일반적인 기도의 단계가 있다. 폴 이 존슨(Paul E. Johnson)에 의하면,[21] 그것은 각성, 정화, 명상 그리고 융합이다. 각성은 종교적 상봉의 첫 단계이다. 이것은 삶에 대한 불만으로부터 온다. 말하자면 내적인 불안과 모순, 자아가 개선되고자 하는 갈망, 이상적인 생활을 꿈꾸는 데서 비롯된다. 정화는 체념과 주기의 소극적인 길을 말한다. 인간의 자연적 생활은 육체적 갈망, 물질적 가치 그리고 그릇된 자기중심적 세계로 말미암아 왜곡된다. 이것이 참된 실재와 조화를 이

18) Johnson, *Psychology of Religion*, 194.
19) Johnson, *Psychology of Religion*, 197.
20) Johnson, *Psychology of Religion*, 200.
21) Johnson, *Psychology of Religion*, 201 – 203.

루지 못한다고 생각할 때 체념하거나 배제함으로써 자신을 회복하려고 한다. 명상은 경건의 대상에 대한 자발적인 전념을 말한다. 신의 속성, 성구 또는 예수의 생애에서 생긴 일들에 주의를 기울이는 것 같은 행위를 말한다. 융합은 신비주의적인 단련의 최후 목표이다. 하나님과의 사귐의 극치로 하나님과 하나 되는 것이다.

## 3. 기도의 효과

기도할 때 어떤 일이 벌어지는가? 우리는 위에서 기도할 때 욕구가 충족되고 신과의 만남이 경험된다고 하였다. 그러나 구체적으로, 우리는 인생 위기와 스트레스 상황에서 기도가 큰 도움이 된다는 것을 경험으로 알 수 있다.[22] 그 같은 예로, 사무엘 에이 스투퍼 (Samuel A. Stouffer)와 그의 동료들에 의해 보고된 바에 따르면,[23] 전쟁 시 약 75%의 병사가 기도가 '크게' 도움이 된다고 응답했다. 스트레스를 잘 다루지 못하는 사람들도 기도에 의해 도움을 받는다. 사별한 사람들도 위로받기 위해 더 자주 기도하는 것으로 나타난다.[24] 이처럼 기도는 심리적으로 기도하는 사람에게 영향을 미친다.

기도의 심리적 기능은 몇 가지로 볼 수 있다. 첫째, 기도는 인간 전체에게 작용하여, 가장 고상한 인생 목표를 향하여 방향 잡게 하거나 환기시키는 역할을 한다. 이것은 기도가 인성에 작용하여 영향을 미칠 때 일어난다고 볼 수 있다. 기도자가 기도하는 가운데, 자신

---

22) Argyle and Beit-Hallahmi, *The Social Psychology of Religion*, 52.

23) Samuel A. Stouffer, *The American Soldier*, Studies in Social Psychology in World War Ⅱ(Princeton: Princeton University Press, 1949).

24) Argyle and Beit-Hallahmi, *The Social Psychology of Religion*, 54.

을 새롭게 발견하게 되고 과거의 잘못을 인정하고 새것을 향해 나갈 수 있도록, 마치 회심과 같은 사건이 일어날 수 있다. 둘째, 대부분의 기도가 의식적임에도 불구하고, 기도에는 무의식적 욕구와 참'자아'(me)가 나타나는 것 같다.25) 심리 분석가들은 환자의 기도가 꿈속에서의 흥미와 비교할 만하다는 데 관심을 갖는다.26) 셋째, 기도는 심리적 억압을 해소하는 통로가 될 수 있다. 화가에게 그림이, 음악가에게 음악이 억압을 해소하는 출구이듯이 보통 사람에게는 기도가 그들 욕구의 출구이다. 넷째, 행동주의 심리학의 입장에서 볼 때, 기도는 기도하는 일을 좌우한다. 즉 기도는 하면 할수록 더 하게 된다는 것이다.

이 같은 기도가 인간 심리에 끼치는 영향을 그 효과 면에서 살펴보자. 존슨은 그것들을 다음과 같이 말한다.27) ① 욕구와 현실에 대한 각성, ② 고백과 용서를 받았다는 감정, ③ 신뢰와 화평감, ④ 광범한 견해와 명철한 판단, ⑤ 결단과 헌신, ⑥ 감정적 에너지의 갱신, ⑦ 사회적 반응, ⑧ 기쁨, 감사, 화해, ⑨ 충성과 인내, ⑩ 인격성의 통합이다.

한편, 위더링턴은 다음과 같이 기도의 심리적 효과에 대해 말한다.28) ① 안전감: 생활의 어떤 상황을 극복할 수 없다고 느낄 때, 불안이 경험된다. 기도를 통해 아버지와 자녀 간의 관계 같은 것이 하나님과 기도하는 사람 사이에서 생긴다. ② 가치감: 존중감을 향상시킨다. ③ 소속감: 하나님과 한 가족이라는 느낌이 든다. ④ 위치 회

---

25) Clark, *The Psychology of Religion*, 323.

26) Clark, *The Psychology of Religion*, 324.

27) Johnson, *Psychology of Religion*, 210 – 11.

28) Witherington, *Psychology of Religion*, 115 – 32.

복: 어느 그룹에서의 지위 상실이 다른 그룹에서 일할 것을 찾듯이 하나님 안에서 자신의 자리를 발견하게 된다. ⑤ 걱정이나 두려움으로부터 해방: 무서운 일이 있을 때 부모 품에 뛰어드는 아이처럼 하나님에게 자신을 맡긴다. ⑥ 갱신: 하나님의 임재를 체험한 뒤에 주어지는 새로운 변화 또는 다짐이다. ⑦ 인격의 통합: 완전한 사람은 인격의 통합을 이루어 자신과 하나 된 사람이다. 하나님과의 계속적 친교에 비교할 수 없는 가치를 둔다.

기도의 효과는 무엇보다 기도하는 사람을 변화시킨다는 것이다. 특히 관계의 차원에서 그렇다. 기도는 하나님과의 관계 그리고 사람과의 관계를 변화시킬 것이다. 기도를 통해 사람은 하나님과의 만남 가운데서 변형 영역으로 들어간다.[29] 그런데 이 기도의 효과들은 사실 가장 우세하고 근본적인 욕구의 충족으로부터 생겨나는 부산물에 불과하다. 그 욕구는 나와 당신과의 만남이다.[30]

## III. 기도와 교육

### 1. 교육목적

우리는 위에서 기도 동기, 기도 내용, 기도 형태, 기도의 심리적 효과 그리고 기도 단계 등에 대해서 살펴보았다. 여기서는 그것들이 어떤 교육적 시사점을 가지는지 생각해 보자. 우선 일반적으로 기도는 그 동기가 다양할 수 있으나, 가장 근본적인 욕구는 전술한 바와

---

29) Meissner, *Psychoanalysis and Religious Experience.*
30) Johnson, *Psychology of Religion,* 214.

같이 하나님과의 만남이다. 인간은 하나님과 만나 문제가 해소되고 결핍이 충족된다. 그리고 하나님을 향하여 변화된다. 결국 인간의 기도는 하나님을 만나 변화하고자 하는 데 있다고 할 것이다. 변화 차원에서 볼 때, 기도는 기독교교육과 대단히 유사하다. 모든 교육의 목표는 현 상태보다 좀 더 나은 변화로의 추구이다. 기독교교육 역시 좀 더 나은 변화를 추구하는데, 그것은 양적이기보다 질적이고 인간적이기보다 신적이다. 변화가 인간의 의도적이고 계획적인 노력에 의하여 달성될 수 있다고 믿는 일반 교육과는 달리, 기독교교육은 변화의 최종 완성은 인간이 아닌 하나님께 달려 있다고 본다. 하나님은 변화의 동인이며 최종 완성자이다.

그런데 기독교교육은 이와 같은 사실을 진지하게 인정해 오지 않았다. 기도는 교육활동에서 형식적인 구비 조건에 지나지 않았고, 기도가 의미하는 바 그 정신은 상실되었다. 퀘이커(Quaker) 교육자인 파커 제이 팔머(Parker J. Palmer)가 말하듯 "우리는 기도를 그저 습관적으로 교육의 앞머리에 장치하는 것으로 만족할 수 없다. 대신에 사랑의 능력이 우리가 가르치는 그 지식, 우리가 그 지식을 가르치고 배우는 방법을 변화시키도록 허용되어야 한다."[31] 로버트 더블유 파즈미뇨(Robert W. Pazmiño) 역시 말한다. "교육이 사람의 생활을 변화시키려면, 의식적으로 하나님께 의지해야 한다."[32] 팔머와 파즈미뇨가 말하고자 하는 것은 기독교교육의 차별성이고 그것은 기도에 의해 성립된다는 것일 것이다. 그러므로 기독교교육에서 기도에의

---

31) Parker J. Palmer, *To Know as We are Known: A Spirituality of Education*(San Francisco: Harper & Row, 1983), 10.

32) Robert W. Pazmiño, *Principles and Practices of Christian Education: An Evangelical Perspective*(Grand Rapids, MI: Baker, 1992), 26.

의존과 계발은 핵심적인 자리를 차지해야 할 것이다.[33]

문제는 기도가 기독교교육의 목적으로 작동될 수 있느냐는 것이다. 이제까지 기독교교육에서 기도에 대한 교육은 기독교교육의 목적과 연관돼서는 거의 논의되지 않았다. 기도는 교육과정의 한 가지 내용이었을 뿐 그것을 기독교교육 자체의 목적으로 보는 시각은 희소했다. 기도를 기독교교육의 목적으로 삼는 일은 우선 그 가능성을 타진하는 일로부터 시작되어야 할 것이다. 일반 교육과 마찬가지로 기독교교육은 전인성을 목표로 하는데, 그것은 신앙으로 형상화된다.

오늘날 기독교교육에서 신앙은 일반적으로 지ㆍ정ㆍ의의 총체라는 데 합의하고 있다. 앎으로서의 신앙, 신뢰로서의 신앙, 행함으로서의 신앙은 서로 연관되어 하나의 신앙을 구성한다는 것이다. 신앙은 궁극과의 관계에서 지ㆍ정ㆍ의의 일관성 있는 조화라고 볼 수 있다. 문제는 '기도가 기독교교육의 목적으로서의 역할을 하기 위해 이러한 차원들을 가지고 있는가?'이다. 즉 '기도는 전인적인가?' 하는 문제이다.

기도는 전인적이다. 우선 기도는 지적 차원을 지니고 있다. 우리가 상대를 참으로 아는 것은 상대와 참으로 만날 때이다. 기도에서 인간은 하나님을 만나며, 하나님을 알 수 있는 기회와 가능성이 마련된다. 기도는 정적인 차원을 지니고 있다. 기도 자체가 신뢰의 행위이다. 기도를 바치는 그분이 우리가 신뢰할 대상이다. 우리는 신뢰하므로 기도한다. 신뢰 없이 기도는 없고 기도 없는 신뢰는 허위이다. 기도는 행위적인 차원을 지니고 있다. 기도는 그 자체가 하나의 노

---

33) Carnegie S. Calian, "Prayer and Higher Education", David W. Gill, ed., *Should God Get Tenure?: Essays on Religion and Higher Education*(Grand Rapids, MI: Eerdmans, 1997), 178.

동이다. 기도하는 데 체력이 소모되어서가 아니다. 기력이 소진한다는 뜻이 아니라, 기도가 일을 한다. 정적인 기도가 역사 속에서 동적인 사건으로 나타난다. 기도는 행동을 두려워하는 무력한 자의 최후의 하소연이 아니라, 할 수 있으나 하나님 안에서 최소한의 행위만을 하려는 자의 겸손이다.

그렇다면 기도 교육이 곧 기독교교육이란 말인가? 적극적인 의미에서는 "그렇다!"라고 할 수 있다. 그러나 소극적인 의미에서는 "아니다!"라고 할 수 있다. 적극적 의미에서 기도 교육이 기독교교육이라고 할 수 있는 것은 기도 교육이 기독교교육의 한 내용, 예컨대 영성교육의 일부가 아니라 기도 정신, 곧 궁극적인 존재와의 만남을 통한 인간의 변화 추구라는 뜻에서 "그렇다!"라고 할 수 있다는 것이다. 기도가 그 유치한 의미에서의 요구의 충족 수단이라는 것을 부정한다면, 기도는 어디까지나 하나님과의 만남을 통한 전인의 변화라고 할 수 있다. 기도 교육의 의미를 이렇게 볼 수 있다면 그것은 바로 기독교교육이라고 할 수 있다. 더구나 변화는 사람의 평생에 걸쳐 일어나는 과정이라고 볼 때, 기도 교육이 추구하는 것이 하나님과의 지속적인 대화를 통해 그리고 하나님을 초청함으로써 학습자, 교사, 내용 그리고 방법에 접근하는 것이라면,[34] 기도 교육은 기독교교육의 특성인 인간의 한계와 하나님 전능의 구체화, 즉 인간의 자기 주관성이 하나님 중심성으로의 회심이 일어나는 기독교교육의 전형을 보여 줄 수 있다고 보인다.[35]

---

34) Lynn, "Ora et Labora", 44.

35) Peter C. Hodgson, *God's Wisdom: Toward a Theology of Education*(Louisville, KY: Westminster John Knox Press, 1999), 48.

## 2. 교육 내용

어린이들은 어리더라도 기도할 수 있다. 어린이들은 3세가 되면, 늦어도 6세까지는 기도할 수 있다.[36] 어린이들은 10세까지는 기도하는 횟수가 증가된다.[37] 그러므로 이런 경향에 맞추어 기도의 습관을 길러 주도록 지도해야 한다. 이와 관련된 것으로 누르시아의 베네딕트(Benedict of Nursia)는 기도에 대한 두 가지 원리를 말한다.[38] 하나는 일상생활로부터 기도 시간을 따로 떼어 놓는 것이고, 다른 하나는 기도를 자주 하는 것이다. 베네딕트에 따르면 어느 것도 하나님의 일, 즉 기도보다 우선일 수 없다. 물론 베네딕트는 생활(구체적으로는 노동과 하나님의 말씀 연구)을 기도보다 경시하는 것은 아니지만, 기도 없는 생활은 온전할 수 없다고 본다. 기도 습관을 길러 주기 위한 또 하나의 방향은 잦은 기도 권면이다. 성서의 권고(시 113:3; 눅 18:1; 롬 12:12; 엡 6:18; 골 4:2; 살전 5:17; 살후 1:11; 딤후 1:3)를 따라 수도회들은 "주의 공의로운 규례를 생각하면서, 내가 하루에도 일곱 번씩 주님을 찬양합니다."(시 119:164)라는 시편 기자처럼 쉬지 말고 기도할 것을 요구했다.[39]

우리는 일반적으로 기도 동기를 인간의 필요에 대한 욕구와 하나님과의 만남을 위한 것으로 보았다. 그런데 어린이들에게는 기도 동

---

36) Argyle and Hallahmi, *The Social Psychology of Religion*, 58 – 59.

37) Ronald Goldmann, *Religious Thinking from Child to Adolescence*(New York: The Seabury Press, 1964), 179.

38) Esther de Waal, *Seeking God: The Way of St. Benedict*(Collegeville, MN: Liturgical Press, 2001), 103 – 104.

39) Korneel Vermeiren, *Praying with Benedict: Prayer in the Rule of St. Benedict* (Kalamazoo, MI: Cistercian Publications, 1999), 93.

기가 욕구 충족에 있다. 기도 내용 면에서 볼 때, 어린이들은 크게 다른 사람과 자신의 문제 그리고 질병과 신체적 위험에 대한 내용 그리고 기도문 등으로 나누어 볼 수 있다.40) 어린이들의 다른 사람을 위한 기도에는 가족과 친척, 친구, 다른 사람들 그리고 애완동물을 위한 내용이 포함된다. 자신과 관계된 기도는 감사, 용서와 고백, 착한 행동, 선물 그리고 학교와 공부에 대한 것이다.

일반적으로 기도 내용은 개인적인 것에 집중되어 있다. 앞에서도 말했듯이 기도는 공적이고 사회적인 내용으로 보완되어야 할 것이다. 특히 기도는 인간의 평생에 걸쳐 행해지는 것이기 때문에 발달에 맞춘 기도 내용들이 개발되되 사회 변화와 다른 사람들의 경험(예를 들어, 여자 · 어린이 · 가난한 이 · 장애인 등)도 반영되어야 한다.

학생들의 기도 내용은 그 발달 수준에 맞도록 지도해야 할 것이다. 추상적 사고를 할 수 없는 어린이들은 기도에 대한 응답을 마술적으로 생각한다.41) 그 응답 방식은 그렇게 생각할 수 있다고 할지라도 그렇게 하시는 분은 인격적인 하나님이라는 것을 가르칠 필요가 있다. 특히 기도문, 예를 들어 위인들의 기도문을 알려 주고 그들의 기도 내용이 무엇인지를 알아보는 것은 어린이들의 기도 생활에 도전이 될 수 있을 것이다. 또한 학생이 자신의 기도 성격을 알게 하기 위해 기도문을 작성하게 할 수 있다.

그러나 우리가 말하는 기도 교육에서 내용은 어떤 내용으로 기도해야 할 것인지가 아니다. 그 같은 내용은 일일이 다 열거하기도 어렵고 그 모든 내용을 다 가르칠 수도 없다. 또한 대부분 내용은 한

---

40) Goldmann, *Religious Thinking from Child to Adolescence*, 179 – 83.
41) Goldmann, *Religious Thinking from Child to Adolescence*, 184 – 86.

개인으로서의 대부분 사람에게 불필요할 수 있다. 기도 교육에서 가르쳐야 할 내용은 기독교교육이 목적으로 하는 통전적 신앙 형성에 기여할 수 있는 내용이어야 한다. 그것은 기도 내용들을 담는 양식(modes)과 방법들이다. 몬티 엘 린(Monty L. Lynn)에 따르면 기도 내용을 담을 수 있는 양식에는 말, 일, 타인에 대한 봉사 그리고 침묵이 있다.[42] 말을 사용하는 기도는 전통적인 기도의 담지 양식이다. 여기서 말은 발성과 사고 둘 다를 말한다. 기도자는 이 양식을 통해 하나님을 찬양하고, 하나님께 고백하고, 하나님께 탄원한다. 어린이들의 대부분은 기도를 말을 통해 하는 것으로 생각한다. 그렇다면 말의 내용뿐만 아니라 그 기도 내용을 말로 잘 표현할 수 있도록 도와주어야 할 것이다.

일 역시 기도를 담는 그릇이 된다. 우리는 기도와 일은 다르다고 생각한다. 그런 까닭에 기도는 하나의 종교적 형식이 되고 삶과 유리된다. 그리하여 기어코 종교의 영역과 세속의 영역을 구분하는 경계선을 유발하게 된다. 여기서 우리는 기도와 일이 둘이 아닌 하나임을 인식해야 한다. 여기서 말하는 일이 기도라는 것은 일 속에서 표현되는 기도를 의미한다. 그것은 끊임없는 하나님의 임재를 의식하는 가운데서 일이 하나님께 대한 제사가 되는 기도이다(골 3:23; 엡 6:5 - 9). 교회교육에서 기도에 대한 교육은 주일학교라는 교육 현장보다 더 넓은 교회라는 신앙공동체로까지 확대되어야 한다. 기도는 말에 의해서 학습되는 것이 아니다. 기도는 행위이다. 그러므로 어떻게 해야 하는지를 보여 주어야 한다. 그러기 위해서 신앙공동체보다 더 좋은 교육의 장과 통로는 없다. 학생들을 신앙공동체 안에

---

42) Lynn, "Ora et Labora", 49.

서 위치 지을 때, 그들은 신앙공동체의 구성원들을 통해 기도에 대한 도전을 받게 되며, 기도하는 그들을 닮아 갈 수 있을 것이다. 말로는 가르칠 수 없는 기도의 내용들은 이 같은 방식을 통해서만 가능하다.

타인에 대한 봉사 역시 기도이다. 이것은 타인 안에서 그리스도를 볼 줄 아는 안목의 기도이다. 타인이 바로 그리스도임을 인정하는 기도이다(마 25:40). 우리는 그 예를 캘커타(Kolkata)의 마더 테레사(Mother Teresa of Calcutta)나 가톨릭의 노동 운동가인 도로시 데이(Dorothy Day) 그리고 가톨릭의 여성 평신도운동가인 마들렌 델브렐(Madeleine Delbrel)43)에게서 찾을 수 있을 것이다.

소리 없는 침묵 역시 기도의 그릇이 될 수 있다. 서구 기독교 전통에서 기도는 말로 하는 생각의 운동으로 보기 때문에 침묵 기도는 낯설다. 그런데 기도는 말이나 생각의 문제가 아니라 마음의 문제이기도 하다. 그것은 마음의 교류인 것이다. 토마스 키팅(Thomas Keating)이 말하는 집중(관상) 기도가 그 일례이다. 이 기도의 초점은 말하는 데 있지 않고 듣는 데 있으며 주장보다는 감수에 있다. 우리는 위에서 여러 가지 기도 유형에 대하여 살펴보았다. 그런데 그것들은 대부분 하나님을 향하여 외치는 형태를 취한다. 즉 기도의 방향이 기도자로부터 하나님께로 향하고 있다는 것이다. 하나님으로부터 기도자를 향하는 방향은 무시되었다. 교회의 교육 현장에서도 전자의 기도 형태만 있지 후자의 형태는 찾아보기 힘들다. 학습자들에게 기도의 새로운 방향을 가르치는 방법은 하나님께서 말씀하시는 것을 들

---

43) Madeleine Delbrel, *We, the Ordinary People of the Streets*(Grand Rapids, MI: Eerdmans, 2000).

도록 하는 것이다. 여기서 말씀은 성서라고 할 수 있다. 사실 오늘날 하나님은 신자를 향하여 직접 말씀하시기도 하지만 성서를 통해 말씀하신다. 성서를 통해 하나님과 만나는 기도가 권장될 필요가 있다. 이 같은 기도에서는 거룩한 하나님의 말씀을 묵상이 아닌 그것 자체를 하나님을 사랑하기 위한 그리고 하나님의 임재 안에 거하기 위한 기도자의 의도로 삼게 된다.[44]

기도의 양식과 연관 지어 웨인 이 오츠(Wayne E. Oates)는 기도에서 비언어적 의사소통에 주의를 기울일 필요가 있음을 말한다. 그는 신체어, 감각 훈련, 상징, 음악, 미술, 건축, 의상까지 기도의 표현 수단으로 이용될 수 있다고 설명한다.[45] 기도는 우리가 위에서 살펴본 바와 같이 다양한 양식을 이용해서 드릴 수 있다. 그러므로 교회의 교육 현장에서 이 같은 기도의 표현 양식을 다양하게 개발할 필요가 있다.

기도 교육에서 가르쳐야 할 내용 중에는 기도 방법이 있다. 통상적인 기도 방법에는 어떤 순서를 따라 하는 방법이 있고(예를 들어, 'ACTS', adoration[경배], confession[고백], thanksgiving[감사], and supplication[간구]의 첫 자로부터 온 말), 다른 사람들의 이름을 불러 가며 그들의 필요를 드리는 기도가 있으며, 개인의 기도 계획에 따라 드리는 방법 등이 있다. 전통적인 기도 방법에 렉치오 디비나(Lectio Divina, 거룩한 독서)가 있다.[46] 이것은 성서나 그 밖의 경

---

44) Thomas Keating, *Intimacy with God*(New York: Crossroad, 1994), 68 - 69; 같은 저자의 *Open Mind, Open Heart: The Contemplative Dimension of the Gospel*(New York: Continuum, 1992)도 참조.

45) Wayne E. Oates, *The Psychology of Religion*, 『현대종교심리학』, 정태기 역(서울: 대한기독교서회, 1994), 233 - 49.

46) Michael Casey, *Sacred Reading: The Ancient Art of Lectio Divina*(Liguori, MO:

건한 문헌들(예: 시편,47) 찬송가, 문헌들)을 읽되, 본문을 단순히 읽는 것이 아니라 본문과 상호작용하고 대화하는 명상적 방식의 기도 방법이다. 기도 방법에는 기도 일기도 있다. '일기'(journal)라는 말 자체가 하나의 '여정'(journey)을 나타내기 때문에 기록을 해 나가다 보면 하나님의 역사와 사랑 등을 확인할 수 있다. 형식은 반드시 기도문뿐만 아니라, 서사, 시, 꿈, 편지, 역사, 설교, 간증 등 다양한 장르로 할 수 있다.

또 다른 유형의 기도 방법에는 주기도 암송이 있다. 초기 교회의 『디다케』(Didache)나 『열두 사도의 가르침』(Teaching of the Twelve) 등에서 보면, 하루에 세 번 주기도문 암송을 명하고 있다. 물론 급진적 종교개혁자들은 성령의 현재적 임재에 의존하는 기도를 강조해서 이와 같은 정형에 맞춘 기도에 반대했지만, 주기도문 암송은 하나님과 대화를 나누는 최고 방법이며 이단을 방어하는 좋은 방책이라고 여겨 대부분의 개신교와 영국 국교회에서 행해졌다. 단순하나 예수를 향한 항상심을 가능하게 하는 기도에 '예수 기도'(Jesus prayer)가 있다.48) "주 예수 그리스도여, 이 죄인을 불쌍히 여기소서!"라는 간결한 내용의 이 기도는 러시아의 한 영적 순례자가 어떻게 쉬지 않고 기도할 수 있는지에 대한 답을 찾아 나선 순례의 길에서 발견한 기도이다. 이 기도는 수천 번씩 반복되는데, 반복 횟수가 늘어남

---

Triumph Books, 1996); Mariano Magrassi, *Praying the Bible: An Introduction to Lectio Divina*(Collegeville, MN: Liturgical Press, 1998); M. Basil, Pennington, *Lectio Divina: Renewing the Ancient Practice of Praying the Scriptures*(New York: Crossroad/ Herder & Herder, 1998) 참조.

47) 베네딕트파(Benedictine)의 경우 일 주일에 한 번 시편 전체를 낭송한다. 일인칭을 사용하여 시편을 낭송할 경우 바로 기도가 된다.

48) *Redits d'un Pelerin Russe*, 최익철 역, 『이름 없는 순례자: 어느 러시아인의 순례 이야기』 (서울: 가톨릭출판사, 1979) 참조.

에 따라 기도는 입술로부터 혀로 그리고 마음의 기도가 된다.

### 3. 교육 방법

기도 교육 방법은 기도 방법을 말하는 것이 아니다. 기도 교육을 어떻게 시키느냐의 방법을 말하는 것이다. 방법의 기준은 앞에서 말한 기도 양식과 방법이 될 것이다. 우선 기도 교육의 방법으로는 기도에 대한 전반적인 이해를 위해 강의법이 사용될 수 있을 것이다. 앞 항목 '교육 내용'은 전체적으로 강의를 통해서 전달할 수 있을 것이다. 그 외에 강의에 포함시킬 내용들에는 기도의 역사, 성서에서 볼 수 있는 기도의 예와 이야기들이 있을 것이다.

다음으로 기도 양식인 말, 일, 다른 사람들에 대한 봉사 그리고 침묵에 적절한 교육 방법을 생각해 보자. 말의 경우, 대부분 그 내용이 간구가 되는데, 감사, 용서 등의 기도 성격을 구성하는 기본적 내용뿐만 아니라, 정의와 평화 등 내용도 포함시켜야 할 것이다. 기도자에게 누락된 부분을 확인시키기 위해 기도문을 작성하게 하고 교사가 검토해서 지도할 수 있을 것이다.

일은 기도의 또 다른 양식인데, 이 대표적인 예는 부활의 로렌스(Lawrence of the Resurrection)라고도 불리는 니콜라스 허먼(Nicholas Herman)의 경우일 것이다. 그는 일찍이 그리스도를 위하여 모든 것을 포기하고자 하는 소원으로 감동되어서, 맨발의 갈멜파(Carmelites)의 수사들 중 평신도 형제가 되었다. 그리고 그는 파리에 있는 그수도원에서 부엌에 배정되어 죽기 전까지 30년 동안 요리사 일을 하였다. 이 기간 동안 그는 우리에게 익숙한 '로렌스 형제'(Brother

Lawrence)로 불렸다. 그는 말하였다. "일하는 시간이 나에게는 기도하는 시간과 다르지 않으며, 부엌에서 같은 시간에 여러 사람이 다른 것들을 청하는 동안에 시끄러운 소리와 덜걱덜걱하는 소리 가운데, 나는 무릎을 꿇고 축복받은 성례전에 있는 듯한 깊은 평온 가운데 하나님을 모시고 있다."[49] 그는 분주한 식당의 한가운데서 거룩한 성례전에 참석하였다. 일과 기도가 일체가 되어 있는 모습을 볼 수 있다.

교회학교에서 대부분의 학습자는 학생들인데, 그들에게 일은 공부가 될 것이다. 일이 기도가 되는 것은 공부가 기도가 되어야 한다는 말인데, 이 말은 흔히 하는 '기도하며 공부하라'는 권면과는 다르다. '기도하며 공부한다'는 말에서는 기도가 공부라는 목적을 위한 수단이 된다. '공부가 기도가 된다'는 말은 이와는 의미가 다르다. 우리는 그 실마리를 칼 힐티(Carl Hilty)로부터 끌어낼 수 있을 것이다.[50] 힐티는 '나의 사명을 깨달은 날이 내 생애 최고의 날'이라고 했는데, 이 말은 공부의 경우에도 해당된다. 만일 나의 사명이 의사가 되어 오지에 가서 봉사하는 일이라면 지금 내가 공부를 하지 않는다면 그 사명에 어긋난 것이다. 공부를 이런 식으로 생각할 경우, 그것은 기도가 된다. 경쟁에서 승리하기 위한 공부가 아니라 하나님께서 부르신 소명에 응답하는 기도가 될 수 있는 것이다. 이와 같은 내용은 강의나 토론을 통해 지도할 수 있을 것이다.

또 다른 기도 양식인 다른 사람들에 대한 봉사를 위한 교육 방법

---

49) Brother Lawrence, *The Practice of the Presence of God*, 윤종석 역, 『하나님의 임재 연습』(서울: 두란노서원, 1991).

50) Karl Hilty, *Für schlaflose Nächte: von der Kraft, die aus der Stille kommt*, 송영택 역, 『잠 못 이루는 이 밤을 위하여』(서울: 휘문출판사, 1962).

에는 독서와 영화 감상 등이 있다. 독서 방법에서 읽기 자료는 전기가 적당하다. '전기' 하면 보통 위인전을 떠올리고 그것은 어린이들이나 읽는 책으로 치부하기 쉽다. 그러나 어린 시절에 읽는 전기는 실제로 하나의 도전 그 이상의 의미이기는 어렵다. 전기 내용은 어린이들의 실제 생활과 동떨어진 것들이 많으며, 그래서 낯설고 따라하기는 어렵다. 오히려 전기는 성인이 읽을 만한 읽기 자료이다. 최근 체 게바라(Che Guevara)[51]와 스콧 니어링(Scott Nearing)[52] 등의 평전이 사람들에게 읽히고 직접적으로 삶에 영향을 끼치는 것이 그 반증이다. 전기는 사실에 바탕을 둔 인물 묘사로 독자에게 내적 동기를 불러일으키는 기능을 하면서 전기의 주인공을 따르도록 하는 기능을 할 수 있다.[53] 다른 사람들에 대한 봉사를 진작시키기 위한 전기에는 앞에서 언급한 마더 테레사[54]나 데이[55] 등이 좋을 듯하다. 다른 사람들에 대한 봉사에 도전을 주기 위한 다른 방법은 영화 보기이다. 영화는 사람들의 질문, 가치 그리고 의미를 표현하는 가장 강력한 대중적 형태로 그 장면들을 통하여 사람들에게 영화가 제시하는 주제에 대해 성찰하고, 해석하고, 관중을 재형성하는 기능을 한다.[56] 예를 들어 패치 애덤스(Patch Adams, 1998)[57]와 같은 영화는

---

51) Jean Cormier, *Che Guevara*, 김미선 역, 『체 게바라 평전』(서울: 실천문학, 2000).

52) Helen Nearing, *Living The Good Life*, 류시화 역, 『조화로운 삶: 헬렌과 스코트 니어링이 버몬트 숲 속에서 산 스무 해의 기록』(서울: 보리, 2000).

53) Kendig B. Cully, "Biography", Cully and Cully, *Harper's Encyclopedia of Religious Education*, 78.

54) Malcolm Muggeridge, *Qualcosa di bello per dio*, 함세웅 역, 『인도의 마더 데레사: 하느님을 위하여 아름다운 이것을』(서울: 성 바오로 출판사, 1981).

55) James H. Forest and Jim Forest, *Love is the Measure: A Biography of Dorothy Day*, 유영난 역, 『잣대는 사랑: 도로시 데이 전기』(왜관: 분도출판사, 1991).

56) Pamela M. Legg, "Contemporary Films and Religious Exploration: An Opportunity for Religious Education, Part Ⅱ: How to Engage in Conversation with Film",

기독교 영화는 아니지만 기독교의 희생정신을 잘 드러낸 작품이라고 할 수 있다. 그 밖에 기독교교육에서 이용할 수 있는 영화들에는 다음과 같은 것들이 있다. 마음의 고향(Places In The Heart, 1984), 필라델피아(Philadelphia, 1993), 나의 사촌 비니(My Cousin Vinny, 1992), 해리가 샐리를 만났을 때(When Harry Met Sally……, 1989), 플래툰(Platoon, 1986), 산딸기(Wild Strawberries, 1957), 제7의 봉인(The Seventh Seal, 1957), 겨울빛(Winter Light, 1963), 대부(代父, The Godfather, 1972), 나자렛 예수(Jesus Of Nazareth, 1977), 간디(Gandhi, 1982), 로메로(Romero, 1989), 사랑과 영혼(Ghost, 1990), 미션(The Mission, 1986), 꿈의 구장(Field Of Dreams, 1989), 포레스트 검프(Forrest Gump, 1994), 범죄와 비행(Crimes And Misdemeanors, 1989), 바베트의 만찬(Babett's Feast, 1987), 몬트리올 예수(Jesus of Montreal, 1989) 등이다.

침묵은 또 다른 기도의 양식이다. 침묵의 양식은 학령 전에는 사용될 수 없지만 그 이상의 연령에는 여러 가지 면에서 유익을 준다. 침묵에 대한 오해가 있다. 우선 침묵은 말만 그치는 것이 아니다. 입술과 혀를 움직이지 않을 뿐만 아니라 모든 활동을 자발적으로 그만두는 것을 말한다. 멋대로 뻗어 나가는 생각의 가지도 쳐야 하고 참지 못해 움직이고자 하는 몸의 욕망도 다스려야 한다. 조바심을 내며 초조해하는 마음에게는 느긋하라고 타이르기도 해야 한다. 그리고 침묵은 개인적인 차원에 머물지 않는다. 침묵 안에서 우리는 자

---

*Religious Education* 92 : 1(Winter 1997), 131.

57) 톰 새디악(Tom Shadyac)이 감독하고 로빈 윌리엄스(Robin Williams)가 주연한 미국 영화(1998). 사람들의 정신적 상처까지 치료하는 진정한 의사의 길을 걷고자 한 한 의사의 실화를 바탕으로 한 영화로, '패치'(patch)는 '상처를 치유하다'라는 뜻이다.

신을 만나되 보다 깊은 차원에서 만나며, 무엇보다 분주함 속에서 잊혔던 우리 이웃들과 만나게 된다. 그렇기 때문에 침묵은 가장 정적이고 수동적인 무력한 행동 같지만 실은 가장 능동적이고 역동적인 행위이다. 마리아 몬테소리(Maria Montessori)를 따라 지닌 슈미트(Jeannine Schmid)가 제안하는 어린이에 대한 침묵 교육은 이렇다.

> "아이들 그룹은 약간 어두운 방에서 교사 주위에 둘러앉는다. 긴장을 천천히 풀도록 한다. 발, 무릎에서 힘을 뺀다. 머리, 입, 눈은 내리깐다. 이제 아이들은 아주 조용해졌다. 그런 다음 교사는 문가로 조용하게 가서 아이의 이름을 차례대로 가만히 부른다. 불린 아이는 발끝으로 살며시 문으로 가서 교사 옆에 잠자코 선다. 그런 다음 다시 아주 조용히 그룹의 자기 자리로 돌아간다."[58]

이 훈련에서 아이들이 교사의 부름을 받고 자기 자리로 모두 돌아가는 데에는 어느 정도 시간이 걸린다. 여기서 침묵 훈련이 참기 훈련으로 변질되어서는 안 된다. 침묵 교육의 요점은 듣는 것, 이 경우엔 자기 이름을 듣는 것이고 실제 기도에서는 하나님의 음성을 듣는 것이다.

## Ⅳ. 나가는 글

기도는 기독교교육에서 친숙하다. 모든 교육적 활동에서 기도는 한 부분을 이룬다. 그럼에도 불구하고 그 정신을 살려 이용하지 못했다. 더구나 기도가 기독교교육 자체와 어떤 관계가 있는지 탐구하

---

58) Jeannine Schmid, *Religion, Montessori, and the Home*, 박종석 역, 『가정에서의 몬테소리 기독교교육』(서울: 한국교회교육협회, 1989), 92.

는 데 게을렀다. 우리는 기도가 기독교교육의 신앙적 통전성 추구라는 본성에 부합된다는 것을 알았다. 그래서 기도 자체가 하나의 기독교교육이라고 말할 수 있게 되었다. 그런 차원에서 기도는 이제까지와는 달리 다양한 양식들을 통해 추구되어야 하며 교회에서 좀 더 강화되어야 할 교육의 영역이다.

그러므로 기독교교육은 기도의 본질을 성취하는 방향으로 나가야 한다. 인간의 가장 깊은 욕구 중의 하나는 초월자와의 만남인데, 이것은 기도에 의해 성취된다. 기독교교육은 기도와 이 지점에서 공유하게 되는데, 그것은 하나님과의 만남을 추구하는 교육이어야 한다는 것이다. 기도를 통해 하나님을 만난다는 것은 하나님에 대한 발견뿐만 아니라 자신에 대한 발견의 계기가 되어 진정한 자아를 회복하기 위한 도전을 줄 수 있다. 따라서 기도 교육은 다양한 기도 경험과 형식을 제공할 수 있어야 한다. 그것은 개인과 공동체의 필요와 성격에 따라 결정되어야 한다. 기본적인 원칙은 모방으로부터 점차 개성으로 나가는 과정에서 적절한 선택이 주어져야 할 것이다. 다양한 기도 형태는 온전한 종교 생활을 위해 모두 제자리가 있게 마련이다. 또한 기도 교육은 개인과 공동체의 다른 종교 행위와 조화와 균형을 이루어야 한다. 왜냐하면 다른 종교 행위의 형식 역시 신자의 신앙을 고양시킬 수 있는 소중한 통로가 될 수 있기 때문이다. 그러므로 기도 생활과 다른 종류의 종교 생활 표현의 창의적 긴장이 필요하다. 온전하고 차원 높은 기도는 자연적으로 습득되는 것이 아니라 부단한 훈련에 의해 이루어진다. 그렇다면 기도는 교육되어야 하는 것이다. 가정에서는 부모가 그리고 교회에서는 가정에서보다 더 차원이 높고 계획된 기도 교육과 훈련 기회가 제공되어야 한다.

# 평화의 영역과 기독교교육의 과제

## Ⅰ. 시작하는 글

평화는 인간의 가장 큰 욕구 중의 하나라고 할 수 있을 것이다. 인간은 이 세계에서 평화롭게 살기를 원한다. 자신의 마음이 평안하기를 원하고, 주위 환경이 평화롭기 원한다. 그러나 인간은 양심에 갈등을 일으키거나, 이웃과의 불화, 정치·경제·사회·문화적 상황의 압박으로 평화롭지 못하다. 평화롭기 원하지만 평화로울 수 없는 현실이 인간의 실존적 상황이다.

평화는 삶의 조건이다. 삶의 목적이 행복이라면, 평화 없는 행복은 불가능하다. 삶의 목적을 지층까지 낮추어 생존이라고 해도 마찬가지이다. 평화가 무너진 곳에서 생존은 보장되지 않는다. 평화는 생존뿐만 아니라 삶의 이상을 확보해 주는 조건이다.

교육은 종종 그 대상인 대부분의 인간이 갈등 속에 있다는 것을 망각한다. 인간 마음의 상태가 교육을 받아들일 만큼 충분히 평안을 유지하고 있을 것으로 가정하고 교육함으로써, 기대만큼의 교육의 성과를 거두지 못하고 있다. 평화는 교육 이전의 전제 조건으로서

교육 이후의 결과에 직접적으로 영향을 끼친다.

삶과 교육의 우선적 조건으로서의 평화가 최근 다시 우리의 주의를 끌고 있다. 최근 미국 뉴욕 세계무역센터에 대한 테러는 전쟁으로 발전하면서, 세계의 평화가 위협받고 있다. 더구나 유일한 초강대국으로 부상한 미국이라는 거대 자본주의 체제가 제대로 가동하기 위해서는 전쟁이 있어야 하며, 최소한 전쟁의 위험이 상존해야 한다는 주장이 있을 만큼,1) 평화는 위협받고 있다. 이제 평화에 대한 관심과 논의는 현학적인 사치가 아니다. 지금 우리 모두는 비평화의 위협을 받고 있기 때문이다.

위와 같은 문맥에서 평화에 대한 기독교교육적 접근의 방향에는 두 가지가 있을 것이다. 하나는 '기독교교육→평화'의 방향이다. 이 접근은 기독교교육이 교육의 범주적 차원에서, 다양하고 광범위한 평화에 대한 논의들을 목적과 내용과 방법의 차원에서 규모 있게 정리해 내는 것이다. 이것은 평화를 향하여 기독교교육의 조건을 요구하는 것이다. 평화에 대한 기독교교육적 접근의 다른 하나의 방향은 '평화→기독교교육'이다. 이 접근은 평화로부터 기독교교육적 의미를 도출해 내는 것이다. 이것은 평화가 기독교교육을 향하여 요구하는 내용이 될 것이다. 전자의 접근은 후자를 근거로 한다. 그러므로 후자에 대한 연구가 선행되어야 한다. 물론 기독교교육학적으로는 전자 방식의 탐구가 보다 학문적 본성에 부합한다. 그러나 그것 역시 평화에 대한 탐구 이후의 사안이다. 그러므로 이 글에서는 평화→기독교교육의 방향을 취할 것이다.

평화에 대한 연구는 단순하지 않다. 구미에서의 평화 연구는 4기

---

1) 윤응진 『기독교 평화교육론』(오산: 한신대학교출판부, 2001), 9.

로 나누어 볼 수 있다. 제1기는 소극적 평화(negative peace) 연구시기라고 할 수 있다. 1차 대전 이후부터 1950년대까지 시카고 대학과 미시간 대학을 중심으로 한 연구는 전쟁 회피에 초점을 맞춘 평화에 대해 진행되었다. 제2기는 적극적 평화(positive peace) 연구시기이다. 1960년대 요한 갈퉁(Johan Galtung)은 전쟁 회피를 목적으로 하는 소극적 평화연구를 넘어서, 인간 사이의 상호 갈등관계를 상호 협력적 관계로 변화시키기 위한 적극적 평화 연구를 주장하였다. 제3기는 구조적 폭력(Strukturelle Gewalt)에 대한 연구시기이다. 1970년대 갈퉁은 평화 연구가 비평화를 간접적으로 유발하는 구조적 폭력의 제거에 대한 연구로까지 확장되어야 한다고 했다. 제4기는 1980년대 이후로 평화실천 전략을 모색하는 시기이다.[2]

이 글에서는 평화에 대한 저간의 연구들을 영역의 측면에서 검토하고, 그로부터 기독교교육적 의미와 과제를 끌어내려고 한다. 평화영역들은 평화가 이루어져야 할 영역이다. 그러나 아직은 비평화 영역일 수 있다. 그곳은 인간 삶의 영역이며 바로 기독교교육 실천이 요구되는 자리이다. 이 글은 이 평화가 요청되는 영역에 대한 검토와 그곳에 평화가 이루어지도록 하기 위해 기독교교육이 해야 할 일이 무엇인지를 탐구한다. 우리는 이미 평화가 무엇인지에 대해 많이 알고 있다. 문제는 어떻게 그것을 성취하느냐이다.[3] 이와 같은 입장

---

2) 하영선. "현대의 평화 연구". 그리스도교철학연구소 편 『현대사회와 평화』(서울: 서광사, 1991), 193-211.

3) William B. Kennedy, "Education for a Just and Peaceful World", *Religious Education* 79:4(Fall 1984), 550. 아는 것을 행하기가 왜 그렇게 어려우냐가 문제이다. William B. Kennedy, "Pursuing Justice and Peace: A Challenge to Religious Education", *Religious Education* 78:4(Fall 1983), 467-76; Walter Jacob, "Pursuing Justice and Peace: Why is It so Difficult", *Religious Education* 78:4(Fall 1983), 487-90.

에서 이 글은 평화로부터 배우고(lernen von), 평화를 위해 행하는 (tun für) 기독교교육의 모색을 목적으로 한다.

## II. 평화 영역

우리는 평화가 무엇인가를 탐구하지 않는다. 평화의 개념은 단일하지 않다. 평화에 대한 누적적 연구의 결과, 개념의 층위는 다양한 무늬를 띠며 두텁다. 개념들은 나름대로 의미가 있으며, 그러므로 독창성이 있어 다른 개념들과 조화를 이루기 어렵다. 수많은 평화의 개념 중에서 어느 개념을 중심으로 논의를 전개시키느냐는 평화 연구에서 중요한 문제이지만 그만큼 난처한 문제이기도 하다. 따라서 우리는 그와 같은 혼란과 난처함을 피하기 위하여 다른 방도를 택하기로 한다. 그것은 평화를 그 영역을 중심으로 탐구하는 길이다. 사뭇 상이해 보이는 개념과 영역은 사실 연결되어 있다. 평화가 요청되는 영역을 말할 때 평화에 대한 뜻이 보다 선명해질 수 있을 것이기 때문이다.4)

---

4) 김성재,『분단현실과 기독교민중교육』(서울: 한국신학연구소, 1988), 316. 그럼에도 불구하고 그 여러 독특한 개념들을 몇 개의 무리로 집적한다면, 크게 일반적 · 성서적 · 기독교적 개념 세 부류로 나눌 수 있을 것이다. 첫째, 일반적 의미에서의 평화이다. 이것은 다시 네 가지로 요약할 수 있다. ① 힘에 의한 질서유지를 통한 평화가 있다. 팍스 로마나(Pax Romana)라고도 불리는 이 평화는 불평등한 구조 등의 현실을 그대로 인정하고 있다. ② 휴전 상태로서의 평화가 있다. 이것은 싸움이 끝난 것이 아니기 때문에 불안하고 불완전한 평화이다. ③ 위안으로서의 평화이다. 주로 개인 내면의 심리적 위로를 추구한다. ④ 탈속적 평화이다. 평화를 이 땅에서가 아닌 저세상에서 찾으려는 신비적인 색채가 강한 것이다. 평화 개념의 두 번째 부류는 성서의 평화이다. 성서는 구약에서의 평화를 '샬롬'으로, 신약에서는 '에이레네'로 말한다. 구약의 샬롬은 첫째, 개인 영혼의 안식과 평화를 의미한다. 둘째, 공동체에서 사람들 사이의 조화로운 관계를 말한다. 셋째, 샬롬은 하나님과의 관계에서 하나님께서 허락하시는 하나님의 선물이다. 넷째, 샬롬은 종말론적 기대를 담고 있다(민영진, "구약에서 본 샬롬", 대한예수교장로회 총회교육부 편『성숙한 교회와 평화교육』[서울: 대한예수교장로회출판국, 1988], 21 - 30).

## 1. 내적 평화 영역

우리가 평화 영역에 대해서 탐구하려고 할 때, 아무래도 가장 먼저 머리에 떠오르는 생각은 '성 프란시스의 평화를 위한 기도'이다.

주여
나를 당신의 평화의 도구로 삼으소서
미움이 있는 곳에 사랑을
잘못이 있는 곳에 용서를
의심이 있는 곳에 믿음을
절망이 있는 곳에 희망을
슬픔이 있는 곳에 기쁨을
어둠이 있는 곳에 밝음을
심게 하소서
오 천상의 스승이여
위로받기보다는 위로하고
이해받기보다는 이해하며
사랑받기보다는 사랑하게
하소서

---

신약의 '에이레네'는 첫째, 심리적으로 마음의 평안이다. 둘째, 하나님과의 화해의 상태이다. 셋째, 종말론적 구원으로서의 평화를 의미한다(Gerhard Kittel and Gerhard Friedrich, *Theological Dictionary of the New Testament*, 번역위원회, 『신약성서 신학사전』[서울: 요단출판사, 1986], 236-21). 한편, 평화는 예수 그리스도를 통해서 나타난다. 인간은 하나님께 범죄하여 평화를 상실하였다. 예수님은 몸소 평화의 제물이 되시어 다시 하나님과 세계 앞에 바른 관계 회복의 길을 열어 주셨다. 또한 성서는 우리에게 평화를 위해 일하기를 요구한다. 평화의 수립을 인간에게 위임한다(사 11:1-9; 롬 12:28; 롬 14:19; 고후 5:19). 평화 개념의 세 번째 부류는 기독교 역사적 개념이다. 그것은 다시 평화주의(Pacifism), 의로운 전쟁론(the just war) 그리고 십자군 이념(the Crusade) 세 가지로 나눌 수 있다. 평화에 대한 이 세 가지 태도는 기독교 역사와 궤를 같이하는데, 초대교회는 콘스탄틴 시대까지 평화주의적 태도를 취하였다. 그 후 콘스탄틴 치하에서 교회와 국가가 밀접하게 연결된 결과 그리고 야만인들의 침입 위협 때문에, 4~5세기 기독교는 고전적 세계관으로부터 의로운 전쟁론을 취하게 되었다. 이 의로운 전쟁의 목적은 평화의 회복과 정의의 수호에 있었다. 십자군 이념은 중세기에 발생한 것으로서 교회의 세계 지배와 결합되어 있었다(Roland H. Bainton, *Christian Attitudes toward War and Peace*, 채수일 역, 『전쟁·평화·기독교』[서울: 대한기독교출판사, 1981], 12-13).

우리는

줌으로써 받고

용서함으로써 용서받으며

죽음으로써 영생으로 태어납니다.

이 기도문은 평화의 정신, 사랑과 용서와 기쁨의 정신을 나타낸
다.5) 이 기도가 말하고 있는 증오 · 상처 · 의심 · 절망 · 슬픔 · 어둠
이 곧 평화가 요구되는 영역이라고 할 수 있다. 그런데 이 영역들은
개인의 내면적 영역으로 이해되어 왔다. 물론 이 기도문을 "하나님
께 의지하려고만 하기보다는 어떻게든 능동적으로 하나님의 평화를
위한 도구가 될 길을 찾기" 위한 기준으로 삼은 시도가 있었지만,6)
그 또한 결국에는 이 기도문의 심리적 성격의 한계를 벗어날 수 없
다. 그래서 그것들은 평화가 이루어져야 할 구체적인 영역으로 발전
되지 못하고, 개인의 내밀한 심리적 영역에 머물게 되었다. 위르겐
몰트만(Jürgen Moltmann)은 이 같은 심리적 평화가 추상적임을 비
판하면서 다음과 같이 말한다.

> "우리는 아무에게도 도움이 되지 않는 하나님의 평화에 관한 추상적 · 전통적
> 언어를 극복해야 하며, 우리가 동시에 가난과 폭력과 생의 파괴를 극복하기 위
> 해서 일하는 곳에서 구체적으로 평화에 관해 말해야 한다."7)

그래서 그는 평화가 요구되는 곳을 '악마적 영역'이라 지칭하면서

---

5) Angar Friemelt and Fritz Oser, *Den Frieden Lernen: Christentum und Wissenschaft auf der Suche nach Frieden*, 김종민 편역, 『평화추구』(왜관: 분도출판사, 1987), 230.

6) Alan Paton, *Instrument of Thy Peace*, 이홍근 역, 『평화의 도구』(왜관: 분도출판사, 1980), 6.

7) Jürgen Moltmann, *Das Experiment Hoffnung und Politik*, 전경연 역, 『희망의 실험과 정치』(서울: 종로서적, 1985), 136.

구체적으로 다음과 같이 제시한다.[8]

    1) 빈곤과 착취의 영역
    2) 폭력과 압제의 영역
    3) 인종차별과 문화적 소외의 영역
    4) 산업발전에 의한 자연 파괴의 영역

위와 같은 평화를 해치는 악마적 영역은 교육적으로 수용하기에 불충분한 내용이다. 특히 아동 교육에 있어서 그렇다. 몰트만의 영역은 성인에게 적절한 영역이다.

평화 영역에 대한 또 다른 구체적인 언급이 있다. 권용은 등은 평화교육 영역을 우리나라 현실을 고려하여, 전쟁과 평화에 관한 교육, 환경교육, 통일에 대비한 교육으로 본다.[9] 그러나 이 관점은 평화교육 영역 범주에 들어올 수 있는 다른 중요한 여러 영역들을 배척한다. 따라서 우리는 이제까지의 평화에 관한 연구들을 종합적으로 반영하면서도 교육적으로 활용가능한 평화 영역을 찾아야 한다.

## 2. 현실적 영역

최근 평화연구의 대가인 갈퉁은 평화에 대한 다양한 이해들에 기초한 모든 평화 연구를 종합하여 정리하고 있다.[10] 갈퉁은 몰트만과

---

8) Moltmann, *Das Experiment Hoffnung und Politik*, 140.

9) 권용은 · 민병기, "평화교육의 이론과 실천에 대한 고찰", 「인하교육학연구」 창간호(인하대학교 교육학연구회, 1988), 63 – 66.

10) Johan Galtung, *Peace by Peaceful Means*, 이재봉 외 역, 「평화적 수단에 의한 평화」 (서울: 들녘, 2000). "이 책은 거의 50년에 걸쳐 평화연구에 종사해 온 저자가 그동안 각 방면에 걸쳐 개척한 다양한 평화연구의 방법에 대해 포괄적인 종합을 꾀한 연구 결과물이다." 서동만, "평화적 수단에 의한 평화", 103. 「21세기를 움직일 화제의 명저 100선」. ≪신동아≫ 2002 · 신년호(서울: 동아일보사, 2001) 별책 부록.

유사하게 평화가 이루어져야 할 영역에 부정적으로 접근한다. 그는 평화를 폭력 차원에서 검토하는데, 직접적 폭력, 구조적 폭력, 문화적 폭력 등 세 가지 종류의 폭력에 대해 말한다.11) 직접적 폭력은 인류가 상호 간에 그리고 다른 형태의 생명과 자연에 행사하는 폭력이다. 구조적 폭력은 사회구조 자체에서 일어나는 것으로, 사람들 사이에서, 사람들의 집단인 사회 간에, 사회들의 집단인 동맹이나 지역 간에 발생하는 그리고 인간 내면의 성격구조로부터 생기는 폭력이다. 문화적 폭력은 모두 상징적인 것으로, 종교와 사상, 언어와 예술, 과학과 법, 대중매체와 교육 내부에 존재하는 폭력이다. 이와 같은 폭력은 문화적 폭력으로부터 구조적 폭력을 경유하여 직접적 폭력으로 나아간다.12) 즉 폭력의 최상층에는 직접적 폭력이 있으며, 그 아래 중간층에는 구조적 폭력이, 최저층에는 위의 두 가지 폭력을 지지하는 문화적 폭력이 자리 잡고 있다.

갈퉁은 여기서 폭력보다 더 넓은 개념, 그러면서도 폭력과 평화 양쪽에 영향을 끼치는 개념으로서의 힘에 대해 언급한다. 힘은 폭력에 영향을 미쳐 직접적 폭력이 되기도 하고, 확연하게 드러나지는 않지만 사람들 사이에서, 사람들의 집단인 사회 사이에서, 사회들의 집단인 동맹이나 지역 사이에서 은밀히 행사되기도 하며, 분명한 형태를 취하지 않아 파악이 어려운 간접적 폭력의 형태가 되어 평화를 해치게 된다. 더 나아가 이 힘은 바로 우리의 정체라고 할 수 있는 문화 안에도 스며들어 내가 나를 향하여 폭력을 행사하는 식의 영향을 발휘할 수도 있다.

---

11) Galtung, *Peace by Peaceful Means*, 19.
12) Galtung, *Peace by Peaceful Means*, 20.

이와 같은 힘은 정치·군사·경제·문화 네 가지 영역에서 행사된다. 정치적 힘은 정책 결정을 통해서, 군사적 힘 또는 무력은 채찍으로, 경제적 힘은 보상이라는 당근으로 그리고 문화적 힘은 설득을 통해서 폭력을 행사한다.[13) 이 힘들은 그리고 이 힘들이 행사되는 영역은 바로 우리의 삶의 현실이다. 이 현실적인 평화가 이루어져야 할 영역들에 대해서 검토하면서 그에 맞는 기독교교육적 함의를 생각해 보기로 한다.

## 1) 정치적 영역

민주주의가 평화를 보장하는 완전한 제도라고 생각해서는 안 된다. 갈퉁은 민주주의적일수록 호전적일 수 있다는 가능성에 대해 경고한다.14) 민주주의의 이 같은 호전적 성격에도 불구하고, 민주주의는 권력과 특권을 위해 서로 경쟁하는 집단들 사이에 비폭력적 조정자로서 기능하며, 원칙적으로 국가 안에 평화가 충만하도록 이끄는 제도이다. 또한 민주주의는 인간의 개성에 존엄성과 가치를 부여하고, 인간의 기본적인 자유와 평등을 존중하는 세계관이나, 일상생활에서 합의를 성립시키거나 인간 상호간의 존귀성을 인정하는 행동원리이기도 하다.15)

교육에 있어서의 민주주의는 교육 제도나 방법이 민주적 정신과 사상에 의하여 전개되는 것을 가리키기도 하고, 민주주의적 생활을 영위하는 데 요구되는 자질을 갖춘 인간을 육성하는 교육을 가리키기도 한다. 구체적으로 민주주의적 교육은 교사가 아동을 이해하고 아동이

---

13) Galtung, *Peace by Peaceful Means*.

14) 이에 대한 설명은 Galtung, *Peace by Peaceful Means*, 123-37을 참조.

15) "민주주의", 서울대학교교육연구소 편 『교육학용어사전』(춘천: 하우동설, 1994), 273.

교사를 존경하는 상호작용 속에서 가르치고 배우는 교육이다.16)

교육이 일종의 사회적 현상인 한, 민주주의적 교육은 민주적인 사회와 긴밀한 관계를 맺고 있다. 존 듀이(John Dewey)에 따르면, 민주적인 사회는 구성원 상호간의 상호 교섭이 자유롭게 전개되는 사회를 말하는데, 민주주의적 교육이 바로 그러하다.17)

민주주의는 단순한 제도로서만이 아니라, 정신에 있어서도 그러해야 온전한 민주주의라고 할 수 있다. 조지 앨버트 코(George Albert Coe)는 그것을 예수의 가르침에서 본다. 예수는 인간에 대한 형제애와 인간사회의 이상적 · 민주적 조직을 결합시키고자 하였다.18) '하나님의 민주주의'(Democracy of God)가 행해지는 그 사회는 공정한 정부, 빈곤 없는 경제질서의 확립, 하나님의 민주주의를 향한 젊은이들의 삶의 헌신과 자기실현, 사회복지와 환경보호, 노동과 교육과 놀이에 있어서 사회정의, 형제애 구현을 근거로 하는 세계공동체를 실현하는 사회이다.19)

## 2) 군사적 영역

군대는 과거부터 보통 지배 계층의 명령에 따라 다른 나라들과 국민들 그리고 다른 계급들을 공격하고, 국내외의 전쟁을 통해 살육과 황폐를 저지르는 등 매우 나쁜 습성을 지녀 왔다. 군대가 전쟁을 수행하는 이유는 크게 세 가지이다. 빈곤, 착취 그리고 민족주의이

---

16) "민주주의", 273.

17) John Dewey, *Democracy and Education: An Introduction to the Philosophy of Education*(New York: Macmillan Co., 1916).

18) George A. Coe, *A Social Theory of Religious Education*(New York: Charles Scribner's Sons, 1921), 54.

19) Coe, *A Social Theory of Religious Education*, 55.

다.[20] 이러한 이유 때문에 군대는 평화를 해치는 직접적인 폭력 행위자가 되어 왔다.

평화를 위해, 이제 군대는 새로운 성격을 띠어야 한다. 그것은 공격적이고 대외적인 전쟁을 단거리의 전통적인 방위나, 준군사적 또는 비군사적 방어와 같이 방위적 수단에 의한 방위적 방어로 대체하는 것이다. 즉 이제까지의 공격 행위 위주에서 방어 위주의 체제로 바뀌어야 한다는 것이다.[21]

현실적으로 군대 이외의 무력에 대해서는 비폭력으로 저항함으로써 대항할 수 있을 것이다. 비폭력은 갈등을 다루는 하나의 창조과정이다.[22] 그러나 군사적 차원은 단순히 무력의 문제에 그치지 않는다. 전쟁을 수행하는 군사적 힘의 배경에는 가부장제 또는 남성에 의한 지배, 폭력을 독점하는 국가체제, 궁극적으로 패권을 독점하는 초강대국 체제가 있다.[23] 따라서 군사적 힘과의 투쟁은 이들 배후 체제와의 투쟁이 병행되어야 하는 복잡한 양상을 띤다.

우리 민족 최대과제 중의 하나인 통일문제 역시 이와 같은 복잡한 구조를 지니고 있다. 국가적 안정과 평화를 위한다는 명분으로 맹목

---

20) Joseph J. Fahey, "Parameters, Principles and Dynamics of Peace Study", Padraic O'Hare, ed., *Education for Peace and Justice*(New York: Harper and Row, 1983), 176.

21) Galtung, *Peace by Peaceful Means*, 25.

22) 우리는 그 같은 예를 간디(Mahatma Gandhi)에게서 볼 수 있다. '샤티아그라하'(satyāgraha, 비폭력 수단에 의한 진리의 고수), '브라흐마차랴'(brahmacharya, 자기정화), '아힘사' (ahiṃsâ, 생명경외에 근거한 살상 금지), '스와라이'(swaraj, 자율, 자치, 자기정화, 자기 성숙)의 정신을 총파업과 소금데모 그리고 가내직조 활동을 통하여 보여 주었다. 시민불복종으로 불리는 간디의 비폭력 저항운동은 억압자를 최종적인 해결책과 화해에 포함시킨다는 면에서 폭력에 대한 평화적 대처 방안이라 할 수 있다. Friemelt and Oser, *Den Frieden Lernen*, 238.

23) Galtung, *Peace by Peaceful Means*, 26.

적인 체제안정과 국가안보 논리를 강조하는 체제 이데올로기가 분단
을 고착화하고 인권을 억압하는 수단이 되었던 것이다.24)

일반교육에 있어서도 공산주의 이론의 허구성, 감시와 통제 속의
북한의 사회생활, 끊임없는 적화통일의 야욕 등을 강조함으로써 공
산주의에 대한 적개심과 증오심을 고취시켜 왔다. 그 결과 한민족으
로서의 동질감이 상실되고 통일은 불가능하다는 인식을 심어 주게
되었다.25) 평화통일을 위해서는 우선 이와 같은 우리 마음속의 적대
자상을 해체시키는 것이 필요하다.26)

기독교교육은 이데올로기를 뛰어넘어, 모든 것을 주 안에서 하나 되
게 하시는 성서의 정신을 실천하도록 하며, 분단체제의 인정이 아닌
통일에 대한 소망을 갖게 하며, 남북 상호간의 적대감이 세상을 사랑
하신 예수 그리스도의 사랑 안에서 해소되도록 이끄는 것이어야 한다.
한편, 점차 이질화되어 가는 북한 사회, 특히 종교적 영역에 대한 이
해를 대화의 기초로 삼도록 준비시키는 교육이어야 할 것이다.

평화교육 내용으로서의 군사적 차원과 관련하여, 평화를 위한 가장
근본적인 교육 내용은 자신 안의 폭력성 또는 공격성의 발견이다. 인
간 내면에는 공격성이 숨어 있다. 공격성의 원인은 선천적이라는 입
장(Sigmund Freud), 좌절의 결과라는 사회적 입장, 공격성은 강화되
어 학습된다는 교육적인 입장 등이 있다.27) 공격성의 감소를 위해서

24) 강순원, "민족교육으로서의 평화교육의 위상과 방향", 정웅섭, "교회의 평화교육", 김성재 편,
  『평화교육과 민중교육』(서울: 풀빛, 1990), 80 - 81.
25) 정진곤, "현행 통일교육의 문제점과 개선방향", 김성재 편, 『평화교육과 민중교육』(서울: 풀
  빛, 1990), 103 - 104.
26) 윤응진, "평화통일교육의 실마리: 적대자상들의 해체", 「신학연구」, 33(오산: 한신대학교, 1992),
  113 - 47.
27) 김현택 외, 『심리학: 인간의 이해』(서울: 학지사, 1996), 376 - 77.

는 공격에너지를 발산시켜 정화효과를 노린다거나, 처벌을 하거나, 사과를 통해 공격충동을 해소하는 방안이 있으나,[28] 일시적일 뿐 인간 안의 근원적인 공격성을 제거할 수는 없다. 공격성은 억제해서 극복되는 것이 아니다. 오히려 그것을 자유롭게 표현하여 자신의 내부에 존재하는 공격성을 발견하고, 그것을 타인과의 관계에서 건설적이고 창의적으로 해소할 수 있는 방안을 모색하도록 해야 한다.[29]

3) 경제적 영역

갈퉁은 경제를 두 가지 차원에서 본다.[30] 하나는 외향성인데, 이것은 제품과 상품 그리고 서비스에 대한 양과 가격이다. 이것은 우리의 조건이라 할 수 있다. 오늘날 같은 사회에서 그 누구도 물질로부터 자유로울 수 없다. 이 같은 외적인 물질적 조건은 곧바로 인간 내면에 영향을 미친다. 아주 단순하게 말해 생존을 위한 최소한의 물질이 제공되지 않을 때, 마음의 평정을 잃지 않고 초연할 수 있는 사람은 별로 없을 것이다. 물질적 조건의 결여는 인간성을 황폐화시킨다. 경제적인 문제 때문에 가정이 파괴된다.

더구나 오늘날과 같은 신자유주의 시대를 맞아 무한 경쟁이 요구되는 시대에 배운 것 없고 가진 것 없는 사람들의 경쟁력은 제로에 가깝다. 정부 개입을 배제하며 시장자유주의를 주장하는 신자유주의는 세계 도처에서 빈부 격차를 양산해 내고 있는 실정이고 그것은 우리나라의 경우에도 예외가 아니다. 부의 불균형으로 인한 빈부격차의 문제는 계층 간 갈등 원인이 되고 있으며, 이는 평화를 해치는

---

28) 김현택 외, 『심리학』, 377.
29) 정웅섭, "교회의 평화교육", 김성재 편, 『평화교육과 민중교육』(서울: 풀빛, 1990), 155.
30) Galtung, *Peace by Peaceful Means*, 26 - 27.

주요인이 되고 있다.

이 같은 상황에서 쟈크 엘룰(Jacques Ellul)이 말하는 돈과 관련된 세 가지 교육, 즉 돈의 유혹에 단련시키는 교육, 돈의 권세로부터 해방시키는 교육 그리고 자족하는 삶은 순진하고 낭만적이다.31) 기본적으로 생활이 안 되는 사람들에게 이 같은 교육은 배부른 자의 사치처럼 들릴 수도 있다. 따라서 기독교교육은 엘룰 유의 소극적 · 원론적 · 교육적 접근을 넘어서 적극적 · 현실적 · 실천적 접근을 할 필요가 있다.

경제적 영역에서 평화를 이루는 기독교교육은 먼저, 경제적 약자들의 사정을 알리는 교육이어야 한다. 이 경우에 두 가지 방식이 가능할 것이다. 하나는 간접적 방식으로 교사가 관련된 내용과 정보들을 수집해 학습자들에게 전달하는 것이고, 다른 하나는 경제적 고통을 당하는 이들의 삶의 자리를 직접 찾아보는 직접적 방식이다. 이 직접 방문조차도 경제적 어려움으로 인해 평화를 상실한 사람들의 고통을 다 체감하게 할 수 있는 방안은 아닐 것이다. 그러기에 가능한 한 추상적 정보 제공 방식보다는 그나마 실천적 방안으로 접근되어야 할 것이다. 이 같은 현장 학습은 반드시 사후의 문제 해결 또는 대안 모색으로 이어져야 한다. 그렇지 않으면 그것은 그저 약한 자에 대한 연민의 감정 소비에 불과하게 될 것이다.

## 4) 문화적 영역

'문화가 무엇인가'에 대해 답하는 문제는 대단히 복잡하다. 우리는 그것을 상식적으로 '삶의 모습의 표현'이라고 해 두자. 문화는 우리

---

31) Jacques Ellul, *L'homme et l'argent*, 양명수 역, 『하나님이냐 돈이냐』(안양: 도서출판 대장간, 1991), 151 - 75.

의 삶 자체이며 그것이 특정한 형식으로 표현된 하나의 상징이라고 할 수 있을 것이다. 이 문화는 평화에 이용되기도 하고 폭력을 조성하기도 한다. 그러나 그 비중으로 보아 평화보다는 비평화에 남용되는 경우가 더 많은 것 같다. 그런 면에서 평화는 연약하다.

문화는 대표적으로 음악이나 영화 그리고 게임 등의 형식을 통해 내적, 외적으로 영향을 끼친다. 하드록(hard rock)과 같은 대중음악 중의 상당수는 폭력을 부추기고 도덕과 윤리를 비웃는 등 기성 가치관을 비웃는다. 최근에는 조직폭력배를 소재로 다룬 영화 등이 폭력을 정당화하며 문제 해결의 최선책으로 제안하는 듯한 인상이다. 사실 폭력을 소재로 한 영화 등의 의도는 그와 같은 폭력을 비판하는 동기에서 제작된 것이지만 그것을 인지하지 못한 미성숙한 학습자들은 영화의 의도와는 반대로 폭력을 우상화하게 될 가능성이 높다. 특히 게임의 경우 폭력성이 도를 넘어선 것 같아 보인다. 그럼에도 불구하고 오히려 청소년들은 그 같은 게임에 빠져 중독 증세까지 보이고 있으니 안타까운 심정이다.

음악이나 영화, 게임 등과 같은 것 외에도 최근에는 문화의 정수라 할 수 있는 종교와 이데올로기가 비평화의 주역 노릇을 하고 있는 듯한 인상이다. 대체로 이들 종교와 이데올로기는 대화와 타협을 거부하며 독선에 빠져 있다. 자신들의 생각만이 옳고 유일하다고 생각하기 때문이다. 전 세계에서 벌어지고 있는 종교로 인한 분쟁, 우리나라에서 볼 수 있는 진보와 보수의 갈등 등은 지속적으로 평화를 위협하는 요인들이다. 기독교교육은 이 같은 종교와 이데올로기에 대해 도전하고 저항해야 한다.

그 저항 방식 중의 하나는 대화이다. 파울로 프레이리(Paulo Freire)

는 이러한 대화를 위한 조건들을 제시한다.32) 첫째, "대화는 세계와 인간들을 위한 심오한 사랑 없이는 존재할 수가 없다." 둘째, 대화는 겸손을 요구한다. "왜냐하면 세계에 이름 붙이는 일이란, 인간들이 끊임없이 세계를 재창조해 나가는 일로, 결코 어떤 오만의 행위가 될 수는 없는 것이다." 셋째, "대화는 인간들에 대한 강한 믿음, 만들고 제조하며 창조하고 재창조하는 인간 능력에 대한 믿음, 보다 완전한 인간이 되어야 하는 인간 소명에 대한 믿음을 요구한다." 하지만 그것은 실패를 무시하는 순진한 신앙이 아니라 실패 또는 인간의 거절을 최종적인 판결로 받아들이기를 거절하는 신앙이다. 이 사랑, 겸손, 신앙이 "대화자들 사이의 상호적 신뢰" 관계에로 이끌어야만 한다. 이러한 신뢰는 선행조건이라기보다 대화의 결과이다. "인간에 대한 믿음이 대화에 필요한 선험적 조건인 데 비해서 대화로 인해서 확인되는 것은 곧 신뢰다." 넷째, 대화는 희망, 즉 우리의 불완전성을 인지하는, 그러면서도 현실로부터 침묵하거나 도피하지는 않으려고 결심하는 그런 희망을 요구한다. 그것은 활동적 희망이다. 그렇다고 결과에 따라서 포기해 버리거나 계속하는, 참을성 없는 희망은 아니다. 프레이리는 "보다 완전한 인간이 되려는 사람들의 만남인 이 대화는 절망이라는 풍토 위에서는 이루어지지가 않는다."고 말한다. 마지막으로, 진정한 대화는 '비판적 사고'를 전제로 한다. 브라이언 에이 워런(Brian A. Warren)은 교육 자체를 대화적 교육으로 볼 정도로, 대화에 비중을 둔다. 그는 대화에 의한 교육을 "비판적 인식을 발전시킬 목적으로 대화적 분위기에서 교육적 방편이나

---

32) Paulo Freire, *Pedagogy of the Oppressed*(Middlesex: Penguin Education, 1972), 75 – 81.

기술들을 문제 제기식 방법으로 활용하여, 학습자가 인식행위를 할 수 있는 상황을 계획적으로 창조하는 것"으로 본다.33)

위에서 본 바와 같이 대화는 단순히 의사소통의 수단이 아니다. 대화는 사물을 바라보는 하나의 관점이나 가치관으로까지 볼 수 있다. 문화적 갈등을 해결하기 위해서는 세계는 모든 곳이 '중심'이며 어떠한 곳도 '주변'이 아니라는 인식, 즉 다양성이 인정되는 세계를 건설하기 위한 노력 가운데, 서로 다른 성격의 주체들 사이에 대화 지평을 확대해 나가야 할 것이다.

## Ⅲ. 평화를 일구는 기독교교육

직접적 또는 물리적 폭력이 없는 상태를 소극적 평화, 간접적 내지 구조적 폭력이 없는 상태를 적극적 평화라고 한다. 갈퉁은 평화를 이루기 위한 실제적 전략을 건강 연구에 비유한다.34) 진단, 예방 그리고 처방이라는 행위로부터 소극적 평화를 이루기 위해서는 치료적 처방을, 적극적 평화를 일구기 위해서는 예방적 처방의 개념을 이용한다.35) 갈퉁의 지침은 기독교평화교육의 준거틀 마련을 위해 유용하다. 여기서는 갈퉁의 틀에 따라, (소극적·적극적) 처방 개념을 한 축으로 그리고 학습자들의 발달 단계를 한 축으로 잡고, 기독교평화교육의 구체적 방안에 대해 생각해 본다.

---

33) Brian A. Wren, *Education for Justice*, 김쾌상 역, 『정의를 위한 교육』(서울: 현대사상사, 1984), 54.

34) Galtung, *Peace by Peaceful Means*, 17.

35) Galtung, *Peace by Peaceful Means*, 21.

## 1. 평화교육의 방향

평화교육은 평화에 관한 교육이 아니다. 평화가 무엇인가를 가르치는 것이 평화교육이 아니다. 평화교육은 평화에 관한 지적인 이해를 꾀하는 것 이상이다. 평화교육은 평화를 이룰 수 있는 능력으로의 교육이다. 비평화의 세계 속에서 평화를 이룰 수 있는 능력을 키워서 평화로운 세계를 이룩하게 하는 교육이 평화교육이다. 이런 차원에서 교회의 평화교육은 첫째, 비평화의 현실에 대한 날카로운 비평적 인식의 교육이어야 한다. 이 세상 곳곳에서 볼 수 있는 부정과 불의, 폭력, 전쟁 등에 대한 현실을 직시하고, 그 원인을 찾아보는 교육이어야 한다. 그래서 비평화에 대한 농도 짙은 생각을 심어 주고, 평화에 대한 진한 애착을 갖도록 해 주어야 한다.

둘째, 교회의 평화교육은 평화를 체험하는 교육이어야 한다. 어느 면에서 이 세상에 참평화는 없고, 거짓 평화만 가득하다. 그래서 평화를 체험하는 교육은 불가능해 보인다. 그래서 성서는 평화로운 세계에 대한 비전을 우리에게 보여 준다. 우리의 교육은 성서가 보여 주는 그 평화를 꿈꾸며 경험하는 교육이어야 한다. 이 평화를 참으로 맛본 사람은 그 평화를 이루기 위한 마음이 동할 것이다.

셋째로, 교회의 평화교육은 평화를 위해 일하는 일꾼이 되게 하는 교육이어야 한다. 평화교육은 이미 이루어진 저세상적 평화를 바라는 것이 아니라, 그것을 앞당기고자 하는 이 세상에서의 노력이어야 한다. 그러므로 평화교육의 현장은 교회만일 수 없다. 비평화가 일어나는 하나님과 인간, 사람과 사람, 인간과 자연을 포함하는 영역 모두가 평화의 일터이다. 이런 면에서 정치를 사람과 사람의 살아가는 관계를 가장 바람직하게 이끌어 가는 행위라고 볼 때, 평화를 이루는 교육은 정치적이라 할 수 있다. 평화를 이루는 교육은 평화가 없어 비뚤어지고 일그러진 세상을 곧게 펴는, 변화를 일으키는 정치적 교육이어야 한다.

## 2. 부서별 강조점

교회의 평화교육은 교회 전체가 주체가 되어 행할 수 있는 방안이 있으나, 실제로는 실천하기 어렵다.[36] 구체적인 주체가 상실되었기 때문이다. 그러므로 평화의 삶과의 밀착성을 고려할 때, 구체성을 띠어야 하므로 여타 교육과 마찬가지로 소질과 관심 그리고 성취능력에 따라 학습자의 평화발달을 도와주는 교육이 오히려 현실적이다.

### 1) 유치부와 유년부

이 발달 단계의 학습자들에 대한 평화교육은 정서적 차원에서의 접근이 효과적이다.[37] 가치관이나 행동양식 형성에 어린 시절의 감정체험이 크게 영향을 미치기 때문이다. 따라서 평화에 대해서도 폭

---

36) 교회가 주체가 되는 평화교육의 모델은 세 가지로 나눌 수 있다. 첫째, 보수적 모델(conservative model)이다. 보수적 모델은 사회에 대한 관심이 없다. 둘째, 교양적 모델(liberal model)이다. 교양적 모델은 사회 안정을 위해 질서를 인정한다. 셋째, 급진적 모델(radical model)이다. 급진적 모델은 사회를 비판하고 변혁시키려 한다. 평화교육에 대한 이와 같은 접근은 그래서 사실상 급진적 모델만이 평화 사역에 가능한 것으로 본다는 난점이 있다. 이 모델에서는 사회 안에는 구조적 모순이 존재하며, 이 모순의 해결을 위해서는 행동으로 나서야 한다. 기득권세력들은 현 사회체제를 존속시키려 하기 때문에 사회변혁은 자신을 하나의 교회로 이해하는 평신도들과 사회에서 억압받는 가난한 자들의 동맹에 의해 수행된다. 그러므로 그들 사이에 계층의 구분은 없으며, 교육자와 피교육자의 구별이 없다. 그러므로 형식적 교육에 응용하기는 어렵다. Maurice Monette, "Justice, Peace and the Pedagogy of Grass Roots Christian Community", Padraic O'Hare, ed., *Education for Peace and Justice*(Cambridge: Harper & Row Pub., 1983), 82-93.

37) 정웅섭, "교회의 평화교육", 155.

력이 내재된 일상 속에 노출되어 있더라도, 가급적 폭력과 전쟁을 통한 제시보다는 민주적이고 평화적인 해결방식을 사용해서 인성에 평화를 심도록 해야 한다.[38]

또한 유치부와 유년부의 평화교육은 함께 어울려 노는 가운데서 평화로운 관계를 경험하는 쪽으로 강조되어야 한다. 유치부와 유년부의 어린이에게 '평화'라는 말 자체가 어렵다. 사실 평화는 말이 아니라 관계라고 볼 수 있기 때문이다. 그래서 어린이들에게 '평화'라는 말을 전해 주기보다는, 이 연령층의 어린이들이 사이좋고 즐거운 관계를 통해 평화를 체험하도록 돕는 것이 좋다.

## 2) 초등부와 소년부

이 연령층의 어린이들은 전쟁이나 폭력과 그와 대조되는 평화의 양면을 제시하면서 그 대비 결과를 자신의 삶과 연결시키도록 해 주어야 한다.[39] 예를 들어, 전쟁이나 폭력 체험자들의 경험을 듣거나 비평화의 현장을 방문하여[40] 간접체험을 하되, 전쟁이나 폭력으로도 말살할 수 없는 평화의 고귀함이 인식되어야 한다. 어린이들이 갖고 노는 장난감들을 통해서 폭력이 얼마나 생활 가까이에 근접해 있나를 실감하도록 할 수도 있을 것이다.[41]

또한 초등부와 소년부의 평화교육은, 어린이들의 생활 속에서 이루어지되, 바른 생활태도를 심어 주어 훌륭한 평화의 일꾼으로 양육

38) 홍순정 · 최석난 · 신은수, "평화교육 프로그램개발을 위한 기초연구 Ⅰ : 한국 어린이의 사회문화적 환경과 사회적 갈등이해에 대한 분석", 「한국영유아보육학회지」 4(1995), 70.

39) 홍순정 · 최석난 · 신은수, "평화교육 프로그램개발을 위한 기초연구 Ⅰ", 156.

40) 송남순, "기독교평화교육의 이론과 실제", 대한예수교장로회총회교육부 편 『성숙한 교회와 평화교육』(서울: 대한예수교장로회출판국, 1988), 224.

41) 송남순, "기독교평화교육의 이론과 실제", 225.

하는 데까지 나가야 한다. 이 생활태도는 개인적인 것뿐만 아니라 사회적인 분야를 포함한다. 생활은 그야말로 살아가는 것이기 때문에 말보다는 본(모범)이, 막연하기보다는 구체적인 실천방안들을 찾도록 돕는 것이 중요하다. 더 나아가서 그러한 생활방식과 실천방안이 몸에 익도록 도와야 하겠다.

### 3) 중등부와 고등부

중등부와 고등부 청소년의 경우에는 주로 평화를 인식하는 쪽으로 강조해야 하겠다. 이 연령의 학생은 비판력이 싹트고 이해도가 높아진다. 그래서 학생들의 인식범위와 내용은 비평화적 현실을 포함하여, 성서적인 평화실현의 원리에까지 이를 수 있다. 비평화의 문제를 다루되 구조적 차원에서 다룰 수 있다. 그러나 그런 문제들의 근본원인과 해답을 성서로부터 찾을 수 있도록 도와주어야 한다.

또한 자칫 비판만 하고 대안이 없는 명목적인 교육이 되지 않기 위해서는, 평화를 이루는 사명감을 갖도록 도와주어야 할 것이다. 사명감을 고취하기 위해서 평화를 위해 일한 인물 등의 비디오 감상 등 프로그램도 유익할 것이다.[42]

이 밖에 대학생들에게는 교양과정에 평화학 강좌를 개설해 평화에 대한 일반적 지식을 획득하게 한 뒤에, 그것을 민족과 인류의 평화적 미래에 대한 관심 속에서 자신의 전공에서 발전시키도록 지도할 수 있다.[43] 평화는 모든 학문들의 과제가 될 수 있기 때문이다.[44]

---

42) 송남순, "기독교평화교육의 이론과 실제", 225.
43) 강성위, "모든 학문들의 과제로서의 평화", 그리스도교철학연구소 편 『현대 사회와 평화』(서울: 서광사, 1991), 226.
44) 평화 연구에 대한 다양한 학문들의 기여와 학문들의 평화 연구에 대한 기여 방식에 대해서는, 강성위, "모든 학문들의 과제로서의 평화", 217 - 24 참조.

# Ⅳ. 나가는 글

이 글은 최근 더욱더 관심이 고조되는 평화에 대해서, 기독교교육적 관점에서 어디에서 어떻게 평화를 이루어 갈 것인가 하는 문제를 다루었다. 평화는 단순한 심리적 문제가 아니다. 평화를 이루기 위한 학습자의 삶의 성숙에 관심을 갖는 기독교교육은 평화문제를 간과할 수 없다. 평화 영역은 정치·군사·경제·문화 등 인간의 삶 전체에 걸쳐 있다. 기독교교육은 교사와 학습자 간의 상호작용을 통해 민주주의를 배우도록 조성해야 하며, 인간 내부의 공격성 실체를 파악하고 그 승화를 위해 힘쓰도록 해야 하며, 자본주의의 부정적 영향을 극복할 수 있도록 해야 하며, 세계와 타인에 대한 대화적 해결책을 모색해 나가도록 돕는 교육이어야 한다.

기독교평화교육은 평화의 범영역적 포괄성 때문에, 교회 내에서 교회의 문제로만 다루어질 수 없다. 그러면서도 학습자의 발달 단계를 고려한 교육의 전략이 필요하다. 이와 같은 전제하에, 기독교평화교육은 평화를 향한 애호심을 키워 주고, 비평화와 폭력의 현실을 직시할 수 있는 비판적 의식을 함양하고, 평화의 일꾼으로서의 사명을 다지고, 비평화의 현실 속에 평화를 심는 역할을 할 수 있도록 하는 교육이어야 한다.

한편, 평화문제와 관련하여, 우리 사회에서 정치의 후진성, 평화통일, 신자유주의의 문제, 청소년 폭력 그리고 정보화사회가 야기한 문제점들은 앞으로 기독교교육적으로 심도 있게 논의되어야 할 주제들이다. 기독교교육은 이 같은 주제들의 교육적 측면에 대한 관심과 지속적인 주의집중의 시선을 거두지 말아야 할 것이다. 평화교육의 차원은 전체 삶의 영역에서 그리고 전체 삶의 영역과 관계되기 때문에, 기독교교육은 평화교육이라고까지 할 수 있을 것이다.45)

인류는 오랫동안 평화를 갈구해 왔고, 평화를 위해 노력해 왔지만, 평화의 달성은 아직도 요원하다. 그러므로 평화를 위한 일꾼이 필요하며, 그 일을 위한 후세대들에 대한 교육은 계속되어야 한다. 그러므로 기독교교육은 평화를 일구기 위한 순례의 길을 계속 가야 한다.46)

---

45) 독일의 한 가톨릭 기독교교육학자는 이렇게 말한다. "기독교교육은 곧 평화교육이고, 평화교육은 본질적으로 기독교에로의 교육이 되어야 한다." W. Dirks, "Erziehung zum Frieden – Nichtkrieg", *Diakonia* 2(1967), 68. 기독교평화교육에 누구보다 관심이 많은 윤응진은 헬무트 골비처(Helmut Gollwitzer)에 근거하여, 기독교교육이 혁명으로서의 하나님 나라를 위한 도구여야 하며, 그것은 구체적으로, 평화 부재의 현실 속에서 평화 수립을 돕는 평화교육학으로 전개되어야 한다고 주장한다. 윤응진 "평화교육학으로서의 기독교교육학을 위한 신학적 방향전환의 요청", 김성재 편 『평화교육과 민중교육』(서울: 풀빛, 1990), 44.

46) "……평화는 인간의 물질적 욕구와 정신적 욕구를 둘 다 충족시켜 줄 수 있는 창조적인 힘이면서도 역동적인 과정이 되어야만 하는 것이다." Richard Nixon, *A New Strategy for Peace: A Report to the Congress*(The White House, 1970), 151.

# 생명교육의 근거로서의 성육신 사건

"만물은 순수한 생명으로부터 비롯되었으며,
그 생명은 그림이나 말로는 포착하기 어려우니
반드시 계시를 통해 전해져야 한다."

- 파울루 코엘류, 『연금술사』

## I. 시작하는 글: 생태계 논의의 새로운 차원

인간사회는 유사 이래 가장 눈부신 문명의 발전을 이루고 있다. 정보화사회의 도래로 인간은 그 시간과 공간을 넘나들며 인간의 능력을 과시하고 있다. 인간은 역사의 그 어느 때보다 자신에 대한 자존감을 갖게 되었다. 그럼에도 불구하고 인간의 생명이 그 어느 때보다 경시되는 때이기도 하다. 인간이 자신을 높이지만 그만큼 인간의 생명이 위협받고 있는 이 아이러니의 근본원인 중 하나는 인간의 능력 과신으로부터 빚어진 생태계 파괴이다.

인간은 20세기 후반에 들어서야 생태계가 인간의 생명과 관련되어 있다는 인식을 갖게 되었다. 생태계 파괴로 인한 인간 생명의 위기를 해결하기 위한 여러 대안들은 그 성격 면에서 대부분 신론과 창조론 그리고 성령론적인 차원에서의 논의라 할 수 있다. 즉 생태계에 대한 신학적 논의는 대부분 하나님과 자연, 인간과 자연과의 관계에서 논의되고 있다는 것이다. 그럼으로써 다른 차원의 논의들을 통해서 나올 수 있는 생태계의 문제와 대안들을 차단하는 형편이 되었다는 것이다.

생태계 문제에 대해서는 여러 차원에서 논의되어야 한다고 할 때, 그 가능한 차원 중에 하나가 기독론적인 차원일 것이다. 생태계 문제를 기독론적인 차원에서 검토한다는 것은 아버지 하나님에 의해 창조되고 성령 하나님에 의해 운영되는 창조세계에 직접 들어오셔서 살았던 아들 하나님에 대한 논의이다.

생태계에 대한 기독론적인 논의를 위한 가장 적절한 자료는 예수의 성육신 탄생이다. 성육신 사건에는 생태계 문제의 본질이라고 할 수 있는 생명에 대한 여러 함의들이 들어 있다. 생명 자체이신 예수와 자연의 생명 그리고 인간의 구원으로서의 생명이 함께 어우러져 있다. 따라서 성육신 사건을 잘 살펴볼 수만 있다면 생태계 문제에 대한 새롭고 넓은 이해지평이 열릴 것이며 그 대안의 길 역시 나타날 수 있을 것이다.

우리는 이것을 위해 생태계 문제의 논의에 대한 간략한 역사를 살피고, 생명에 대한 그간의 기독교교육적 노력들을 살펴본 후에 성육신 사건에 대한 새로운 해석을 통해 성육신 사건이 갖는 생명교육적 의미들을 알아볼 것이다.

## Ⅱ. 생명신학의 동향

### 1. 역사와 자연을 넘어 생명으로

제2차 세계대전 이후 인류는 1960년대에 인간 역사의 진보와 평등성 그리고 포괄성이라는 명목을 내세워 지구화의 기치를 내걸었다. 그 부산물로 드러난 것은 지구화가 내건 정신과는 다른 제3세계의 출현이었다. 따라서 1970년대에 들어와 지구화에 대한 반작용으로 사회정의를 주장하는 해방신학의 등장은 자연스러운 것이었다. 이와 같은 영향으로 1980년대에 들어와서는 정의, 평화 그리고 창조가 골고루 강조되었다. 그러나 정의와 창조의 문제는 병립할 수 없다는 사실을 뒤늦게 깨닫고 1990년대에 들어와 창조의 문제는 독자적으로 논의되기 시작하였다. 1990년 서울에서 열린 JPIC 세계대회에서 창조세계에 대한 일치된 관심을 보인 이후 창조와 성령의 관계, 생태계 문제에 대한 구체적 대응 등 다양한 작업이 행해졌다. 1994년 세계교회협의회(WCC)는 일련의 이와 같은 작업들을 체계화하려는 목적으로 생명신학을 제창하게 되었다. 생명신학은 저간의 내력인 지구화와 정의 등을 모두 포함하는 것이다.

### 2. 생태적 · 정의적 그리고 전통적 생명신학1)

역사적 배경을 지닌 생명신학은 그 신학적 정향에 따라 세 가지로 나뉜다. 첫째, 생태학적 영적 중심의 생명신학이다. 이 신학은 인간

---

1) 선순화, "생명 파괴 현상에 직면한 생명신학의 방향모색", 「신학사상」 24 : 1(1996 · 봄), 48 - 51.

과 자연의 연속성을 강조한다. 따라서 인간은 이 세계에서 특권적 위치를 상정하게 된다. 인간은 이 창조세계에서 다른 자연세계와 더불어 그 일부일 뿐이다. 인간은 자연보다 우월하지 않으며 더더구나 주인은 아니다. 그는 다만 자연과 더불어 공존한다.

둘째, 사회정의 중심의 생명신학이다. 이 신학은 지구화로 인한 인간 사회의 불평등과 주변화에 관심을 갖는다. 원칙적으로 지구화가 명목으로 내세우는 평등과 포괄성에는 동의하지만 그 역기능에 대해서는 반대한다. 따라서 이와 같은 정향의 생명신학은 지구화와 사회정의 사이에서 갈등하며 그 조화를 모색하려고 하나 비중은 어디까지나 후자에 있다.

셋째, 기독교전통 보전 중심의 생명신학이다. 이 신학은 작금의 생태학적 위기가 그릇된 기독교전통에서 비롯되었다고 보며 반성을 촉구한다. 이 같은 반성은 개인의 회심을 강조하는 복음주의와 억압으로부터의 해방을 주장하는 해방신학에 대해서는 비판으로 작용한다. 기독교가 지구화의 병폐적인 결과를 가져왔음에도 불구하고 여전히 문제의 해답은 창조의 구속을 담고 있는 성서에 있다고 본다.

한국에서의 생명신학에 대한 논의는 주로 '신학사상'과 '기독교사상'을 통해 전개되었다. '신학사상'은 생명의 문제를 '민중'의 지평에서 수용하여 새롭게 해석하거나, 때로는 거꾸로 생명 및 자연의 지평 속으로 민중의 문제를 이끌어 들이려는 시도를 하였다.2) '기독교사상'은 1980년대 후반 이후 신학과 과학의 새로운 조우가능성, 핵문제 및 공해현황 전반에 대한 신학적 논의 그리고 생태학의 문제를 기독교자연신학의 맥락에서 수용하려는 시도 등이 있었다.3)

---

2) 이정배, 『신학의 생명화 신학의 영성화』(서울: 대한기독교서회, 1999), 39.

## Ⅲ. 기독교교육에서의 생명

### 1. 세계의 생명으로부터 하나님의 생명으로

생명이란 주제가 신학적으로 논의되기 시작한 지 20여 년이 지났지만 기독교교육에서 이 주제에 대한 논의는 아직도 낯설어 보인다. 이제까지의 생명에 대한 기독교교육적 논의는 대체로 네 가지로 나누어 볼 수 있다. 첫째, 생태학적 입장에서의 생명교육이다. 생태학적 입장은 둘로 나뉜다. 하나는, 인간 중심의 환경 개량주의 운동으로, 환경문제를 지역자원에 대한 지나치게 급속한 개발과 이에 따른 환경오염 그리고 물질에 대한 통제 실패 때문에 오는 결과로 본다. 그래서 그 해결책으로 과학기술의 발전, 자연보호, 야생보호, 환경윤리의 증진 등을 제시하고 있다. 다른 하나는, 인간이 직면한 위기는 단순히 자연을 대상화한 환경문제에서만 비롯되는 것이 아니라 본질적으로 인간 중심의 세계관, 주체와 개체를 분리하는 이원론적 가치체계에 있다고 본다. 환경문제는 사회구조, 특히 국제적인 정치·경제 질서와 세계관과 관련해서 보아야 한다는 것이다.4)

환경문제에 대한 이와 같은 일반적 접근과 달리 기독교적인 접근은 생태계 문제의 해결을 창조세계의 회복에서 찾으려고 한다. 인간은 자연과 함께 창조된 피조물로서 양자는 생명을 유기체적 존재로 인식해야 한다는 입장이다.

---

3) 이정배, 『신학의 생명화 신학의 영성화』, 44 - 45.

4) David Pepper, "The Basis of a Radical Curriculum in Environmental Education", Colin Lacey and Roy Williams, ed., *Education Ecology and Development*(The World Wildlife Fund and Kogan Page Ltd., 1987).

그러나 자연세계와 인간을 전체적인 유기체로 보는 관점을 인정하면서도 그 해결책을 위한 대안을 내적인 것에서 찾는 입장이 있다. 이 입장은 생태학적 위기는 자연에 관한 지배를 합리화한 창조설화나 주객도식에 의하여 자연을 인식하는 관념들이나 기술문명에 의해 초래되었다기보다는, 보다 근본적인 원인을 산업자본주의[5] 또는 산업사회의 물질적 가치관으로 본다.[6] 따라서 기독교교육의 영역에서 생태학적 위기를 극복하고 인류의 삶의 터전인 생태계를 보전하기 위하여 기여한 노력들은 다름 아니라 자본주의 체제 자체의 변혁을 위한 노력들로서 나타나지 않으면 안 된다고 본다.[7]

이런 입장에서 윤응진은 기독교교육의 과제를 다음과 같이 말한다.[8] ① 생태학적 위기의 현실과 근본원인을 깨닫도록 하는 의식화 교육이어야 한다. ② 생명에 대한 경외감을 일깨우는 전통적·낭만주의적·생태학적 교육에 대한 자기 비판적 교육이어야 한다. 즉 문제의 성격에 대한 이해와 신학적 해명에 토대를 둔 기독교교육적 방향 정립이 요청된다.[9] ③ 히브리적 신앙전승의 맥락에서 성서를 새롭게 읽도록 지원하는 교육이어야 한다. 서구 기독교신학은 탈유대화를 통하여 인간과 자연의 구원에 대한 히브리적 신앙전승으로부터 이탈하고 있다는 것이다.[10]

둘째, 민중신학적 입장에서의 생명교육이다. 문동환은 민중신학이

---

5) 윤응진, "생태학적 위기와 기독교교육적 과제", 「신학연구」34(오산: 한신대학 신학부, 1993), 147, 150.
6) 문동환, "한국의 미래 공동체와 교회", 「신학연구」14(한신대학교 한신신학연구소, 1973), 52.
7) 윤응진, "생태학적 위기와 기독교교육적 과제", 177.
8) 윤응진, "생태학적 위기와 기독교교육적 과제", 177 – 81.
9) 윤응진, "생태학적 위기와 기독교교육적 과제", 66.
10) 윤응진, "생태학적 위기와 기독교교육적 과제", 164 – 70.

민중들이 어떻게 역사의 주체가 되느냐 하는 과정(그것은 교육 과정이라고 할 수 있을 것이다)에 대해서는 진지한 성찰이 없었음에 착안한다.11)

민중이 역사의 주체가 될 수 있었던 것은 그들에게 한(恨)이 있었기 때문이다. 그 한은 달리 말하면 생명에의 갈망이 있었다는 것이다. 생명에 대한 애착이야말로 저들을 역사의 주체가 되게 하는 힘의 근원이라는 것이다.12) 여기서 생명은 민중의 희망과 연관이 있다. 한편 그는 민중의 개념을 확대함으로써 민중과 생명을 연관시킨다. 즉 그는 권력에 의해 억압받는 민중의 개념에서 산업문명에 희생되는 무리들을 민중으로 보면서 생명의 위협을 받으면서 생명을 살리려는 사람들을 민중으로 본다.13) 여기서 생명은 희망에서 구체적으로 회복해야 할 현실이 된다.

그는 민중신학의 해방만으로는 생명을 살릴 수 없다고 비판하면서 이제는 생명을 생성하는 데까지 나가야 한다고 본다. 생명의 생성은 하나님의 뜻이 이룩되는 공동체에서 찾을 수 있다. 그것은 기화(氣化) 과정으로서 생명의 생성을 의미한다. 사람과 사람, 사람과 자연 그리고 사람과 하나님 사이에 기가 통해야 한다. 기독교교육은 이 기화의 비밀을 터득하고 기화공동체를 육성하는 능력의 길을 찾아야 한다.14)

셋째, 생명윤리적 입장에서의 기독교교육이다. 이 입장은 기독교교

---

11) 문동환, 『생명공동체와 氣化敎育』(천안: 한국신학연구소, 1997), 12.

12) 문동환, 『생명공동체와 氣化敎育』, 15.

13) 문동환, "21세기 새로운 물결의 기독교교육", 1996년 한국신학대학교 민중교육연구소 학술 심포지엄 주제강연

14) 이에 대해서는 문동환, 『생명공동체와 氣化敎育』, 391 - 433을 참조할 것.

육이 생명윤리를 다루어야 할 이유로 ① 바른 생명윤리를 가르치는 것이 기독교교육의 기능이며, ② 생명을 위협하는 죽음의 문화가 만연하고 있기 때문이며, ③ 생명공학과 생명정보의 남용으로부터 생명권이 보호되어야 하기 때문으로 보면서 생명윤리적 기독교교육의 필요성을 확보하려고 한다.[15]

이 입장에서의 기독교교육은 생명에 대한 올바른 가치관과 질서를 생활 속에서 실천할 것을 목적으로 한다. 따라서 생명에 대한 바른 정보를 알리고, 생명의 존엄에 대한 사람들의 올바른 가치관을 형성하여, 궁극적으로 생명권에 대한 사람들의 올바른 윤리적 판단과 윤리적 행위를 실천할 수 있도록 하려는 것이다.[16]

그 밖에 생태교육학적 입장과 발달론적 입장에서의 기독교교육적 논의가 있다. 생태교육학적 입장은 기독교교육에서의 생태학 논의의 중요성 내지 생태학적 패러다임의 전환을 촉구하는 입장이며,[17] 발달론적 입장은 인간의 발달을 생명의 성장으로 보고, 생명의 성숙을 돕기 위해 발달심리학을 이용한다.[18]

그런데 생명에 대한 기독교교육의 위와 같은 입장들은 최근 논의되고 있는 생명신학에 대한 전반적인 입장을 전체적으로 다루고 있지 못하다. 기존 생태학의 신론적 · 성령론적 차원의 논의를 벗어나지 못하고 있다. 생태학을 신론적 · 성령론적으로 다룰 경우, 결정적

---

15) 한미라, "생명윤리, 21세기 기독교교육의 화두", 「기독교사상」506(2001. 2), 163 - 65.

16) 한미라, "생명윤리, 21세기 기독교교육의 화두", 163.

17) 이준모, "생태적 교육학의 철학적 기초", 「한신논문집」15:1(한신대학교, 1998), 185 - 224; 이준모, "종교다원주의에서 종교생태학으로(1)", 「기독교사상」484(1999. 4), 106 - 16; 이준모, "종교다원주의에서 종교생태학으로(2)", 「기독교사상」485(1999. 5), 128 - 49.

18) 이금만, "생명교육 이야기", 「기독교교육」(1997. 7. 8 ~ 1998. 9); 이금만, 『발달심리와 신앙교육』(서울: 크리스찬치유목회연구원, 2000), 116 - 29.

인 한계는 예수의 위치이다. 즉 생태적 문제에 있어서 아들 하나님인 예수의 역할이 무엇이냐는 것이다. 삼위의 한 분이신 아들 예수 역시 세계의 창조에 관여했음에도 불구하고(창 1:26), 피조된 세계에서의 지위가 모호해지게 되었다. 따라서 생태학적 문제에 있어서 기독론적인 검토는 기존의 신론적 · 성령론적 · 생태학적 논의를 보완하기 위해 필요한 일이다.

## 2. 생명의 현장, 예수 탄생

기독교교육은 인간의 전인성을 목적으로 한다. 그러나 전인성은 인간 개인에 한정된다는 한계가 있다. 기독교교육이 전인성의 한계를 넘어서기 위해서는 지식과 삶의 일치라는 대안마저 넘어서야 한다.[19] 왜냐하면 그러한 대안이 결정적으로 누락시키고 있는 것은 교육을 인간적 차원, 즉 인간 위주로 고려한다는 점이다. 생명신학의 입장에서 보면 인간은 자연과 다른 인간과 동떨어져 존재할 수 없다. 인간의 존재는 타 존재의 있음으로 가능한 것이다.

일찍이 우리 브론펜브레너(Urie Bronfenbrenner)는 인간의 발달을 생태학적 관점에서 볼 것을 제안하였던바,[20] 그의 시각은 작금의 기독교교육에도 유효하다. 즉 생명신학적 입장에서 기독교교육은 신앙을 배경으로 한 지 · 정 · 의의 전인성을 목적으로 하는 차원을 넘어 자연과 인간환경을 아우르는 광범위한 문맥으로 확대되어야 한다.

---

19) 송순재, "기독교적 삶의 형성을 위한 '통전성' 문제", 한국기독교학회 편, 「한국기독교신학논총」22(2001), 231－63.

20) Urie Bronfenbrenner, *The Ecology of Human Development*, 이영 역, 『인간발달생태학』 (서울: 교육과학사, 1992).

예수 탄생의 성육신 사건은 자연과 인간 모두를 포함하는 기독교 교육의 지평 확대에 대해 정당성을 부여해 준다. 아기 예수가 탄생하는 성육신 사건은 신학적·영적인 사건만은 아니다. 성육신 사건은 생명의 전체적 상황이 적나라하게 펼쳐진 사건이라 할 수 있다. 아기 예수가 강보에 싸여 구유에 누워 있는 그곳에는 들에서 양을 치던 목자들과 말, 소 등 가축이 함께한다. 나아가 하늘의 천사가 그 배경에 자리 잡고 있어 생명신학의 세 가지 장이라 할 수 있는 하나님, 사람 그리고 자연이 집약되어 있다. 참생명이신 예수님이 가축들이 머무는 마구간에서 탄생하셨다는 사실, 그것 자체가 생태학적인 본질적 생명의 탄생이 아닌가!

## 3. 함께 있는 임마누엘 생명

생명을 크게 나눈다면 육체적 생명과 영적 생명으로 나눌 수 있을 것이다. 이 둘이 만나는 한 점이 있다. 그것은 하나님의 생명이 가장 응축된 형태로 나타난 사건인 예수의 탄생이다. 만일 예수 탄생의 육적인 면만 본다면 그것은 일개 인간의 출생에 불과하다. 예수의 탄생이 의미를 갖는 것은 영이신 하나님이 인간으로 오셨다는 데 있다. 따라서 우리는 예수의 탄생에서 진정한 생명이 무엇인지를 발견하게 된다. 예수가 (길이요, 진리요,) 곧 생명이다(요 14:6).

예수의 탄생은 구약의 우주적 구원 전통의 맥락과 통해 있다. 마태는 예수가 구세주이심을 증명하기 위해 예수 탄생의 장소를 권력정치와 각질화된 종교의 중심지인 예루살렘으로부터 히브리적 신앙전승이 살아 있는 작은 마을 베들레헴으로 옮긴다. '다윗의 동네'인

베들레헴에서의 예수 탄생은 인간과 자연 모두의 구원에 대해 말하는 히브리적 전통의 맥을 잇는 사건이다.

예수의 탄생은 진정한 생명의 탄생일 뿐만 아니라 생명의 존재 이유를 제시한다. 예수, 곧 생명의 다른 이름은 '임마누엘'이다(마 1:23). 임마누엘은 번역하면 '하나님이 우리와 함께 계시다'라는 뜻이다. 그 이름대로 예수는 세상에 오셔서 세상에 머무셨다. 이 땅(곧 자연)에서 사람과 함께 계셨다. 두세 사람이 (그의) 이름으로 모인 곳에 그들 중에 함께 계셨다(마 18:20). 그의 '함께하심'은 부활 후 승천 때에도 약속된다(마 28:20). 예수는 탄생부터 이 땅에서 생활하시다가 이 땅을 떠나 하늘로 오를 때까지 사람들과 함께 계신 임마누엘이셨다.

임마누엘은 단지 하나의 공간을 공유하고 있다는 의미 이상이다. 그것은 하나의 신앙고백이다. 임마누엘은 "하나님이 우리와 함께 계시다"(마 1:23)는 뜻이다. 그런데 여기서 '우리'는 누구인가. 이는 예수의 이름을 임마누엘이라고 하는 그들이다.[21] 누가 예수를 임마누엘이라 하는가. 예수를 임마누엘이라고 하는 그들은 예수를 구주로 고백하는 자들이다. 왜냐하면 마태에게 죄로부터의 구원은 인간과 함께하는 하나님의 존재와 동일하기 때문이다.[22] 임마누엘은 예수를 통해 하나님이 우리와 함께하심을 강조하는 말 이외의 다른 말이 아니다.[23]

그런데 예수 탄생의 임마누엘의 사건은 하나님, 인간 그리고 자연과 함께 얽혀 있는 사건이다.

---

21) 조경철, 『마태복음』(서울: 대한기독교서회, 1999), 71.

22) Eduard Schweizer, *Das Evangelium nach Matthaus*, 한국신학연구소번역실 역, 『마태오복음』 국제성서주석 29(서울: 한국신학연구소, 1982), 35.

23) 김득중, 『마태복음』(서울: 성서교재간행사, 1987), 45.

## 4. 삼위일체적 예수 탄생

예수는 세상에 오셔서 하나님과 사람과 자연과 더불어 머무셨다. 예수는 하나님과 함께 있었다. 예수가 하나님과 함께 있다는 사실은 그의 진술로부터 분명하다. "나를 본 자는 아버지를 보았거늘 어찌하여 아버지를 보이라 하느냐"(요 14:9), "나를 보는 자는 나를 보내신 이를 보는 것이니라"(요 12:45).

하나님과 함께하는 것은 인간 편에서의 노력이다. 어린 아기 예수에게 이것이 가능했을까. 아기 예수를 신적으로 우상화한다면 예수의 인성을 부인하게 된다. 아기 예수는 초월적 능력이 아닌 꿈을 통해 계시받은 대로 행하면서 하나님께 대한 순종을 보여 준 부모를 통해 하나님께 대한 신뢰를 배웠을 것이다. 아기 예수는 그 부모를 통해 하나님과 함께 있었다고 볼 수 있다.

예수는 세상에서 사람들과 함께 계셨다. 아기 예수는 목자들(눅 2:15 - 20)과 시므온(눅 2:25 - 35), 여선지자 안나(눅 2:36 - 38), 동방박사들(마 2:1 - 8)과 함께하신다.

예수 탄생 기사에서 목자들의 등장은 메시야의 성격을 드러내 준다. 목자의 임무는 모으고 인도하고 먹이고 치료하는 것이다(미 5:2, 삼하 5:2). 특히 마태는 미가서를 인용하여 목자의 임무를 먹이는 것에서 찾는다. '먹임' 또는 '먹음', 즉 먹는 행위야말로 생명을 유지하게 하는 기본적 행위이다. 예수를 목자로 묘사하는 이유는 바로 예수가 우리에게 생명을 주시는 분이시라는 뜻이다.[24]

특히 바빌론의 점성가들로 보이는 동방의 박사들은 이름과 나이와

---

24) 예수는 마지막 만찬에서 자신의 생명이 먹는 행위 가운데서 보존될 것임을 말한다.

피부색이 다르다. 이것은 예수가 여러 이방나라들과 세상의 모든 사람들까지 자신의 구원 안에 포함시키시는 분이심을 보여 준다.

예수는 사람들에게 기쁨(마 2:10), 찬송(눅 2:20) 그리고 감사(눅 2:38)를 일으킨다. 이 정서들은 생명의 긍정적 성분들이 아니고 무엇이겠는가!

예수는 자연과 함께 계셨다. 아기 예수는 구유에서 나셨다(눅 2:7, 16). 그곳에 가축들이 함께 있었을 것이다. 동방박사들에게 아기 예수의 탄생을 알려 주고(마 2:7) 인도해 준 것은 별이었다(마 2:9). 여기서 별은 자연의 일부이지만 살아 있다.

별은 알려 주고 인도한다. 별은 하나님을 나타내는 상징이기도 하다. 예수 탄생 기사에서 별은 하늘로부터 수직적으로 땅으로 내려와 구세주의 탄생을 알려 준다. 그리고 땅에 있는 사람들을 수평적으로 이끌어 예수에게로 인도한다. 천상적 · 수직적 알림과 지상적 · 수직적 인도가 교차하는 곳에 예수의 탄생이 자리한다.

별과 그것이 있는 하늘은 땅과 구별되어 왔다. 하늘은 영적 세계처럼, 땅은 육체의 세계처럼 묘사되어 왔다. 자연의 하늘은 요한 게르하르트(Johann Gerhard)가 말하는 바와 같이 공기의 하늘과 별들의 하늘을 의미할 수 없다. 왜냐하면 공기의 영역들과 별들의 영역들은 자연의 한 부분적 영역에 불과하기 때문이다. 예수의 성육신으로 말미암아 별의 하늘이 열린다. 그래서 하늘과 땅은 별을 통해 하나가 되고, 그리스도의 포괄적인 평화 속에서 상호간의 개방된 교통에 도달한다.[25]

---

25) Jürgen Moltmann, *Gott in der Schöpfung: Ökologische Schöpfungslehre*, 김균진 역, 『창조 안에 계신 하나님』(천안: 한국신학연구소, 1991), 203.

예수님은 생태계 속에 계신다.26)

> "처음 신앙심을 찾고 교회든 성당이든 어디든 가서 기도를 하려고……헤매어
> 다니는데 정말 들어가고 싶은 곳이 없었다. 산을 깎고 나무를 베어 낸 교회는 가
> 고 싶지도 않았다. 자연을 파괴하고 나무를 마구 베어 콘크리트를 올리는 사람들
> 이 하느님을 경배할 리가 없다는 생각 때문이었다. 하느님의 창조물인 자연을 아
> 무렇게나 여기는 사람들이 그 창조자인들 제대로 모실까 싶었던 것이다."27)

따라서 생태학적 문제는 단순한 환경문제가 아니라 신앙문제가 된다.
이상에서 우리는 예수의 임마누엘 탄생사건이 단순한 탄생사건이
아니라 하나님과 사람과 자연과 유기체적으로 함께한 생태학적인 사
건임을 확인하였다. 그러므로 예수의 탄생사건은 생태학적 생명사건
이라고 볼 수 있으며, 예수의 탄생사건에 대한 교육이 곧 생명교육
이 될 수 있는 가능성이 열린다.

## 5. 기독교교육의 전환 모티프로서의 생명교육

종래의 생명교육은 창조질서의 보전이라는 차원에서 환경 파괴를
막고 보호하는 입장에서 행해졌다. 그와 같은 교육은 여전히 자연을
대상으로 하는 인간위주의 입장에서 행해지는 것이기 때문에 생명신
학의 본래 의미를 모두 담아낼 수 없다.

온전한 생명신학은 하나님, 인간 그리고 자연과의 관계를 모두 다
언급하는 것이어야 하는데, 그 성경적 근거를 성육신 사건에서 살펴
볼 수 있다. 성육신 사건은 예수 탄생의 축제적 사건만이 아닌 생명

---

26) 공지영 『수도원 기행』(서울: 김영사, 2001), 198.
27) 공지영 『수도원 기행』, 200.

신학적 사건으로 보아야 한다. 그리고 그런 관점에서 교육적으로 다루어져야 한다.

그러나 생명교육은 성육신 사건에 제한되지 않는다. 성육신 사건은 종래의 기독교교육이 생명교육으로 전환되어야 한다는 점을 시사한다. 이것은 기독교교육에 대한 두 가지 전망을 제시한다. 첫째로, 앞으로의 기독교교육은 생명교육이어야 한다는 것이다. 종전의 기독교교육은 기독교교육사상이라는 내용이나 방법에 치우쳐 그 근본 목적을 망각해 왔다. 기독교교육은 생명을 주는 교육 이상도 그 이하도 아니다. 기독교교육은 생명교육이라는 차원에서 자신의 정체성을 재정립해야 한다. 기독교교육은 더 이상 교회의 신앙유산을 후대에 전승시킴으로써 교회의 체제유지를 위하여 봉사하는 도구에 머물 수 없으며, 하나님의 나라를 위한 도구로서 역할을 수행하지 않으면 안 된다면, 기독교교육은 생명교육을 외면하거나 일시적으로 다루거나 하는 것이 아니라 기여하지 않으면 안 되는 기독교교육의 본질적인 과제에 속하는 것이다.[28]

둘째로, 기독교생명교육은 하나님, 인간 그리고 자연과의 관계에서 논의되는 삼위일체적이어야 한다는 것이다. 종래의 기독교교육은 그 내용과 방법 논의에 있어서 하나님, 인간 그리고 자연을 고려하지 않았다. 기독교교육이 이런 생명신학의 구성요소들을 고려할 때, 보다 그 이론이 정교화되며 현실 타당한 학문이 될 수 있을 것이다.

기독교의 생태학적 생명교육은 결코 자연에 대한 신비나 신성한 본질 등을 강조함으로써 생명에 대한 경외감을 일깨우려는 낭만주의적·복고적 교육으로서 머물러서는 안 될 것이다. 기독교교육은 하

---

28) 윤응진. "생태학적 위기와 기독교교육적 과제", 172-73.

나님과 자연, 인간과 자연의 관계를 적극적으로 추구하는 기회를 가져야 한다.[29]

## 6. 생명교육을 위한 제안

그렇다면 구체적으로 기독교생명교육은 어떻게 해야 할까.[30] 여기서는 성육신 사건을 중심으로 크게 유치부, 아동부 그리고 청소년부를 대상으로 하여 그 대강의 방향성만 언급하기로 한다. 유치부의 경우, 아기 예수님을 자연과 더불어 기뻐하도록 도울 수 있다. 우리는 종래의 자연을 환경보호의 차원에서 교육해 왔다. "땅과 거기 충만한 것과 세계와 그중에 거하는 자가 다 여호와의 것이로다"(시 24:1). 이 말씀은 인간만이 영을 가진 독특한 피조물이라는 특권에 대한 반성을 촉구한다.[31]

자연은 우리의 보호 대상이 아니며 개발 대상은 더더욱 아니다. 자연은 우리가 함께 있어야 하는 하나님의 또 다른 피조물일 뿐이다. 하나님은 피조계 안에서 책임 있게 행동하라고, 죽음 대신 생명을 선택하라고, 우리가 피조계의 일부임을 인정하고, 지구 생태계 안에서 존경하며 보다 겸손하게 살아가도록 도전한다.[32]

---

29) Susan P. Bratton, "Teaching Environmental Ethics from a Theological Perspective", *Religious Education* 85 : 1(Winter 1990), 29; 그리고 이영호, "창조질서의 보전과 기독교교육", 한국기독교교육학회 편 『기독교교육』(서울: 대한기독교교육협회, 1992), 317 - 22. 참조

30) 생명에 대한 일반적인 부서별 교육에 대해서는 이금만, 『발달심리와 신앙교육』, 126 - 29를 참조하라.

31) Bratton, "Teaching Environmental Ethics from a Theological Perspective", 28 이하.

32) Freda Rajotte, "Justice, Peace, and the Integrity of Creation", *Religious Education* 85 : 1(Winter 1990), 13.

우리는 예수의 탄생을 인간들의 성탄으로만이 아니라 피조계 전체를 위한 탄생으로 기억해야 한다. 여기서 '기억한다'는 것은 피조물들이 아기 예수의 탄생을 기뻐하고, 환영하는, 성서에는 기록되지 않아서 그래서 잊힌 것들을 기억하고 그 침묵을 듣고 참여해야 한다는 의미이다.33)

깊게 파인 굴속일지도 모르는 마구간에서 아기 예수는 가축들과 함께 거하신다. 굴과 가축들은 아기 예수를 받아들이며 그를 기뻐한다. 아기 예수는 굴의 든든한 보호와 가축들의 호기심을 평화 속에서 누린다. 자연과 인간이 공존하는 생명누리의 현장이다.

아동부의 경우, 기쁨과 감사로 생명을 향유하도록 도와야 한다. 동방에서 본 별이 박사들을 인도해 가다가, 아기가 있는 곳에 이르러서, 그 위에 멈추었을 때, 그들은 "무척이나 크게 기뻐하였다"(마 2:9 - 10). 이것은 유대인의 왕으로 나신 이를 찾는다는 말을 듣고 당황한 헤롯과 예루살렘 사람들과는 대조가 된다(마 2:3).

구유에 누인 아기 예수를 보고 돌아가며 영광과 찬송을 드린 목자들과 여선지자 안나처럼 생명에 대한 환희가 있어야 한다. 그러기 위해서는 생명이 가장 아름답게 그리고 거침없이 솟아오르는 장면을 제공하고 감격하도록 이끌어야 한다.34)

청소년부의 경우, 죽음 문화의 거짓됨을 비판하고 살림 문화로 나가도록 도와야 한다. 죽음 문화는 생명을 위협하고 경시하는 현상을 만연시키고 있으며 나아가 하나님의 창조행위를 부인하고 신의 창조적

---

33) Anne M. Dalton, "Befriending an Estranged Home", *Religious Education* 85:1 (Winter 1990), 17.
34) 문동환, 『생명공동체와 氣化敎育』, 398.

능력을 대신하려는 교만에 이르게 하고 있다.[35] 매스미디어와 사이버 공간을 통하여 걷잡을 수 없이 퍼지는 죽음 세력들의 정체를 파악하고 살리는 생명의 능력으로 승리할 수 있는 힘을 길러 주어야 한다.

예수께서 탄생하실 때, 헤롯은 죽음의 세력을 대표한다(마 2:13, 16). 그러나 그 거짓되고 어두운 세력은 예수의 생명을 침해하지 못한다. 마태는 탄생하신 예수의 생명이 커 가는 것에 반비례하여, 죽음의 세력인 헤롯에 대해 '헤롯이 왕이었던 때에'(마 2:1), '헤롯왕'(마 2:3) 그리고는 그냥 '헤롯'(마 2:7, 12)으로 점차 가볍게 지칭한다. "유대인의 왕으로 나신 이가 어디 계시뇨?"(마 2:3)라는 동방박사들의 물음은 죽음의 세력인 헤롯에 대한 생명의 도전이다. 헤롯은 이에 대해 보다 많은 죄 없는 영아들의 죽음으로 대응할 뿐이다(마 2:8).

환경이 무절제하게 파괴되고, 생명이 비인격화되고 성이 상품화되며, 폭력이 난무하는 현장이면 어디나 예수의 생명이 필요한 곳이고 승리가 이루어져야 할 곳이다. 죽음보다 생명이 더 강함을 확신하고 맞서 싸우는 그곳에 온전한 구원이 이루어짐을 가르쳐야 한다.


## Ⅳ. 나가는 글

생태학적 위기의 문제는 일단 인간문명의 발달이 빚어낸 결과이다. 그러나 생태 위기의 보다 깊은 원인은 인간의 물질주의적 가치관이 빚어낸 탐욕이거나 자본주의적 구조이다. 생태 위기의 원인이 정확히 무엇이든 기독교는 그 어떤 원인으로부터도 자유로울 수 없다.

---

35) 한미라, "생명윤리, 21세기 기독교교육의 화두", 164.

기독교가 생태 위기의 원인 제공자이든 생태 위기의 해결자를 자임하고 나서든 마찬가지이다.

생태 위기에 대한 기독교의 대처는 그 원인을 신학적으로 규명한다거나 환경보호에 대한 사명고취 정도였다. 그것은 주로 신론, 성령론적 차원에서의 논의였기에 온전한 이해로는 불충분하였다.

따라서 이 글에서는 생태학적 문제를 기독론적으로도 논의해야 한다고 제안하면서, 생태학적 문제를 생명 차원으로 전환시켰다. 그렇게 했을 때, 기독론적 생명 논의를 위한 가장 적절한 본문은 예수 탄생의 임마누엘 사건이었다.

임마누엘은 예수의 또 다른 호칭이 아니다. 그것은 구원의 다른 이름이다. 즉 하나님, 인간 그리고 자연과 더불어 있음으로써 생명을 부여하는 구원사건이다.

임마누엘의 예수 탄생을 생명과 구원의 사건으로 볼 때, 이것은 기독교교육이 추구하는 근본 의도와 맞아떨어진다. 따라서 생명교육은 기독교교육의 새로운 패러다임의 가능성을 갖는다.

생명교육으로서의 기독교교육은 구체적으로 유치부에서는 자연과 더불어 아기 예수의 탄생을 축하하는 일에 초점을 맞출 수 있다. 아동부에서는 예수의 탄생과 함께했던 사람들의 정서적 측면인 기쁨과 감사 그리고 찬양에 중점을 둘 수 있다. 청소년부에서는 예수 탄생의 생명사건에서도 어김없이 나타난 사망의 세력을 인식하고 그것을 극복하는 방안이 무엇인지 생각해 보도록 이끌 수 있다.

이와 같은 논의들을 통해서 볼 때, 생태학 문제는 생명문제이며, 그래서 참생명이신 예수 그리스도를 통해 해결해야 할 기독교교육의 새로운 문제임을 알 수 있다.

# 기독교교육 리더십은 무엇인가?
## : 구성요소를 중심으로

## I. 들어가는 글

오늘날만큼 리더십에 대해 관심이 많고 말이 무성한 시대도 없었을 것이다. 2005년 현재 국립중앙도서관의 '자료찾기'에서 통합검색을 한 결과, '리더십'이란 검색어로 521건, 'leadership'이란 검색어로 1,042건이 검색되었다. 랄프 스탁딜(Ralph Stogdill)과 버나드 배스(Bernard Bass)에 따르면 1981년 이전 리더십에 대한 문헌 4,725건 그리고 1980년대만 하더라도 132권이 이 주제에 대해 쓰였다.[1] 그럼에도 불구하고 "리더십은 이 세상에서 가장 이해되지 않은 것 중의 하나이다."[2] 리더십에 대한 이와 같은 극심한 이해의 결여는 기본적 전제와 용어 등에서 일치를 보이지 않기 때문이다. 경제이론 다음으로 이렇게 가장 기본적인 전제들에서조차 일치를 보지 못하는 분야는 없다.[3] 특히 리더십 연구 분야에서 가장 기저라 할 수 있는

---

1) Joseph C. Rost, *Leadership for the Twenty-First Century*(Westport, Connecticut: Praeger, 1993), 69.

2) James M. Burns, *Leadership*(New York: Harper Torchbooks, 1979), 2.

리더십과 리더라는 두 가지 용어에 대해서도 명료한 정의를 찾아볼 수 없고 합의를 이루지 못하고 있는 실정이다.[4] 상당수 책들이 이 개념들에 대해서 이미 누구나 다 아는 것으로 상정하여 언급하지 않고 있으며, 정의를 내렸다 해도 리더십을 다른 사람들을 조정하고 감독하고 통제하고 다스리는 다른 많은 사회적 과정들과 구별하지 못하고 있다. 즉 리더십을 리더십의 사회적 역할이나 리더가 하는 일로 정의하고 있다.

이와 같은 사정은 기독교교육 분야라고 해서 예외는 아니다. 기독교교육 분야에서 리더십에 관한 문헌들은 흔하지 않다. 국내의 경우나[5] 외국의 경우나 마찬가지이다.[6] 문제는 일반 리더십 이론에서와

---

3) Rost, *Leadership for the Twenty-First Century*, 69.

4) 1989~90년 사이에 나온 리더십과 관계 문헌 587건 중에서 221건에서만 리더십에 관한 정의를 찾아볼 수 있다. 그마저도 리더십을 '경영'(management)과 동일시하는 잘못을 보인다. Rost, *Leadership for the Twenty-First Century*, 69.

5) 김승곤, "예수님의 영적 리더십에 관한 연구", 「논문집」 25(안양: 성결대학교, 1996), 67-84; "성경적 리더십의 권위에 관한 연구", 「논문집」 26(안양: 성결대학교, 1997), 167-83; "성경적 리더십의 의사소통", 「성결신학연구」 2(안양: 성결대학교 성결신학연구소, 1997), 43-58; "바울의 영적 리더십에 관한 연구", 「논문집」 27(안양: 성결대학교, 1998), 225-40; 주상지, "리더십과 결장", 「복음과 실천」 24(대전: 침례신학대학교, 1999 가을), 302-31; "리더십과 위임", 「복음과 실천」 22(대전: 침례신학대학교, 1998 여름), 309-40; "리더십 이론과 유형", 「복음과 실천」 19(침례신학대학교, 1996), 462-95; "리더십 효능성을 위한 동기 여부의 원리", 「복음과 실천」 20(대전: 침례신학대학교, 1997 여름), 316-50; "교회 리더십과 임파우먼트", 「복음과 실천」 28(대전: 침례신학대학교, 2001 가을); "리더십과 멘토링", 「복음과 실천」 31(대전: 침례신학대학교, 2003 봄), 207-29; 고용수, "교육목회와 지도력 개발", 「교회와 신학」 31(서울: 장로회신학대학교, 1997 여름), 43-59; 권용근, "한국교회 지도력 모형 개발에 관한 연구", 「신학과 목회」 12(경산: 영남신학대학교, 1998), 331-42; 사미자, "교회여성 지도력 개발의 실제", 「교회와 여성 자료집」(1998); 박영철, "지역교회에서의 평신도 지도자 개발에 관한 연구", 「복음과 실천」 9(대전: 침례신학대학 출판부, 1986), 139-70; 이희능, "교회지도자의 자기훈련과 자기개발", 「지성과 창조」 2(천안: 나사렛대학교 출판사, 1999), 91-121; 정웅섭, "그룹 리더쉽 고찰: 집단 역할 속의 교회지도자론(연재 I-X)", 「세계와 선교」 18-23(서울: 한국신학대학, 1971. 6-1972. 10); 한숭홍, "21세기 교회가 요구하는 지도자상", 「교회와 신학」 31(서울: 장로회신학대학교, 1999 · 봄), 78-92; 박경순, "목회자 연장교육의 현황과 개선 방향에 대하여: 기독교대한성결교회를 중심으로", 「신학과 선교」 30(부천: 서울신학대학교, 2004), 65-88; 박경순, "기독교교육행정가로서 담임목사의 역할", 「교수논총」 16(부천: 서울신학대학교, 2004), 143-64.

6) [BOOKS] Harry C. Munro, *The Director of Religious Education*(Philadelphia: Westminster Press, 1930); Price H. Gwynn, *Leadership Education in the Local Church*(Philadelphia: Westminster Press, 1952); Frank M. McKibben, *Guiding Workers in Christian Education* (Nashville: Abingdon Press, 1953); Joseph C. Neiman, *Coordinators*(Winona, MN: Saint Mary's Press, 1971); Maria Harris, *The D.R.E. Book: Questions and Strategies for Parish Personnel*(New York: Paulist Press, 1976); Dorothy J. Furnish, *DRE/DCE: The History of a Profession* (Nashville: Christian Educators Fellowship of the United Methodist Church, 1976); Thomas Smith, *A Day in the Life of a DRE*(Washington D.C.: NCEA, 1980); Francis Kelly, *The Vocation and Spirituality of the DRE*(Washington D.C.: NCEA, 1980); Maria Harris, ed., *The DRE Reader: A Source book in Education and Ministry*(Winona, MN: Saint Mary's Press, 1980); *Resource Guidebook for Diocesan Directors of Religious Education Concerning Parish Directors of Religious Education*(Washington: NCDD, 1980); David A. Bickimer, *Leadership in Religious Education: A Prehensive Model*(Birmingham, AL: Religious Education Press, 1989); Donald G. Emler, *Revisioning the DRE*(Birmingham, AL: Religious Education Press, 1989); Thomas O. Gangel, *Leadership for Church Education*, 권 명달 역, 『교회교육의 리더십』(서울: 보이스사, 1991); Jerry M. Stubblefield, *The Effective Minister of Education: A Comprehensive Handbook*(Nashville, TN: B&H Publishing Group, 1993); Will Beal, compiler, *The Work of the Minister of Education*; *The Minister of Education as a Growth Agent*; *The Minister of Education as Educator*(Southern Baptist Sunday School Board). [ARTICLES] Henry F. Cope, "Directors of Religious Education in Churches", *Religious Education* 10:5(October 1915), 444 – 47; Tilden Harrison, "Training Methods for Improving Group Leadership", *Religious Education* 47:6(Nov. – Dec. 1952), 387 – 92; Lawrence C. Little, "Leadership Resources and Training", *Religious Education* 49:2(Mar. – Apr. 1954), 164 – 8; William F. Clarke, "A Canadian Experiment in Leadership Education", *Religious Education* 51:2(Mar. – Apr. 1956), 94 – 96; M. Rose Eileen, "College Laboratory Experiences in Christian Leadership", *Religious Education* 51:2(Mar. – Apr. 1956), 97 – 101; William F. Case, "The Director of Religious Education", Marvin J. Taylor, ed., *Religious Education: A Comprehensive Survey*(Nashville, TN: Abingdon, 1960), 259 – 69; Virgil E. Foster, "Leadership Education", *International Journal of Religious Education* 38(Summer 1961), 4 – 12; Allen E. Kroehler, "Christian Leadership and Exceptional Persons", *International Journal of Religious Education* 41(Fall 1965), 20 – 28, 39; Mary Alice Douty Edwards, "Motivations for Christian Leadership", *International Journal of Religious Education* 44(Dec. 1967), 14 – 35; Gerald F. Colvin, "Why Leaders Lead When", *Religious Education* 66(Sept. – Oct. 1971), 380 – 84; Clifford Tharp, Jr., "The Parish Minister of Education: An Examination of Roles", *Religious Education* 67(1972), 289 – 97; Stephen Nevin, "Parish Coordinator: Evaluating Task and Roles", *The Living Light* 9:1(Spring 1972), 48 – 56; Joyce Hyacinth Elaine Bailey, "Racial Consciousness and Christian Education: A Leadership Education Project for Adult Members of the Black Church in America", *Religious Education* 69:4(Jul. – Aug. 1974), 479 – 80; Laurence W. Coles, "Study of the Differential Effects of

같이 기독교교육 리더십에 대한 정의가 다양하며, 따라서 합의를 이루지 못하고 있어 불분명하다는 것이다.

기독교교육 리더십 개념의 불명료성으로부터 일어나는 부정적 측면은 이 주제에 대한 연구의 불편함을 넘어서 기독교교육에 실제적인 폐해로 나타날 수 있다. 주지하다시피 기독교교육 지도자는 기독

---

Two Leadership Training Styles on United Methodist Adult Groups", *Religious Education* 69:4 (Jul.–Aug. 1974), 480; Eugene B. Borowitz, "Tzimtzum: A Mystic Model for Contemporary Leadership", *Religious Education* 69(Nov.–Dec. 1974), 687–700; Randolph Crump Miller, "Religion Teacher Today", *Religious Education* 69(Nov.–Dec. 1974), 643–700; Richard Wagner, "Problems in Training Informal Religious Educators", *Religious Education* 71(Mar.–Apr. 1976), 143–53; Alvin I. Schiff, "For Subtle and Indirect Leadership", *Religious Education* 72(Jan.–Feb. 1977), 31–33; Stephen A. Schmidt, "A Theology of Church Leadership", *Religious Education* 77:5(Sept.–Oct. 1982), 582–83; Dorothy J. Furnish, "The Profession of Director or Minister of Christian Education in Protestant Churches", Marvin J. Taylor, ed., *Changing Patterns of Religious Education*(Nashville, TN: Abingdon Press, 1984), 193–204; Maria Harris, "U.S. Directors of Religious Education in Roman Catholic Parishes", Taylor, *Changing Patterns of Religious Education*, 205–19; Regina Coll, "Power, Powerlessness and Empowerment", *Religious Education* 81:3(Summer 1986), 412–23; Bob I. Johnson, "Lay Religious Education Leadership and the Planning Process: Volunteers", Nancy T. Foltz, ed., *Religious Education in the Small Membership Church*(Birmingham, AL: Religious Education Press, 1990), 138–63; Sally Naylor Johnston, "In the Name of Jesus: Reflections on Christian Leadership", *Religious Education* 85:3(Summer 1990), 482–83; Colleen M. McDonald, "Leadership in Religious Education", *Religious Education* 87:4(Fall 1992), 635–37; Marc M. Warnet, "Klein, Joseph. The Levels of Religious Schooling and Practices of Teachers and Their Perception of School Leadership", *British Journal of Religious Education* 19(Summer 1997), 157–70; Christopher Meehan, "Catholic Schools in Contention: Competing Metaphors and Leadership Implications", *British Journal of Religious Education* 23:1(Autumn 2000), 65–7; Alison Jordan, "Stuart Kelman, The Rabbinic Leader and the Volunteer Leader", *Religious Education* 97:4(Fall 2002), 322–34; Barry K. Gaeddert, "Classroom Research in Church and Synagogue: How Lay Volunteers Can Practice the Scholarship of Teaching", *Religious Education* 97:4(Fall 2002), 335–41; Nava Maslovaty, "Teacher Perceptions of the Ideal High School Student in the State Religious Subsystem in Israel as Influenced by Teacher Profil", *Religious Education* 97:4(Fall 2002), 357–76; Elie Holzer, "Conceptions of the Study of Jewish Texts in Teachers' Professional Development", *Religious Education* 97:4(Fall 2002), 377–403.

교교육의 전문가로서 교회 현장의 교육의 책임을 맡고 있는 사람이다. 그런데 '기독교교육 지도자는 누구인가?'라는 정체성이 불명확할 경우, 그가 하는 일의 영역이 모호해지고, 그렇게 되면 교회 현장 교육의 체계성은 보장받을 수 없게 될 것이다. 따라서 기독교교육 지도자에 대한 정의 내리기는 단순한 이론적 연구 이상의 의미를 지니게 되며, 교회 현장의 교육과 직접적으로 연결된 중요한 문제임을 알 수 있다.

기독교교육 지도자에 대한 이와 같은 연구의 필요성에 따라 여기서는 먼저 리더십에 대한 일반적 개념에 대해 살펴본 다음에, 기독교교육 리더십의 개념이 무엇인지를 알아본다. 그러면서 기존의 리더십 개념이 불분명한 기준에 의해 정의되었음을 지적하고 새로운 차원에서 리더십의 개념을 규정하는 시도를 할 것이다. 일반적으로 리더가 가진 힘으로서의 리더십과 리더십의 주체인 리더는 구분되나 이 글에서는 때에 따라서 혼용된다.

## Ⅱ. 특성과 기능으로서의 리더십

### 1. 리더십의 정의

리더십에 대한 정의는 다양하다. 리더십은 그것을 연구하는 연구자의 의도, 접근 방식에 따라 그 의미가 다양하게 나타나고 있다. 그러므로 리더십의 개별적 정의를 살펴보는 것은 큰 의미가 없다. 수많은 정의들의 열거는 오히려 정의를 내리는 것을 방해할 수 있다.

그러므로 여기서는 리더십에 대한 일반적 이론들이 리더십에 대한 관점들로부터 생성되었다는 입장에서, 이론으로부터 정의를 추론하는 방식을 통해 리더십 개념에 대해 알아보겠다.

## 1) 특성으로서의 리더십

심리학적 접근이라 할 수 있는 특성이론(trait theories)은 리더가 다른 사람들과 비교해 볼 때 다른 사람들이 갖고 있지 않은 특성들에 착안해서 나온 이론이다.[7] 이 이론에 따르면, 리더는 성격, 동기, 가치관, 능력 등에서 다른 사람들과 구별된다는 것이다.[8] 그 구별되는 성격의 소유가 리더십으로 정의된다. 그러나 리더십의 특성이라고 열거된 내용들이 반드시 리더십에만 해당되는 특성인가? 그리고 그와 같은 특성들을 가진 사람은 모두 리더가 될 수 있는가? 리더십에는 분명 그 특성만으로는 규정할 수 없는 무엇인가가 있다.

## 2) 행동으로서의 리더십

행동과학적 접근이라 할 수 있는 행동이론(behavioral theories)은 리더들이 특히 따르는 자들과의 관계에서 보여 주는 적절한 행동 스타일이나 행동 패턴이 있다는 것이다.[9] 리더들의 행동 유형들은 대

---

7) 이 이론의 주요 연구자와 문헌은 다음과 같다. Ordway Tead, *The Art of Administration* (New York: McGraw-Hill, 1951)과 Ralph M. Stogdill, "Personal Factors Associated with Leadership: A Survey of the Literature", *Journal of Psychology* 25(1948), 35-71.

8) 이 특성 이론에서 일반적으로 문제가 되는 내용은 첫째, 지도자들이 리더십의 특성이라고 하는 그 모든 특성들을 소유해야 하는가? 그렇다고 한다면 한 지도자가 그와 같은 모든 특성들을 소유하는 것이 가능한가? 설사 그와 같은 모든 특성들을 소유한다고 하더라도 그와 같은 지도자의 특성들이 모두 필요한 것인가? 또 그와 같은 특성들은 타고난 것인가, 계발된 것인가? 특성이론에 따르면 리더는 신장·외모와 같은 생리적 조건이나 지능·언변·창의성·사회적 통찰력·기질 등과 같은 선천적인 요소뿐만 아니라, 가치관·지식·리더십 스킬 등과 같은 후천적 학습적 요소들의 종합에 의해서 결정된다는 것이다.

9) 이 이론의 주요 연구자와 문헌은 다음과 같다. Kurt Lewin, *A Dynamic Theory of Personality:*

체로 '과업지향적', '관계지향적', '변화지향적' 등이라는 것이다. 즉 이와 같은 행동 특성을 보이는 사람들이 리더십을 가졌다는 것이다. 그런데 전술한 바와 같은 행동의 특성을 보이는 사람은 누구나 리더십을 가진 사람이라고 할 수 있는가? 리더가 아닌 사람도 그와 같은 행동 유형에 맞추어 행동이 수정된다면 리더십을 발휘하게 되는가? 리더십과 외적인 특정한 행동 유형을 동일시하는 것은 리더십의 내면적 성격을 무시하는 것이다.

### 3) 상황 적응력으로서의 리더십

사회과학적 접근이라 할 수 있는 상황이론(situational theories)은 리더에게 독특한 특성이 있다는 특성이론과, 리더들은 특별한 행동 방식을 보인다는 행동이론과는 달리 보편적 리더의 특성은 없다고 보면서 특정 상황에 적합한 리더가 있을 뿐이라고 주장한다.10) 이 이론에서는 주어진 상황에서 리더가 따르는 자에게 얼마나 영향력을 미치는지가 중요하게 여겨진다. 리더십을 하나의 영향력이라고 본다면 영향력이 있는 사람은 모두 리더십이 있는 것인가? 더구나 따르

Selected Papers(New York, London: McGraw-Hill Book Company, inc., 1935); Robert Tannenbaum and W. Schmidt, "How to Choose a Leadership Pattern", Harvard Business Review 51(1973), 162-80; Andrew W. Halpin and B. J. Winer, The Leadership Behavior of the Airplane Commander (Washington D.C.: Human Resources Research Laboratories, Department of the Air Force, 1952); Robert R. Blake and James S. Moulton, The Managerial Grid(Houston, TX: Gulf Publishing Co., 1964).

10) 이 이론의 주요 연구자와 문헌은 다음과 같다. Fred E. Fiedler, A Theory of Leadership Effectiveness(New York: McGraw-Hill, 1963); William J. Reddin, Managerial Effectiveness(New York: McGraw-Hill, 1970); R. J. House, "A Path-Goal Theory of Leadership Effectiveness", Administrative Science Quarterly 16:3(1971), 321-38; Paul Hersey and Kenneth H. Blanchard, Management of Organizational Behavior: Utilizing Human Resources, 6th ed.(Englewood Cliffs, NJ: Prentice Hall, 1993).

는 자들을 그릇된 방향으로 이끄는 리더십은 어떻게 보아야 하는가?

전통적 리더십 이론이라고 할 수 있는 앞의 내용들은 리더십의 개념을 정의하는 데 한계가 있다. 그것들은 리더십을 단순히 특성, 행동, 적응력 등으로 파악함으로써 리더십을 비인격적이고 비윤리적인 성격으로 타락시킬 우려가 있다.

### 4) 변혁으로서의 리더십

앞서의 전통적 리더십 이론들과 달리 최근 다양한 리더십 이론들이 경쟁을 하고 있다.[11] 이와 같은 이론들을 포괄하는 리더십 이론을 변혁적 리더십(transformational leadership)이라고 할 수 있을 것이다. 전통적 리더십이 리더의 특성이나 행동 유형, 나아가 상황의 차원에서 현재의 상황을 그대로 인정하는 정태적 규명이었다면, 시대와 사회의 급격한 변화 상황 속에서 나온 변혁적 리더십은 현재의 조직 상황에 변화를 가해 개혁시키려는 의도를 갖고 있다. 변혁적 리더십은 높은 수준의 도덕적인 가치와 이상에 호소하여 추종자들의 의식을 더 높은 단계로 끌어올리며, 그들을 전인격체로 대우하고 동기화시키고, 추종자들의 행동을 끊임없이 변화시켜 기대 이상의 직무 성취를 가능케 하는 것을 의미한다. 변혁적 리더십은 어떤 특정한 리더십 형태를 지칭하는 것이 아니고 이처럼 하나의 정신이라고 할 수 있다. 변혁적 리더십은 앞서 언급했던 전통적 리더십 이론에서 보이는 특성, 행동, 상황 등이 함께 작용하여 '변혁'이라는 특성

---

11) 예를 들어 수평적 리더십, 섬기는 리더십(Max De Pree, Leading without Power, 윤방섭 역, 『권력 없는 리더십은 가능한가?』[서울: IVP, 1997]), 팀 리더십(Bob Rosner, Allan Halcrow, and Alan S. Levins, The Boss's Survival Guide, 김은령 역 『최고의 팀을 만드는 리더의 법칙』[서울: 청림, 2002]) 등을 들 수 있을 것이다.

을 띤 리더십이라 할 수 있다. 즉 리더십을 하나의 특성으로 규정하고 있다.

이병진에 의하면, 교육을 염두에 둘 때, 대표적인 것들로는 도덕 리더십(moral leadership),[12] 문화 리더십(cultural leadership),[13] 카리스마 리더십(charisma leadership),[14] 피그말리온 리더십(Pygmalion leadership), 슈퍼 리더십(super leadership), 층 리더십(layer leadership) 등이 있다.[15] 도덕 리더십은 지도자의 도덕적 자질이 존경이나 동일시의 대상으로서 구성원에게 영향을 주며, 더 나아가 조직 차원에서는 구성원들이 조직의 과업을 수행하는 데 요구되는 규범이나 가치 등을 내면화해 가는 리더십이라 할 수 있다. 카리스마 리더십은 리더의 개인적인 인격, 신념 등에 의해 구성원들이 리더를 적극적으로 수용하여 기꺼이 복종하며 목표 이상의 직무 수행을 이끌어 내는 리더십을 말한다. 피그말리온 리더십은 교사의 고양된 기대가 학생의 학업 성취의 향상을 유발한다는 '피그말리온 효과'(Pygmalion Effect)[16]의 비유로부터 나온 리더십으로, 리더가 구성원들에 대한 계속적인 격려, 지원, 강화를 통해 구성원들의 수월성을 도출하는 리

---

12) 학교와 관련된 도덕 리더십은 Thomas J. Sergiovanni, *Moral Leadership: Getting to the Heart of School Improvement*(San Francisco: Jossey-Bass Publishers, 1992) 참조.

13) 교육과 관련된 문화 리더십은 William G. Cunningham and Donn W. Gresso, *Cultural Leadership: The Culture of Excellence in Education*(Massachusetts: Allyn & Bacon, 1993) 참조.

14) Alan Bryman, *Charisma and Leadership in Organization*(Newbury Park, CA: Sage Publications, 1992) 참조.

15) 이병진, 『새로운 교육의 패러다임 교육리더십』(서울: 학지사, 2003), 115-28.

16) Robert Rosenthal and Lenore Jacobson, *Pygmalion in the Classroom: Teacher Expectation and Pupils' Intelligence Development*, 심재관 역, 『기대와 칭찬의 힘 피그말리온 효과』(서울: 이끌리오, 2003).

더십이다.[17] 슈퍼 리더십은 구성원들에게 자율성과 권한을 부여하여 자신을 스스로 이끌 수 있는 셀프 리더(self leader)로 만드는 리더십을 말한다.[18] 층 리더십은 리더십이 특정한 개인에게 속해 있는 것이 아니라, 조직 내의 다양한 층으로 구성되어 있다는 것을 전제로 리더로 상정된 층들의 개인적인 차원과 그들이 접하게 되는 사회적 차원과의 조합이 효과를 발휘할 수 있도록 하는 리더십이다. 이와 같은 교육적 리더십은 모두 교육적 상황이라는 문맥으로부터 나온 것이거나 그 문맥을 염두에 두고 창안된 기능적 성격의 리더십이라 할 수 있다. 교육적 상황에서는 내용적으로 타당한 리더십일 수 있으나 리더십 자체가 무엇이냐 하는 개념에 대해서는 본질적으로 규정을 하지 못한다.

## 2. 기독교교육 리더십의 정의

여기서 기독교교육 리더십은 '교육전도사', '교육목사', '교육사', '교육전도사', '교육목회자'등 다양한 명칭으로 불리는 교회의 교육담당자들에 대한 총칭이다. 외국에서는 개신교의 경우 D.R.E.(Director of Religious Education) 또는 D.C.E.(Director of Christian Education)로, 가톨릭에서는 조정자(Coordinator)라고 불린다. 여기서는 이 모든 것을 포함하는 의미에서 '기독교교육 지도자'라는 말을 사용한다.

기독교교육 지도자에 대해 규정하려고 할 때, '그는 누구이며 무엇

---

17) Dove Eden, "Leadership and Expectations: Pygmalion Effects and Other Self-Fulfilling Prophecies in Management", *Leadership Quarterly* 3(1992), 271-305 참조.

18) Charles C. Manz and Henry P. Sims Jr., *Superleadership: Leading Others to Lead Themselves*(New York: Berkley Books, 1989).

을 하는가?'라고 묻는 것으로부터 답변을 찾기 시작할 수 있을 것이다. 이와 마찬가지로 기독교교육에서 리더십을 보는 관점은 크게 두 가지이다. 하나는 '그가 누구이냐?' 하는 것, 즉 정체성의 관점이고, 다른 하나는 '그가 무엇을 하느냐?' 하는 기능과 역할의 관점이다.19)

### 1) 정체로서의 리더십

이 입장은 기독교교육 리더십을 하나의 자격으로 본다.20) 그 자격은 크게 두 가지이다. 하나는 리더십의 자격은 기독교교육을 전공한 사람들에게 주어진다. 일정 교육과정을 수료하지 못한 사람들은 기독교교육 지도자라고 할 수 없다.

기독교교육 지도자의 다른 자격은 교회나 관련 단체에 의한 고용이다. 메리 엠 풍크(Mary M. Funk)에 의하면 기독교교육 지도자는 모든 연령층을 위한 교육적 프로그램을 통해 전체 교회의 교육을 지원하기 위해 그리고 그 프로그램들을 교회 사역의 주요 차원들인 메시지, 공동체 그리고 봉사와 통합시키기 위해 그리고 교회의 전체 교육 사역과 관련된 의사 결정, 목적 설정, 프로그램 실행, 평가 등에 일관성을 부여하는 일을 하기 위해 교회에 의해 고용된 사람이다.21) 기독교교육을 전공한 사람이라도 그가 교회에 의해 이와 같은 기독교교육과 관련된 일을 하기 위해 고용되지 않았다면 그를 기독

---

19) 마리아 해리스(Maria Harris) 역시 1970년 이래 성마리아출판사(Saint Mary's Press)의 월간지 *PACE*(Professional Approaches for Christian Education)에 실린 500편 이상의 글들 중에서 DRE 관련 글들을 편집할 때, 기독교교육 지도자 개념을 정체성과 하는 일을 기준으로 선정하고 있다. Maria Harris, ed., *The D.R.E. Reader: A Source book in Education and Ministry*(Winona, Minn.: Saint Mary's Press, 1980), 15 – 18.

20) Furnish, "The Profession of Director or Minister of Christian Education in Protestant Churches", 194 – 96.

21) Mary M. Funk, "The DRE Parishes Serious about Total Religious Education", Harris, *The D.R.E. Reader*, 20 – 21.

교교육 지도자라고 부르기 어렵다. 리더십을 하나의 직업으로 보는 관점은 기독교교육 지도자가 직업에 요구되는 자격을 갖추었다는 데 근거하고 있다. 기독교교육 지도자와 평신도가 교회에서 공히 돌봄과 가르침의 역할을 한다는 사실을 들어 기독교교육 지도자를 직업으로 보지 않는 관점도 있다. 그러나 기독교교육 지도자는 그런 일들을 잘하고 전문적으로 하기 위해 훈련받았다는 사실, 더구나 교회의 필요에 의해 고용된다면 그것은 직업일 수 있을 것이다. 구태여 차이와 수준 면에서 평신도보다 우월하다는 사실을 고려한다면 기독교교육 지도자는 보다 전문적인 평신도라고 할 수 있을 것이다. 기독교교육 지도자는 교회의 전체 교육 프로그램을 촉진시키고 방향을 제시하는 책임을 진 자격을 갖춘 고용된 사람이다. 개교회의 기독교교육을 지도·감독하고 조직하고 총합하기 위해 교회에 고용되어 봉급을 받는 전문가라고 해야 할 것이다.[22)

## 2) 기능으로서의 리더십

이 입장은 기독교교육 리더십을 그 역할과 과제를 중심으로 정의하고 탐구한다. 예를 들어 케네스 오 강겔(Kenneth O. Gangel)은 교회교육프로그램 차원에서 기독교교육 리더십을 사명, 의무, 교회 그리고 행정과의 관계에서 규정하고 있다.[23) 도로시 제이 퍼니시(Dorothy J. Furnish)는 기독교교육 지도자의 기능적 역할을 네 가지로 본다. 그것들은 프로그램 개발과 조정, 지도자 개발, 대변 그리고 모델을 형성하는 분담식 리더십이다.[24) 해리스가 편집한 책에 따르면, 기독

---

22) Harris, *The D.R.E. Book*, 2-3.

23) Gangel, *Leadership for Church Education*, 91-106.

24) Furnish, "The Profession of Director or Minister of Christian Education in Protestant

교교육 지도자는 그가 하는 일을 중심으로 조정자(Coordinator),25) 종교교육 총괄자,26) 방향 제시자,27) 직책 수행자,28) 교회 사역자29)로 역할이 규정되고 있다.30) 도널드 지 에믈러(Donald G. Emler) 역시 기독교교육 리더십을 역할과 기술의 차원에서 행정가와 프로그램 개발자, 교육 상담가, 학습 전문가, 연구 · 분석 · 평가자 그리고 신앙의 해석자로 본다.31) 조셉 니만(Joseph Neiman)은 기독교교육 지도자의 역할을 보는 네 가지 관점을 말한다.32) 첫째, 일반적으로 교회가 보는 것으로서의 역사 속에서 당대에서의 역할, 둘째, 또래들이 보는 역할, 즉 D.R.E.들이 함께 모여 서로 얘기를 나눌 때 그것에 대한 설명, 셋째, 주어진 교회 상황에서 미리 규정되어 행해지는 것으로서의 역할, 넷째, 특별한 기독교교육 지도자가 받은 은사나 인성으로서의 역할이 그것들이다. 윌리엄 에프 케이스(William F. Case)는 교육자, 조직가 그리고 행정가와 감독의 역할을 포함시켰다.33)

---

Churches", 200.

25) Thomas Walters, "The Coordinator: A Functional Definition", Harris, *The DRE Reader*, 15 - 18.

26) Mary M. Funk, "The DRE Parishes Serious about Total Religious Education", Harris, *The D.R.E. Reader*, 18 - 21.

27) Yvette Nelson, "A Modesy Vision", Harris, *The D.R.E. Reader*, 22 - 23.

28) Gene Scapanski, "Speculations on the Direction of DREs", Harris, *The D.R.E. Reader*, 23 - 26.

29) David D. Kasperek, "Redefining the Catechist's Role in Parish Ministry", Harris, *The D.R.E. Book*, 26 - 33.

30) Harris, *The D.R.E. Book*, 4. 그럼에도 불구하고 해리스는 기독교교육 지도자의 기능적 역할을 활동의 차원에서 보면서 교회의 사역 전체와 연관 지어 언급하기도 한다. 즉 디다케(didachē)/가르침, 레이투르기아(leiturgia)/기도, 코이노니아(koinonia)/교제, 케리그마(kerygma)/대변 그리고 디아코니아(diakonia)/문제 일으키기. Maria Harris, *Portrait of Youth Ministry*(New York: Paulist, 1981).

31) Donald G. Emler, *Revisioning the DRE*(Birmingham, AL: Religious Education Press, 1989), 79 - 237.

32) Joseph Neiman, *PACE*(Winona: St. Mary's College Press, December 1971), n.p.

전술한 기독교교육 지도자의 다양한 기능과 역할은 해리스를 따라 다음과 같이 정리할 수 있을 것이다. 그녀는 기독교교육 지도자를 감독, 조직가, 계획자, 행정가, 교사 그리고 자원가의 역할을 하는 사람으로 본다. 이와 같은 역할들은 크게 행정, 교육 그리고 종교의 세 영역으로 나눌 수 있다.[34] 스테픈 네빈(Stephen Nevin) 역시, 기독교교육 지도자는 이와 유사한 영역에 관계된 사람으로 본다.[35] 그것은 신학적 자원을 가진 사람, 대교사(master teacher) 그리고 조직가나 운영자인데, 이것들은 각각 신학, 교육 그리고 행정의 자질이나 능력과 관계된다.

기독교교육 리더십의 개념은 계속 변천되어 왔다. 기독교교육 지도자는 누구이고 무엇을 해야 하는가? 교육 지도자의 일은 일반적으로 교육적인 것으로 생각하나 상황은 그보다 훨씬 더 복잡한 것 같다. 아무도 교육 지도자가 할 일이 정확히 무엇이라고 규정할 수 없으며, 그랬더라도 한 해가 지나면 다시 완전히 새로운 일 규정이 만들어져야 할 정도이기 때문이다. 그래서 그 성격이 진화적이라고 할 수 있다. 즉 기독교교육 지도자라는 개념은 아직도 그리고 앞으로도 진행 중에 있는 개념(definition - in - process)일 수밖에 없을 것이다.[36] 기독교교육 지도자에 대한 이와 같은 사정을 전제로 하더라도 지금까지의 기독교교육리더십에 대한 개념들은 지나치게 리더십의 사회적 성격에만 관심을 기울여 왔다는 인상이 짙다. 즉 리더십을

---

33) Case, "The Director of Religious Education", 260.

34) Harris, The D.R.E. Book, 4 - 7.

35) Nevin, "Parish Coordinator: Evaluating Task and Roles", 48 - 56.

36) 기독교교육 지도자에 대한 관점의 변화에 대해서는 Furnish, DRE/DCE: The History of a Profession; 기독교교육 지도자 개념의 진화의 원인과 결과에 대해서는 Kasperek, "Redefining the Catechist's Role in Parish Ministry", 27 - 30 참조.

사람들을 조정하고 감독하고 통제하고 다스리는 사회적 과정들과 구별하지 못하고 있다. 즉 리더십을 리더십의 사회적 역할이나 리더가 하는 일로 정의하고 있다. 이와 같은 방식의 개념 규정은 리더십을 단지 외적으로 나타난 형태나 결과만 가지고 판단하는 것이기 때문에 리더십의 다른 한 차원, 즉 리더십의 내적인 측면이라고 할 수 있는 리더십을 구성하는 본질적 구성요소를 간과하고 있다. 이하에서는 리더십의 이 같은 측면에서 기독교교육 지도자의 개념에 대해서 생각해 보기로 한다.

## Ⅲ. 본성적 구성으로서의 리더십

알 지니(Gini, Al)에 따르면, 리더십은 과정, 즉 리더십의 기술, 인성, 즉 리더의 특별한 은사와 특성들 그리고 일 자체의 일반적 요구들의 절묘한 조합이다.[37] 리더십을 구성하는 이 과정, 인성 그리고 일은 어느 리더십의 경우에나 그것을 구성하는 본성적 요소라는 것이다.

### 1. 과정

#### 1) 힘

모든 리더십은 힘을 행사한다. 힘은 '하다', '할 수 있다', '변화시키다', '효과를 내다'는 뜻을 가진 라틴어 '포세'(posse)로부터 나왔다. 대체로 힘은 통제, 즉 의도된 효과나 결과들을 생산하는 능력에

---

37) Al Gini, "Moral leadership: An overview", *Journal of Business Ethics* 16:3(Feb. 1997), 324-30.

관한 것이다. 힘을 갖는다는 것은 통제 또는 직접적 변화의 능력을 소유한다는 것이다. 아돌프 베를(Berle, Adolf Berle)에 따르면, 힘은 보편적 인간 경험이다. 모든 사람은 잠깐 동안 또는 일정한 기간 동안 크건 작건 어느 정도의 힘을 갖고 있다. 베를에 따르면 힘에는 기본적으로 다섯 가지의 법칙이 있다. 이 법칙들은 힘이 발휘되는 언제 어디에나 적용된다.

첫째, 힘은 인간 조직의 어느 공백을 채운다. 힘과 무질서 사이의 선택에서 힘이 항상 우세하다. 기독교교육 지도자는 유형무형으로 교육이 잘 이루어지지 않는 곳이나 교육이 없는 곳에 교육을 채우는 자이다. 한편 힘은 빈 곳 그리고 약한 곳에 작용한다. 기독교교육 지도자가 여성일 경우, 이 힘이 부당하게 작용될 수 있다. 남성에 비해 무능하다는 신화가 존재하는 곳에서 여성은 무력함을 느낀다.[38] 둘째, 힘은 항상 사적이다. '계층 권력', '엘리트 권력' 또는 "그룹 권력" 같은 것은 없다. 기독교교육 지도자에게 사적인 권력인 힘은 교육활성화에 대한 비전이어야 한다. 셋째, 힘은 어떤 사상 체계나 철학에 바탕을 두며 거기로부터 나온다. 기독교교육 지도자는 교육에 대한 분명한 소명과 흔들리지 않는 확고한 철학을 갖고 있어야 한다. 넷째, 힘은 제도를 통해 행사되며 제도에 의존한다. 제도는 힘을 제한하고 통제하고 부여하고 철회할 수 있다. 기독교교육 지도자는 자신의 권위가 다른 것이 아닌 직책으로부터 나온다는 사실을 분명히 이해해야 한다. 직책의 힘이다. 그리고 힘의 행사는 제도의 틀 안에 서임을 망각해서는 안 된다. 제도 밖에서 그는 일개 기독교인에 불과하다. 다섯째, 힘은 항상 어떤 책임 영역과 과제 안에서 활동하며

---

38) Emler, *Revisioning the DRE*, 82.

그에 반응한다.[39]

　기독교교육 지도자의 힘은 교육적 목적과 과제를 이루기 위한 힘
이지 그 밖의 것을 위한 것이 아니다. 리더십에서 힘의 중심 문제는
그것을 사용하는 의지가 아니고, 그것이 지혜롭게 그리고 잘 사용되
는 의지이다. 힘은 개인의 부나 지위 강화나 출세 목적을 위해 사용
되는 것이 아니라 어떤 봉사의 정신으로 사용되어야 한다. 기독교교
육 지도자의 힘은 교육을 위해 사용하는 것이 아니라 사용되는 것이
다. 구체적으로는 교회의 교육적 잠재력을 충분히 발휘할 수 있도록
사용되어야 한다.

　2) 가치 담지

　톰 피터스(Tom Peters)와 밥 워터만(Bob Waterman)이 말했다. "리
더십의 참역할은 조직의 가치를 조정하는 것이다."[40] 모든 리더십은
가치담지적(value laden)이다. 더 정확하게 말한다면 모든 리더십은
이데올로기적으로 추동되거나 어떤 확실한 철학적 관점에 의해 동기
지어진다. 요점은 모든 리더십은 그것이 바라거나 발전시키려고 하
는 어떤 특별한 관점이나 일괄적인 철학적 사상을 주장한다는 것이다.
　기독교교육 자체가 하나의 세계관이자 철학이다. 교회 내 기독교
교육의 가치는 두 방향으로부터 온다. 하나는 교단으로부터 그리고
다른 하나는 교회의 담임목회자로부터 온다. 그 둘의 가치는 동일해
야 하나 다른 경우도 있을 것이다. 그럴 경우 기독교교육 지도자는
가치 선택의 갈등에 처하게 될 것이다. 여기에 기독교교육 지도자에

---

39) Adolf A. Berle, *Power*(New York: Harcourt, Brace and World, Inc., 1969), 37.
40) Tom Peters and Bob Waterman, *In Search of Excellence*(New York: Harper and Row, 1982), 245.

게 형성된 가치가 언제라도 그 영향력을 행사하려고 한다면 문제는 더 복잡해진다. 이와 같은 중첩적 가치 사이에서 겪어야 하는 갈등의 해결 역시 가치로부터 온다. 로렌스 콜버그(Lawrence Kohlberg)에 의하면 자유, 책임감, 양심 그리고 정의의 가치는 가치 중의 가치이다. 오직 자유로울 때만 진정한 학습이 일어난다. 억지나 강압보다는 자율적 원칙과 규칙을 세워 책임을 지게 할 수 있다. 양심은 원칙과 법을 교리적으로 권위적으로 강요해서 형성되는 것이 아니다. 정의는 사랑과 더불어 강조되어야 한다. 사랑은 정의의 궁극적 원리가 된다. 사랑이 행해질 때 정의가 형성된다. 그러나 콜버그의 가치는 남성적이면서 인지적이기 때문에 비판받는다. 캐럴 길리건(Carol Gilligan)은 오히려 여성적이고 정서적인 가치에 대해 말한다. 그럴 경우 '배려'(care)가 중심적 가치가 된다. 기독교교육에서 가치의 갈등이 생길 때 그 모든 가치들을 배려하는 입장에 설 때 갈등은 해소될 가능성이 있을 것이다.[41] 가치의 문제들을 푸는 데 가치가 길잡이 노릇을 할 수 있을 것이다.

한편 일반 교육에서와 마찬가지로 기독교교육에서 고려해야 할 가치들이 있다. 그것은 미적 가치와 윤리적 가치라고 할 수 있다. 드웨인 휴브너(Dwayne Huebner)에 의하면,[42] 교육의 과정에 반영되는 가치 척도들에는 기술적 · 과학적 · 정치적 · 미적 그리고 윤리적인

---

41) 그렇다고 해서 배려가 자신의 입장을 고려하지 않고 무조건 남만을 고려하는 것은 아니다. 수준 높은 배려는 남과 자신을 함께 고려한다. Carol Gilligan, *In a Different Voice: Psychological Theory and Women's Development*, 허란주 역, 『다른 목소리로: 심리이론과 여성의 발달』(서울: 동녘, 1997).

42) Dwayne Huebner, "Curricular Language and Classroom Meanings", James B. McDonald and Robert R. Leeper, ed., *Language and Meaning: Papers* (Washington: Association for Supervision and Curriculum Development, NEA 1966).

것들이 있다. 대부분의 교육에서 단순함을 피하고 구태를 반복하지 않기 위해서 앞의 세 가지 가치 기준을 채용한다. 그러나 교육적 관점을 확대하기 위해서 그리고 경이, 신비 그리고 외경과 더불어 삶을 다루기 위해서는 뒤의 미적·윤리적 가치를 고려해야 한다. 기독교교육은 윤리적 가치를 종교적 가치로 대체하거나 종교적 가치를 부가적으로 고려해야 할 것이다.[43]

### 3) 구성원

리더십에 관한 문헌들의 착각 하나는 리더십과 리더의 이끄는 능력을 동일시한다는 것이다.[44] 그러나 리더십은 리더 안에 배타적으로 존재하는 어떤 실재가 아니다. 리더십은 리더와 그를 따르는 사람들 사이의 역동적 관계이다. 리더십은 항상 복수이고, 항상 다른 사람들과의 문맥 안에서 발생한다. 에드윈 피 홀랜더(Edwin P. Hollander)는 말한다. "리더십은 리더와 따르는 사람들 사이의 지속적인 상호작용을 포함하는 영향의 과정이다."[45] 리더십은 개별적이거나 초월적이지 않다. 그것은 구체적 시·공간에서 다른 사람들에 대한 의존 관계이다. 따르는 사람들 없이 리더는 없고 따라서 리더십은 존재하지 않는다.[46]

기독교교육에서 리더와 따르는 사람들 사이의 관계에서 리더십이 생성되는 전제가 되는 조건은 교육에 대한 비전이다. 리더와 따르는 사람들 사이에 모종의 관계가 있다 하더라도 공유할 수 있는 비전이

---

43) Harris, *The D.R.E. Book*, 121.

44) Rost, *Leadership for the Twenty - First Century*, 43.

45) Edwin P. Hollander, *Leadership Dynamics: A Practical Guide to Effective Relationships* (New York: The Free Press, 1978), 12.

46) Burns, *Leadership*, 426.

없다면 그 관계는 허구이다. 기독교교육에서 리더와 따르는 사람들 사이의 관계는 공유할 수 있는 비전을 전제로 하되 모든 형태의 교육적 행위 안에서 리더십이 생산되는 문맥이다.

리더와 따르는 사람 사이의 관계는 리더십 과정에 필요한 하나의 인간적 기술(human skills)이라고 할 수 있다. 인간적 기술은 지원과 신뢰의 관계를 통해 개인의 성장을 돕는 행위이다. 이 기술을 소유하기 위해서 기독교교육 지도자는 먼저 자신의 가치, 인식, 태도 그리고 가정들을 알아야 한다. 에믈러는 인간적 기술을 크게 인격적 접촉과 공감으로 본다.47) 인격적 접촉은 메시지의 내용보다는 타인의 감정에 민감한 것을 말한다. 공감은 타인의 가치, 태도 그리고 가정들을 자신의 인식에 맞추지 않고 수용하는 능력이다. 인간적 기술은 성숙과 온전한 발달 상태로부터 나온다.

4) 변화

모든 리더십은 본질적으로 변화에 관한 것이다.48) 리더십은 현상 유지(status quo)가 아니라 조직 내 변화 야기를 위한 것이다. 제임스 엠 번스(James M. Burns)는 말한다. "리더십은 의사 결정 단계들로부터 사람들의 삶, 태도, 행동 그리고 조직에 구체적인 변화를 가져오는 과정으로 정의되어야 한다."49) 이 말은 리더십에 대한 평가가 결과 위주로만 되어서는 안 된다는 뜻이기도 하다. 결과만큼 조직 구성원들의 요구가 충족되는 변화에 대한 헌신과 집중적 노력도 중시되어야 한다.

---

47) Emler, *Revisioning the DRE*, 87 - 89.

48) Rost, *Leadership for the Twenty - First Century*, 123.

49) Burns, *Leadership*, 414.

기독교교육 리더십 역시 왕왕 결과, 특히 외형상의 결과에 의해 판단된다. 이것은 큰 잘못이다. 기독교교육의 결과는 신앙의 성장 내지는 성숙이라는 질에 있는 것이지, 신자의 양적 성장이란 의미의 교회학교 부흥에 있지 않다. 리더십을 자칫 행정으로만 이해하려는 좁은 시야는 따라서 교정되어야 한다.

또한 기독교교육에서 변화는 학습자의 경우에만 해당되는 것이 아니라 교사들에게도 해당되는 내용이다. 종종 교사는 변화되어야 할 사람으로서보다는 학생을 변화시키는 사람으로만 생각된다. 그러나 리더십의 목적이 조직의 변화이고, 기독교교육 조직이 교사와 학생 그리고 리더로 구성된 유기체적 공동체라면 변화의 요구로부터 제외될 사람은 없다.[50]

### 5) 상호적 목표

리더십이 리더와 따르는 사람들 사이의 활동적이고 지속적인 관계라고 한다면, 리더십 과정의 중심적 요구는 리더가 그들 구성원의 합의를 끌어내는 것이며, 따르는 사람들은 자신들을 리더에게 알리고 영향을 주는 것이다. 그래서 리더십은 리더와 따르는 사람들 사이의 일종의 계약이다. 아브라함 잘레즈니크(Zaleznik, Abraham)는 말한다. "리더십은 따르는 사람들을 동일한 도덕적 · 지적 그리고 정서적 위임에로 인도하는 사람들을 묶는 하나의 계약이다."[51] 그러나 이 계약은 다소 일방적이다. 리더는 따르는 사람들에 비해 우위를

---

50) 변화 매개자로서의 구체적 기독교교육 리더십에 대해서는 Emler, *Revisioning the DRE*, 123-28 참조.

51) Abraham Zaleznik, "The Leadership Gap", *Academy of Management Executive* 4:1(1990), 12.

점한다. 그러므로 리더가 반응적이고 책임적이기 위해서는 최소한 대안적 리더십 스타일, 목적들 그리고 프로그램들에 대한 적절한 지식을 알 권리를 인정하고 그것들 사이에서 선택할 수 있는 능력을 인정하는 민주적 기제가 필요하다. 목적에 대해서 상호 동의한 리더십은 합의를 이루고, 책임을 지며, 공동의 선을 위해 일하고 공동체를 건설하는 것을 돕는다.52)

기독교교육 지도자가 겪을 수 있는 갈등 중에 내적 확신과 외적 기대가 있다.53) 이 갈등은 기독교교육 지도자의 교육과 경험 등으로부터 나온 확신이 교회와 그를 따르는 사람들의 요구, 기대 등과 마찰을 빚을 때 발생하게 된다.54) 기독교교육에서 리더십은 교회 공동체의 목표와 리더와 따르는 사람들의 교육적 문맥에서의 공동 목표를 함께 추구해야 한다. 공동체의 목표와 교육적 문맥에서의 공동 목표는 서로 갈등을 빚을 수 있고, 후자의 경우에도 갈등의 소지가 있다. 갈등은 자칫 공동의 목표 성취를 막는 장애물이 될 수 있으므로 타협을 해야 한다. 타협의 방법에는 불일치에 대한 공개적 토론, 최근 관련 자료들의 나눔 등이 있다.55) 기독교교육 지도자는 전문성과 소명을 내세워 따르는 사람들과 타협을 거부할 수 있다. 그러나 인정해야 할 것은 현장에는 또 다른 성격의 전문성과 소명이 있다는 사실이다. 그러므로 리더와 따르는 사람들 사이의 타협은 본질적으로는 이론과 실천의 타협이라 할 수 있을 것이다. 사실 기독교교육

---

52) Rost, *Leadership for the Twenty-First Century*, 124.

53) Maria Harris, "U.S. Directors of Religious Education in Roman Catholic Parishes", Taylor, *Changing Patterns of Religious Education*, 213-14.

54) Gabriel Moran, "Questions for Religious Educators", Harris, *The DRE Reader*, 38.

55) Harris, "U.S. Directors of Religious Education in Roman Catholic Parishes", 213.

이 추구하는 이상이 이론과 실천의 조화라면 기독교교육 리더십의 영역에서 이 꿈이 이루어질 가능성이 있다.

한편 타협 자체는 기독교공동체의 존재와 긴밀한 연관이 있다. 비타협, 독선 등은 공동체를 경직시키고 병들게 하여 무너지게 한다. 공동체는 그 어떤 명분으로도 존재 자체를 위협하는 행위를 변명할 수 없다. 무엇보다 우선되어야 할 것은 공동체의 안녕이며, 이 일은 다른 무엇보다 우선되어야 할 내용이다. 여기서 타협은 공동체 유지의 기본 조건이 된다. 리더십은 공동체를 위해 공동체 안에 있어야 하며, 공동체 위에 있거나 공동체를 넘어 있을 수 없다.

기독교교육 리더십에서 상호적 목표 추구는 개인적 리더십에 대해 한번 생각해 보게 한다. 대부분 리더십은 개인적 차원에서 언급된다. 그러나 상호적 목표를 추구하기 위해서는 리더와 그를 따르는 사람들이 함께 리더십을 공유하는 것이 효율적일 것이다. 왜냐하면 조직이 기대하는 바를 모두 성취할 능력을 가진 지도자는 거의 없을 것이기 때문이다. 따르는 자들을 사역의 방관자가 아니라 사역에 참여하는 사람들로 만들기 위해서는 유사한 은사보다는 상호 보완할 수 있는 자질을 가진 사람들로 팀을 구성하는 것이 좋다.56)

## 2. 인성

### 1) 성격

전술한 리더십 과정은 리더인 그 인간과 분리시킬 수 없다. 리더

---

56) George Barna, *The Power of Team Leadership: Achieving Success through Shared Responsibility*, 홍영기 역, 『팀 리더십 파워』(서울: 청우, 2003); 팀 사역의 구체적 예는 Richelle P. Koller, "A Team Dreams", Harris, *The DRE Reader*, 142–45 참조.

십을 제대로 발휘하기 위해서 요구되는 개인적 특성과 은사들에는 어떤 것들이 있는가? 무엇보다 성격을 들 수 있을 것이다. '성격'이란 말은 '새긴다'는 뜻의 헬라어로부터 나온 말이다. 사람에게 이 말은 우리의 인성에 새겨지거나 긁힌 영속적인 표시들로서 태어날 때부터 있는 은사들뿐 아니라 살면서 경험함으로써 배운 것과 획득하게 된 특성들을 모두 포함한다. 이 새김이 우리를 정의하며 따로 위치 지으며 우리의 행동 동기가 된다. '리더십이 무엇인가?' 하는 내용은 내일 바뀔 수 있다. 그러나 성격은 우리의 품행과 운명을 만든다. 리더가 성격을 바꾸지 않고 성격이 리더를 바꾼다.57)

무엇보다 리더는 따르는 사람을 다스리며, 일을 처리하며, 힘을 행사한다. 그러므로 따르는 사람들을 이끌 리더의 선택에 신중해야 한다. 우리가 선택한 그 사람이 우리가 어떤 사람이 되느냐를 결정할 것이기 때문이다.

기독교교육에서 지도자의 성격은 그가 하는 일 자체와 긴밀하게 연관되어 있다. 기독교교육 지도자가 전문성을 발휘하더라도 성격이 그에 못 미치면 그의 리더십은 따르는 사람들에게 수용되지 못하며, 급기야 리더십 자체가 위협받게 된다. 이런 예를 보더라도 기독교교육 지도자에게는 전문성을 포함한 능력보다 먼저 건실한 성격을 갖추어야 한다. 기독교교육 지도자의 성격은 어떠해야 하는가? 교회 현장에서 기독교교육 지도자를 선발할 수 있는 기회가 따르는 사람들에게는 거의 주어지지 않는다. 인사에 관한 권한은 대부분 당회에 속해 있기 때문이다. 그렇더라도 지도자가 따르는 사람들에게 끼칠

---

57) Gail Sheehy, *Character: America's Search for Leadership*(New York: Bantam Books, 1990), 311.

영향력을 생각하면 합리적인 방식으로 따라야 할 사람들의 의견을 표시할 수 있어야 한다.

### 2) 카리스마

카리스마는 리더와 따르는 사람들 사이의 정서적 관계라기보다는 딱딱한 원칙적인 법적인 관계라고 할 수 있다.[58] 리더는 인성, 수행, 제안, 이미지, 정신 또는 메시지의 어느 것을 사용해서든지 그가 지도하는 사람들을 압도해야 한다. 리더는 구성원의 신뢰와 협조를 이끌어 낼 수 있는, 따르는 사람들이 보고 듣고 이해할 수 있는 카리스마를 소유해야 한다.

이 카리스마는 따르는 사람들을 조정할 수 있는 능력이라고 할 수 있다. 예컨대, 카리스마를 지닌 지도자는 자신이 누구인지, 자신의 약점과 강점이 무엇인지 그리고 자신의 강점을 어떻게 충분히 행사할 수 있는지 그리고 자신의 약점을 어떻게 보상할 수 있는지 안다. 또한 자신이 무엇을 원하는지, 왜 그것을 원하는지 그리고 따르는 사람들의 협조와 지원을 얻기 위해 어떻게 그 원하는 것을 다른 사람들과 소통할 수 있는지 안다.[59]

기독교교육 리더십에서 카리스마는 하나님과의 관계와 관련이 있다.[60] 하나님과의 관계는 흔히 생각하듯이 능력을 구하고 받는 식상한 관계가 아니라 리더 자신의 정체성을 확인하고 자신을 성찰할 수

---

58) Waud H. Kracke, *Force and Persuation: Leadership in an Amazonian Society* (Chicago: University of Chicago Press, 1978), 34.

59) Warren G. Bennis, *On Becoming a Leader*(Reading, MA: Addison-Wesley, Pub. Co., 1989), 89; rev. ed.(Cambridge, MA: Perseus Pub., 2003).

60) 관계적 차원에서의 리더십에 대해서는 장성배, "21세기 목회자 리더십 계발 모형 연구", 「한국 기독교신학논총」38(한국기독교학회, 2005), 239-93. 참조.

있는 기회가 되는 관계이다. 하나님과의 온전한 관계 가운데 있는 지도자를 영적인 리더십을 가졌다고 할 수 있을 것이다. 예를 들어, 제이 오스왈드 샌더스(J. Oswald Sanders)는 영적 리더십은 하나님을 알고, 의지하며, 확신하고, 하나님의 뜻을 찾아 순종하며, 하나님의 방법을 구하고, 사랑의 동기에 의해 움직이는 리더십으로 보았다.61) 기독교교육 지도자는 이와 같은 영적인 리더십을 통해 카리스마를 소유하게 되고 그것은 그가 기독교교육을 하는 이유 등의 본질을 생각나게 하며, 따르는 사람들에게는 신뢰를 주어 조직이 인간적 행정이나 경영에 의해서 움직이는 것이 아니라 하나님에 의해 움직이는 원동력이 된다.

3) 정치적 야심

야심은 단순히 나쁘다거나 또는 다른 동기는 배제하고 오직 권력만 추구하는 것으로 볼 필요는 없다. 야심은 자신감을 갖고 힘을 추구하는 사람들에게는 가장 가능성이 있고 도움이 되는 동기부여 요소이다. 아브라함 매슬로(Maslow, Abraham)에 따르면, 자존감이 있는 사람은 자신과 남을 분명히 의식하고 이기주의와 객관성, 개인적 권리와 공동체적 권리, 기본적 필요와 성장의 필요를 분명히 의식하며 모호하거나 갈등, 합의에 의해 위협받지 않는다.62) 자존감, 즉 자기를 실현하려는 사람은 채워지지 않은 자아의 필요에 의한 동기에서 행동하지 않는다. 그들은 인정이나 티를 내려고 하지 않는다. 그

---

61) J. Oswald Sanders, *Spiritual Leadership*, 신광숙 역, 『그리스도인의 영적 리더십』(서울: 예찬사, 1988).

62) Abraham Maslow, *Motivation and Personality*, 2nd ed., (San Francisco: Harper & Row, 1970).

들은 전체 집단에 기여함으로써 차이를 추구한다.[63]

기독교교육 지도자에게 야심은 정치적 성격의 야심이 아니다. 그러나 교육을 통해 하나님의 나라를 확장하고자 하는 마음이 있고 그것을 구체적 행동으로 옮긴다면 그것은 정치적 야심이다. 토마스 에이치 그룸(Thomas H. Groome)의 말을 따르면, 기독교교육은 종교를 사적인 영역으로 치부하는 교육이 아니라 세계를 향한 책임을 다하는 것이다. 그러므로 교육은 정치적이며, 여기서 정치라고 하는 것은 "사람들이 사회에서 그들의 삶을 사는 방법에 영향을 미치기 위해 의도적이고도 구조적으로 권력을 사용하는 모든 것을 가리킨다."[64] 그러니까 이 경우의 정치적 야심은 어떤 실물을 향한 사적 욕망이 아니라 그 모든 욕망을 포기한 뒤에도 남는 욕망이 있다면 그리고 그것이 자신의 소명과 분리되지 않는 욕망이라면 그것이야말로 종교적 의미에서 정치적 야망이고 기독교교육 지도자의 마음은 바로 그것으로 채워져야 한다.

### 4) 지식

리더십은 사업 리더십, 교육 리더십 또는 정치적 리더십 등과 같은 단일 특정 학문의 관점에 의해서만 파악될 수 없다. 리더십과 그 실천을 이해하기 위해서는 다원적이면서 교차적인 학문 연구가 필요하다. 그럼에도 불구하고 어떤 특정한 분야에서 행해지는 리더십과 다른 분야에서 실천되는 리더십은 다르다. 다른 말로 일반 리더십의 기술과 특성은 동일할 수 있으나 당장의 업무에서 요구되는 리더십

---

63) Burns, *Leadership*, 116 - 17.

64) Thomas H. Groome, *Christian Religious Education: Sharing Our Story and Vision*, 이기문 역, 『기독교적 종교교육』(서울: 대한예수교장로회총회교육부, 1980), 58, 88.

의 과제들은 다르다. 그래서 다양한 영역에서 다양한 리더십이 요구되는 것이다. 여기서 리더십에 '업무 문해'(business literacy)가 필요하게 된다.[65] 즉 리더는 그가 하고 있는 일에 대해 알아야 하고 그것의 전문가여야 한다. 업무가 어떻게 작동되는지에 대한 수평적·수직적 이해가 필요하며, 과제를 잘하기 위해 요구된 것을 충분히 이해해야 한다.

에믈러에 따르면 기독교교육 지도자의 이와 같은 지식은 개념적 기술(conceptual skills)에 속한다.[66] 이 기술은 조직 전체를 파악하는 능력이다. 개념화는 사태를 분석하고 종합하고, 문제를 제기하고, 해결하며, 비전을 그려 보이고, 미래를 예측하고 그 가능성을 탐구하는 능력이다. 그것은 또한 조직에 대한 장기적 안목에서 전력을 세우는 것을 말한다.

기독교교육 지도자가 그 직책을 잘 수행하기 위해서는 기독교교육과 관련된 내용들에 대한 전문성과 그리스도인으로서의 정체성 확인과 기독교교육에 대한 소명을 유지시켜 줄 수 있는 영성이 필요하지만, 그 두 가지 영역의 그물망에 걸리지 않는 것들도 있다. 그것들은 마이클 폴라니(Michael Polanyi)가 말하는 소위 가르쳐질 수 없는 '암묵지'(tacit knowledge)와 같은 것들이다.[67] 학교 등에서 배운 박제화된 지식으로는 처리될 수 없는, 몸으로 체득된 암묵지와 같은 지식의 형태는 짧은 시간 내에 획득되지 않는다. 그래서 기독교교육 지도자는 기독교교육이 무엇인지 알기 위해 충분한 시간을 기독교교

65) Warren G. Bennis, "NPR – Marketplace"(USC Radio, Sept. 7, 1992), Gini, "Moral leadership", 328 재인용.
66) Emler, Revisioning the DRE, 89 – 91.
67) Michael Polanyi, The Tacit Dimension(Garden City: Doubleday & Company, 1967).

육에 헌신할 필요가 있다. 기독교교육에 대한 이 헌신과 열정이 지식을 이루어 가며, 그러는 중에 개인적인 이 지식은 보편적이고 책임 있는 지식으로 바뀌어 간다.[68]

## 3. 리더십의 일

### 1) 비전

리더라면 누구나 무엇보다 먼저 해야 할 그리고 가장 중요한 일은 그가 옹호하고, 성취하기 원하고 기대하는 분명한 비전을 창출하고 전해야 한다는 것이다. 비전은 할 수 있는 것이어야 하고, 성취할 수 있는 것이어야 한다. 비전이 아무리 중요하고 필요하다 해도 성취하기나 시도할 수 없을 정도로 커서는 안 된다. 비전은 크기문제가 아니라 희망문제이며 방향문제이다.

기독교교육 지도자에게 비전은 종종 언제까지 몇 명의 모임을 만든다는 식의 부흥 등이기 쉽다. 사실 하나님 나라와 그 나라의 일꾼 양성 등과 같은 비전은 교회교육의 현장에서는 현실성이 없는 공허한 구호처럼 들린다. 당장 눈앞에 보이는 결과를 요구하는 현실에서 하나님의 나라, 신앙, 자유 등은 먼 나라 이야기로 들린다. 그럼에도 불구하고 기독교교육 지도자는 기독교교육의 원론적인 비전을 제시해야 한다. 모든 교육활동이 그 안에 포섭되며 당장 이룰 수는 없지만 이루어야 한다는 소망과 갈망을 제공하는 그와 같은 비전을 제시할 수 있어야 한다.

비전은 전통, 제의, 공동체를 중심으로 한 안정을 다지려는 힘이라

---

68) Michael Polanyi, *Personal Knowledge: Towards a Post-Critical Philosophy*, 표재명·김봉미 역, 『개인적 지식』(서울: 아카넷, 2001).

고 할 수 있는 사제적 기능과 갈등을 일으킬 수 있다. 비전은 현실에 안주하려는 안정화 세력에 저항하기 때문이다. 이는 교회공동체를 향하여 경계를 넘어 그 밖의 세계에 대한 책임을 강조하며, 그 일에 대한 진지한 반성 속에서 하나님 심판대 앞에 불러 세우며, 침묵을 버리고 사람들이 듣기 싫어하는 말을 하며 사회에 도전하는 예언자적 기능이기 때문이다. 사제적 기능과 예언자적 기능은 모두 필요하다. 사제적 요소가 없을 경우, 교회의 근거, 기초 그리고 전통이 유실되며, 예언자적 성격이 결여된 비전에는 하자가 생기며 들음은 획일적이요, 흔히는 침묵이 미덕으로 간주된다.[69]

## 2) 경영

리더십과 경영은 동일하지 않다. 그럼에도 불구하고 경영 없이는 리더십도 없다. 그 반대의 경우도 마찬가지이다. 즉 리더십 없는 경영은 없다. 그래서 이 둘은 자주 중복되기도 한다. 그럼에도 불구하고 구태여 그것들을 구별하자면, 경영과 리더십의 결정적인 차이는, 경영은 결정 방식과 소통 방식에 관심을 갖지만, 리더십은 결정 내용과 소통 내용에 관심을 갖는다.[70] 이 개념은 리더십이 전략에 관심을 갖는 데 비해 경영은 주어진 과업의 수행적 측면에 관심을 갖는다는 것을 의미한다. 경영과 리더십은 다르지만 이것들은 모든 조직에 필요하다. 리더십이 경영은 아니지만 경영은 모든 리더십의 일부이다. 리더십의 상대항인 따르는 사람들은 경영될 수 없다. 다만 인도될 수 있을 뿐이다. 경영이 필요한 경우에도 그 경영은 지도에

---

69) Harris, "U.S. Directors of Religious Education in Roman Catholic Parishes", 216-17.
70) Zaleznik, "The Leadership Gap", 14.

의한 경영이어야 한다.71)

행정은 기본적으로 현상지향적이다. 현상 유지에 집착하고 경직된 원칙에 의존해서 조직을 규제하고 구성원들을 구속한다. 그러나 리더십은 본질적으로 진보적이다. 조직의 성장뿐만 아니라 학습자의 성장을 추구한다.72)

기독교교육에서 경영은 사람이 초점이 되어야 한다. 모든 경영은 사람을 위해 있는 것이지 조직을 위해 있는 것이 아니다. 그런 면에서 인간의 자유를 추구하는 교육과 자유를 통제하려는 경영은 근본적으로 충돌할 수밖에 없다. 여기서 경영은 인간의 존엄과 자유와 충돌할 경우 포기되어야 한다. 종종 신앙이라는 미명 아래 인간의 존엄과 자유 그리고 생명이 침해되는 경우가 있다. 주객이 전도되었다고 할 수 있다. 인간을 위해 있는 교육이 비인간적인 경영을 위해 희생되어서는 안 된다. "사람이 곧 기업"(人乃社)이라는 에스 케이 (SK) 최태원 회장의 경영관이 그 예이다.

3) 책임

리더십은 여러 대안들 중에서 의식적 선택을 하는 것에 근거한다. 그리고 그 선택과 결정에 대해 책임을 진다. 이것은 리더십이라는 직 자체에도 해당된다. 어떤 종류의 변화를 약속하고 그것이 이루어지지 않았을 때, 리더는 기꺼이 자리를 비워야 한다. 리더십의 최종적 일은 떠나야 할 때를 아는 것이다. 종종 리더십의 존재가 부재보다 부정적인 경우가 있다. 리더가 그 조직에 적합한가 아닌가는 누

---

71) Rost, *Leadership for the Twenty-First Century*, 141.
72) Bickimer, *Leadership in Religious Education*.

구보다 본인이 더 잘 안다. 그렇기 때문에 책임의 문제는 양심의 문제이기도 하다.

기독교교육 지도자의 경우, 기독교교육 리더십을 새로운 직책으로 옮겨 가기 위한 과도기적 직책으로 여기는 사람들이 있다. 기독교교육 리더십을 그렇게 임시적이고 한시적으로 생각할 경우 직책에 대한 성실성과 책임성을 기대하기 어렵다. 그러나 기독교교육 리더십에 대한 안정과 보상이 보장되어 있지 않은 현실이고 보면 기독교교육 지도자들만 탓할 수는 없다. 따라서 이 문제는 교회가 제도적으로 함께 풀어 가야 할 문제라고 본다.

## Ⅳ. 나가는 글

기독교교육 리더십은 기독교교육의 이론과 실천을 이어 주는 교량 역할을 하는 중요한 지위임에도 불구하고 이에 대한 개념 규정이 제대로 되어 있지 않아 그로부터 기대만큼의 유익을 얻지 못해 왔다. 기존의 기독교교육 리더십에 대한 개념 규정은 주로 기독교교육 지도자의 정체성과 일에 초점을 맞추었다. 그리하여 기독교교육 리더십을 단순히 교회에서 교육과 관련된 일을 하는 기능인 정도로 생각해 왔다. 기독교교육 지도자에 대한 그와 같은 시선은 기독교교육 지도자를 특정 과제와 관련시켜 이해한 탓이다. 그와 같은 관점은 기독교교육 리더십의 내부적 특성을 간과하는 결함이 있었다. 사실 리더십의 내부적 구성요소야말로 외적 기능과 역할을 결정하고 그것을 이해하는 작인임에도 불구하고 이것을 함께 고려하지 못했던 것이다.

지니가 어느 리더십에도 공통된다고 주장하는 리더십의 내적 구성요소는 기독교교육 리더십을 정의하고 이해하는 데도 도움이 되었다. 기독교교육 리더십을 내부적으로 이해하고 규정할 때, 기독교교육의 다양한 영역들과 리더십의 관계 양상을 밝힐 수 있으며, 나아가 그와 같은 영역들에 대한 리더십의 적용을 보다 원활하게 하는 것이 가능하게 될 것이다. 결국 기독교교육 리더십은 외적 · 내적 요소들을 모두 고려하는 차원에서 규정되어야 할 것이다. 그랬을 때, 기독교교육 리더십은 기독교교육 지도자가 교회에서 교육과 관련된 일을 하는 과정에서 그가 소유한 인성과 능력 등이 역할과 기능으로 드러나는 것을 말한다.

이 글에서 논의한 기독교교육 리더십 개념은 다른 차원에서 규정할 수 있는 개념들과 함께 종합적으로 논의되어 정리될 수 있을 것이다. 기독교교육 리더십 개념에 영향을 주리라 생각되는 다른 차원은 우선 기독교교육을 어떻게 보느냐에 따른 것이다. 기독교교육 리더십은 역사적으로 계속 변천을 겪어 왔다. 앞으로도 그 개념은 사회와 교회의 변동에 따라 변화를 겪을 것이다. 특히 기독교교육 리더십을 교회의 다른 사역 안에서 그 개념을 규정하느냐, 아니면 기독교교육이 교회의 다른 사역들을 포함하는 것으로 보느냐에 따라 이제까지와는 성격이 다른 리더십 개념이 출현할 수 있을 것으로 예상된다. 기독교교육 리더십 개념의 다른 차원은 기독교교육 리더십은 여기에서처럼 흔히 개인적인 것으로 생각된다. 그러나 복잡하고 급격한 변화를 겪는 사회와 교회에서 개인에게 의존한 리더십이 어느 때까지 유효하겠느냐는 것이다. 리더십 개념에서 위임의 중요성이 강조되는 것은 이 같은 이유 때문이다. 기독교교육 리더십에서 개인적 리더십을 극복할 수 있는 팀 리더십을 어떻게 개발할 수 있느냐는 하나의 과제가 될 것이다.

# 기독교 교육목회자 교육목적

## I. 들어가는 글

모든 교육은 목적으로부터 시작된다. 명시적이든 암묵적이든, 어떤 교육이든 모종의 의도, 즉 목적을 지니고 있다. 교육의 지속 시간이 짧건, 길건 교육 과정은 목적을 향하여 진행된다. 교육 시간이 잠깐일 경우 목적은 의식되지 않은 채 경과되며, 그래서 의미를 띨 만큼 중요하지 않다. 그러나 교육이라고 할 수 있을 만큼 일정 기간 지속되는 형태에서는 목적은 보다 큰 비중을 갖는다. 교육 기간이 길어지면 길어질수록 그 목적 상실의 가능성은 높아지기 때문에, 그래서 방향을 잃고 방황할 가능성도 그만큼 높아지고, 급기야는 본래 의도하지 않았던 곳에 와 있는 망연자실함을 겪을 수 있기 때문에 목적이 더욱 필요하다.

기독교 교육목회자 교육의 경우는 어떤가. 우선은 기독교 교육목회자에 대한 논의에서 교육 자체에 대한 언급은 희소하다. 우리나라의 경우, 일반 목회자를 위한 교육은 간혹 눈에 띄나, 기독교 교육목회자에 대한 교육이라고 할 만한 것은 장로회신학대학교 기독교교육연구원에서 하는 교육전도사 교육이 유일하다.[1] 그나마도 기독교교육 현장의 당장의 요구를 채우려는 동기가 있어 보여, 근본적인 교육목적 등에 의해 진행되는 체계적인 교육이라고 보기 어렵다.[2] 사정이 이렇다 보니 학문공동체에서의 기독교교육 이론과 교회교육 현장에서의 실천 사이의 교량 역할을 하는 기독교 교육목회자에 대한 교육은 그 실효성을 거두기가 어려운 형편이다. 교육이 실효성을 거두기 위해서는 당장 가르쳐야 할 내용이나 방법에 대한 주의보다 그것을 정당화시키는 목적을 바로 정립하는 일이 필수적이다. 교회 현장의 교육과 직접적인 연관이 있는 기독교 교육목회자 교육 역시 교육목적을 정립하는 일로부터 시작해야 할 것이다.

## II. 교육목적 논의의 차원

### 1. 교육의 내재적 가치

일반적으로 목적에는 외재적 목적과 내재적 목적이 있다. 예컨대, 교육목적이 무엇이냐고 할 때, '무엇을 위한 것'이라고 하면 그것은 외재적 목적이다. 이 경우의 목적은 목적을 이루기 위한 실용적 수

---

1) 유사한 교육으로는 한국기독교장로교회 총회교육원의 전도사 재교육과정이 있으나, 선교신학대학원과정과 여자전도사대학과정으로 교육전도사가 아닌 일반 전도사의 재교육과정이다 (http://www.emik.org). 대한예수교장로회 총회교육원(고신)의 경우, 교육 지도자를 위한 교육을 위해 교육대회를 3년에 1회 실시하는데, 이는 교육이라기보다 행사에 가깝다 할 것이다 (http://edpck.org). 교육선교기관의 경우 파이디온 선교회에서 사역자 훈련을 하나 이는 사역 전체에 대한 일반적 이해를 위한 내용으로 구성되어 있어 교육 지도자를 위한 교육으로 보기 어렵다(http://www.paidion.org).

2) 교육은 가을 학기와 봄 학기 두 차례에 걸쳐 이루어지는데, 가을 학기에는 기독교교육과 신학, 발달심리 등 이론을, 봄 학기에는 예배와 설교, 찬양율동 등 실제를 다룬다. 이 같은 교육 내용이 교육목회자 교육목적에 부합하는지는 의문이다. http://ceri.co.kr

단이 된다. 그런데 목적은 수단과 상대적인 말이기 때문에 목적이
수단이 되어서는 안 된다. 그러므로 목적에서 외재적 목적이란 말은
사실상 성립될 수 없는 말이다. 그래서 목적 하면 내재적 목적을 말
해야 할 것이다.

내재적 차원에서 교육목적을 규명하기 위해서는 크게 네 가지 시
도가 가능할 것이다.3) 첫째, 교육목적을 교육의 의미를 드러냄으로
써 규정하려는 시도이다. 즉 교육개념 속에 교육목적이 내재되어 있
다는 것이다. 예를 들면, 분석철학적 입장에서 교육을 연구한 리처드
에스 피터스(Richard S. Peters)는 교육을 개념분석의 대상으로 삼았
다. 그는 우선 교육을 성년식에 비유하고 교육을 성립시키는 조건을
매우 자세히 논하면서 규범적·인지적·과정적 준거를 들었다.4) 그
외에도 심리학자는 교육을 행동형성이나5) 인간화로,6) 사회학자는 사
회화로,7) 그리고 인류학자는 문화화 또는 문화전수로8) 개념화한다.
그러나 교육목적을 교육개념 탐구를 통하여 정립하려는 이와 같은 시
도들은 교육을 통하여 어떤 것이 전달되고 성취되어야 하며 그것을

---

3) 김정래, "교육의 목적", 서울대학교 교육연구소, 『교육학 대백과사전』(서울: 하우, 1998),
   690-91.

4) Richard S. Peters, *Ethics and Education*, 이홍우·조영태 공역, 『윤리학과 교육』수정판
   (서울: 교육과학사, 2003), 19-90. 피터즈에 따르면, 교육은 과정이나 활동이 아니라 준거
   (기준)이다. 규범적 준거: 교육은 가치 있는 일을 전달함으로써 그것에 헌신하는 사람을 만드
   는 일이다. 교육은 교육받는 사람이 장차 거기에 헌신할 가치가 있는 것을 전수해 주는 일이
   다. 인지적 준거: 교육은 지식, 이해 그리고 생기 있는 안목을 길러 주는 일이다. 과정적 준거:
   교육은 바람직한 정신 상태를 도덕적으로 온당한 방법으로, 의도적으로 실현하는 일이다. 교육
   은 교육받는 사람의 의식과 자발성을 전제로 하는 일이다.

5) Burrhus F. Skinner, *About Behaviorism*(New York: Alfred A. Knopf, 1974).

6) Carl R. Rogers, *Client-Centered Therapy: Its Current Practice Implications, and
   Theory*(Boston: Houghton Mifflin, 1951), 387-88.

7) 김신일, 『Durkheim 교육이론연구』(서울: 교육과학사, 1987), 24-30.

8) 김영찬, 『생활·문화·교육』(서울: 교육과학사, 1980), 105-25.

위한 교육적 과제가 무엇인지에 관하여 아무것도 알려 주지 않는다.

둘째, 교육목적을 교육 안에서 이루어지는 특정 활동의 목적이 무엇인가에서 찾으려는 시도이다. 이러한 시도는 자연히 특정한 수업과 학습의 목적 또는 목표로 국한시키는 것이기도 한데, 이를테면 수학과의 교수목표가 무엇인가를 밝힘으로써 합리적 사고력이라는 교육목적을 유추해 낼 수 있다는 것이다. 그러나 그렇다고 해서 이같은 시도가 특정 교과 활동을 정당화하지는 못한다. 교육은 특정 교과의 목표들로는 모두 포함할 수 없는, 모든 교과에 공통적이고 일반적인 목적들을 갖고 있을 것으로 추정되기 때문이다.

셋째, 기존의 일반적 교육목적에 대해 의심을 품어 보는 시도이다. 전통적인 보편 교육에서 수학·문학·역사·사회·도덕·과학 등과 같은 교과들을 가르쳐 왔는데, 이는 이들 교과들이 다른 교과들에 비해 가치 있다는 판단에 의한 것일 터이다. 그 가치는 이성의 구사 또는 이성의 계발과 관련된 가치를 포함하고 있는데, 과연 그 같은 이성적 가치들이 교육목적으로서 충분한가 하느냐는 것이다.

넷째, 학교교육(schooling) 차원에서 교육목적을 물으려는 시도이다. 그러나 교육이 반드시 학교와 같은 공공기관에 의하여 이루어지는 것은 아니다. 사회학자들에 의하면, 교육은 학교교육과 같은 형식 교육뿐만 아니라 이른바 '사회화'(socialization)라고 하는, 학습가능한 모든 종류의 행동 습득 방식을 총괄한다. 그러나 일단 교육이 '의도된 인간 활동'인 한,[9] 교육의 사회학적 용법은 의도되지 않은 학습 경험을 모두 포함하기 때문에 교육의 의미에서 제외시킨다고 하더라도 여전히 이와 같은 방식의 교육목적 탐구는 문제가 된다. 교

9) 정범모, 『교육과 교육학』(서울: 배영사, 1976), 23.

육을 학교교육 또는 형식적인 기관에서 받는 교육에서 바라보는 것은 교육의 제도적인 용법이다. 제도적 용법으로서의 교육은 분명히 의도되고 계획된 학습경험으로서의 교육인 것은 틀림없으나 교육 내용을 통하여 성취하게 될 학생들의 마음 상태 등에 대해서는 무관하다.

교육목적에 대한 전술한 바와 같은 시도들은 주로 학교교육과 사회화의 어느 한편에 서서 탐구되는 것으로 볼 수 있다. 여기서 학교교육과 사회화 사이의 긴장, 즉 학교에서 가르치지 않을 수도 있으며, 이와 동시에 사회화로서 설명되지 않는 교육의 의미를 계몽적 용법이라 할 수 있을 것이다.[10] 계몽적 용법에 비추어 보면 내재적 교육목적관은 논리적으로 마음의 계발에 초점이 맞추어진다. 폴 에이치 허스트(Paul H. Hirst)에 따르면,[11] 1) 교육은 여러 가지 지식의 형식들을 획득하는 것이다. 2) 지식을 성취하는 것은 합리성의 발달에 필요하다. 3) 합리성을 성취하는 것은 인간의 고유한 특성을 성취하는 것이다. 따라서 4) 교육은, 여러 지식의 형식 · 획득을 통하여 합리성의 성취라는 인간의 발달을 도모하는 것이다. 여기서 말하는 합리성은 이성만을 의미하는 것이 아니라 획득된 지식의 형식에 의하여 나타나는 마음 작용 양상을 가리킨다.

이상의 논의를 요약하면, 교육목적은 내재적 가치를 드러냄으로써 교육이 여타 활동의 수단이 되어서는 안 된다는 점과 마음 계발이라는 인간의 고유한 특성(particular feature)이 고려되어야 한다는 것이다. 그리고 교육목적은 학교교육을 통해서 그리고 교과 가치를 통

---

10) 김정래, "교육의 목적", 691 - 92.

11) Paul H. Hirst, "Liberal Education and the Nature of Knowledge", Reginald D. Archambault, ed., *Philosophical Analysis and Education*(London: Routledge and Kegan Paul, 1965), 113 - 40.

해서 도모된다는 것이다.

## 2. 개인적 차원과 사회적 차원

교육목적은 개인의 삶과 사회의 유지 및 번영에도 관련이 된다. 따라서 교육목적은 개인적 차원과 사회적 차원으로 나누어 생각해 볼 수 있다. 첫째, 개인적 차원에서의 교육목적 역시 전술한 바와 같은 교육의 외재적·내재적 가치 면에서 생각해 볼 수 있으나 예컨대, 부의 획득이나 사회적 출세와 같은 외재적 가치는 교육의 건전한 목적으로 볼 수 없기 때문에 내재적 가치에 주의를 기울이는 것이 마땅하다. 교육을 통하여 개인은 자신의 삶이 보다 나아진 상태가 되도록 모종의 노력을 기울인다. 그것을 '잘 삶'(well-being) 또는 '잘 사는 상태'(a life of well-being)라고 할 수 있을지 모르겠다. 어쨌거나 교육은 개인의 삶이 이러한 상태에 도달하도록 하는 행위이다. 이는 개인적 삶의 방식에 비추어 보다 높은 차원의 것을 추구한다는 점에서 개인적 완전성(individual perfection)을 지향한다. 이 개인적 완전성은 아리스토텔레스(Aristotle)로 대표되는 전통 윤리학의 도덕적 완전성을 지칭하지 않는다. 그것은 개인의 삶이 지니는 다양한 측면들을 간과하고 있기 때문이다.12)

개인적 차원의 교육목적에 관한 일상의 개념은 행복일 것이다. 행복은 분명히 심리 상태를 지칭하는 말이다. 그러나 행복이라는 말은 '지루하다', '따분하다' 등과 같이 단순한 심리 상태와는 달리 무엇인가 가치 있는 상태를 가리킨다. 개인은 무엇인가 그가 하고 싶은

---

12) Susan Wolf, "Moral Saints", *Journal of Philosophy* 79:8(1982), 419-39.

일을 할 때 행복한 심리 상태가 될 수 있다. 그렇다고 행복이 어떤 특정한 행위를 하는 활동과 연관되어 있는 것은 아니다. 그렇다면 심리 상태로서의 행복은 개인을 위한 교육목적으로는 부족하다. 교육목적이 되기 위해서는 삶의 향유자로서 개인의 관점에 비추어 가치 있다고 판단할 기준이 필요하다.

교육목적의 개인적 차원을 논의하는 데에 요구되는 객관적 판단 기준은 '이익'(interests) 개념일 것이다. 이를테면 교육을 통하여 개인의 이익을 증진한다는 것이다. 개인의 이익을 보는 관점도 둘로 나뉜다. 하나는 서술적 용법으로 개인이 이익의 증진을 인정하는 경우이고,13) 다른 하나는 규범적 용법으로 개인이 이익의 증진을 인정하든 안 하든 이익은 개인의 삶에 공헌한다는 것이다.14)

'이익'의 개념으로 교육목적을 이해하는 한, 이는 교육목적에 관한 사회적 차원으로 연결된다. 개인의 이익은 사회적 공공의 이익과 상충되면 안 되기 때문이다. 사회적 차원에서 논의되는 교육목적의 제1 덕목은 이론의 여지없이 '정의'일 것이다. 정의 개념은 여러 가지 사회사(social affairs)를 포함하는 복잡한 개념이다. 거기에는 평등, 재화의 배분, 자유, 권리, 성(性, gender), 권력 등과 같은 여러 주요 개념이 포함된다. 사회적 차원에서 교육목적을 논의할 때, 고려해야 할 사항은 교육적 재화의 분배, 아동의 자유제한과 강제의 정당화, 교육기회 균등과 같은 문제들을 포함한다. 이 같은 내용들이 무시된

---

13) Pat White, "Education, Democracy and the Public Interest", Richard S. Peters, ed., *The Philosophy of Education*(Oxford: Oxford University Press, 1973), 217-38.

14) Stanley I. Benn, "'Interests' in Politics", *Proceedings of Aristotelian Society* 60 (1959); Georg H. von Wright, *The Varieties of Goodness*(London: Routledge and Kegan Paul, 1963).

사회적 차원의 교육목적에 관한 논의는 무의미하다.

사회적 차원에서 교육목적에 관한 논의는 그 사회가 지향하는 이데올로기와 밀접히 관련된다. 특정의 이데올로기가 교육목적의 설정에 영향을 미치는 것은 명백한 사실이다. 반대로 교육받은 결과로서의 이데올로기를 비판하는 기능 역시 교육목적으로 편입될 수 있다. 그런데 이와 같은 이데올로기 비판에는 개인의 합리적 사고가 요구된다. 개인의 합리성을 인정하는 것은 곧 개인주의, 곧 개인의 자유를 전제로 한 것이다. 이 점에 비추어 자유주의에 기초하지 않은 교육목적은 비민주주의적인 것으로 간주된다. 결과적으로 교육목적에 관한 사회적 차원의 논의는 개인적 차원의 논의로 환원된다고 할 수 있다. 이상에서 논의한 교육목적에 관한 내용들을 하나의 척도로 삼아 기독교 교육목회자 교육목적 정립을 시도한다.

## Ⅲ. 기독교 교육목회자 교육목적

### 1. 내재적 차원

#### 1) 내용과 방법

기독교 교육목회자 교육은 무엇인가? 이 질문에 대답하는 방법 중의 하나는 이 질문이 무엇으로 구성되어 있느냐를 살펴보는 것으로부터이다. 기독교 교육목회자 교육은 '교육목회자'와 '교육'의 합성어이다. 교육목회자 교육은 교과교육이라고 할 수 있다. 교과교육은 가르치는 과목의 교육이다. 교육목회자 교육에서는 '교육목회자'가

과목이 된다. 그래서 교육목회자 교육은 교육목회자에 대해 가르치는 교육이다.

'교육목회자'라는 교과는 일반교육에서 말하는 교과와는 그 성격이 다르다. 일반교과가 가르쳐야 할 내용으로서의 교과를 말한다면, 즉 배울 대상이 있는 가르칠 내용으로서의 교과이지만, '교육목회자'라는 교과는 배울 대상과 가르쳐야 할 내용이 동일하다. 즉 교육 내용과 학습자가 일치한다는 것이다. 배우는 자가 배우는 내용이 된다. 그래서 배우는 자는 결국 자기 자신을 배우는 것이다. 결국 교육목회자 교육은 교육목회자를 내용으로 하는 교육목회자에 대한 교육이라고 할 수 있다.

한편, 교과교육학에서 교과의 내용을 단지 지식으로 생각하는 경향이 있다. 그러나 음악, 미술, 체육 등의 교과를 생각해 보면 교과 내용이 반드시 지식만은 아니라는 것을 알게 된다. 교과 내용은 비지적인 내용을 포함한 '경험'이라는 좀 더 포괄적인 범주로 파악하는 것이 타당할 것으로 본다. '교육목회자'라는 교과 역시 마찬가지이다. '교육목회자'라는 교과를 단지 지식으로만 보아서는 안 될 것이다. 즉 교육목회자를 하나의 객관적 내용으로만 파악해서 학습해야 할 지식의 단위로 국한시킬 수 있다는 것이다. 그러나 '교육목회자'라는 교과는 죽은 지식이 아니라 피가 흐르고 심장이 뛰는 살아 있는 실재이다. 그렇기 때문에 '교육목회자'라는 교과 내용은 지식의 덩어리가 아니라 하나의 전인적 내용으로서 다루어져야 한다.

교육목회자 교육목적을 그 개념을 통해 알아보려는 시도로서 먼저 교과로서의 '교육목회자' 개념에 대해 간략하게 살펴보았다. 이어 교육의 개념에 대해서 살펴보는 것이 순서일 것이다. 일반적으로 교과

교육학 분야는 교과의 내용을 정련하기 위한 내용적 논의와 그것을 전달하기 위한 방법적 논의의 양대 축으로 나누어져 있다. 그와 같은 논의의 전제는 교과는 교과교육 내용이고, 교육은 교과교육의 방법이라는 가정이다. 우리는 흔히 교육이 교과(경험)를 전달하는 수단이 된다는 관점에 익숙해 있다. 그러나 교과와 교육이라는 관계항을 상정하고, 그 양자의 관계를 따져 볼 때, 어떤 쪽을 중요하게 보느냐(즉, 본위로 삼느냐)에 따라 수단과 목적의 위치는 전혀 달라진다. 가령, 경험 쪽을 중시하면 교육은 수단이 된다. 반면 교육을 중시하면 경험은 그 수단이 된다. 교육을 주된 관심사로 삼는 후자의 경우에, 경험으로서의 교과 내용은 교육의 고유한 가치실현을 위해 필요한 조건 가운데 하나로 간주된다. 이를테면 '배우는 법을 배우기'(learning how to learn), '가르치는 법을 가르치기'(teaching how to teach)라는 말이 시사하듯이, 더 잘 배우고 더 잘 가르치는 것을 교육목적으로 파악하면,15) 경험 내용은 그러한 교육을 위한 수단이자 소재로 파악된다. 교육의 가치를 체험하는 일이 교과교육의 목적으로 부상할 때, 교과의 형태로 체계화된 각종 경험들은 이 목적을 달성하기 위한 방법이자 도구가 된다. 이럴 경우, 교육의 가치실현이라는 목적에 초점을 맞추어 경험의 제 양상에 내재하는 고유한 내적 질서와 계열을 재조정하고 변경하는 것은 얼마든지 가능한 일이 된다. 이처럼 교육의 규칙을 중심으로 교과에 담긴 경험을 재구성 혹은 재편성할 수 있다고 하면, 지금처럼 교과교육의 목적과 활동을 교과 위주로만 파악하는 고정된 시각은 근본적으로 다시 검토해야

---

15) 장상호에 의하면 교육의 본위, 곧 중심은 가르치고 배우는 일이다. 그의 『학문과 교육』상(서울: 서울대학교 출판부, 1997), 91-92.

할 것으로 보인다.16) 전술한 바와 같은 논의를 수긍할 경우, 기독교 교육목회자 교육목적은 교육목회자에 대한 내용과 그를 통해 가르치고 배우는 교육의 본래적 가치를 이루기 위한 교육목회자 교육이라고 할 수 있을 것이다.

### 2) 원칙, 신앙 그리고 전문성

교육목적을 특정 교과의 활동으로부터 찾아보려는 시도가 있다. 기독교 교육목회자 교육의 맥락에서는 교육목회자의 일반적인 활동으로부터 교육목적을 유추해 내는 것이라 할 수 있다. 교육목회자의 일반적 활동은 무엇인가. 이에 대해서는 여러 가지 이견들이 있을 수 있다. 예컨대, 교육의 총괄자, 교육의 방향제시자, 프로그램 개발과 조정자, 교회교육행정가 등의 활동을 한다.17) 그러면 이와 같은 활동의 목표는 무엇인가? 즉 '교육목회자의 이와 같은 활동이 궁극적으로 의도하는 내용은 무엇인가?' 하는 것이다. 두 가지 방면에서 생각해 볼 수 있을 것이다. 하나는 교육목회자가 자신의 역할을 잘 해낼 수 있도록 돕는 교육이어야 한다는 것이다. 그리고 다른 하나는 '교육목회자가 자신의 일을 잘 해낼 수 있는 능력의 본질은 무엇인가?' 하는 것이고, 목회자 교육은 결국 그 본질을 함양시키기 위한 교육이 되어야 한다는 것이다. 그런데 그 능력은 단일하게 제시하기가 어렵다. 교육목회자에게는 여러 가지 능력이 요구되기 때문이다. 그러나 교육목회자를 포함해 리더십에 대한 논의들은 대부분 그 역

---

16) 최성욱, "교과교육학 논의의 반성적 이해와 대안적 접근: 교육본위 교과교육학의 가능성 검토", 「교육원리연구」1(교육원리연구회, 1996), 51 - 84.

17) 이에 대해서는, 박종석, "기독교교육 리더십은 무엇인가?: 구성 요소를 중심으로", 「기독교교육논총」11(한국기독교교육학회, 2005), 199 - 236 참조.

할 면에서 언급되고 그 역할을 가능케 하는 수면하의 능력에 대해서는 명확하게 규명되거나 제안된 것이 드물다.

여기서 우리는 교육목회자의 능력을 그 역할로부터 추론하는 방식을 택할 수 있을 것이다. 교육목회자의 역할을 아주 단순화하면 행정, 종교 그리고 교육적인 기능으로 나눌 수 있다.[18] 이 각각의 기능들을 잘 해낼 수 있는 능력들은 무엇일까. 그것들에 대해서 하나씩 생각해 보자. 행정에 필요한 능력을 현실로부터 찾는 것도 연구의 한 방법이 될 수 있을 것이다. 우리는 '행정' 하면 보통 공무원을 머리에 떠올리게 된다. 공무원 사회에서 행정력이 뛰어났다고 회자되는 사람에 고건 전 국무총리가 있다. 그의 리더십 스타일 핵심은 '원칙'이라고 한다.[19] 그는 항상 법에 맞게, 원칙에 충실하게 일 처리를 했다고 한다. 그렇다고 해서 인정이 없는 행정 위주의 리더십을 말하는 것이 아니다. 그를 가리켜 한편으로 '상식이 통하는 리더십을 행사한다'고도 하고, '신뢰와 안정을 주는 리더십을 구사한다'고 하는 말들은 그가 행정을 법대로 원칙대로 하되, 일을 무리 없이 조정해 가는 해소형 리더임을 추측게 해 주는 대목이다. 그러나 그렇더라도 조정이나 갈등 해소가 법이나 원칙 그리고 상식에 어긋난다면 더 큰 문제와 갈등을 불러올 것이다. 그러니까 고건의 리더십은 냉정한 원칙을 향하되 그것을 부드러운 방식으로 처리하는 리더십을 행사했다고 할 수 있다. 원칙이라는 내용과 조정이라는 방법의 절묘한 조화를 추구하는 리더십이라 할 것이다. 물론 공무원 사회와 교

---

18) Maris Harris, *The D.R.E. Book: Questions and Strategies for Parish Personnel* (New York: Paulist Press, 1976), 4-7; Stephen Nevin, "Parish Coordinator: Evaluating Task and Roles", *The Living Light* 9:1(Spring 1972), 48-56.

19) ≪주간조선≫ 1846, (2005년 3월 21일).

회라는 공동체에서의 행정이 이질적인 것일 수 있지만, 이와 같은 예로부터 교육목회자의 행정 활동으로부터 추론할 수 있는 교육목적은 원칙을 지키는 힘을 길러 주는 것이 될 것이다.

다음으로 교육목회자의 주요 활동에 종교적 영역이 있다. 교육목회자 교육에서 종교는 일단 교육의 주요 내용으로 생각된다. 그 내용의 본질은 신앙이고, 신앙의 핵심은 초월일 것이다. 교육목회자는 직·간접적으로 많은 내용을 가르칠 것이다. 그와 같은 내용들은 무엇을 위해 있는 것인가? 그것은 종교에 관한 내용들이 아니라, 그와 같은 내용들을 통해 도달하고자 하는 신앙 또는 초월일 것이다. 교육목회자에게는 이중 종교의 짐이 요청된다. 그는 우선 신앙인이 되도록 교육받아야 하며(대부분의 신자에게 종교는 이 선에서 끝난다), 그의 지도를 받을 사람들에게 신앙의 본을 보여야 한다. 그런데 신앙은 무엇으로 표출되는가? 우리는 어떤 사람이 신앙이 있는 것을 무엇을 통해 알 수 있는가? 기독교교육 분야에서는 신앙의 영역 또는 차원에서 신앙을 지적으로 믿기, 정서적으로 신뢰하기 그리고 하나님의 뜻을 행하기로 본다.[20] 그런데 누가 신앙과 관련된 내용을 많이 안다고 해서 우리는 그를 신앙이 좋다고 보지는 않는다. 또 열정적으로 하나님을 믿는다거나 착한 일을 한다고 해서 신앙이 좋다고도 말하기 어렵다. 신앙이 좋다고 여겨지는 모습 중에 초탈한 모습이 있다. '초탈'은 세속이나 어떤 한계 따위를 뛰어넘어 벗어나는 것을 이른다. 신앙의 영역에서 초탈은 이와는 다르다. 그것은 하나님에 대한 신앙으로 세상에 얽매이지 않으나 하나님에 대한 신앙 때문

---

20) Thomas H. Groome, *Christian Religious Education: Sharing Our Story and Vision*, 이기문 역, 『기독교적 종교교육』(서울: 대한예수교장로회총회교육부, 1980), 94-131.

에 세상에 얽매인다. 그러니까 신앙은 세계를 경계에 두고 초월과 애착의 긴장 관계에 있다. 기독교 교육목회자는 기독교적 가치관을 한 치 양보 없이 고수해야 한다. 그러나 그 가치관은 세계에 대한 애정과 행동으로 표현되어야 한다. 기독교적 가치관에 대한 편견과 그 실현을 위한 전인적 열심을 신앙이라고 볼 수 있지 않을까.

마지막으로 교육목회자의 주요 활동에 교육적 영역이 있다. 일단 교육목회자라는 정체성은 이 교육적 영역에 의해서 확보되는 것일 것이다. 교육적 영역을 통하여 달성해야 할 목표는 우선 전문성일 것이다. 전문가는 숙련가를 뛰어넘어, 자신의 분야에 대한 통찰력과 모험정신을 가지고 끊임없이 노력하는 사람이다. 우리가 전문가라고 하면 막연히 떠올려 왔던 사람들 - 의사, 변호사, 과학자 같은 '전문 직종'에 종사하고 있는 사람들 - 은 사실 전문가 아닐 수도 있다. 왜냐하면 전문가인가 아닌가 하는 기준은 개인이 가진 직업의 종류, 즉 '직종'이 아니라, 어떤 직업을 가지고 있든 한 개인이 얼마나 자신의 전문성을 계발하고 있는 상태인가, 즉 그 '과정'이기 때문이다. 흔히 전문가라고 사람들이 일컫는 '직종'에 종사하고 있지만, 전문성을 계발하는 '과정'에 있지 못한 사람들은 '숙련가(specialist)'라고 할 수 있을 것이다. 숙련가들은 세분화된 교육을 통해서 방대한 지식을 소유하고 있지만, 그것은 자신의 전공 분야에만 한정된 것이다. 그는 자신의 전공 영역 외의 다른 맥락에서는 전문적 능력을 발휘할 수 없다. 자신이 하고 있는 일에 대한 거시적인 안목이 없기 때문이다. 진정한 의미의 전문가는 넓은 시야와 통찰력을 가지고 좀 더 신속하고 복잡한 사고과정을 통해 효율적으로 사고한다. 전문가의 개방적인 자세나 우수한 사고과정과 함께, 또 다른 측면에서 전문성에 기여하는 요소가 있는데 그것이 바로 전문가의 '지식'이다. 지식은 물론 전문가가 되기 위한 여러 요소들, 예컨대 창의적 사고와 개방적 마인드, 동기 그리고 인내력이나, 근면성, 환경적인 영향 등 중에서 특히 지식이 중요한 이유는 지식을 갖는다는 것이 전문가가 되기 위한 '필요조건'이기 때문이다. 다시 말해 지식이 없이는 전문가가 될 수 없다. 인내력이나 근면성 없이 천재성을 발휘하는 전문가가 있을 수 있고, 어려운 환경에서도 충분히 훌륭한 전문가가 탄생할 수는 있지만, 지식을 가지지 않은 전문가는 있을 수 없다.[21]

교육목회자의 경우, 교육시켜야 할 내용에 대해서 전문성을 띠어야 한다. 그 전문성은 독립적으로 존재하는 것이 아니라 전술한 바와 같이 창의성·개방성·성실성 등과 더불어 조화를 이루어 발휘되는 것이다.

한편, 교육목회자의 교육 영역을 통해 달성해야 할 목표에는 교육적 능력이 있다. 이는 교육적 활동을 통해 교육이 무엇인지를 이해하는 것을 포함해, 교육을 잘할 수 있는 능력이 함양되어야 한다는 것을 의미한다. 결론적으로 교육목회자의 교육적 활동 영역을 통해서 이루어야 할 목표들에는 전문성과 교육적 능력이 있다고 할 것이다.

### 3) 신앙적 가치관

기독교대한성결교회의 '헌법'에서 교육전도사와 교육목사에 관한 내용은 다음과 같다.

"제42조 3항 칭호와 직무

---

21) 손영우, 『전문가, 그들만의 법칙: 삶을 바꾸는 전문성의 심리학』(서울: 샘터, 2005), 3장.

다. 교육전도사

교육전도사는 당회의 위임에 따라 담임목사를 보좌하며 교육에 대한 일을 담당한다. 단, 교육전도사는 담임전도사로 청빙될 수 없다."

"제43조 2항 자격

나. 교육목사는 서울신학대학교 대학원에서 기독교교육을 전공하고 교역자과정을 이수한 자로서 본 교회에서 5년 이상 교육전도사로 시무한 경력이 있으며 연령이 28세 이상 된 자."

"5항 칭호와 임무

바. 교육목사

목회를 전담하고 있는 담임목사를 교회교육으로 보좌하는 목사이다."

위의 내용들을 보면 교육전도사와 교육목사로서의 교육목회자의 존재 이유는 목회를 전담하고 있는 담임목사를 교육으로 보좌하는 일이다. '보좌'(補佐·輔佐)는 윗사람 곁에서 사무를 돕는 일이다. 보좌자는 다만 도울 뿐이다. '돕는다'는 말은 주체와 객체 사이를 이어 주는 서술어이다. 돕는 행위에서 주체는 행위의 결과와는 직접적으로 무관하다. 예컨대, '남을 위험이나 괴로움에서 벗어나게 하다', '그분이 도와주어 학교를 마쳤다' 등 예에서 보듯이 주체는 남을 돕기는 하지만 위험에서 벗어나거나 학교를 졸업하는 것은 그가 아니라 도움을 받은 자이다. 여기서 도움을 베푼다고 하더라도 의도했던 바대로 도움의 결과가 빚어지는 것은 아니다. 결과에 직접적으로 영향을 미치는 것은 도움을 주는 자가 아닌 도움을 받은 자의 행위이기 때문이다. '보좌'라는 말을 이와 같은 뜻으로 이해할 경우, 교육목회자는 그의 정체성과 직접 관련이 있는 교육과 관련된 일에 대해서 담임목회자를 돕는 보좌의 역할을 할 뿐 일의 결정에 직접적인 영향을 미치지는 못한다. 교육과 관련된 일에 대해서 교육의 전문가가 아닌, 다만 전문가의 도움을 받은 비전문가가 직접적인 결정을 내린다. 그래서 교육목회자에게 '보좌'라는 말은 교육목회자의 정체성을 실현시키지 못하게 하는 역기능으로 작용하는 어휘가 된다. 교육목회자를 '헌법'상으로 보았을 때, 이처럼 교육목회자의 본래적 역할을 발휘할 수 없게 되기 때문에 교육목회자의 활동으로부터 교육목적을 추출해 낼 수 없다. 그럼 눈을 돌려 교육목회자가 현장에서 어떤 역할을 하고 있는지를 살펴보고 그로부터 교육목적을 찾아보자.

교회의 교육 현장에서 교육목회자의 기능은 궁극적으로 교회학교의 양적 성장에로 수렴된다. 적어도 한국교회의 현실에서 교육목회자의 유무 능력은 왕왕 그가 얼마나 교육적 활동을 잘 수행하는지에 의해서가 아닌 양적으로 교회학교를 얼마나 성장시켰느냐에 의해 판단된다. 교회학교를 양적으로 성장시키지 못했을 때, 그의 교육적 활동은 오히려 추문이 된다. 교회학교의 양적 성장과 무관한 교육적 수행은 아무 의미가 없다. 그러나 전술한 바와 같이 교육목적은 다른 것을 위한 수단으로 전락하는 외재적 성격이어서는 안 된다. 교육목회자의 역할은 구성원들을 영적으로 성숙시키는 데 있지, 구성원들의 수를 늘리는 데 있지 않다. 교육이 양적인 것을 목표로 할 때, 그것은 이미 타락의 길로 접어들고 있는 것이다. 이것은 교육의 영역에 한정되지 않는다. 어느 영역에서든 양을 목적으로 할 때, 더구나 그것이 사람을 대상으로 한 것일 때, 그것은 인간에 대한 모독이 된다. 인간은 인간답게 대우받아야 하며 물건처럼 비인격적으로 다루어져서는 안 된다. '헌법'과 현실을 통한 교육목적의 발견은 대단히 부정적이었다. 그러니 이상적 교육목회자의 기능을 통해 그 교육목적을 찾아보도록 하자.

교육목회자 교육목적을 이 같은 방식으로 탐구하는 것은 교육목회자의 기능에 대해 전술한 내용과 흡사해 보일 수 있다. 그러나 전술한 교육목회자의 활동에 관한 내용이 비교적 대표적인 행정, 종교 그리고 교육의 영역으로부터 교육목적을 추출하려고 했다면, 여기서의 교육목적 탐구는 그것들 전부, 즉 '행정, 종교 그리고 교육적 활동 전체를 통해서 교육목회자에게 함양시키려고 하는 내용이 무엇이냐?' 하는 것이다. 이와 같은 물음은 본질적인 대답을 요구하는 것인데, 궁극적으로 행정은 정직을 통해 효율성을, 종교는 신앙을 통해 전통과 교리를 그리고 교육은 마음이라고 대답할 수 있을 것이다. 정직, 신앙 그리고 마음, 이 모든 것들이 지향하는 곳은 어디인가? 그곳은 가치관이 아닐까?

### 4) 교회의 사명

교육목회자 교육목적을 알고자 하는 또 다른 시도는 교회의 상황으로부터 올 수 있다. 학교가 교육에 대한 일정한 목적을 갖고 있듯이 교회는 그 구성원에 대해 일정한 의도를 갖고 있다. 그 의도는 교회의 관점에 따라 다양할 것이다. 대부분 신학의 관점에 따라 상이한 이 교회의 관점에 따라 교육목적이 구성될 경우, 교육목적은 교회의 관점들을 위한, 즉 교회의 관점을 전수하고 그것의 실현을 위한 것이 된다.

한편 교회가 가진 관점들의 다양성은 교육목회자 교육을 위한 단일한 목적 구성을 불가능하게 한다. 그러므로 교육목회자 교육목적을 위한 교회 현장으로부터의 시도는 교회들의 다양한 관점들로부터가 아니라, 그 관점들을 소유한 교회 자체로부터 찾는 방식을 취할 수 있다. 이를 '교회를 위한 목적'이라고 할 수 있을 것이다.

교회를 위한 교육목적은 교회가 하는 일들을 위한 교육이다. 그것은 두 가지 면을 지닌다. 하나는 교회가 하는 일들의 내용이고, 다른 하나는 교회가 하는 일의 방식이다. 교회가 하는 일의 내용 중심은 예수 그리스도이다. 교회는 예수 그리스도를 선포하고, 예수 그리스도를 가르치며, 예수 그리스도를 나누며, 예수 그리스도께 봉사한다. 교회의 중심 내용을 이렇게 볼 때 교육목회자 교육목적은 예수 그리스도에 대한 봉사가 될 것이다. 그가 하는 모든 일들은 예수 그리스도와 관련이 있어야 하며 예수 그리스도를 위한 것이어야 한다.

교회가 하는 일의 방식이 무엇인지는 교회가 해야 하는 일, 즉 교회의 사명에서 찾아볼 수 있다. 교회는 케리그마(Kerygma), 디다케(Didache), 코이노니아(Koinonia), 디아코니아(Diakonia) 등 사명을 갖고 있는데, 이들 사명들은 그 내용으로도 구별되지만, 그 형식에 있어서도 차별성을 띤다. 이 교회 사명 형식들은 각기 상이한 성격들을 지니고 있기 때문에 교회를 위한 것으로서 통일성을 유지하기가 어렵다. 여기서 교회를 위한 교육목적의 실마리는 교육이 이 모든 형식들에 통일성을 부여할 수 있는 촉매 역할을 할 수 있을 것이라는 기대이다. 즉 교육은 교회 사명 중 하나이지만 다른 사명들에 통일성을 부여하는 촉매 역할을 할 수 있다는 것이다. 교회를 위한 교육을 이렇게 볼 경우, 교육목회자 교육은 교회 사명들에 대한 이해와 함께 그 방식들의 원활한 작동을 돕는 것이어야 한다. 그러나 교육목회자 교육은 교회교육을 위한 것만이어서는 안 된다. 교회의 교육은 그 구성원들을 위한 것이기도 하고 사회를 위한 것이기도 해야 한다. 전술한 교회의 사명에서만 보아도 케리그마, 디다케, 코이노니아가 교회교육을 위한 개인적 차원과 관계가 있다면 이를 바탕으로한 디아코니아는 사회적 차원과 관계가 있다고 볼 수 있기 때문이다.

## 2. 개인적 차원: 자유와 기쁨

교회에는 신자 전체, 즉 공동체로서의 신자가 아닌 신자 개개인을위한 교육의 사명도 있다. 건전한 개인들이 없이는 건실한 공동체가존재할 수 없기 때문이다. 교회의 교육은 사실 신자 개개인을 위해시도해 온 듯하다. 그러나 결과적으로 보면 그와 같은 시도들은 결국 교회를 위한 것이 되어 있는 것을 발견하게 된다. 그러므로 유사개인을 위한 교육이 아닌 참된 의미에서의 개인을 위한 교육이 탐구되어야 한다. 개인을 위한 교회교육 내용은 무엇이어야 하는가? 그것은 예수 그리스도로부터 오는 자유와 기쁨이고, 능력이다.

케리그마의 내용에 따르면, 예수는 교회의 구성원들 한 사람 한사람을 위해 돌아가셨다. 십자가에서의 대속 행위를 통하여 교회의신자들은 죄의 용서를 받고, 죄와 사망으로부터 자유를 받았고, 그로부터 오는 기쁨을 누리게 되었다. 자유는 예수 그리스도 안에서의자유이고 세상으로부터의 자유이다. 예수 그리스도 안에 있는 사람은 세상 안에 있어서 그 존재를 부정하지는 않지만 거기에 얽매이지않고 자유스럽다. 그런 사람에게 기쁨이 주어진다. 이 기쁨은 무화과, 포도 열매, 감람나무 열매, 논밭의 식물 그리고 외양간의 송아지 등외적인 조건에 의해 좌우되는 기쁨이 아니라 내적인 자족적인 기쁨이다(합 3:17 - 18). 세상에서 행복은 돈, 건강, 성, 사랑 등이 있어야 가능한 것으로 생각한다. 그러나 세속적 행복의 조건은 얼마든지 다른 항목들을 추가할 수 있어 나중에는 그 내용이 모호하게 된다. 따라서 행복은 외적인 조건보다는, (설사 외적인 조건에 의존된다고 하더라도) 그 내적인 내용이 보다 중요하다. 예를 들어, 행복의 유사어라고 할 수 있는 '생활만족도'는 정신, 신체, 사회적 요인에 대한 반응, 필수적으로 요구된 기능과 적응, 목적 있는 삶, 최소한의 불만, 품위 있는 삶, 영적 안녕, 자아존중감, 행복, 만족, 긍정적 정서 등으로 정의할 수 있는데, 주관적 성격이 강한 것을 알 수 있다. 이렇게 볼 때, 기쁨은 외적인 것이기보다 내적인 것으로 볼 수 있을 것이다. 구체적으로 그것은 교회의 코이노니아적 성격으로서 예수 그리스도와의 사귐과 그로부터 나오는 다른 신자들과의 교제이다.

교회교육의 개인적 차원을 위한 교육목회자 교육목적은 두 가지 면에서 생각해 볼 수 있다. 하나는 교육목회자 자신을 위한 목적이고, 다른 하나는 교회의 구성원들을 위해 교육목회자가 해야 할 역할이다. 교육목회자가 다른 사람의 자유와 기쁨을 위해 일하기 위해서는 자신이 그와 같은 기쁨과 자유를 누려야 한다. 그리고 자신과 다른 사람들을 위한 교육 사역이 자신에게 기쁨을 가져다주어야 한다.


## 3. 사회적 차원: 희생과 봉사

예수 그리스도 구속사건은 그를 따르는 사람들에게 자유와 기쁨을 선사할 뿐 아니라 능력을 부여한다. 이 능력은 섬김의 능력이며, 구체적으로는 희생과 봉사의 능력이다. 이 능력은 기독교적 사회 개선과 비기독교적 사회 개선의 분수령이다. 기독교적 사회 개선과 비기독교적 사회 개선은 모두 인간을 향한다. 사회구조를 문제 삼든 인간의 억압을 문제 삼든, 결국 인간을 해방시켜 인간 본래의 자리와 품위를 회복시키는 데 목적이 있다. 그러나 그 목적을 이루는 방법에는 차이가 있다. 비기독교적 방법은 폭력적 방법까지 승인하는 힘에 의존하지만, 기독교적 방법은 무력함에 의존한다. 물론 기독교에서도 해방신학의 경우에는 폭력을 인정하지만, 비폭력이 적용되지 않을 때에 한한다. 그러나 해방신학이 결국 폭력에 대해 폭력을 사용한다는 것은 이미 폭력은 또 다른 폭력을 부른다는 것을 입증하는 셈이다. 그러므로 비폭력의 선택은 필연적인 것이다.

비폭력은 종종 무저항과 동일시되었다. 무저항의 이유는 여러 가지일 것이다. 무력해서, 명분 때문에 등, 이유가 순수하다고 할 수 없을 때 무저항은 어쩔 수 없는 선택이 된다. 이 점에서 무저항은 예수 그리스도를 따르는 자들에게 나타나는 섬김과 구별된다. 섬김의 형태는 희생과 봉사인데, 이 또한 물론 비자발적일 수 있다. 그렇더라도 희생과 봉사가 그리스도를 따르는 자들이 마땅히 해야 할 일이라면 비자발성은 간과될 수 있다.

희생과 봉사야말로 참된 힘이다. 희생과 봉사는 베푸는 사람뿐만 아니라 베풂을 받는 사람도 변화시킨다. 베푸는 사람은 베풂을 통해 이기에서 이타적으로 변한다. 베풂을 받는 사람은 베풂과 더불어 오는 감동에 의해 결빙된 마음이 해빙된다. 역사적으로 사회 변화를 추진하려는 대표적인 두 가지 이데올로기는 자본주의와 사회주의였다. 자본주의는 성장을 통해, 사회주의는 혁명을 통해 사회를 변화시키려고 했다. 이 과정에서 수많은 희생이 따랐고 그 희생은 대부분 힘없는 사람들의 몫이었다. 피터 엘 버거(Peter L. Berger)에 따르면,

사회 변화가 '개발'이라는 미명 아래 간과한 것이 있다면 개발에 따르는 고통(calculus of pain)과 개발이 주는 의미(calculus of meaning)를 계산에 넣지 않았다는 것이다.[22] "일찍이 애덤 스미스(Adam Smith)는 개인의 이기심이 자유주의 경제의 추동력이라고 생각했다. 각자 자신의 이익을 추구하다 보면 그것이 오히려 전체의 이익이 된다고 보았던 것이다. 그러나 동시에 이 경제가 제 기능을 하려면 약자에 대한 동정심이 불가결하다."고 했다.[23] 사회 변화의 큰 대가는 희생이다.[24]

교육목회자 교육은 결국 사회에 나가 일해야 할 사람들을 교육하는 교육목회자를 교육하는 것이기 때문에 사회 변화에 요구되는 희생과 봉사의 의미와 실제적 힘을 체험하도록 교육해야 할 것이다. 희생과 봉사가 사회 변화과정에서 어떻게 작동하는지 그 기제를 학습하고 교회에서 그것들을 교육할 수 있도록 준비되어야 한다.


## IV. 나가는 글

교육목회자를 위한 교육은 드물다. 있다 하더라도 교회교육 현장에서 당장에 필요한 기술 훈련에 치우친 경우가 많다. 이 같은 상황은 바른 목적의 결핍으로부터 온다. 우리는 앞에서 일반교육학 목적 설정 차원들을 차용해서 내재적 차원, 개인적 차원 그리고 사회적

---

22) Peter L. Berger, *Pyramids of Sacrifice: Political Ethics and Social Change*, 유종해 역, 『제삼세계』(서울: 삼성미술문화재단, 1983).

23) 김종철 "당신의 대학은 안녕하십니까?", ≪한겨레≫(2005. 5. 20).

24) John H. Simpson, "Pyramids of Sacrifice: The High Price of Social Change", *Religious Education* 71:6(Nov. - Dec. 1976), 661 - 62.

차원에서 교육목회자 교육목적들을 구상해 보았다. 내재적 차원에서의 교육목회자 교육은 교육목회자가 무엇인지를 교육해야 할 뿐만 아니라, 그와 같은 교육을 하는 과정에서 교육목회자 교육 자체를 배우는 것을 포함하며, 교육목회자의 활동을 크게 행정, 종교 그리고 교육이라고 했을 때, 그로부터 도출할 수 있는 교육목적은 원칙, 신앙 그리고 전문성이며, 교회 현장에서 교육목회자의 역할로부터 신앙적 가치관이라는 교육목적을 끌어냈다. 개인적 차원에서는 교육목회자 자신이 예수 그리스도의 대속으로부터 오는 자유와 기쁨을 맛보아야 하며, 사회적 차원에서는 예수 그리스도의 구속에 대한 반응으로 섬김, 즉 희생과 봉사가 따라야 함을 말했다. 결국 교육목회자 교육은 개인이라는 차원과 교회를 위한 차원 그리고 사회를 위한 차원 삼차원에서의 교육을 돕는 것이어야 하며 교육목적 설정 시 이 세 차원이 균형 있게 강조되어야 한다.

이 글은 희소한 교육목회자 교육에 대한 교육 기회 확대의 필요성을 언급하면서, 기존 교육목회자 교육에서의 목적 모호성을 목적 차원 면에서 상세화하며 극복하려고 했다. 교육목회자 교육의 향상을 위해서는 여기에서 언급한 목적의 차원에서 이론적으로 타당하며 현실적으로 구체적인 교과과정의 작성이 필요할 것이다.

# 기독교장애인교육의 목적

## I. 들어가는 글

모든 교육은 목적으로부터 시작된다. 명시적이든 암묵적이든, 어떤 교육이든 모종의 의도, 즉 목적을 지니고 있다. 교육의 지속 시간이 짧건, 길건 교육 과정은 목적을 향하여 진행된다. 교육 시간이 잠깐일 경우 목적은 의식되지 않은 채 경과되며, 그래서 의미를 띨 만큼 중요하지 않다. 그러나 교육이라고 할 수 있을 만큼 일정 기간 지속되는 형태에서는 목적은 보다 큰 비중을 갖는다. 교육 기간이 길어지면 길어질수록 그 목적 상실의 가능성은 높아지기 때문에, 그래서 방향을 잃고 방황할 가능성도 그만큼 높아지고, 급기야는 본래 의도하지 않았던 곳에 와 있는 망연자실함을 겪을 수 있기 때문에 목적이 더욱 필요하다.

기독교장애교육의 경우는 어떤가. 우선은 기독교장애교육에 대한 논의에서 교육 자체에 대한 언급은 희소하다. 장애교육에 대한 논의는 간혹 눈에 띄나, 기독교장애교육에 대한 논의는 드물다.[1] 대표적

---

[1] 장애우 관련, 기독교교육 관련 문헌들에는 다음과 같은 것들이 있다. 이소현, "주일학교에서의 장애아 통합교육", 「정신지체인 주일학교 교유정책 세미나 자료」(한국장애인사역연구소,

인 기독교교육사전에서조차 장애우[2])에 대한 항목은 따로 나오지 않는다. 단지 공히 '예외인'(exceptional persons)이라는 항목으로 나타난다. '예외인'은 영재와 장애우를 모두 포함하는 개념이다.[3] 그런데

1999), 7 - 21; 강신철, 「한국 장로교회 내 장애아동 주일학교 도입과 활성화 방안 연구」, 석사학위논문(서울: 총신대학교 대학원, 2003); 이희능, "장애인과 비장애인 통합교육에 관한 기독교적 접근", 「기독교교육정보」, 9(2004), 113 - 51; 이금섭·배내윤·이민호, "목회자 양성 대학의 특수교육 관련 교과목 개설현황 조사", 「특수교육저널: 이론과 실천」, 6:4(2005), 297 - 313; 신현기, "장애와 차별 극복을 위한 기독교교육", 「기독교교육정보」, 9(2004. 10), 11 - 39; 김요섭, "교회 장애인 부서 교사들의 의식에 대한 조사", 「기독교교육정보」, 16(2007. 4), 167 - 80; 이계윤, 『장애인 선교의 이론과 실제』(서울: 한국특수교육연구소, 1996); Gene Newman and Joni Eareckson Tada, All God's Children(Grand Rapids, MI: Zondervan Publishing, 1993); J. Sutton, C. Sutton, and E. Everett, "Special Education in Christian/ Fundamentalist Schools: A Commitment to All the Children?", Journal of Research on Christian Education 2:1(1993), 65 - 79; T. Bennett, D. Deluca, and R. Allen, "Religion and Children with Disabilities", Journal of Religion and Health 34:4(1995), 301 - 12; B. C. Collins, A. Epstein, T. Reiss, and V. Lowe, "Including Children with Mental Retardation in the Religious Community", Teaching Exceptional Children 33:5(2001), 52 - 58; N. Tarakeshwar and K. Pargament, "Religious Coping in Families of Children with Autism", Focus on Autism and Other Developmental Disabilities 16:4(2001), 247 - 60; D. Anderson, "Special Education as Reconciliation", Journal of Education and Christian Belief 7:1(2003), 23 - 35; D. Poston and A. Turnbull, "Role of Spirituality and Religion in Family Quality of Life for Families of Children with Disabilities", Education and Training in Developmental Disabilities 39:2(2004), 95 - 108; J. Webster, Religious Education for Children with Severe Learning Difficulties: Constructing a Framework, Finding a Medium, Exploring a Story", Support for Learning 9:3(2004), 119 - 24; Kenneth A. Pudlas, "Inclusive Education: Will They Know we are Christians?", Journal of Research on Christian Education 13:1(Spring 2004), 61 - 70; MaLesa Breeding, Dana Hood, and Jerry Whitworth, Let All the Children Come to Me: A Practical Guide to Including Children with Disabilities in Your Church Ministries(Colorado Springs, CO: Cook Communication Ministries, 2006); MaLesa Breeding and Dana Hood, "Voices Unheard: Exploring the Spiritual Needs of Families of Children with Disabilities", Christian Education Journal 4:2(Fall 2007), 279 - 92; Barbara J. Newman, Autism and Your Church: Nurturing the Spiritual Growth of People with Autism Spectrum Disorders(Grand Rapids, MI: Faith Alive Christian Resources, 2006).

2) 여기서는 장애우인권연구소의 제안에 따라, 장애인에 대해 '친구'라는 따뜻하고 포근한 의미로 대우하자는 뜻에서 '장애우'라는 용어를 사용한다. 「함께 걸음」, 창간호(1988·3), 4. 그 밖의 장애우에 대한 정의 등 일반적 이해는 이희능, "장애인과 비장애인 통합교육에 관한 기독교적 접근", 「기독교교육정보」, 9(2004), 115 - 20 참조.

3) Norma C. Everist and Ima J. Kidd, "Exceptional Persons", Iris V. Cully and Kendig

영재에 대해서는 두 사전 모두 똑같이 '영재아'(gifted children)라는 항목으로 추가적으로 다루고 있다.4)

그리고 기독교교육이란 말은 사용하지만 그것이 본질적으로 기독교교육인지는 의문이다. 그나마도 기독교교육 현장의 당장 요구를 채우려는 동기가 있어 보여, 근본적인 교육목적 등에 의해 진행되는 체계적인 교육이라고 보기 어렵다. 사정이 이렇다 보니 학문공동체에서의 기독교장애교육의 이론이 교회교육 현장에서의 실천으로 흘러 들어갈 수량 자체의 부족을 느끼게 한다. 교육이 실효성을 거두기 위해서는 당장 가르쳐야 할 내용이나 방법에 대한 주의보다 그것을 정당화시키는 목적을 바로 정립하는 일이 필수적이다. 교회 현장의 교육에서 실현되어야 할 장애교육이 활성화되기 위해서는 기독교장애교육 역시 교육목적을 정립하는 일로부터 시작해야 할 것이다.

이 글은 이 같은 입장에서 일반장애교육의 목적을 가능한 한 살펴서 기독교장애교육의 목적을 설정하기 위한 통찰력을 얻고자 한다. 여기에 기독교교육의 고유한 목적이 기독교장애교육에 대해 갖는 함의를 함께 고려해 기독교장애교육의 목적을 설정하고자 한다.

---

B. Cully, eds., *Harper's Encyclopedia of Religious Education*(San Francisco: Harper & Row, 1990), 238 – 40; Robert J. Choun, "Exceptional Persons", Michael J. Anthony, ed. *Evangelical Dictionary of Christian Education*(Grand Rapids, MI: Baker Academic, 2001), 270 – 71.

4) Lucie W. Barber, "Gifted Children", Iris V. Cully and Kendig B. Cully, eds., *Harper's Encyclopedia of Religious Education*(San Francisco: Harper & Row, 1990), 266 – 7; "Gifted Children", Tara J. Fenwick, Michael J. Anthony, ed. *Evangelical Dictionary of Christian Education*(Grand Rapids, MI: Baker Academic, 2001), 313 – 34.

## Ⅱ. 장애교육의 목적

여기에서 살펴볼 장애교육의 목적에 대한 논의의 바탕은5) 도널드 비 베일리(Donald B. Bailey)와 마크 월리(Mark Worley)의 내용이다. 그들은 다음과 같은 일곱 가지 목표를 제시하고 있다.6) 이 목표들은 장애유아를 대상으로 설정된 것이지만 다른 발달 단계들에 대해서도 성립한다고 할 수 있다.

### 1. 가족의 목표 달성 지원

장애교육의 첫째 목적은 가족들이 자신의 목표를 달성하도록 지원하는 것이다. 장애유아가 있는 가정의 경우, 가족들의 생활이 장애유아 중심으로 돌아갈 수 있다. 물론 도움이 필요한 부분은 도와주어야 하고, 그래서 자신의 생활에 지장받을 수도 있지만 분명한 것은 누구나 자신의 삶이 있다는 것이다. 이 삶은 장애유아 때문에 뜻한 대로 펼치지 못할 수도 있지만 그렇다고 장애유아 때문에 자신의 삶을 포기해서는 안 된다.

기독교교육에서는 가정은 유아를 위한 종교교육의 요람이다. 유아는 가정에서 부모를 통해 이후 신앙에 있어 가장 중요한 기본적 신뢰를 배운다.7) 이것이 형성되지 않을 경우 유아는 이후 사람도, 하

---

5) 교육목적 논의의 차원에는 내재적 · 외재적 그리고 개인적 · 사회적 차원이 있다. 이에 대한 논의는 박종석, "기독교 교육목회자 교육의 목적", 「신학과 선교」 32(부천: 서울신학대학교, 2006), 105 - 27을 참조하라.

6) Donald B. Bailey and Mark Worley, *Teaching Infant and Preschoolers with Disabilities* (New York: MacMillan, 1992).

7) Erik H. Erikson, *Childhood and Society*, 윤 진 · 김인경 공역, 『아동기와 사회: 인간발달 8단계 이론』(서울: 중앙적성출판사, 1994).

나님도 믿을 수 없게 된다. 장애유아를 돌보아야 하는 가족들은 자신의 삶이 있지만 그 내용 중의 하나가 유아에게 신뢰심을 길러 주는 것이다.[8]

## 2. 아동 참여와 현재 환경 습득 촉진

장애교육의 둘째 목적은, 아동의 참여와 현재의 환경에 대한 습득을 촉진하는 것이다. 장애유아는 장애 때문에 자율의 기회가 제한받을 수 있다. 그러나 장애유아가 성장하기 위해서는 제한된 조건 안에서 스스로 할 수 있는 경험의 기회가 가능한 한 많이 주어져야 한다. 물론 여기서 '……을 한다'는 것은 반드시 행동만을 가리키지 않는다. 그가 비록 전혀 움직이지 못하는 상태라도 그가 살아 있다면 그는 생명을 누리고 있는 것이며, 그렇다면 그에게 생각과 감정이 있을 것이며 그것으로 그는 무엇을 할 수 있는 것이다. 그러므로 우리는 참여와 경험을 외적으로 보이는 행동에만 제한해서는 안 될 것이다. 또한 장애유아는 어떤 차원에서 어떤 것을 함으로써 환경과 상호작용 능력을 키워 가게 된다. 인간은 사회적 동물로서 환경에 처해 있다. 따라서 그는 운명적으로 환경과 상호작용해야 할 처지에 놓여 있다. 환경과의 상호작용은 인간됨을 이루는 과정이지만 그 자체가 내용이다.

기독교교육에서 장애유아는 해당 가정에게만 속해 있지 않다. 그는 신앙공동체인 하나님의 교회에 속해 있다. 그러므로 그에게 당연

---

8) MaLesa Breeding and Dana Hood, "Voices Unheard: Exploring the Spiritual Needs of Families of Children with Disabilities", *Christian Education Journal* 4:2(Fall 2007), 279-92.

히 교회에 참여해서 교회살이를 할 기회가 주어져야 한다. 장애유아는 교회 생활이 무엇인지 모를 것이라 예단해서 그 기회를 미리 차단해서는 안 된다. 인간에게는 직감이 있으며 이 직감은 일종의 몸 인식이라고도 볼 수 있다. 장애유아는 장애가 있는 지체의 인식이 다른 지체의 인식으로 전가된다. 그래서 장애유아의 인식은 오히려 어느 면에서는 일반인보다 우수하다. 교육은 장애유아의 이 같은 영역을 발견하고 그에 맞는 참여와 경험의 기회를 다수 부여해야 할 것이다.

## 3. 발달 촉진

장애교육의 셋째 목적은, 주요 발달 영역들의 발달을 촉진하는 것이다. 일반적으로 발달은 사고와 감정 그리고 행동에 있어서의 상향적 변화를 말한다. 발달은 두 가지 통로를 통해서 진행되는데, 하나는 성장을 통해서, 다른 하나는 사회적·물리적 환경과의 상호작용을 통해서이다. 발달의 영역은 학자들의 관심에 따라 다양하게 연구되고 제시되지만 공통되는 발달의 형식은 성장과 환경과의 상호작용이다. 송준만은 장애유아의 발달과 관련해서 다음과 같이 말한다.

"유아기에 나타나기 시작하는 인지기술은 개념의 발달, 사물과 사람과의 관계 이해, 학문전 기술(preacademic skills) 등이다. 운동기술은 구르기, 기기, 걷기 등의 대근육 운동 기능과 눈과 손의 협응(eye-hand coordination), 쥐기, 자르기 등의 소근육 운동기능을 포함한다. 용변기술, 음식물 섭취, 옷 입기 등 자조 기술은 독립적인 일상의 기능과 연결된다. 놀이 및 사회성 기술은 장난감 놀이와 또래친구와의 상호작용을 모두 포함한다."[9]

---

9) 송준만, "장애유아교육", 2258.

장애유아교육의 발달과 관련해서 교육은 두 가지 면에서 행동을 취해야 한다. 하나는 다른 하나보다 우선되어야 할 것으로 사고, 감정 그리고 행동 중 어느 영역이 발달하지 않는지를 발견하는 일이다. 장애의 조기발견은 치료와 교육에 도움을 주기 때문이다. 발달과 관련해서 교육이 해야 할 다른 하나는 발달 영역 간의 조화와 균형이다. 인간의 발달은 독립적이지 않다. 그것은 비록 한 개체 내에서도 여러 영역들의 협응에 의하여 진행되는 것이다. 이런 면에서 인간의 몸은 하나의 유기체이며 몸과 정신과 영혼까지를 포함하는 전인인 것이다.10)

기독교교육은 종교와 영성을 뜻하는 '기독교'에 치중하여 인간과 몸을 의미하는 '교육'을 경시해서는 안 된다. 특히 장애기독교교육은 그 전제가 몸의 장애이기 때문에 인간적 측면을 간과해서는 안 된다. 그럼에도 불구하고 장애기독교교육은 그것이 '기독교'교육이라는 본연의 성격 때문에 장애유아의 신앙과 영적 발달11)에 대해 언급할 수 있어야 한다. 즉 일반적으로 얘기되는 신앙 발달과 영적 발달이 장

---

10) 이에 대해서는, 최창국, "몸과 기독교교육: 통전적 교육을 위한 유기체적 인식", 「聖經과 神學」45(한국복음주의신학회, 2008), 142-81 참조.

11) 기독교교육에서 자주 언급되는 신앙발달은 파울러의 이론으로 그에게 있어서 '신앙'은 일종의 세계관이나 가치관으로서 기독교에서 말하는 그리스도 신앙과는 다르다(James W. Fowler, *Stages of Faith: The Psychology of Human Development and the Quest for Meaning*, 사미자 역, 『신앙의 발달단계』(서울: 한국장로교출판사, 1987). 기독교에서 말하는 '신앙'은 오히려 '영성'이라는 것과 가깝다. 한편 그라셸(Benedict J. Groeschel)은 종교적 발달과 영적 발달을 구분한다(Benedict J. Groeschel, *Spiritual Passages: The Psychology of Spiritual Development*, 김동철 역, 『심리학과 영성』[서울: 성바오로, 1999], 123). 종교적 발달은 개인의 욕구와 그에 따르는 반응에 초점을 두는 개인적인 관점이며, 이에 대한 대표적 이론들은 알포트(Gordon W. Allport)와 바뱅 등이다(Gordon W. Allport, *The Individual and His Religion: A Psychological Interpretation*[New York: MacMillan, 1951]; Pierre Babin, *Dieu et L'adolescent*, tr., David Gibson, *Faith and the Adolescent*[New York: Herder and Herder, 1965]). 영적 발달은 개인의 삶에 주어진 은총의 영향과 그것에 의한 능력이다. 그러나 여기서는 그 의미를 좀 더 선명하게 하기 위해 '영성 발달'이라는 용어를 쓰기로 한다.

애우의 경우에도 해당되는지, 아니면 다른지에 대한 연구가 있어야
한다.

## 4. 사회적 능력 촉진

　장애교육의 넷째 목적은, 아동의 사회적 능력을 촉진하는 것이다.
마이클 제이 구랄릭(Michael J. Guralnick)에 따르면, 사회적 능력이
란 "어린 아동들이 자신의 인간 상호적인 관계에 있어서의 목적을
성공적이고도 적절하게 선택하고 수행하는 능력"이다.[12] 장애우들은
외로움과 친구들과의 관계 부재를 심각한 문제로 받아들인다.[13] 장
애우들이 성인이 되어서 보호작업장(sheltered employment setting)이
나 일반직장에서 실패하는 이유 중 하나는 작업을 수행하는 데 있어
서 무능력해서라기보다는 직장 동료나 상사와의 원만한 관계에서 실
패하기 때문이라는 보고가 많다.[14] 그런데 이 같은 대인 관계를 포
함한 사회적 능력은 주로 어린 시절에 발달시켜야 하는 것으로 보인
다. 어린 시절에 다루지 못한 사회적 기술의 결함은 시간이 지나도
회복되지 않는다는 지적이 있다. 즉 사회적 기술의 장애는 생애 전
체를 통해서 지속되는 것으로 보인다.[15] 다른 분야도 마찬가지지만
사회적 능력에 대한 조기교육의 중요성과 필요성을 대변해 준다고
하겠다.

　장애우들의 사회적 능력에 기여하는 요소들에는 아동의 기술, 기

---

12) Michael J. Guralnick, "Social Competence and Early Intervention", *Journal of Early Intervention* 14(1990), 4.

13) 송준만, "장애유아교육", 2259.

14) 송준만, "장애유아교육", 2259.

15) 송준만, "장애유아교육", 2259.

질, 사회적 인지, 학습 경력과 또래친구들의 기술과 태도 등 사회적 기술에 대한 환경적 지원 등이 있다. 사회적 기술을 촉진하기 위해서는 기술훈련, 환경 수정, 교사의 지원, 또래친구의 참여 등 여러 요소들을 복합적으로 고려해야 한다.16)

기독교교육에서 사회적 문맥은 매우 중시된다. 기독교교육학자들 중에는 특히 칼 이 넬슨(Carl E. Nelson)과 존 에이치 웨스터호프 3세(John H. Westerhoff Ⅲ)가 그 중요성에 대해 말한다.17) 넬슨은 공동체가 신앙을 양육하는 기능을 한다고 보았다. 신앙의 전통뿐만 아니라 정서적 태도 형성에도 기여한다고 본다.18) 웨스터호프는 기독교교육을 개인들과 그룹을 기독교적 삶의 스타일로 발전시키기 위한 신앙공동체의 계획적이고 조직적이며 지속적인 노력으로 본다. 그렇기 때문에 기독교교육에서 신앙공동체가 차지하는 비중은 거의 전부라고 할 수 있다. 신앙공동체 없이는 삶의 스타일 형성이 없고 따라서 기독교교육이 없다. 신앙공동체가 없다면 신앙 안에서 사람들을 양육시킬 자리가 없다.19)

기독교교육에서 사회적 문맥의 이 같은 강조에도 불구하고 이것이 장애우와 연결될 때 그와 같은 주장들은 공허한 말이 되기 쉽다. 신앙공동체가 장애우들의 신앙 양성을 위해 필수적이라는 것을 인정한

---

16) Bailey and Worley, *Teaching Infant and Preschoolers with Disabilities*.

17) 넬슨과 웨스터호프의 비교는, 김도일, 『교육인가 신앙공동체인가?』(서울: 한국장로교출판사, 1998) 참조.

18) Carl E. Nelson, *Where Faith Begins*, 박원호 역, 『신앙교육의 터전』(서울: 한국장로교출판사, 1996), 18, 31; Carl E. Nelson, *How Faith Matures*(Louisville: John Knox Press, 1989), 151.

19) John H. Westerhoff Ⅲ, *Colloquy on Christian Education*, 김재은 역, 『기독교교육 논총』(서울: 대한기독교출판사, 1978), 11, 70; John H. Westerhoff Ⅲ, *Will Our Children Have Faith?*, 정웅섭 역, 『교회의 신앙교육』(서울: 대한기독교교육협회, 1983), 40.

다 하더라도 현실적으로 그 신앙을 형성시켜 줄 신앙공동체가 거의 부재하다는 것이다. 장애우들에 대해 관심이 있는 극히 일부 교회를 제외하고는 장애우들이 신앙공동체인 교회 자체에 접근하기 어려운 상황이다. 기독교에서 장애우들에 대한 사회적 능력 함양은 물리적 문제의 해결부터 이루어져야 한다.

## 5. 기술의 일반적 사용 촉진

장애교육의 다섯째 목적은, 기술의 일반화된 사용을 촉진하는 것이다. 일반화는 한 상황에서 학습된 상황이 다른 상황에서 발생하는 것을 의미한다.[20] 일반화와 관련해서 장애우들의 경우 학습한 기술을 일반화하지 못하는 경우가 많다.[21] 이 같은 문제의 해결을 위해 월러리는 네 가지 전력을 제안한다. 첫째, 학습 환경을 일반화 환경과 유사하게 한다. 둘째, 적절한 교재를 통해 기술의 다양한 예들을 가르친다. 셋째, 기능적 기술과 행동만을 가르친다. 넷째, 계획된 강화물보다 기능적으로, 인위적 교재보다 실제 교재를 사용한다.[22]

기독교교육에서 기술의 일반화는 예배와 관련된 활동이라고 봐야 할 것이다. 예배시간에 집중하는 문제, 즉 예배순서가 진행될 때마다 그것이 어떤 성격의 순서인지 이해하고 예배를 잘 드릴 수 있도록 훈련시키는 것이다.

---

20) Alan E. Kazdin, *Behavior Modification in Applied Settings*(Homewood, IL: Dorsey Press, 1975).

21) S. F. Warren and A. P. Kaiser, "Generalization of Treatment Effects by Young Language-Delayed Children: A Longitude Analysis", *Journal of Speech and Hearing Disorders* 51(1986), 239-251.

22) Mark Wolery, "Program Evaluation at the Local Level: Improving Services", *Topics in Early Childhood Special Education* 7(1988), 1111-230.

## 6. 정상화된 생활경험의 제공과 준비

장애교육의 여섯째 목적은, 영유아와 가족들에게 정상화된 생활경험을 제공하고 준비시키는 것이다. 장애우들이 정상인들과 함께 생활하게 된 것은 50여 년이 안 된다. 전에는 시설에 수용되거나 수용되지 않더라도 실제적으로는 사회로부터 격리된 상태였다고 볼 수 있다. 장애우들에게도 정상화된 생활경험을 제공해야 한다는 '정상화의 원리'(Normalization principle)는 장애우가 가능한 한 정상아들과 함께 교육을 받아야 한다는 것이다.[23] 최소제한환경(least restrictive environment)으로 알려진 정책에 의하면 분리서비스를 필요로 하지 않는 한 서비스의 형태로 통합(Integration)이 채택되어야 한다.

장애우들을 일반 환경에 처하게 했을 때 분리환경에서 주로 성인주도의 학습에 그리고 성인에 의지하던 것보다 학습 참여율과 사회적 참여의 양이 증가하는 것으로 나타난다.[24] 정상화의 원리가 작동되기 위해서는 장애우들에게 통합된 환경을 제공하는 것 외에도 정상화된 환경, 정상화된 교수전략, 정상화된 가족 참여 등 정상화의 기타 측면들을 고려해야 한다.[25] 이 같은 정상화의 원리는 장애우들에게 생활

---

23) W. Wolfensberger, *The Priciple of Normalization in Human Service*(Toronto: National Institute on Mental Retardation, 1972).

24) Donald B. Bailey and R. A. McWilliam, "Normalizing Early Intervention", *Topics in Early Childhood Special Education* 10:2(1990), 33 – 47; V. Buysse and D. B. Bailey, *Mainstreamed Versus Specialized Settings: Behavioral and Developmental Effects on Young Children with Handicaps*(Chapel, NC: University of North Carolina, 1991); Samuel L. Odom and M. A. McEvoy, "Integration of Young Children with Handicaps and Normally Developing Children", Samuel L. Odom and M. B. Kames, eds., *Early Intervention for Infants and Children with Handicaps: An Empirical Base*(Baltimore: Paul Brookes, 1988); Michael J. Guralnick and J. M. Groom, "The Peer Relations of Mildly Delayed and Nonhandicapped Preschool Children in Mainstreamedplay Groups", *Child Development* 58(1987), 1556 – 72.

25) Bailey and McWilliam, "Normalizing Early Intervention".

인으로서 기능할 수 있도록 배려하는 데 목적이 있지만, 부수적으로 사회가 장애우들을 수용하는 분위기와 태도를 형성하는 기능도 한다.

## 7. 장래 문제 발생 예방

마지막으로 장애교육의 목적은, 장래 문제나 장애 발생을 예방하는 것이다. 장애우, 특히 유아의 경우 장애는 장래에 가진 장애가 더 커지거나 또 다른 문제를 야기할 수 있다. 이 같은 문제를 사전에 예방하는 것 또한 중요한 교육목적이어야 한다.

예방에는 세 가지 단계적 형태가 있다. 1차적 예방은 문제나 장애가 발생하는 것을 예방하는 것이다. 예를 들어, 태내 영양공급 프로그램, 임신 중의 술이나 마약 섭취에 관한 상담, 유전 검사, 제한된 약물 복용 등과 같은 것들이다. 2차적 예방은 특정문제를 보일 가능성이 높은 장애우들에 대한 행위다. 2차적 예방은 장애를 가능한 한 초기에 발견함으로써 발달지체를 최소화하는 것이다. 3차적 예방은 문제가 발생한 후에 주어지는 행위를 말한다. 예를 들어, 언어지체가 발견된 경우 그 영향을 감소시키는 것과 같은 처치다.[26]

## 8. 장애교육목적의 사회적 차원

송준만은 장애유아교육의 사회적 목적을 장애우에 대한 대중의 인식과 장애우 교육의 필요성 및 성격에 대한 대중의 의식을 형성하기

---

26) R. C. Pianta, "Widening the Debate on Educational Reform: Prevention as a Viable Alternative", *Exceptional Children* 56(1990), 306–13; R. J. Simeonsson, "Primary, Secondary and Tertiary Prevention in Early Intervention", *Journal of Early Intervention* 15:2(1991), 124–34.

위한 것으로 보고 있다.27) 그렇게 하기 위한 방법으로는 대중매체가 사용될 수 있고, 지역단체 대상의 강연회를 개최할 수 있다. 특히 장애우교육의 사회적 차원에서의 필요성을 강조하기 위해서는 장애우교육의 옹호자들, 특히 잠재적 옹호자들에 대한 관리가 필요한데, 이들에게 정보를 제공하고, 이들의 활동을 보조하고, 정책 등의 입안을 지원할 필요가 있다.28)

## III. 기독교장애교육의 목적

### 1. 기독교장애교육 목적의 전제

#### 1) 신체적 영역

기독교교육은 현재 '기독교교육'이라는 말보다는 '기독교종교교육'이라는 용어로 불린다. 이 용어는 기원상으로 볼 때, 토마스 에이치 그룸(Thomas H. Groome)으로부터 유래한 것인데, 그럴 경우 '기독교종교교육'은 해석적이고 해방적인 성격을 지닌다.29) 그러나 '기독교종교교육'을 '기독교'와 '종교교육'의 합성어로 볼 경우, '종교들' 중 '기독교' 교육을 의미하는 뜻으로 쓰인다. 그러나 한편으로 기독교교육은 '신앙교육'이라는 말로도 사용되는데, 이는 제임스 더블유 파울러(James W. Fowler)의 영향이 크다. 그러나 파울러에게서 신앙은

---

27) 송준만, "장애유아교육", 2261.

28) Donald B. Bailey and Mark Worley, *Teaching Infant and Preschoolers with Disabilities*(New York: MacMillan, 1992).

29) Thomas H. Groome, *Christian Religious Education: Sharing Our Story and Vision*, 이기문 역, 『기독교적 종교교육』(서울: 대한예수교장로회총회교육부, 1980).

일종의 세계관이나 가치관을 의미하는 것이기 때문에[30] '그것이 기독교의 신앙이냐' 하는 논란이 있다. 그러나 그런 문제가 없는 기독교교육학자들조차 신앙을 일반교육에서처럼 그저 지·정·의의 균형과 조화로 보고 있어[31] 신앙의 본질인 영성의 누락으로 문제의 소지가 있다. 어쨌든 이와 같은 문제들의 배후에는 신앙을 어떻게 보든 기독교교육은 신앙을 길러 주는 교육이라는 합의가 있다는 것이다.

그런데 신앙을 어떤 식으로 보든 기존의 기독교교육에서 보는 신앙의 차원은 지적이고, 정서적이고, 의지적이었다. 기독교장애교육을 염두에 둘 때, 이 같은 신앙의 차원에 신체적 차원이 포함될 필요가 있다. 사실 교육에서 신체적 차원은 학습자 이해를 위해 언급됐을 뿐 그것을 하나의 달성해야 할 목적 차원으로 보지는 않았다. 그러나 장애교육이라는 영역에서 신체적 차원은 오히려 다른 차원보다 관심을 가져야 할 차원이다. 인간의 지·정·의 차원이 대부분 신체적 조건의 제한을 받고 있기 때문이다. 장애교육의 목적 차원에 신체적 차원을 포함시켜야 한다는 말은 교육목적의 새로운 지평을 열 수 있는 하나의 가능성으로 기독교교육에서 진지하게 수용되어야 한다고 본다.

### 2) 가족

장애우의 삶은 독립적이지 않다. 장애우는 늘 다른 사람과 연관되어 있으며, 다른 사람의 삶에 큰 영향을 준다. 그리하여 장애는 개인의 것이 아니고 그와 가장 가까운 사람들의 것이 된다.

---

30) James W. Fowler, *Stages of Faith: The Psychology of Human Development and the Quest for Meaning*, 사미자 역, 『신앙의 발달단계』(서울: 한국장로교출판사, 1987).

31) 예를 들어, John H. Westerhoff Ⅲ, *Will Our Children Have Faith?*, 정웅섭 역, 『교회의 신앙교육』(서울: 대한기독교교육협회, 1983).

일반교육에서 가정은 독립된 연구 영역이다. 또 가정교육이라고 할 때, 그것은 실제로 부모교육을 의미한다. 기독교교육에서도 마찬가지다. 일찍이 가정교육의 중요성을 주장한 호레이스 부슈넬(Horace Bushnell) 역시 자녀들 안에 심겨진 '신앙의 씨앗'을 가정에서 부모들이 어떻게 키워 나갈 것인지에 대한 구체적 논의를 하고 있다.32)

그런데 일반교육이나 기독교교육에서의 가정교육이라는 것은 부모가 자녀를 양육하는 방식의 교육이다. 그러나 장애교육에서는 이 관계가 역전이 된다. 장애우는 주로 가족과 엮여 있으면서 가족의 가르침이나 지시를 따르는 것이 아니라 가족이 장애우의 요구를 따르게 된다. 이런 면에서 장애교육은 독립된 특정 단수 학습자에 대한 일반적 교육과는 다르다. 장애교육에서는 학습자가 복수다. 장애우와 가족이 얽힌 한 덩어리로서의 학습자가 되는 것이다. 그러므로 일반교육에서나 기독교교육에서의 학습자 개념은 이제 그 폭을 넓혀야 한다고 본다. 이와 같은 전제하에 기독교장애교육의 목적에 대해 생각해 보자.

## 2. 하나님과 교제하기

기독교장애교육은 무엇보다 영성적 교육이어야 한다. 현실적으로 장애우들은 일반인처럼 교회생활을 하기 어렵다. 그렇다고 신앙생활도 뒤질 것이라고 생각해서는 안 된다. 신앙의 중핵적 요소는 영성이고 영성은 시공간을 초월하기 때문이다. 혹시 장애기독교교육은 일반기독교교육보다 여러 면에서 제약을 받기 때문에 온전한 교육이

---

32) Horace Bushnell, *Christian Nurture*, 김도일 역, 『기독교적 양육』(서울: 장로회신학대학교 출판부, 2004).

되기 어렵다고 생각할 수 있다. 학습자의 조건에 별다른 문제가 없는 일반기독교교육이 다양한 활동을 전개하는 것은 틀림없다. 그러나 교회교육의 현장을 보면 오히려 조건의 제약을 받지 않는 까닭에 프로그램 등 외적인 활동에 몰입하는 경향이 있다. 그래서일까 실제로 신앙교육의 본질이라고 할 수 있는 영성교육에 대해서는 소홀한 경향이 있다.

기독교장애교육에서는 교육이 단순화된다. 교육의 여건이나 학습자의 조건 제약 때문이기는 하지만 결과적으로 불필요할 수도 있는 교육 내용들이 모두 제거되고 영성에 집중할 수 있는 교육이다. 기독교교육 목적 중의 하나를 '하나님 형상의 회복'이라고 할 수 있다면, 그 '하나님의 형상'은 무엇일까. 하나님의 형상에 대해서는 여러 가지 해석이 가능하나, 그중 하나는 '영성'일 것이다. 하나님께서 인간에게 생기를 불어넣으셔서 인간은 생령이 되었다(창 2:7). 하나님의 형상을 '영성'이 아닌 다른 것으로 볼 수 없다. 다른 것들은 다른 생물과 경중과 수준의 차이가 있을 뿐 본질적인 차이는 없다. 누구든 그가 인간이라면 그는 생령을 지닌 존재이다.

생령을 지닌 영적 존재로서의 인간의 기능은 무엇보다 먼저 하나님과의 교제가능성이다. 인간은 하나님 안에 거하기 전까지는 평화를 찾을 수 없다(Augustine). 장애우들의 마음에 스며 있을 수 있는 불안과 염려는 하나님과의 교제를 통해서 평안으로 변화될 수 있을 것이다. 이런 면에서 '하나님과 교제하기'라는 기독교장애교육의 목적은 영적인 차원뿐만 아니라 장애우들의 가장 깊은 요구의 해결책이기도 한 것이다.

문제는 장애우들의 영적 수준이다. 즉 장애우들의 영성을 어떻게 보느냐이다. 여기서 우리는 영성을 계층화하는 우를 범해서는 안 된다. 웨스터호프는 신앙을 하나의 나무로 비교하면서 그것이 어린 싹이든, 가지가 몇 개 나온 것이든 울창한 나무든 그 자체로 온전한 나무라는 말을 했다.[33] 우리 역시 영성을 그렇게 보아야 할 것이다. 어린아이의 영성이 성인의 영성보다 더 낫다고 말할 수 없다. 어느 영성이든 그 단계에서 완전하다고 할 수 있다. 그렇다면 장애우의 영성은 장애의 수준에서 그 나름대로 완전한 것이라 할 수 있다.

아주 이기적으로 생각해 보자. 헨리 제이 나웬(Henry J. Nouwen)이 왜 하버드대학교의 교수직을 버리고 정신지체장애우공동체인 라르쉬(L'Arche)를 찾아갔을까. 그곳에 진정한 영성이 있기 때문이 아니었을까. 하나님께서는 그곳에서 나웬에게 전신마비 장애우를 섬기게 하신다. 아담은 말할 수도 없고 다른 사람의 도움 없이는 움직일 수도 없는 청년이다. 세상의 눈으로 보면 보잘것없는 장애우였지만 나웬에게는 친구요 스승이자 인도자가 되었다. 나웬으로 하여금 하나님의 사랑과 신앙의 의미를 새롭게 이해하도록 이끈 사람이 바로 아담이기 때문이다. 그는 말한다. "가장 연약하고 상처받기 쉬운 사람들을 통해 말씀하시는 하나님의 음성에 귀 기울여 보십시오. 하나님의 사랑받는 자로서의 기쁨과 소망을 되찾게 될 것입니다."[34]

미켈란젤로(Michelangelo)는 평생에 걸쳐 피에타(Pietà) 시리즈에 매달렸다. 그는 89세로 죽기 며칠 전까지, 선 채로 예수의 몸을 끌어

---

33) "일년생 나무는 그것으로서 완성된 온전한 나무이며, 삼년생의 나무는 세 개의 나이테가 있지만 더 좋은 나무가 아니라 단지 더 자란 나무(expanded tree)일 뿐이다." Westerhoff, *Will Our Children Have Faith?*, 90.

34) Henry J. Nouwen, *Adam: God's Beloved*, 김명희 역, 『아담: 하나님이 사랑하시는 자』 (서울: 한국기독학생회출판부(IVP), 1998).

올리는 성모 마리아를 조각했다. 미완성작 '론다니니'(Rondanini) 성당의 피에타다. 이 조각을 바라보는 관람객들의 뒤로는 의자가 준비되어 있다고 한다. 그 조각이 주는 강렬한 영적 충격에 몸을 가누지 못하는 이들 때문이라는 것이다.[35] 장애우를 연상시키는 이 미완의 조각이 사람들을 지극한 영성으로 몰고 가는 것이다. 이같은 비유들로부터 장애우와 관련된 영성을 '비정상 또는 미완성의 형체가 끼치는 완전하고 충만한 영성'이라고 부르고 싶다.

피에타(론다니니)

정리하면, 장애우의 영성은 장애우 자신에게는 평안을 주며, 장애우를 접하는 사람에게도 무언의 은혜를 끼칠 수 있다는 것이다.

## 3. 생명의 소중함을 알기

생명에 귀천과 경중은 없다. 간혹 우리는 외모나 지식, 능력 등에 따라 사람을 무시하기도 한다. 그래서 구약성경에서 하나님은 가난한 자와 과부와 고아 그리고 나그네를 업신여기지 말고 돌보라고 하셨다. 생명을 무시하고 억압하는 것은 생명에 대한 그릇된 인식 때문이다. 생명이 무엇인가는 말하기 어렵다. 다만 존엄할 뿐이다.[36]

---

35) 공지영, 『공지영의 수도원 기행』(서울: 김영사, 2001).
36) 박이문, 『과학의 도전 철학의 응전』(서울: 생각의 나무, 2006), 1부.

생명에 대한 바른 판단과 인식은 신으로부터 온다. "만물은 순수한 생명으로부터 비롯되었으며, 그 생명은 그림이나 말로는 포착하기 어려우니 반드시 계시를 통해 전해져야 한다."37) 예수께서는 한 생명이 천하보다 귀했다. 생명은 안식일이라는 종교보다 더 지켜야 할 것이다(막 3:4; 눅 6:9). 생명은 계산될 수 없다. 양 아흔아홉 마리와 길 잃은 양 한 마리의 가치는 동일하다(마 18:12 - 13; 눅 15:4). 생명은 인간의 사고와 가치체계를 초월해 있다. 인간 세상에서 인간에게 속하지 않은 것이 하나 있다면 그것은 생명이다.38)

장애우는 자신의 장애 때문에 자신을 경시할 수 있다. 이것은 잘못된 생각이다. 생명을 자신의 것으로 생각하면 그럴 수 있다. 그렇지만 생명은 어디까지나 하나님의 것이기 때문에 사실 우리는 우리 자신을 경시할 권리가 없다. 생명에 대한 경시는 큰 잘못이다. 그것은 연자매를 목에 매어 바다에 던져질 만큼의 벌 받을 행위다(마 18:6; 막 9:42; 눅 17:2).

장애우와 장애우를 돌보는 사람들은 생명은 생명 그 자체로 귀하다는 것을 인식해야 한다. 프리초프 카프라(Fritjof Capra)는 훔베르토 알 마투라나(Humberto R. Maturana)와 프란시스코 제이 바렐라(Francisco J. Varela)의 생물학적 인식론39)을 바탕으로 마음과 물질

---

37) Paulo Coelho, *O Alquimista*, 최정수 역, 『연금술사』(서울: 문학동네, 2001).

38) "진실로 생명의 원천이 주께 있사오니 주의 빛 안에서 우리가 빛을 보리이다"(시 36:9); "또 무엇이 부족한 것처럼 사람의 손으로 섬김을 받으시는 것이 아니니 이는 만민에게 생명과 호흡과 만물을 친히 주시는 이심이라"(행 17:25).

39) Humberto R. Maturana and Francisco J. Varela, *EL Árbol del conocimiento*, 최호영 역, 『인식의 나무: 인식활동의 생물학적 뿌리』학술총서13(서울: 자작아카데미, 1995); Humberto R. Maturana and Francisco J. Varela, *Der Baum der Erkenntnis: die biologischen Wurzeln des menschlichen Erkennens*, 최호영 역, 『앎의 나무: 인간 인지능력의 생물학적 뿌리』아우또노미아총서12(서울: 갈무리, 2007).

의 관계를 과정의 차원에서 설명한다. 즉 생물 체계의 창발이론에서 마음은 물질이 아니라 과정이라는 것이다. 다시 말해서 마음은 인지이며, 앎의 과정이다. 마음은 생명 그 자체의 과정과 동일시된다.[40) 마음 또는 인지와 생명 과정의 동일시는 과학에서 급진적으로 나온 새로운 이론이다. 그러나 동시에 이러한 개념은 인간성에 대한 가장 오래되고 가장 심오한 직관 중 하나이기도 하다. 생명을 인식 차원에서 볼 때 생명에 대한 경시는 그릇된 인식으로부터 나오며 그와 같은 인식을 하는 사람은 온전한 생명을 지니고 있지 않다고 할 수 있다.

## 4. 은사를 발견하기

사람에게는 다양한 은사가 있다. 예전에는 인지지능만을 가장 좋은 은사로 알았다. 그러나 최근 연구에 의하면 지능에도 여러 종류가 있다. 하워드 가드너(Howard Gardner)는 '다중지능'(Multiple intelligences)이라 하여 주장한다.[41) 홍은숙은 그것을 다음과 같이 요약한다.

> "첫째, '언어지능'이란 문학가나 언론인에게서 나타나는 능력으로서, 어휘의 소리, 리듬, 의미, 그리고 언어의 다양한 기능을 민감하게 파악하고, 언어를 효과적으로 구사하는 능력을 말한다. 둘째, '논리수학지능'이란 수학, 과학, 논리 분야의

---

40) Fritjof Capra, *The Web of Life: A New Scientific Understanding of Living Systems*, 김용정 · 김동광 공역, 『생명의 그물: 살아있는 시스템들에 대한 새로운 과학적 이해』(서울: 범양사출판부, 1998).

41) Howard Gardner, *Frames of Mind: The Theory of Multiple Intelligences*, 이경희 역, 『마음의 틀』(서울: 문음사, 1993); Howard Gardner, *Intelligence Reframed*, 문용린 역, 『다중지능: 인간지능의 새로운 이해』(서울: 김영사, 2001).

천재들에게서 발견되는 재능으로서, 수리적·논리적 사고와 관련된 능력이다. 셋째, '공간지능'이란 건축가, 기술자, 조각가, 미술가에게서 발견되는 재능으로서, 시각·공간적 세계를 정확히 지각하고 그 지각한 내용을 머릿속에서 변형, 회전시켜 볼 수 있는 능력이다. 넷째, '음악지능'이란 작곡가, 연주가, 성악가, 지휘자 및 음악 비평가에서 발견되는 재능으로서, 음악적 표현 형식을 지각하고, 변별하며, 변형하고, 표현하는 능력을 말한다. 다섯째, '신체 운동지능'이란 운동선수, 무용가, 마술사 등에게서 나타나는 재능으로서, 자신의 신체적 동작을 완벽하게 통제하고 물체를 솜씨 있게 다루는 능력이다. 여섯째, '대인지능'이란 카운슬러, 판매원, 종교인, 사상가 등에게서 발견되는 능력으로서, 타인의 기분, 의도, 동기, 감정을 잘 파악하고 적절히 대응하는 능력을 말한다. 일곱째, '자성지능'이란 자기 자신의 감정, 장단점, 특기, 희망, 지능, 관심 등에 대한 정확한 이해를 하며 그에 기초하여 행동을 잘할 수 있는 자기통제와 자기관리 능력을 말한다. 여덟째, '자연지능'이란 동식물이나 주변 사물을 자세히 관찰하여 차이점이나 공통점을 찾고 분석하는 능력이다. 사냥꾼이나 다윈 같은 사람이 대표적 인물이다. 그 밖에도, '실존지능' 또는 '영적 지능'이 논의되었는데, 이것은 인간의 존재 이유, 생과 사의 문제, 희로애락, 인간의 본성, 가치 등 철학적인 또는 종교적인 사고를 할 수 있는 능력이다. 이 지능은 뇌에 해당 부위가 없고 아동기에는 이 지능이 거의 나타나지 않기 때문에 Gardner는 이것을 반쪽 지능으로 간주하며 지능 목록에 추가하지 않는다. 또한, 도덕지능, 예술지능 등도 논의되었으나 독립된 지능으로 보지는 않는다."[42]

우리나라 사람들은 특정한 몇 가지 은사와 직업만을 선호하는 경향이 있다. 사람에게 다양한 은사가 있다고 볼 때[43] 이 같은 생각은 잘못된 것이다. 하나님께서는 각자에게 필요한 은사들을 주셨다.[44] 기독교장애교육은 장애우들이 어떤 은사가 있는지 발견하도록 도와야 한다.[45]

---

42) 홍은숙, "Gardner의 '다중지능' 및 '이해를 위한 교수' 이론의 지식교육에의 시사점 연구", 「教育哲學」, 28(2002. 8), 251.

43) 롬 12:6, 고전 7:7, 고전 12:4, 9, 12:28 - 12:30 등 참조.

44) "각각 은사를 받은 대로 하나님의 여러 가지 은혜를 맡은 선한 청지기 같이 서로 봉사하라" (벧전 4:10).

1994년 노벨문학상을 수상한 일본의 작가 오에 겐자부로(大江健三郎)의 아들 히카리(光)는 뇌 탈장으로 뇌 조직을 포함하고 있는 뇌척수막낭이 두개골에서 비집고 나와 마치 두 개의 뇌를 가진 것처럼 보이는 병을 갖고 태어났다. 지능지수는 65에 머물렀고 언어장애와 행동장애, 자폐증을 가지고 있었으며 종종 심한 간질 발작도 일으켰다. 그러나 히카리는 기적처럼 소리에 반응하기 시작했다. 그는 많은 음악들 중에서도 유난히 18~19세기 서양 음악에 많은 관심을 보이기 시작했으며, 나중에는 한 소절만 듣고서도 작곡가의 이름을 맞히게 될 정도로 클래식에 몰두했다. 그런 히카리를 위해 피아노와 기보법을 가르쳐 주자, 그는 소설을 쓰는 아버지 옆에서 음악을 만들기 시작했다. 그는 이제 두 장의 앨범을 낸 작곡가이며, 이 앨범들은 모두 일본 최고의 베스트셀러 음반이 되었다.46)

장애우들의 은사 발견은 장애우 자신뿐만 아니라 장애우를 돌보는

---

45) 가드너가 말한 다중지능은 어떻게 확인할 수 있을까. 하버드대학교 인지과학연구팀(Harvard Project Zero)에 의해 개발된 다중지능 척도(Multiple Intelligence Indicator)가 그중의 한 예로 그 내용은 다음과 같다. ① 사람들은 나에게 운동을 잘한다고 한다. ② 나는 친구이든 선생님이든 누구와도 잘 지낸다. ③ 나는 우울한 기분이 들 때 즐거워지기 위한 나만의 방법을 사용한다. ④ 나는 어떤 문제가 생기면 여러 가지 방법으로 그 원인을 밝히고 해결하려고 한다. ⑤ 나는 내 생각이나 감정을 효과적으로 표현하기 위해 글을 짜임새 있게 구성할 수 있다. ⑥ 나는 다른 사람들로부터 그림 그리기나 만들기를 잘한다고 칭찬받은 적이 있다. ⑦ 나는 악기를 처음 배울 때 그 연주법을 비교적 쉽게 배운다. ⑧ 나는 내 주위의 동식물 혹은 사물 등에 대한 관찰력이 뛰어나다. ⑨ 나는 평소에 신체를 많이 움직이는 활동을 좋아한다. ⑩ 나는 사람들의 계층, 권리, 의무에 관심이 많다. ⑪ 나는 왜 화가 나는지 곰곰이 생각해 보곤 한다. ⑫ 나는 무엇이든 실험하고 검증하는 것을 좋아한다. ⑬ 나는 속담이나 격언, 비유를 사용하여 이야기하는 것을 즐긴다. ⑭ 나는 방 꾸미기나 조립 모형 만들기를 좋아한다. ⑮ 나는 다른 사람과 화음을 이루어 노래하거나 악기를 연주하는 것을 좋아한다. ⑯ 나는 동물이나 식물 기르는 것을 좋아한다. 이들 내용은 1과 9는 신체-운동, 2와 10은 대인관계, 3과 11은 자기, 4와 12는 논리-수학, 5와 13은 언어, 6과 14는 공간, 7과 15는 음악, 8과 16은 자연탐구적 지능과 관련된다. 이와 같은 질문에 대해 ① 전혀 그렇지 않다, ② 별로 그렇지 않다, ③ 보통이다, ④ 대체로 그렇다, ⑤ 매우 그렇다 중에서 표기하고 그 점수를 합산하여 피검자가 어느 지능의 경향이 있는지 판별한다.

46) Lindsley Cameron, *The Music of Light*, 정주연 역, 『빛의 음악: 장애 아들을 작곡가로 키운 오에 겐자부로의 이야기』(서울: EJB[이제이북스], 2007).

사람과 교회의 신자들에게 공동체 구성원들의 성격을 이해하는 계기
도 될 수 있다. 가정, 교회 그리고 사회에서의 갈등의 상당한 이유가
바로 이 은사와 성격 차이 때문에 비롯된 것이다. 각자의 차이가 아니
라 다름을 인정하고 이해할 때 공동체는 평화로울 수 있을 것이다.[47]

## Ⅳ. 나가는 글

우리는 앞에서 기독교장애교육에 대한 연구가 활발하지 못한 이유,
또 있다고 하더라도 체계적이지 못한 점을 들어 방향타의 역할을 할
수 있는 기독교장애교육의 목적을 설정하는 것이 시급하다고 보고,
일반적으로 교육목적에 어느 차원이 있는지를 언급했다. 여기에 장
애교육에서의 교육목적과 기독교교육의 교육목적을 함께 고려하면서
기독교장애교육의 목적을 정립하고자 했다. 그러기 위해 우선 장애
교육의 특수성으로부터 나온 신체적 차원 그리고 다른 사람들과 함
께 고려해야 하는 학습자 차원을 전제로 해서, 장애우가 하나님과
영적으로 교제하고, 자신의 생명을 소중하게 알고, 자기 은사를 발견
하도록 돕는 것이 기독교장애교육의 목적이라고 했다.

이 같은 연구를 통해서 앞으로 기독교장애교육에 대한 연구를 할
때 고려해야 할 사항들을 알 수 있었다. 첫째, 기독교장애교육은 기
존의 장애교육이 미치지 못한 신앙적 · 영적 차원을 다루어 기왕의
장애교육을 보완할 수 있을 것이다. 둘째, 장애교육에서 중요한 '통

---

47) Jonathan Sacks, *The Dignity of Difference: How to Avoid the Clash of Civilizations*,
임재서 역, 『차이의 존중: 문명의 충돌을 넘어서』(서울: 말글빛냄, 2007); 노주선 『다름의
심리학: 서로 다른 우리가 조화롭게 사는 법』(서울: 원앤원북스, 2007) 참조.

합교육' 개념은 교회가 장애우를 중심으로 예수의 몸을 이룰 수 있는 단서가 될 수 있다. 한편 '병들고 나약한 자들을 돌보라'는 성경의 뜻을 실천하는 기회도 되기 때문에 교육목회 차원에서 연구되어야 할 것이다.

# 컴퓨터 게임의 기독교교육적 검토

## I. 들어가는 글

놀이의 일종인 게임은 본래 건전한 흥미를 위한 것이었다. 그런데 우리 사회가 정보화사회에 접어들고 게임이 컴퓨터와 연결되면서 그 성격은 오락을 추구하는 단순성의 성격을 크게 벗어나기 시작하였다. 더구나 최근에는 우리 사회가 고도정보사회로 진입하면서 인터넷이 폭발적으로 확장되고 있다. 인터넷은 정보화사회의 근간으로 사람들 사이의 소통을 용이하게 해 주는 편리함이 있다. 그런데 인터넷이 소통의 기능뿐만 아니라 온라인 게임이라는 새로운 영역을 창출하면서 게임이 네트워크화되고 그 폐해의 범위와 성격은 우려할 정도가 되었다.[1] 그 폐해의 대상은 교회에 출석하는 사람들의 경우에도 예외는 아니다. 더구나 그 폐해의 내용이 기독교교육에서 추구하는 목적과는 판이하게 달라 기독교교육의 효과를 반감시킬 수 있는 가능성이 충분하다. 따라서 기독교교육은 이 위협적인 오늘날의 전자게임에 대해 어떤 방식으로든 대처하지 않으면 안 될 상황이 되었다.

---

[1] 인터넷의 어두운 그림자에는 명예훼손, 음란정보, 폭력정보, 자살사이트, 원조교제 및 매매춘, 불법거래, 사이버범죄, 사이버중독 등이 있다.

여기서는 이러한 동기에서 게임의 두드러진 특성이 무엇인지 살펴보고 그것들의 문제점들을 살펴본다. 그리고 이러한 내용들이 기독교교육에 대해서 함축하는 바가 무엇인지에 대해 적극적인 입장에서 생각해 보려고 한다. 이를 위해 우리가 이 글에서 게임에 대해서 논의할 때 사용하는 준거틀은 누가 무슨 의도로, 누구에게 무엇을 어떻게 하느냐, 즉 교육의 주요 구성요소라고 할 수 있는 목적 · 교사 · 학생 · 내용 · 방법 등의 입장이다.2) 다른 주제의 경우에도 그렇지만, 게임에 대해서는 검토목적에 따라 산업적, 심리적, 사회 · 문화적, 문학적 입장3) 등 다양한 관점들을 취하는 것이 가능하다. 그러나 이 글은 기독교교육적 관점을 취하기 때문에 게임을 교육 행위의 구성요소로부터 본다. 이러한 작업 후에는 그 결과의 내용들이 기독교교육에 갖는 의미들을 개별적으로 대입시켜 찾아보기로 한다.

## II. 컴퓨터 게임의 성격

### 1. 놀이로서의 컴퓨터 게임

컴퓨터 게임에 대한 정의는 다양하여 통일되어 있지 않으며,4) 어

---

2) Harold W. Burgess, *An Invitation to Religious Education*, 오태용 역,『기독교 교육론』(서울: 정경사, 1984).

3) 최유찬,『컴퓨터 게임의 이해』(서울: 문화과학사, 2002), 234.

4) 인터넷 게임 등을 포함하는 컴퓨터 게임의 정의는 보는 이에 따라 다음과 같이 다양하다. "컴퓨터 게임은 컴퓨터라는 기술공학적 매체를 이용해서 이루어지는 게임의 총칭이다." 최유찬『컴퓨터 게임의 이해』, 234; "전자오락 게임은 '전자적'이라는 기술적 측면과 '오락'이라는 놀이적 재미를 내포한 문화적 측면 그리고 '게임'이라는 상품적 측면을 포함한다. 그러니까 전자오락 게임이라 하면 ① 전자적 기술에 의해 ② 놀이적 재미로서 오락이라는 문화적 기능을 담당하는 ③ 게임이라는 상품을 가리킨다." 한국문화정책개발원,「전자오락 게임의 문화정책

느 것도 완결성을 갖고 있지 않아 서로 보완되어야 한다. 그런데 사실 컴퓨터 게임의 정의는 이 글의 목적상 중요도가 덜하다. 그보다 우리는 컴퓨터 게임의 성격이 무엇인지에 대해 알 필요가 있다. 그렇게 함으로써 우리는 컴퓨터 게임에 대한 새로운 정의를 내릴 수 있다.

컴퓨터 게임은 그 말에서 알 수 있듯이 게임의 일종이다. 따라서 우리가 게임이 무엇인지 알 수 있다면 자연스럽게 컴퓨터 게임의 성격에 대해서도 알 수 있을 것이다. 게임의 정의 역시 다양하나, 우리는 기왕에 나온 게임의 정의들 가운데 아카오 고이치(Akao Koichi)의 다음과 같은 정의를 택한다. 이 정의는 그 단순성에도 불구하고 게임을 규정하는 데 필요한 여러 측면의 특성을 개념적으로 잘 함축하고 있기 때문이다.[5]

"우선, 게임은 '놀이를 목적으로 한 프로그램'이라고 정의하고 싶습니다. 프로그

적 접근 방안』(1996); 전자오락 게임은 '전자적 기술'과 '오락'이라는 '놀이적 재미성'을 결합한, 즉 "게임 콘텐츠와 컴퓨터 기술을 접목한 멀티미디어 기술을 표현한 연상 세계"이다. 한국PC게임개발사연합회, 『1997 게임백서』. 한편, 법률적으로 컴퓨터 게임이 기존의 비디오물과 달리 게임물로 정의되는데, 여기서 '게임물'이라 함은 "컴퓨터 프로그램에 의하여 오락을 할 수 있도록 제작된 영상물(유형물에 고정 여부를 가리지 아니한다)과 오락을 위하여 게임 제공 업소 내에 설치·운영하는 기타 게임 기구"이다. 〈음반·비디오물 및 게임물에 관한 법률〉(1999. 1. 6); "컴퓨터(개인용 컴퓨터만을 일컫는 것이 아니라 정보처리능력을 가진 장치로서의 컴퓨터)라는 하드웨어상에서 흥미를 유발하는 내용물이 어떤 규칙에 의거한 선택결정 과정을 통해 진행되어 나가도록 컴퓨터 프로그램에 의하여 제작된 것이다." 김창배, 『21C 게임 패러다임』(지원미디어, 1999), 30. 컴퓨터 게임이 위와 같이 포괄적으로 정의될 수 있다면, 온라인 게임은 "컴퓨터 게임이 인터넷이나 LAN과 같은 컴퓨터 통신망에서 작동할 수 있도록 구현된 것"이다. 그러나 온라인 게임을 좁게 정의하면, "인터넷을 통해 멀티플레이가 가능하도록 고안된 멀티미디어형 게임"을 지칭한다. 이러한 정의는 첫째, 컴퓨터 통신망으로 인터넷의 고도화와 보편화를, 둘째, 상호작용 방식으로 실시간 다중 접속을 가능케 하는 멀티플레이(multiplayer gaming) 기능을, 셋째, 컴퓨터 텍스트 구성 방식으로 멀티미디어적 속성을 강조하는 것이다. 이재현, "인터넷과 온라인 게임", 이재현 편저, 『인터넷과 온라인 게임』(서울: 커뮤니케이션북스, 2001), 19.
5) 최유찬, 『컴퓨터 게임의 이해』, 16.

램이란 규칙, 소재, 테마 등을 패키지로 한 것입니다. '가위바위보'는 훌륭한 게임입니다. 프로그램이란 세계를 떼어내어 어떻게 재구성하는가 하는 기법으로, 사상적인 경영이라고 할 수 있습니다."6)

게임에 대한 이 정의를 이해하기 위해서는 놀이가 무엇인지 그리고 프로그램이 무엇인지 우선 알아야 할 것이다. 일반적으로 놀이는 유희본능과 같은 생리현상이나 노동과 같은 영역의 차원에서 논의되어 왔다.7) 그러나 요한 호이징하(Johan Huizinga)는 놀이를 문화현상의 차원에서 다룬다.8) 놀이가 문화를 빚어냈다고는 할 수 없어도 놀이 속에서 문화가 탄생한다는 것이다. 그에 따르면, 놀이는 재미를 통해 놀이 참여자를 몰두하게 하는데, 이는 현실을 이미지로 전환시키는 형상화 작용에 근거한다는 것이다.9) 최유찬은 놀이에 대한 호이징하의 이 개념으로부터 놀이의 독립성과 형상화에 주목한다. 놀이의 독립성은 놀이가 시공간적으로 실제의 삶에서 분리되어 있을 뿐만 아니라 현실적인 이해관계에서도 벗어나 있는, 순수하게 자발

---

6) 平林久和・赤尾晃一, *The University of Computer Gaming World*, 에이케이 편집부 역, 『게임대학』(서울: AK, 1996), 44.

7) 최유찬, 『컴퓨터 게임의 이해』, 18 - 22 참조.

8) 호이징하가 들고 있는 놀이의 형식적 특징은 세 가지이다. 첫째, 놀이의 본질은 자유이다. 이로써 놀이는 자연의 진행과정과 구분된다. 이것은 놀이가 내적인 동기에 의거하는 자기목적적 활동임을 가리킨다. 둘째, 놀이는 실생활을 벗어난 자유스런 일시적 활동이다. 이것은 놀이의 무관심성 또는 무상성(無償性)을 의미한다. 셋째, 놀이는 장소와 지속성에서 일상적인 삶과 구분된다. 이것은 놀이에서 장소의 격리성과 한계성을 말한다. 최유찬, 『컴퓨터 게임의 이해』, 23. 카이와는 좀 더 구체적이고 분석적으로 호이징하의 관점을 발전시키는 연속선상에서 놀이를 다음 여섯 가지 활동으로 구분한다. ① 자유로운 활동, ② (시・공간적으로) 분리된 활동, ③ (놀이의 결과가) 확정되어 있지 않은 활동, ④ 비생산적인 활동(놀이하는 사람들 사이의 소유권 이동은 제외), ⑤ 규칙이 있는 활동, ⑥ 허구적인 활동(현실생활에 비하면, 이차적인 현실 또는 명백히 비현실이라는 특수한 의식을 수반한다)이다. RogerCaillois, *Les jeux et les hommes*, 이상률 역, 『놀이와 인간: 가면과 현기증』(서울: 문예출판사, 1999), 34.

9) Johan Huizinga, *Homo ludens: A Study of the Play - Element in Culture*, 김윤수 역, 『호모 루덴스: 놀이와 문화에 관한 한 연구』(서울: 까치, 1994), 12, 14.

적인 행위로 성립하는 가상세계의 창조행위이다. 호이징하는 이것을
'총체성'이라는 말로 표현하는데, 이는 놀이의 독립성과 함께 그것이
그 자체로 완결된 자족적 세계라는 의미를 함축하고 있다.10) 놀이가
독립적이라는 내용보다 더 새로운 사실은 놀이의 '형상화작용'이다.

놀이의 형상화작용은 프로그램과 관련이 있다. 게임의 기본 요소
로서 프로그램은 세계를 재구성하기 위한 '사상적 경영'이다. 이 말
속에는 프로그램이 게임 제작자의 세계관을 반영하며, 그 세계의 형
상화가 프로그램이라는 의미가 들어 있다.11) 프로그램이 성립하기
위해서는 '규칙, 소재, 테마' 등 세 요소를 갖추어야 한다. 이 요소들
은 구체적이든 추상적이든 하나의 현실의 형상을 갖추어야 한다. 그
현실의 형상은 다양한 형태를 지녀 왔으며,12) 오늘날에는 실제와 방
불한 또는 실제나 다름없는 현실인 가상현실이 등장했으며, 이 현실
은 그 자체로 또 하나의 현실이 되고 있는 상황이다.13)

컴퓨터 게임은 이와 같은 놀이의 특성을 갖되, 컴퓨터라는 기술공
학적 매체를 이용하여 종래의 게임 성격을 확대하고 심화시키고 있
다. 여기서 '게임을 놀이를 위한 프로그램'이라고 규정할 때,14) 컴퓨
터 게임은 컴퓨터라는 매체를 통해 이루어지는 놀이의 프로그램 일
반을 가리키는 것이다. 여기서 프로그램이란 규칙, 소재, 테마 등을
패키지화한 것이며, 그런 까닭에 현실세계의 농구가 지닌 규칙, 소재,
테마가 컴퓨터에 적합한 형태로 프로그램화되면 컴퓨터 게임의 하나
가 되는 것이다.15)

---

10) 최유찬 『컴퓨터 게임의 이해』, 24.
11) 최유찬 『컴퓨터 게임의 이해』, 34.
12) 일반적으로 게임 유형에는 다음과 같은 것들이 있다.

우리가 위에서 살펴본 컴퓨터 게임의 정의는 우리가 아래에서 살펴보고자 하는 컴퓨터 게임의 특성을 포함하는 포괄적인 내용들을 담고 있다. 아래에서는 이와 같은 컴퓨터 게임의 일반적 특성을 교육적 구성요건인 목적, 교사, 학생, 내용 그리고 방법 등 차원에서 살펴보도록 한다.

### 게임의 유형

| | 아케이드 | 어드벤처 | 시뮬레이션 | 롤플레잉 |
|---|---|---|---|---|
| 개념 | 간단한 키 조작을 통해 각 단계에 등장하는 물체나 사람을 조종하여 승리하거나 목표점에 도달하면 다음 단계로 넘어가는 방식의 게임 | 게임에서 미리 설정된 줄거리에 따라 주인공이 사건이나 문제를 적절히 대처하고 해결하며 게임의 최종 목적지를 향해가는 게임 | 실제 또는 가상의 상황을 컴퓨터에서 재현하도록 한 게임 | 등장인물들이 각기 자신의 역할을 수행하게 함으로써 그들을 성장시켜 나가는 게임 |
| 특징 | • 단시간 내에 게임이 끝남<br>• 키 조작이 간단함<br>• 게임 진행 속도가 빠름<br>• 단편적인 게임 시나리오 | • 미리 설정된 시나리오에 의해 문제 해결<br>• 미지의 세계를 배경으로 함<br>• 게임 진행상 마우스 조작이 필수적<br>• 그래픽과 음악, 음향 효과가 다른 장르에 비해 환상적임 | • 현장감을 느낄 수 있음<br>• 게임 과정에 있어 동일성을 갖지 않음<br>• 대부분 끝(ending)을 보기 힘듦 | • 타 장르보다 자유도가 높음<br>• 주인공의 성장도를 나타내는 수치가 있음<br>• 숨겨진 이벤트가 존재함 |
| 종류 | 슈팅 게임, 보드 게임, 퍼즐 게임, 스포츠 게임, 액션 게임 | 텍스트 중심의 어드벤처, 그래픽 중심의 어드벤처 | 비행 시뮬레이션, 전략 시뮬레이션, 육성 시뮬레이션 | 텍스트형 MUD 게임, 그래픽형 MUG 게임 |
| 대표적 게임 | 갤러그, 둠, 보글보글, 너구리, 하드볼, NBA 농구, 스트리트 파이터, 삼국지 무장 쟁패, DDR | 인디아나 존스, 가브리엘 나이트, 래리 시리즈 | 스타크래프트, 레인보우 식스, 심시티, 프린세스메이커, 워크래프트 | Ultima시리즈, Wizardry, Might & Magic 시리즈 |

13) 최유찬, 『컴퓨터 게임의 이해』, 40.
14) 최유찬, 『컴퓨터 게임의 이해』, 110.
15) 최유찬, 『컴퓨터 게임의 이해』, 109 - 10.

## 2. 컴퓨터 게임에 빠진 청소년

컴퓨터 게임에서 학습자는 주로 청소년층이다. 심리적 이유기를 맞는 청소년기에 부모로부터 독립하여 다른 권위를 찾고자 하는 욕구가, 지나친 컴퓨터 게임과 같은 행위 등으로 나타날 경우 여러 가지 문제가 생긴다. 한국전산원이 펴낸 『한국인터넷백서 2000』에 의하면 중학생의 48.7%, 고등학생의 57.1%가 인터넷을 이용하고 있는 것으로 나타났다. 또한 한국인터넷정보센터가 지난 2001년 12월 발표한 '국내 인터넷 이용자의 연령별 분석' 결과에 따르면, 10대 청소년들의 93.3%가 인터넷을 이용하는 것으로 분석되었으며, 인터넷 조사전문기관 닐슨/넷레이팅스(Nielsen/ NetRatings)가 발표한 '전 세계 21개국 가정 내 인터넷 접속 비교 분석' 결과에 따르면, 지난 3월 한 달동안 우리나라 인터넷 접속자 중 10대 청소년이 차지하는 비율은 41.6%로 세계에서 가장 높은 접속률을 보이고 있다. 이것은 우리나라 50세 이상 인구의 접속률이 5.6%로 조사대상국들 중 최하위인 데 비하여, 덴마크나 스웨덴 같은 나라들에서는 오히려 50세 이상의 인터넷 접속률이 청소년을 앞지르는 현상과 아주 대비된다.[16] 청소년은 사이버공간의 주된 활동세력이다.

인터넷 시장조사사업체 넷밸류코리아(kr.netvalue.com)가 5일 발표한 '인터넷이용자 분석'에 따르면, 7월 중 인터넷으로 게임을 이용한 국내 이용자의 비율은 57.0%를 차지한다. 이는 대만의 18.1%, 싱가포르의 4.0%, 홍콩의 14.5%와 비교할 때 매우 높은 수치이다.[17] 한편

---

16) 황상민, "인터넷, 게임 중독의 심리와 이해", 대화문화네트워크 편 『사이버 공간의 윤리적 쟁점들』(서울: 대화문화아카데미, 2001), 149.

17) 《동아일보》(2001. 9. 6).

류방란 등에 의한 서울 시내 10개 학교 학생 570명을 대상으로 실시한 조사에 따르면,[18] 정보 검색이 192명으로 전체의 33.9%, 채팅이 55명으로 9.7%, 동호회(취미, 오락 등)가 111명으로 19.6%, 팬클럽이 29명으로 5.1%, 성인전용사이트가 8명으로 1.4%, 게임이 130명으로 23.0% 그리고 기타 41명으로 7.2%를 차지하였다. 한국청소년개발원이 2000년 11월, 전국 고등학교 재학생 755명을 대상으로 조사한 '청소년 감수성의 실태와 문제점'에 따르면, 인터넷 이용률은 72.7%이다. 이용 내용 중에서 게임과 오락이 차지하는 비율은 36.6%로 나타났다. 인터넷과 컴퓨터가 청소년들에게 있어서 주로 게임에 이용되고 있음을 알 수 있다.

서울시내 중학생 375명(남 136명, 여 225명), 고등학생 747명(남 485명, 여 249명)을 상대로 조사한 바에 의하면, 청소년들이 게임을 하게 되는 이유는 다음의 표와 같다.[19]

〈표 1〉 게임을 하는 이유

|  | 중학생 | 고등학생 |
| --- | --- | --- |
| 무료해서 | 40.71% | 37.94% |
| 게임에 빠져드는 느낌 | 11.21% | 15.80% |
| 친구들과의 놀이 | 7.37% | 15.23% |
| 스트레스 해소 | 31.56% | 22.43% |
| 성취감과 자신감 고양 | 9.14% | 8.60% |

다른 어떤 나라보다 우리나라 학생들의 인터넷 이용률이 높은 이

---

18) 류방란 · 정민승 · 이종태, 「초중등학생의 사이버상에서의 상호작용양상 분석」(교육인적자원부, 2002).

19) 황상민, "온라인 문화를 바라보는 청소년과 부모의 시각차", 「청소년 온라인문화 바로 이해하기」. 청소년의 올바른 정보 이용을 위한 세미나 자료집(서울: 하늘사랑, 2000).

유는, 학생들의 생활이 단조롭기 때문이다.[20] "청소년들은 컴퓨터 앞에서 별로 할 일이 없어 습관적으로 게임을 한다."[21] 한편, 이 내용의 사실적 의미는 구조적이라고 볼 수 있다. 권위주의적이고 집단주의적인 사회문화, 과도한 경쟁심과 획일적인 내용만을 접해야 하는 입시 위주의 교육 그리고 부모와 자녀 사이의 건널 수 없는 문화적 · 세대적 단절을 경험하는 가족환경이 청소년들을 사이버 공간에 몰입하게 만든다는 것이다.[22]

## 3. 상업적 게임 산업

현대의 산업은 동심까지 상품화하는 시대이다.[23] 지난해 말을 기준으로 볼 때, 약 50만 개에 달하는 국내 도메인 가운데 85.75%가 상업용 도메인이며, 교육 도메인이나 연구기관 도메인이 차지하는 비율은 고작해야 2.15%에 지나지 않는다.[24] 컴퓨터 게임의 경우에도 예외는 아니다. 컴퓨터 게임의 상업성은 여러 가지 요인과 관계가 있다. 첫째, 컴퓨터 게임은 정부에 의해 육성되는 산업이라는 것이다. 게임을 유망한 사업으로 보게 된 것은 최근의 일이지만, 게임산업은 애니메이션, 캐릭터 사업 등 관련업계에서 엄청난 부가가치

---

20) 정민승, "청소년의 인터넷 이용 실태와 문제점: 인터넷의 교육적 재편을 지향하며", 정보통신윤리위원회, 「사이버 공간의 윤리적 쟁점과 새로운 교육 패러다임」, 2002년도 정보통신윤리학술행사(2002), 33.

21) 옥성일, "게임중독 청소년과 게임", 『인터넷중독 청소년에 대한 개입전략과 실천기법』(서울: 복지와 사람들, 2001), 118.

22) 황상민, "인터넷 게임 중독의 심리와 이해", 149.

23) Henry A. Giroux, *The Mouse That Roared: Disney and the End of Innocence*, 성기완 역, 『디즈니 순수함과 거짓말』(서울: 아침이슬, 2001).

24) 추병완, 『정보 사회와 윤리』(서울: 울력, 2002).

를 낳는 고성장 산업이 되었다. 경제 위기 속에서도 게임 시장은 급속히 팽창해 왔다.[25] 수많은 PC방과 세계 최고의 초고속망 보급률, 무선 인터넷의 보편화 등 온라인게임 강국의 요건을 두루 갖추고 있다.[26] 그러나 PC방과 상업적인 인터넷 기업을 중심으로 발전한 우리의 사이버 공간은 인터넷 문화를 이끌 만한 여건 마련도 없이 상업적인 방향으로 흘러왔다.[27] 이러한 게임 산업을 육성한다는 명분 아래, 정부는 컴퓨터 게임의 해악으로부터 고의적으로 시선을 돌리며 경제논리에 입각한 정책을 펼쳐 왔다.

그리하여 게임 산업에서 게임 업계의 입장만이 고려되고 있다. 폭력적이고 자극적인 게임들이 쏟아져 나옴에도 불구하고 게임 산업을 저해한다는 명분 아래 방치되고 있다.[28] 예를 들어, 2000년 5월 16일 '리니지'[29]의 에니소프트가 코스닥 상장을 눈앞에 두고 금융감독

---

25) 1998년 백여 개에 불과하던 우리나라의 PC방은 2002년 현재 2만 3천여 개로 급증하였다. 오락실의 경우, "1998년 말 뮤직·댄스 시뮬레이션 게임기인 DDR(Dance Dance Revolution)의 폭발적인 인기에 힘입어 전국의 오락실은 2만 5천여 개로 급증. '한 집 건너 오락실'이라는 말이 나올 정도로 성장했다. 그러나 현재 전국의 오락실은 1만 2천 개에 불과해 2~3년 사이 무려 50% 이상 급감했다." ≪국민일보≫(2002. 3. 5).

26) 2001년 2월 현재 정보통신윤리위원회에 따르면, 우리나라의 인터넷 이용인구는 2천만 명이고, 초고속인터넷에 가입한 가구의 수는 4백3십만을 넘어서고 있다. 정보통신윤리위원회, ≪인터넷의 사회심리학적 영향과 윤리적 대응≫. 제1차 정보통신윤리학술포럼 자료집(2001).

27) 옥성일, "게임중독 청소년과 게임", 113.

28) 물론 모든 게임이 폭력적이고 선정적인 것은 아니다. 예를 들어, 교육적으로 좋은 게임들도 있다(이에 대해서는, Wolfgang Bergmann, *Computer machen Kinder schlau*, 조원규 역, 『상상력과 창의력을 키우는 컴퓨터 게임들』[서울: 북라인, 2001] 참조). 그러나 교육적이라 해도 상업적 의도를 배제하기는 어렵다.

29) 국내 최고의 온라인 게임으로 일컬어지는, 신일숙의 만화 원작 MUG 게임이다. 리니지는 인터넷을 기반으로 전 세계 어디서나 즐길 수 있는 MMORPG(massively multiplayer on-line roleplaying game)이다. 한 서버당 최대 4천5백 명 이상의 동시 접속자 수를 유지할 수 있는 리니지는 많은 사용자들 간의 동시 플레이 게임이라는 점에서 인기를 누리고 있다. "1998년 서비스를 시작한 리니지는 국내는 물론 미국·일본·홍콩 등에서도 서비스되고 있는 온라인 게임. 중세의 성(城)을 배경으로, 인터넷에 동시에 접속한 이용자들이 군주·기사·요정·마법사 중 하나의 역할을 맡아 가상공간에서 다른 이용자와 대화를 나누고 치열한 싸움도 벌인다. 특히 집단으로 편을 짜서 싸우기 때문에 상대 캐릭터를 살해하는 등 폭력

위원회로부터 등록심사 연기 통보를 받게 된다. 사용자층의 **70%**를 차지하는 청소년들이 재심 결과에 따라 이용하지 못할 수도 있는 상황이었다. '리니지'의 매출액과 수익이 큰 차이가 나는 현실과 게임 산업의 발전을 저해하면 안 된다는 명분을 등에 지고 정부는 수많은 이들의 민원 제기를 무시하고 회사 측에 주의를 촉구하는 수준의 땜질 처방을 하였다. 그러나 문제는 여기에서 끝나지 않는다. 정작 게임 산업의 문제는 상업적 이익을 위해 사행성과 과소비, 폭력성과 선정성을 부추긴다는 데 있다.

게임 산업은 그 판매량을 늘리기 위해 사행성과 과소비를 부추기는 방향으로 발전하고 있다.[30] 이것들은 게임 설계와 관련된 형태로 교묘하게 행해진다. 예를 들어, **RPG(Roleplaying game)**는 여러 단계의 레벨(levels)과 승급 제도 등을 설정해 게이머들(gamers)이 레벨을 올리려고 오랜 시간 게임에 몰두하게 한다. 그뿐 아니라, 게임사들이 사용자를 늘리기 위해 결제방식을 너무 간편하게 바꾸어서 청소년들을 유혹하고 있다. 미성년자들이 유료 게임에 접속하여 부모 몰래 전화번호 결제 서비스 방식을 선택해 사용요금이 전화요금에 합산돼 나오면서 분쟁 사례가 늘고 있다.

게임 업체들은 당장의 매출을 올리기 위해 선정성과 폭력성의 수위를 올리고 있다. 게임 산업의 육성이라는 명분 아래, 게임의 퇴폐성은 그대로 묵인된다. 사이버 세계는 가속적으로 욕망의 집산지로 변하고 있다.[31] 외설적인 표현이나 자극적 언어 사용은 상업적 의도

---

성이 문제시돼 왔으며, 무기 수준에 따라 싸움의 승패가 좌우되기 때문에 고성능 무기를 얻기 위해 밤을 새우는 게임 중독자도 생겨났다. 아이템을 현금으로 사고팔아 사회문제로 비화되기도 했다." 《조선일보》(2002. 10. 19).

30) 옥성일, "게임중독 청소년과 게임", 120.

때문에 소극적으로는 방치되고 적극적으로는 조장되고 강화된다. 예를 들어 팬픽(FanFic)32)의 경우, 스타를 관리하는 기획사가 팬픽이 동성애 묘사를 통한 인권침해의 소지가 다분히 있음에도 불구하고 방치하고 있는 듯한 모습을 보이고 있는데, 이는 팬픽이 스타의 상업적 가치에 대한 유통채널로 형성되고 있다는 것을 증명하는 것이다. 기획사에 의한 '스타 만들기' 과정에 팬픽이 일정한 영향력을 행사하기 때문에, 기획사에서는 암암리에 수익을 보장해 주는 팬픽을 방치하게 되는 것이다.

컴퓨터 게임은 이익을 노리는 게임 업체들의 상업성을 먹으며 몸을 키워 가고 있다. 이익의 극대화를 꾀하기 위해 게임 산업은 사행성과 소비, 폭력성과 선정성을 내세워 순진한 청소년들을 향해 호객행위를 하고 있다. 컴퓨터 게임의 동기는 상업적 이익이며 청소년들은 그 희생양이 되어 영혼까지 상처를 받고 있다.

## 4. 폭력적 내용의 컴퓨터 게임

컴퓨터 게임은 그 기원을 놀이성에 둔다고 하더라도 실제로 게이머에게 전하는 내용은 폭력성이다. 최근 영상물등급위원회는 국내 최대 온라인게임 '리니지'에 대해 폭력성·선정성을 이유로 '18세 이상 이용 가(可)' 판정을 내렸다.33) 한편, 동일한 리니지 게임이

---

31) 정민승, "청소년의 인터넷이용실태와 문제점: 인터넷의 교육적 재편을 지향하며", 36.

32) 팬픽(FanFic)이란 팬(Fan)과 픽션(Fiction)의 합성어로 자신이 좋아하는 연예인을 주인공으로 하여 쓴 소설을 의미한다.

33) 《조선일보》(2002. 10. 18). 정보통신윤리위원회의 SafeNet에서 폭력성에 대한 기준은 다음과 같다. 0등급: 폭력 없음, 1등급: 격투, 2등급: 상해, 3등급: 살해, 4등급: 잔인한 살해. http://www.safenet.ne.kr/intro3.php

"일본 사용자들로부터 '매우 가족적인 게임'이란 평을 듣는다. 일본에서는 아버지와 아들이 함께 리니지를 하며 게임 안에서 대화를 하고 힘을 합쳐 괴물을 물리친다. 국내 게이머들은 리니지 안의 성(城)을 차지하기 위해 치열한 쟁탈전을 벌이는 것과 달리, 일본의 게이머들은 누군가 성을 차지하면 이를 함께 빼앗아 원래의 주인에게 되돌려 준다."34) 미국에서 리니지는 '귀여운(cute) 게임'으로 통한다. 미국의 전설적 게임 개발자 리처드 게리엇은 "리니지의 아기자기한 캐릭터(character)와 구성은 사춘기 청소년들에게 어울린다."고 평했다.35) 우리는 같은 리니지 게임에 대한 이와 같은 대조적 상황을 어떻게 이해해야 할까.

황상민에 의한 서울 시내 중·고등학생을 대상으로 한 조사에 의하면,36) '게임 할 때의 느낌은 어떻습니까'란 질문에 대한 청소년들의 응답은 다음의 표와 같다.

〈표 2〉 게임할 때 느낌

|  | 중학생 | 고등학생 |
|---|---|---|
| 별다른 느낌이 없음 | 31.59% | 34.94% |
| 편하고 자유로움 | 21.45% | 17.96% |
| 경쟁적이고 공격적 | 17.97% | 21.22% |
| 흥분되고 짜릿 | 28.99% | 25.88% |

가장 높은 응답비율을 보인 항목은 '별다른 느낌 없다'(중학생 31.6%, 고등학생 35%)는 것이었지만, 다음으로 꼽은 것은 '흥분되

---

34) ≪조선일보≫(2002. 10. 21).

35) ≪조선일보≫(2002. 10. 21).

36) 황상민, "온라인 문화를 바라보는 청소년과 부모의 시각차".

고 짜릿하다'(중학생 28.9%, 고등학생 25.9%)이고, 경쟁적이고 공격적이라는 응답도 중학생이 18.0%, 고등학생이 25.9%를 차지하고 있다. 이 수치는 중·고등학생 거의 반수가 컴퓨터 게임을 통해서 강한 심리적 자극을 받고 있음을 말해 준다.[37] "몇 년 전 미국 콜럼바인 고교에서 총기난사 사건으로 많은 학생들이 목숨을 잃었다. 브라질의 극장에서도 총기사건이 일어났다. 두 사건의 공통점은 이들의 범행이 폭력성이 강한 일인칭 액션게임에서 영감을 받았다는 것이다."[38] 우리나라의 경우도 안심할 수 없다. "대다수의 청소년이 즐기는 '디아블로2'에도 잔인한 장면이 많다. '퀘이크3', '솔저 오브 포춘'의 경우는 인간이 얼마나 잔혹해질 수 있는지를 시험해 보게 하는 게임이다. 단순한 폭력을 넘어 가학적이고 변태적인 게임들도 우리나라의 청소년들 앞에 널려 있다."[39]

그런데 컴퓨터 게임과 그로 인한 폭력성은 게임에의 몰입과 무관하지 않다. "시뮬레이션 게임에 대한 몰입은 이 적에 대한 증오와

---

37) 물론 폭력적인 컴퓨터 게임이 게이머의 공격적인 행동에 원인을 제공하는지는 명확하지 않다는 주장도 있다(Daniel Graybill, Janis R. Kirsch and Edward E. Esselman, "Effects of Playing Violent versus Nonviolent Videogames on the Aggressive Ideation of Aggressive and Nonaggressive Children", *Child Study Journal* 15:3[1985], 199 – 205). 공격성을 유발할 수 있다는 가능성도 컴퓨터 게임에 의한 흥분 상태의 증가 때문이지, 그 폭력적 내용 때문은 아니라고 본다(권준모, "아동들의 전자게임 사용실태와 태도", 「논문집」12[서울: 경희대학교 교육문제연구소, 1996], 15). 그러나 TV 등 "미디어 폭력이 개인에게 미치는 영향에 대한 실증적 증거들은 폭력적 사고 및 행동을 증가시킨다는 가설을 지지하고 있으며, 특히 폭력적인 기질이 있는 개인들에게는 그 영향력이 더 강력하고 일관성이 있다는 점이 보고"되고 있다(권준모, "미디어 폭력에 관한 이론과 연구 방법의 검토", 「논문집」16[서울: 경희대학교 교육문제연구소, 2000], 36). 이로 보아 직접 폭력적 장면에 가담하는 컴퓨터 게임의 경우에는 그 영향이 더욱 클 것으로 예상된다.

38) 옥성일, "게임중독 청소년과 게임", 118.

39) 옥성일, "게임중독 청소년과 게임", 118 – 19. "최근의 온라인 게임은 1:1의 대결 수준을 넘어서고 있다. 수많은 게이머가 함께 동참하면서 정해진 적(敵)이 없어진다. 그러다 보니 심심하다는 이유로 약한 상대방을 무차별적으로 죽이는 경우도 많다." 옥성일, "게임중독 청소년과 게임", 119.

분노, 긴박한 전투의 와중에서 생기는 긴장, 얻고자 한 성과를 이루었을 때의 쾌감, 이런 것들이 복합적으로 작용해서 생기는 것으로 볼 수 있다."[40]

## 5. 몰입시키는 컴퓨터 게임

최근 영국의 ≪선데이 타임스≫(The Sunday Times)는 "컴퓨터 게임이 오히려 아이들의 집중력 향상과 정서 함양에 도움이 된다."는 연구 결과를 발표했다.[41] 컴퓨터 게임을 즐기는 아이들은 책을 읽고 TV만 시청하는 아이들보다 훨씬 더 사교적으로 자랄 수 있고, 중독만 되지 않는다면 오히려 성장에 도움을 준다는 것이다. 컴퓨터 게임에 대한 이와 같은 긍정적 평가에도 불구하고 우리는 여전히 컴퓨터 게임을 의구심을 갖고 지켜보지 않을 수 없다. 컴퓨터 게임은 아직 자신을 온전히 통제하지 못하면서 그것들을 애용하는 청소년들에게는 대단히 큰 잠재적 위험을 갖고 있다.

컴퓨터 게임은 몰입이라는 방식을 통하여 청소년들을 자기에게 끌어들인다. 컴퓨터 게임은 몰입이 누적되면서 중독성이 매우 강해지는데,[42] 그 원인에 대해서는 여러 가지 설이 있다. 첫째, 인터넷 자체의 속성으로부터 기인한다는 주장이다.[43] 이 주장은 현상학적인 것

---

40) 최유찬, 『컴퓨터 게임의 이해』, 184.

41) ≪주간조선≫ 1669(2001. 9. 6).

42) 몰입과 중독은 잘 구분되지 않지만 구태여 구별하기도 한다. '몰입'은 반엔트로피의 상황에서 자신의 에너지를 자신이 선택한 과제에 전적으로 투입하는 것이며, '중독'은 특정행위의 지나친 반복이나 외적 물질의 효과에 의존하여 스스로 행동 조절이 힘들어지는 상태이다. 황상민, "인터넷. 게임 중독의 심리와 이해", 154.

43) 김현수, "인터넷이 개인행동에 미치는 영향과 사례", 33.

으로 다시 인터넷 자체에의 몰입 혹은 과다한 강박적 사용과 연관된 경우, 인터넷이 현실생활에서의 병리적 혹은 비적응적 행동을 유발하거나 연관되게 하는 경우 그리고 기존 정신장애에 의한 인터넷 과다사용의 경우로 나눌 수 있다. 또한 이를 각각 현실에서의 선행사건(병리, 스트레스 등)이 존재하는 경우와 그렇지 않은 경우를 더 세부적으로 분류할 수 있다고 본다.44) 임의적으로 분류를 하기에도 어려운 점이 있는 것은 동일한 게임 중독자라고 흔히 부르는 청소년들도 현실생활과 밀접한 연관이 있는 경우와 그렇지 않은 경우가 모두 존재한다. 예를 들어 선행병리(왕따, 학교폭력, 사회공포증, 학교공포증 등)가 있는 청소년이 게임에 빠져드는 것과 뚜렷한 선행병리가 없는 청소년이 게임에 빠져드는 것은 현상은 같지만 원인은 다른 경우라고 할 수 있다. 아마도 현실 생활에서의 뚜렷한 비적응적 양상이 발견되지 않는 경우들은 인터넷이 지닌 속성 자체에 의해 비적응적 행동이 유발되는 것이라고 추정할 수 있을지도 모른다. 즉 인터

---

44) 김현수, "인터넷이 개인행동에 미치는 영향과 사례".

**인터넷과 연관된 병리적 반응**

| 인터넷 자체에의 몰입 혹은 과다한 강박적 사용 | 선행 사건이 존재하는 경우* | 예) 왕따 이후의 채팅중독, 부부 갈등 이후의 채팅 중독 |
|---|---|---|
| | 선행 사건이 존재하지 않는 경우 | 예) 게임중독 |
| 인터넷이 현실 생활의 비적응적·병리적 행동을 유발하는 경우 | 선행사건이 존재하는 경우 | 예) 학교폭력 이후의 폭탄 사이트 개설, 채팅에 의한 원조교제 혹은 외도 |
| | 선행사건이 존재하지 않는 경우 | 예) 섹스 사이트 접속 후 부부 관계 회피 |
| 기존 정신장애에 의한 인터넷 과다 사용 | 사회공포증 및 회피성 인격장애, 우울증 및 조울증, 충동조절장애 (예: 병적 도박), ADHD, 행동장애 혹은 반사회적 인격장애 | |

* 주로 현실에서의 선행사건을 말함

넷 자체가 중독원이 될 수 있다는 것이다. 인터넷이 지닌 억제해제 효과가 보통의 사람에게 존재하는 공격성이나 성적 충동을 더 비적응적으로 표출하도록 이끄는 직접적인 속성이 존재할 수도 있다는 가설이 가능하다.

둘째, 게임 중독의 원인을 욕구 실현에서 찾는 입장이다.[45] 슐러는 온라인 게임의 특성이 청소년들의 욕구 실현과 관련되어 있다고 설명한 바 있다. 실제 게임에 일시적이든 만성적이든 강박적 경향을 보이는 청소년들의 경우, 청소년 집단 자체의 놀이가 게임으로 집중되어 있다는 요소도 크게 작용을 하고, 게임이 지닌 중독성 또한 영향을 미친다. 그리고 게임은 청소년이 지니고 있는 공격성이나 성(性)성을 표현하는 수단으로도 이용될 수 있다. 이들이 게임에 중독되는 이유는 단순 명료하다. "재미있고, 시간이 잘 가니까!" 반 아이들이 다 하니까 하고, 아이템(item)[46]을 많이 모으거나 순위가 올라가면 신나니까 그들은 한다.

셋째, 게임 중독의 원인을 병리적인 데서 찾는 입장이 있다.[47] 예를 들어 과각성 상태를 추구하는 주의력 결핍(ADHD) 아동들이 게임에 잘 중독된다는 보고가 있다. 또한 충동조절에 어려움이 있는 청소년들이 인터넷 게임에 잘 중독된다는 보고도 있다.

셋째, 게임 자체 특성으로부터 그 원인을 찾는 입장이다. 게임의 가장 중요한 특징은 상호작용성이다.[48] 컴퓨터 게임에서의 상호작용

---

45) 김현수, "인터넷이 개인 행동에 미치는 영향과 사례", 35.
46) 게임에 참여하는 캐릭터들이 소유하거나 얻게 되는 물품들의 통칭. 주요 사례로는 검, 망토, 반지, 방패, 모자, 의상, 구두, 가방 등이 있다.
47) 김현수, "인터넷이 개인 행동에 미치는 영향과 사례", 37.
48) 최유찬, 『컴퓨터 게임의 이해』, 113.

관계는 두 차원이다. 하나는 게이머와 게임텍스트와의 관계이고, 다른 하나는 게이머들 사이의 상호작용이다. 그러나 게이머와 게이머 사이의 상호작용은 몰입 기제와는 별로 관계가 없다. 따라서 여기에서는 게이머와 게임 텍스트 사이의 상호작용에 관한 다양한 입장들을 살펴보도록 한다.[49] 그것은 크게 네 가지이다. 첫째, 기존의 영화와 달리 게이머에게 상호작용의 기회를 부여하는 상호작용 시네마로 보는 입장이 있다. 이 입장은 컴퓨터게임을 '뉴 할리우드'라고 칭하면서, 마치 영화 제작을 하듯이 제작자, 프로그래머, 아티스트, 음악가 등이 참여하며, 과거 게임들에서는 화면상에 제시되던 텍스트가 오디오 대사로 대체되고 있다.[50] 이와 같은 게임들은 대체로 일련의 퍼즐로 설정되어 있다. 그래서 플레이어는 플롯의 다음 단계에 진입하는 데 필요한 모든 것을 완수해 낼 때까지, 정지 및 진행(stop-and-go)하는 식으로 환경을 탐사하고 캐릭터들에게 말을 걸고 물체를 획득하거나 사용하면서 게임 세계 속을 헤매고 돌아다녀야 한다.[51] 영화에 모델을 둔 이와 같은 게임들이 플레이어에게 화면 속의 캐릭터와 동일시할 수 있는 기회를 주면서 게이머를 게임에 몰입하게 한다.[52]

---

49) Ted Friedman, "컴퓨터 게임과 텍스트 상호작용", 이재현 편저, 『인터넷과 온라인 게임』(서울: 커뮤니케이션북스, 2001), 55.

50) Friedman, "컴퓨터 게임과 텍스트 상호작용", 63. "예를 들어 [Star Trek: The 25th Anniversary]의 CD-ROM 판은 실제 '스타 트렉' 배우에 의해 대사가 녹음되었다." Friedman, "컴퓨터 게임과 텍스트 상호작용", 64.

51) Friedman, "컴퓨터 게임과 텍스트 상호작용", 64-65.

52) 컴퓨터게임에서 동일시는 두 가지 차원에서 나타난다. 하나는 게임에 등장하는 캐릭터 등과의 동일시이고, 다른 하나는 게임 자체와의 동일시이다. 플레이어(Player)가 게임 텍스트에서 동일시의 대상으로 여기는 것은 자기 자신을 투영시켜 변화되는 텍스트 내 요소들과 그 과정이다(권병수, "온라인 게임과 텍스트 상호작용: [Warcraft2]와 [C&C]", 이재현, 『인터넷과 온라인 게임』, 236). 플레이어는 게임을 하는 중에 다양한 게임 작업들을 하게 되는데, 제3

둘째, 게이머에게 다양한 선택권을 제공하는 하이퍼텍스트53)로 보는 입장이다. 이 입장은 플레이어가 컴퓨터가 제공하는 다양한 텍스트들을 선택하는 행위에서 상호작용을 본다. 비록 플레이어가 컴퓨터 제작자에 의해 만들어진 일정한 수의 텍스트에 제한받게 된다고 하더라도,54) 그래픽과 사운드가 결부되는 텍스트는 게이머를 게임에 몰입시키기에 충분하다.55)

셋째, 다양한 전략과 전술을 구사하여 시뮬레이션을 만들어 내는 소프트웨어 장난감으로 보는 입장이다. 우리가 장난감을 가지고 놀때, 우리는 우리 자신의 고유한 목적을 설정하고 언제 그것을 성취할지 우리 스스로 정해 놓는다. 컴퓨터 게임은 마치 우리가 장난감을 통해 창출해 내는 세계처럼 우리가 무엇을 추구할지 선택하는 세계이다.56) 이와 같은 성격의 게임들은 "최대한 개방적인 틀을 제공하여 플레이어들에게 자신만의 세계를 창조할 수 있는 기회를 제공"함으로써 상호작용성을 높이면서 몰입 현상을 끌어낸다.57)

---

지적 입장에서만 하는 것이 아니다. 플레이어는 게임 장면에서 자신이 하는 특정한 활동으로 자신을 이동시킨다. 즉 그 작업을 하는 순간에는 자신이 그 위치에 서게 된다. 동일시가 몰입 행위와 연관될 경우에는 플레이어와 컴퓨터 사이에 새로운 동일시인 공생적 회로관계가 형성된다. 컴퓨터는 자기의식의 유기적 연장(organic extension)처럼 느껴지고 플레이어는 컴퓨터 자체의 연장으로 느껴지게 된다(Donna Haraway, "Manifest for Cyborgs: Science, Technology, and Social Feminism in the 1980s", *Socialist Review* 80[1985], 65 – 108 참조). 이렇게 되면 플레이어는 자신을 어떤 역할과 동일시하기보다는 과정(process)과 동일시하는 것이다. 그는 게임 자체에 자신을 동일시함으로써 자신을 상실한다(Friedman, "컴퓨터 게임과 텍스트 상호작용", 78).

53) "하이퍼텍스트는 다른 많은 텍스트가 링크되도록 함으로써 키워드에 마우스를 클릭만 하면 링크되어 있는 새 문서들을 불러낼 수 있는 소프트웨어이다." Friedman, "컴퓨터 게임과 텍스트 상호작용", 57.

54) Friedman, "컴퓨터 게임과 텍스트 상호작용", 57.

55) Friedman, "컴퓨터 게임과 텍스트 상호작용", 55 – 56.

56) *Maxis Software Toys Catalog*(Orida, CA: Maxis, 1992), 10.

57) Orson S. Card, "Gameplay: Games with No Limits", *Compute*(March 1991), 58.

그리고 마지막으로 넷째, 텍스트의 이데올로기적 구성을 해체해 내는 탈신비화 과정으로 보는 입장이다. "컴퓨터 게임은 다른 모든 텍스트들과 마찬가지로 항상 이데올로기적 구성물(constructions)"이 다.[58] 즉 "아무리 많은 '자유'를 플레이어에게 제공"하는 컴퓨터 게 임이더라도 모든 게임은 "기본적인 일련의 가정에 기초하고 있기 마 련이다."[59] 게임은 컴퓨터 게임 안에 숨겨져 있는 설계자의 의도를 드러내는 것이다. 플레이어는 시행착오의 실험과정을 거쳐 게임의 내 적 관계를 파악하게 된다. "컴퓨터 게임 현상은 단순히 해석 과정이 아니라 근본적으로 해체(destruction) 과정"이다.[60] 플레이어는 게임 행위를 통해 게임의 배후에 있는 숨겨진 원리들을 밝혀내는 상호작용 을 하고 있는데, 바로 그 해체 행위가 몰입을 가져올 수 있다.[61]

일반적으로 컴퓨터 게임에서 몰입이 강화되어 중독에 걸리기 쉬운 전형적 유형은 10대로서, 통상 남성이고, 사회생활에서 자신감이 심 히 결핍한 사람이라고 한다.[62]

---

58) Friedman, "컴퓨터 게임과 텍스트 상호작용", 72.

59) Friedman, "컴퓨터 게임과 텍스트 상호작용", 71.

60) Chris Crawford, *Balance of Power*(Redmond, CA: Microsoft Press, 1986).

61) 게임 중독과 구별하여 구태여 인터넷 중독의 원인을 찾는다면, 다음과 같이 크게 네 가지가 가능할 것이다. ① 사회환경적 요인(건전한 놀이 문화의 부재, 핵가족화 및 가정 해체, 외적 통제력의 부재, 접근의 용이성), ② 인터넷 자체의 특성(끊임없는 재미와 호기심의 충족, 새 로운 인격 창출, 익명성과 탈억제, 시간 왜곡 현상, 강한 친밀감), ③ 성격적인 요인(학업부진 으로 인해 학업에 흥미를 잃은 아이들, 또래관계가 어렵고[전학, 이사, 성격 등] 사회성이 적 은 아이들, 과중한 스트레스, 부모의 부담을 스스로 받고 있다고 생각하는 아이들, 외로움을 잘 느끼고 자기표현을 잘 하지 못하는 아이들, 주의력 결핍 – 과잉운동 장애의 병력이 있거나 충동적인 아이들, 가족을 비롯한 주변 환경으로 인해 우울함을 느끼고 있는 아이들, 경쟁적이 고 승부욕이 지나치게 강한 아이들, 지능은 우수하지만 감정적 발달이 지연된 아이들), ④ 뇌 신경적 요인. 신영철, "인터넷 중독 청소년의 임상과 진단", 『인터넷 중독 청소년에 대한 개 입전략과 실천기법』(서울: 복지와 사람들, 2001), 47 – 53.

62) Mark Griffiths, "Psychology of Computer Use: XLⅢ. Some Comments on 'Addictive Use of the Internet' by Young", *Psychological Reports*, 80:1, 81 – 82.

한편, 몰입의 결과는 무엇인가? 첫째, 생활의 균형이 깨어진다는 것이다. 게임에 중독된 사람은 잠도 자지 않고 식사도 거르고 게임에 몰입한다. RPG[63] 등은 4, 50시간 이상 플레이해야 하며,[64] 4~5일 정도는 "잠도 안 자고 씻지도 않으면서 게임을 계속"하기도 한다.[65] 컴퓨터의 흡입력이 강해지면서 플레이어들의 주관적 시간의식이 왜곡되기 때문이다.

둘째, 현실 도피 현상이 일어나며, 나중에는 현실과 게임이 도치되기도 한다. 일상생활에 흥미를 잃게 되어 친구들과도 사이가 멀어지게 되고 나중에는 대인기피증이나 공포증이 생긴다. 급기야는 완전히 현실감을 상실하는 경우도 있다.[66] "……욕망에 맞추어 현실이 만들어지고, 이런 가상현실 속에서 비로소 현장감이 생겨난다는 역설적인 상황은 게임이 지니는 고유한 특성"이다.[67] "게임 속에서 자신이 원하는 세계를 발견한 게이머는 현실에서는 결코 얻을 수 없던 행복……을 얻기 위해서…… 게임세계로 이민"을 온다.[68] 이들은 게임 속의 캐릭터와 자신을 동일시하는 경험을 통하여 행복감을 느낀다. 그러나 막상 현실로 돌아오면 초라한 자신의 모습을 보게 된다. 그래서 현실을 살기 위한 여유로서의 게임이 아니라 현실은 게임을 위한

---

63) 롤플레잉 게임(role-playing game). 게임 이용자가 게임 프로그램에 등장하는 한 인물의 역할을 맡아 직접 수행하는 형식으로 된 컴퓨터 게임 유형. 게임 이용자는 게임 관리자가 정해 놓은 규칙에 따라 모험과 상상의 세계를 여행하며 다양한 임무를 수행하므로 마치 게임 속의 주인공이 된 듯한 흥미를 느낄 수 있다. 혼자 또는 통신망을 이용하여 여러 사람이 동시에 할 수도 있다.

64) 박상우, 『게임, 세계를 혁명하는 힘』(서울: 싸엔씨미디어, 2000), 175.

65) 박상우, 『게임, 세계를 혁명하는 힘』, 55.

66) 신영철, "인터넷 중독 청소년의 임상과 진단", 53-54.

67) 박상우, 『게임, 세계를 혁명하는 힘』, 66.

68) 박상우, 『게임, 세계를 혁명하는 힘』, 67-68.

수단이 되어 버린다.69) 그들이 사는 곳은 이곳의 현실세계가 아니다. 그들은 게임 세계에서만 자신이 속해 있다는 현장감을 경험한다.70)

셋째, 신체의 균형마저 깨진다. 안구건조증이나 두통, 요통 등의 통증을 수반하며, 불규칙한 식사로 위장 장애 및 영양 결핍이 나타나기도 한다. 불면증을 겪게 되며 생체 리듬의 불균형으로 여러 문제가 생길 수 있다. 생리적으로도 혈압과 맥박이 상승하고 긴장이 높아져 늘 피곤한 느낌을 갖게 된다.71) 일인칭 슈팅 게임72)의 경우, 게임 중에 멀미와 구토가 나는 정도로부터,73) 얼굴이 핼쑥해지고,74) 몸동작에 착란현상까지 일으키게 된다.75) 그리고 게임 증후군도 나타나게 된다.76) 게임은 멀미를 통해 몸에 대한 지배력을 선언하며, 걷는

---

69) 박상우, 『게임, 세계를 혁명하는 힘』, 69.

70) 박상우, 『게임, 세계를 혁명하는 힘』, 72.

71) 신영철, "인터넷 중독 청소년의 임상과 진단", 53-54.

72) 쏟아져 나오는 적의 공세를 피해서 전진해 나가는 슈팅게임. 박상우, 『게임, 세계를 혁명하는 힘』, 33.

73) 박상우, 『게임, 세계를 혁명하는 힘』, 53-54.

74) 박상우, 『게임, 세계를 혁명하는 힘』, 55.

75) "게임을 끝낸 후 인간다운 생활로 돌아가기 위해 세수하고, 옷을 챙겨 입고, 장을 보러 백화점에 갔다. 그런데 거리를 걸어 다닐 때는 몰랐는데, 백화점의 가로세로 반듯반듯한 길을 걸어 다니다 보니 나도 모르게 손을 움찔움찔하는 것 아닌가! ……며칠 동안 캐릭터를 움직이기 위해 마우스를 클릭하다 보니, 게임을 끝마치고 거리에 나왔음에도 여전히 그 방식이 머릿속에 남아 있었던 것이다. 그래서 나도 모르게 이동하려고 할 때마다 손을 움찔대며 가상의 마우스를 클릭하고 있었다. ……물론 나는 그 사실을 발견하자마자 손을 움직이지 않으려고 노력했다. 그러자 이제는 백화점 안에서 움직이기가 힘들어졌다. ……마우스를 클릭하지 않고 이동하는 게 너무 낯설어서 한 걸음 걸을 때마다 어색하다는 기분에 휩싸였기 때문이다." 박상우, 『게임, 세계를 혁명하는 힘』, 55-56.

76) 예를 들어, 스타크래프트(Star-craft, 배경은 미래의 우주로, 지구로부터 쫓겨난 인류의 자손인 테란[Terran]과 에일리언을 연상시키는 집단의식을 가진 절지동물 저그[Zerg], 고도로 발달한 외계 종족인 프로토스[Protoss] 사이의 전쟁을 다루는 게임) 신드롬은 다음과 같다. ① 누가 부르면 '옛썰'(Yes, Sir!) 하고 대답한다. ② 여의도의 중소기업 전시장을 보면 '언젠가 폭파시켜야 겠다'는 생각이 든다(그 모양이 꼭 프로토스의 리버와 비슷하게 생겼다). ③ 용접하는 사람을 보면 SCV(스타크래프트 테란 종족의 건설 일꾼)가 생각난다. ④ 미팅에서 폭탄을 저그라고 한다. ⑤ 돈이 없을 때 엄마한테 'Show me the money'라고 한다. ⑥ 가만히 있으면 오버로드(overlord, 스타크래프트 게임의 유닛 이름)나 옵저버가 하늘을 날아다니는

법조차 잊어버리게 만듦으로써 자신의 힘을 과시한다.[77]

넷째, 뇌기능에까지 변화를 일으킨다. 인터넷의 강박적 사용에 대한 논란은 생물학적 연구를 통한 병리적 과정에 대한 증명으로 이어지고 있다. 그라스비(Grasby)[78]는 게임에 중독되었다고 보고된 청소년들의 뇌 활동을 PET scan을 통해 촬영하였으며 이들의 뇌기능 변화가 다른 약물 중독자에게서 일어나는 변화와 유사하다는 결과를 발표한 바 있다. 약물 중독자들의 뇌에서 일어나는 중독－보상체계의 활동, 도파민이라는 신경전달물질의 수준이 게임에 중독된 청소년들의 뇌에서도 유사하게 일어난다는 것이다. 이는 게임 자체가 뇌의 기능을 변화시킬 수 있다는 연구결과로 인터넷 온라인 게임 혹은 게임이 그 자체적으로 중독성이 있다는 것을 시사하기도 한다.

## Ⅲ. 기독교교육적 의미

### 1. 놀이로서의 기독교교육

우리는 위에서 놀이가 실제의 삶과는 독립된 세계를 구축하고 있을 뿐만 아니라 새로운 현실 세계를 창출한다는 사실을 알았다. 이 사실

---

것 같다. ⑦ 강의 시간에 레이저 포인터를 보면 금방 핵폭탄이 떨어질 것 같다. ⑧ 친구들과 길을 갈 때 꼭 한 줄로 서서 간다. ⑨ 걸어 다닐 때는 공격모드로 걸어야 한다고 생각한다. ⑩ 바닥에 있는 껌 자국을 보면 저그가 튀어 올라올 것 같다. ⑪ 침을 튀며 이야기하는 사람을 보면 사람같이 안 보인다. 히드라리스크(Hydralisk, 중형 돌격 전사)가 생각난다. ⑫ 새 떼를 보면 어딘가 숨고 싶다. ⑬ 군대를 해병대로 가고 싶다. ⑭ 이 글을 읽고 웃음이 난다. 김명찬, "컴퓨터 게임, 사이버세대의 커뮤니케이션 1", 「교육교회」301(2002. 4). 57.

77) 박상우, 『게임, 세계를 혁명하는 힘』, 57.

78) Paul M. Grasby, "Evidence for Striatal Dopamine Release during a Video Game", *Nature Ref* 393, 6682(1998), 266－68.

이 의미하는 바는 결국 놀이는 "그 자체로서 의미 깊은 것이어서 외부에는 무익하고 무목적(無目的)"[79]이라는 점이다. 그러나 위르겐 몰트만(Jürgen Moltmann)은 이렇게 묻는다.

> "생의 그늘에서 상처입고 있는 사람들을 위해서 외치며 일하지 않으면서 어떻게 웃고 놀고 춤출 권리를 가질 수 있는 것일까"[80]

몰트만의 이 말은 놀이가 인간에게 그가 사는 세계를 망각하게 한다는 사실을 비판하는 것이다.[81] 즉 몰트만은 놀이를 해방적 차원에서 보는 것이다. 우리가 놀이를 '해방하는 놀이'로 보는 몰트만의 입장에[82] 동의하지 않는다고 하더라도, 놀이에 대한 그의 비판적 관점은 수용할 필요가 있어 보인다.[83] 그 이유는 오늘날의 놀이, 특히 컴퓨터 게임은 놀이의 가장 큰 특성이라고 할 수 있는 자유와 휴식과는[84] 상관없는 것이 되어 버려서 이미 놀이로서의 기능을 상실하고 있기 때문이다. 게이머는 게임을 잘 해내야 한다는 생각 때문에 휴식이어야 할 게임을 노동으로 만들고 있다.[85] 그는 자유를 쟁취하기 위해 휴식 시간에 그 자유를 죽이고 있는 것이다.[86]

여기서 우리는 현장에서의 기독교교육이 놀이로서의 성격을 지니

---

79) Jürgen Moltmann, *Die ersten Freigelassenen der Schöpfung*, 손규태 역, 『놀이의 신학』(서울: 신태양사, 1985), 421.

80) Moltmann, *Die ersten Freigelassenen der Schöpfung*, 417.

81) Moltmann, *Die ersten Freigelassenen der Schöpfung*, 421.

82) Moltmann, *Die ersten Freigelassenen der Schöpfung*, 426 - 30 참조.

83) Moltmann, *Die ersten Freigelassenen der Schöpfung*, 419 - 22 참조.

84) Moltmann, *Die ersten Freigelassenen der Schöpfung*, 422 - 25 참조.

85) Moltmann, *Die ersten Freigelassenen der Schöpfung*, 425.

86) Moltmann, *Die ersten Freigelassenen der Schöpfung*, 425.

고 있는지 묻고 싶다. 물론 기독교교육이 놀이는 아니다. 오히려 기독교교육은 '교육'이라는 말이 함축하듯이 달성해야 할 일과 같은 것이다. 그럼에도 불구하고 오늘날 현장에서의 기독교교육의 부진 원인 중에는 교육을 교육과정의 차원에서 성취해야 할 프로젝트로 보는 경향이 있다. 부담으로서의 기독교교육은 놀이의 근본적 성격인 자유와 휴식을 자신 안에 포함시키려는 노력이 있어야 할 것이다. 기독교교육 과제 중의 하나는 일과 놀이의 균형적 성격을 갖추는 데 있다. 그와 같은 과제를 해결하는 데 통찰을 줄 수 있는 예는 풍류 놀이이다(표현 인문학 참조).

## 2. 이데올로기를 고려하는 기독교교육

컴퓨터 게임은 최근 문화의 한 구체적 유형일 뿐이다. 그리고 컴퓨터 게임을 포함한 오늘날 대부분 문화적 형태들은 어떤 형식으로든 자본주의와 연결되어 있다. "과연 청소년들은 경제의 제단 위에 바쳐진 제물일 뿐인가?"[87]라는 한 교사의 한탄은 컴퓨터 게임의 상업적 상황을 단적으로 지적하는 말이다. 그런데 이 상업성은 자본주의의 정신을 노골적으로 보여 주는 핵심적 용어이다. 이런 면에서 컴퓨터 게임은 보다 내밀한 영역에서 결국 자본주의와 잇닿아 있다.

더구나 우리가 위에서 보았던 컴퓨터 게임의 폭력성도 그 뿌리를 자본주의에 두고 있다. 행태심리학에 따르면, 평화를 해치는 공격성

---

87) 옥성일, "게임중독 청소년과 게임", 114. 컴퓨터 게임이 역사와 인간을 어떻게 이해하고 만들어져 있는가 하는 것은 짚어 보아야 할 문제이다(최유찬 『컴퓨터 게임의 이해』, 187). 게이머의 인간 이해와 프로그래머의 인간 이해가 맞대결한다고 하더라도 어느 것이든 자본주의의 상업성에 종속되어 있을 뿐이다(Moltmann, *Die ersten Freigelassenen der Schöpfung*, 189 참조).

은 주로 세 가지 목적을 가지고 있다. 그것은 생활공간의 분할을 위한 영역 싸움, 강자 선호와 약자를 도태시키기 위한 경쟁, 질서 있는 공동생활을 위한 서열 다툼이다. 이 중 영역 싸움은 소유권과 관련이 있는데, 아시시의 프란시스코(Francisco of assisi)는 이에 대해 "소유물을 가지면 이를 보호하기 위하여 무기를 필요로 하게 된다. ……이는 하나님과 이웃에 대한 사랑을 가장 자주 해치는 것이다. 그래서 우리는 이 세상에서는 아무것도 소유하지 않으려는 것이다." 고 말한다.[88] 프란시스코의 이 말은 자본주의가 어떻게 폭력성과 연결되며 그리고 이웃과의 평화를 깨며, 결국 하나님 나라의 건설을 방해하는지를 간명하게 지적한다.

따라서 기독교교육은 전통적 신앙 보존이나 이데올로기 불간섭이라는 명분 아래 사물의 표피만을 다루고자 하는 타성적 접근 방식을 과감히 떨쳐 버리고, 다루는 문제들의 심층적 본질을 탐구해 들어가는 진지하고 치열한 노력이 필요하다.

## 3. 학습자 이해의 패러다임 전환

컴퓨터 게임의 이용자는 주로 청소년층이다. 이들이 왜 컴퓨터 게임에 몰두하는지에 대한 탐구는 전통적 학습자 이해의 틀로는 진행될 수 없다. 기독교교육에서의 학습자 이해는 일반적으로 크게 발달심리적 이해와 학습자 단계 중심의 이해로 나누어진다. 발달심리적 이해는 인간의 생애를 통하여 심신의 성장·발달 과정을 심리학 이론을 배경으로 이해하려는 방식이다. 이에는 심리 역동주의 발달심

---

88) Angar Friemelt and Fritz Oser, *Den Frieden Lernen: Christentum und Wissenschaft auf der Suche nach Frieden*, 김종민 편역, 『평화추구』(왜관: 분도출판사, 1987), 226.

리학(지그문트 프로이트[Sigmund Freud]의 심리성적 발달, 에릭 에이치 에릭슨[Erik H. Erikson]의 정체감 발달), 구조주의 발달심리학(장 피아제[Jean Piaget]의 인지발달, 로렌스 콜버그[Lawrence Kohlberg]의 도덕발달, 캐럴 길리건[Carol Gilligan]의 성차에 대한 이해, 로버트 엘 셀맨[Robert L. Selman]의 대인관계 이해이론, 로빙거[Jane Lovinger]의 자아발달 이론), 사회문화적 발달이론(해리 에스 설리번[Harry S. Sullivan]의 대인관계 이론, 마가렛 미드[Margaret Mead]의 문화인류학, 쿠르트 르윈[Kurt Lewin]의 장(場)이론과 아동) 그리고 종교(신앙)발달 이론(에른스트 함스[Ernest Harms]의 종교적 경험발달, 그루엘의 종교발달, 제임스 더블유 파울러[James W. Fowler]의 신앙발달) 등이 포함된다. 학습자 이해에 대한 다른 하나의 방식은 학습자 단계 중심의 이해로서 학습자를 부별, 학년별 단계로 나누어 신체적·지적·정서적·사회적·도덕적·신앙적 차원에서 이해하려는 방식이다. 이 두 방식은 모두 발달적 이해로 볼 수도 있겠다.

그러나 종래의 이와 같은 학습자 이해는 첫째, 교육 현장에서 전개되는 교육활동으로부터 분리된 학습자 이해라는 점에서 문제가 있다. 학습자는 정적인 존재가 아니며, 예배, 성경공부 그리고 프로그램 등에 참여하는 살아 움직이는 동적인 존재이다. 일반적인 학습자 이해는 학습자의 이 역동적인 차원을 간과하고 있다. 둘째, 종래의 학습자 이해는 주로 심리적 이해에 한정되어 왔다. 그러나 인간에게는 심리적 차원만이 있는 것이 아니다. 인간은 대단히 복합적인 존재로서 다양한 층위의 차원들을 갖고 있다. 전통적인 학습자 이해는 마치 인간이 심리적 차원만을 갖는 존재인 것처럼 단차원적으로만 행해졌다. 학습자를 철학적, 신학적, 사회·문화적 등 다차원적으로 탐구할 때 그에 대한 이해의 지평이 확장될 것이다.

학습자에 대한 역동적 이해와 다차원적 이해를 넘어서 오늘날 정보화사회라는 새로운 환경에서의 학습자 이해가 필요하다. 정보화사회는 이제까지의 인류와는 다른 새로운 인류의 출현을 낳고 있는 실정이다. 이 새로운 인류는 종전의 준거틀에 의해서는 파악될 수 없는 전혀 질적으로 상이한 존재들이다. 새로운 종(種)으로서의 정보화사회 학습자는 기존 기독교교육의 구조를 폐기하고 새로운 구조를 요청할 정도의 세력이라고 할 수 있다. 따라서 앞에서 말한 학습자 이해에 대한 새로운 접근 방식들 역시 정보사회의 성격을 전제로 한 것이어야 한다.[89]

한편, 인간의 통전성에 대한 기독교교육적 접근은 신앙적인 차원을 배제할 수 없는데, 이런 면에서 학습자에 대한 기독교교육 이론적 이해가 필요하다. 기독교교육에서 인간 이해는 신학적 입장에서 정통주의 · 자유주의 · 신정통주의 · 급진주의 그리고 수정주의를 거치면서 다양한 학습자 이해를 추구하여 왔다.[90] 최근에는 사회과학과 해석학 등의 학문을 수용한 접근을 통해 학습자 이해를 새롭게 하고 있다.

---

89) 청소년을 염두에 둔 정보사회의 특성으로는 익명성의 증가, 타인의 상실, 매개된 경험의 증가, 허위욕구의 증가, 육체의 폐기 그리고 놀이성의 소멸과 문화의 상실 등을 들 수 있다. 이에 대한 설명은 김옥순, "지식정보사회음란물과 청소년", 『인터넷 중독 청소년에 대한 개입 전략과 실천기법』(서울: 복지와 사람들, 2001), 65 - 70 참조; 그리고 박종석, "신앙공동체 형성을 위한 기독교교육체제로서의 설교: 청소년을 중심으로", 「기독교교육정보」 5(한국기독교교육정보학회, 2002), 261 - 96 참조.

90) 이에 대해서는 은준관, 『교육신학: 기독교교육의 이론적 근거』(서울: 대한기독교서회, 1976), 204 - 206, 247 - 51, 271 - 72, 302 - 304, 323 - 26, 336 - 39, 388 - 90; Letty M. Russell, *Becoming Human*, 장상 역, 『인간화』, 1982) 참조.

## 4. 폭력성 변형 매개로서의 교사

기독교교육적 입장에서 컴퓨터 게임을 부정적으로 보는 이유 중의 하나는 컴퓨터 게임이 지닌 폭력성 때문이다. 기독교교육은 교육목적과 내용 중에 평화를 포함한다. 폭력성은 평화에 정면 배치된다.

그러나 심층심리학에 의하면 폭력성은 인간의 본성에 속한다. 인간 안에는 본질적인 폭력성이 있다. 폭력성의 적극적 형태라고 할 수 있는 공격성과 파괴성은 인간 삶의 한 부분이며 "자발적인 몸짓과 순수한 운동성 그리고 생명 그 자체에 대한 직접적 반응에서 표현되는 에너지"이다.91) 그렇기 때문에 우리는 이 폭력성이 우리 안에 없다고 부정하거나 또 그것이 관심을 기울일 만한 것이 아니라고 무시할 수 없다. 다행히 인간 안에 내재해 있는 이 폭력성은 변형가능성을 갖고 있다. 즉 폭력성은 긍정적이거나 부정적인 양태로의 가변성을 지닌다는 것이다. 폭력성은 일반적으로 "사람들을 상하게 하고, 우리의 자존감을 해치고, 다른 사람의 목표와 신념을 파괴하고, 대의를 무색게 하고, 흥분과 열정을 질식시켜 죽이고, 다른 사람들을 박해하고 보복"92)하는 것으로만 생각하기 쉽다. 그러나 폭력성은, "우리의 자존감을 북돋워 주고, 일을 해낼 수 있는 연료를 주며, 사랑하고자 하는 의욕을 주고, 우리가 믿는 것을 위해 싸울 수 있는 힘을 주고, 고통을 이기고 살아남을 수 있도록 도와준다."93)

우리 안의 폭력성이 긍정적이고 적극적이고 창의적인 에너지로 사

---

91) Anne B. Ulanov, "Transformation of Human Destructiveness", 「한국기독교신학논총」 26(한국기독교학회, 2002), 11.

92) Ulanov, "Transformation of Human Destructiveness", 12.

93) Ulanov, "Transformation of Human Destructiveness".

용되기 위해서는 우리 자신의 폭력성을 인정해야 한다.94) 우리의 파괴적이고 공격적인 에너지를 의식 안에 허용해야 한다.95) 우리는 폭력성이 '다른 사람과 우리 자신에게 해를 입히는 것'임을 인식하게 되는 순간부터 폭력성을 긍정적으로 변형할 수 있는 기회를 맞게 된다.96) 우리가 다른 사람을 이제까지와는 달리 자신의 관점에서 일방적으로 판단하는 폭력 등을 포함해, 폭력을 행사하는 대상으로서가 아니라 자신의 권리를 가지고 독립적으로 존재하는 타자를 발견하게 될 때 그리고 폭력마저도 무력화시키는 타자를 만나게 될 때, 폭력은 변형된다.97) 이 타자는 "부모일 수도, 친구일 수도, 목사일 수도, 하나님일 수도, 우리가 사랑하는 사람일 수도, 우리가 신뢰하는 선생님일 수도, 분석가일 수도 있다."98) 폭력성의 문제는 우리가 의존할 수 있는 신뢰할 만한 타자와의 관계 안에서 다루어져야 한다.99)

인간의 본래적 폭력성은 그것을 인정하고 타자와의 관계에서 변형될 때 긍정적이고 창의적인 에너지로 작용될 수 있다. 그런데 컴퓨터 게임에서 두드러지게 나타나는 폭력성도 그러한가. 위에서 보았듯이 폭력성의 변형은 타자와의 관계 속에서 발생한다. 그럴 때 컴퓨터 게임에서 타자는 게임 서사에 등장하는 인물들이 될 것이다. 그들에게는 폭력성을 변형시키는 가장 강력한 매개인 수용성이 결여되어 있다. 그들은 폭력성에 대하여 동일한 폭력으로 반응하거나, 대

---

94) Ulanov, "Transformation of Human Destructiveness", 15.

95) Ulanov, "Transformation of Human Destructiveness".

96) Ulanov, "Transformation of Human Destructiveness", 16.

97) Ulanov, "Transformation of Human Destructiveness", 18.

98) Ulanov, "Transformation of Human Destructiveness", 22.

99) Ulanov, "Transformation of Human Destructiveness", 21.

응하지 않고 도피한다. 그리하여 폭력은 확대되거나 폭력을 행할 다른 대상을 찾아 나선다. 컴퓨터 게임에서 폭력은 순화되지 않고 오히려 증폭된다.

이와 같은 성격의 컴퓨터 게임 폭력성에 관해 기독교교육이 할 수 있는 일들 중 하나는 우선 우리 안의 폭력성 정체를 알리는 것이다. 심층심리학에서 말하는 인간 본성으로서의 폭력성은 건설적인 에너지로 전환되기 전의 일종 충동이라고 하더라도, 그래서 그것의 윤리적 성격에 대한 판단을 유보할 수밖에 없다고 할지라도, 긍정적이기보다는 오히려 부정적으로 작용하기가 더 쉽다는 점을 알리고, 우리 안의 그 충동적 에너지에 대한 경계의 시선을 거두지 말 것을 권해야 한다.

또한 인간 안의 폭력성이 의미 있는 타자와의 관계 안에서 건설적이고 긍정적이며 창의적인 에너지로 변형될 수 있다고 할 때, 기독교교육의 일차적 책임을 지고 있는 교사는 학생들의 폭력성에도 불구하고 진실하고 친밀한 자로서 그들의 앞에 서 있는 견고함을 소유해야 한다. 마치 우리가 하나님에게 온갖 비난을 퍼붓지만, 그 비난들에 대해 결코 자신을 방어하지 않는 하나님과 같이 말이다.[100] 교사의 이와 같은 견고함과 수용성은 학생들의 폭력성을 하나님을 파괴하는 것이 아니라 살아 계신 하나님과의 만남으로 인도하게 된다.[101]


## 5. 놀이와 배움을 통합하는 교육 방법

미하이 칙센트미하이(Mihaly Csikszentmihalyi)에 의하면 몰입은

---

100) Ulanov, "Transformation of Human Destructiveness", 18.
101) Ulanov, "Transformation of Human Destructiveness".

삶이 고양되는 순간이다. "그 순간에는 느끼는 것, 바라는 것, 생각하는 것이 하나로 어우러진다."102) 그것은 "삶이 고조되는 순간에 물 흐르듯 행동이 자연스럽게 이루어지는 느낌을 표현하는 말이다."103) 칙센트미하이에 의하면, "몰입을 낳는 활동은 대부분 명확한 목표, 정확한 규칙, 신속한 피드백(feedback)이라는 공통점을 갖는다."104)

> "우리는 적절한 대응을 요구하는 일련의 명확한 목표가 앞에 있을 때 몰입할 가능성이 높다. 체스 · 테니스 · 포커 같은 게임을 할 때 몰입하기 쉬운 이유는 목표와 규칙이 명확히 설정되어 있어 무엇을 어떻게 해야 하는지 고민하지 않고 참여할 수 있기 때문이다. ……
> 몰입활동의 또 하나의 특징은 되먹임, 곧 피드백의 효과가 빨리 나타난다는 것이다. 몰입활동은 작업이 얼마나 순조롭게 이루어지는지를 말해 준다. 우리는 체스를 두면서 말 하나를 움직일 때마다 형세가 유리해졌는지 불리해졌는지를 안다."105)

몰입은 일반적으로 여가활동 영역과 관련되어 언급된다. 그러나 여가활동에 따라서 그 몰입 정도가 다르다. 예를 들어 게임과 운동 · 취미 · 어울림 같은 능동적이고 사회적인 여가활동은 음악 감상 · 사색 · TV 시청 같은 고독하고 덜 체계적인 활동보다 몰입 강도가 높다.106) 우리가 위에서 언급했던 컴퓨터 게임은 수동적인 여가활동에

---

102) Mihaly Csikszentmihalyi, *Finding Flow: the Psychology of Engagement with Everyday Life*, 이희재 역, 『몰입의 즐거움』(서울: 해냄, 1999), 44–45.

103) Csikszentmihalyi, *Finding Flow*.

104) Csikszentmihalyi, *Finding Flow*, 90. 이는 사실 컴퓨터 게임에 몰입하게 되는 원인들과 유사하다. 컴퓨터 게임이 재미를 유발하는 요소는 환상, 확실한 목표, 지속적인 피드백, 목적 달성의 불확실성, 예측 불가능성, 우연성 등이다. Thomas W. Malone, "What Makes Computer Games Fun?", *Byte*(December 1981), 258–77.

105) Malone, "What Makes Computer Games Fun?", 45.

106) Malone, "What Makes Computer Games Fun?", 92. 각각의 여가 활동에서 경험하는 몰입 상태를 시간 백분율로 나타내면 다음과 같다.

든다고 볼 수 있다. "수동적으로 여가를 보내는 습성은 이전에 누적된 문제들의 결과이기도 하지만, 나중에는 문제의 원인으로 작용하여 삶의 질을 고양시킬 수 있는 새로운 가능성을 봉쇄하기에 이른다."107)

그럼에도 불구하고 우리는 컴퓨터 게임의 몰입 방식으로부터 게이머에게 미치는 그 강력한 효과를 잠재적 가능성으로 여겨서 적극적으로 교육에 응용하여야 한다고 본다. 이를 위해 기독교교육의 교수 방식을 몰입의 특성으로부터 가져와 분명한 목적 – 용이한 규칙 – 빠른 피드백의 순서로 전개시키는 실험을 해 볼 필요가 있다.

한편, 몰입은 과제와 실력이 균형을 이룰 때, 잘 나타난다.108) 다음의 <그림 1>이 이와 같은 내용을 보여 준다.109)

**여가 활동과 몰입 경험**

| 게임과 운동 | 44 |
|---|---|
| 취미 | 34 |
| 어울림 | 20 |
| 사색 | 19 |
| 음악 듣기 | 15 |
| TV 시청 | 13 |

출처: C. Bidwell, M. Csikszentmihalyi, L. Hedges, and B. Schneider, *Attidudes and Experiences of Workfor American Adolescents*(New York: Cambridge University Press, 1977).

107) Malone, "What Makes Computer Games Fun?", 93 – 94.
108) Malone, "What Makes Computer Games Fun?", 46.
109) F. Massimini and M. Carli, "The Systematic Assessment of Flow in Daily Experience", Mihaly Csilkszenmihalyi and Isabella S. Csilkszenmihalyi, eds., *Optimal Experience: Psychological Studies of Flow in Consciousness*(New York: Cambridge University Press, 1988); Mihaly Csilkszenmihalyi, *Flow: The Psychology of Optimal Experience*(New York: Harper and Row, 1990).

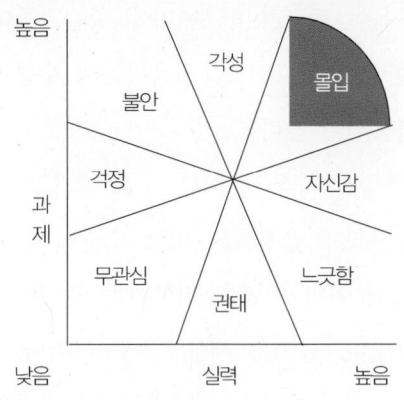

〈그림 1〉 과제와 실력의 함수 관계에 따른
경험의 질

위의 그림에서 볼 수 있듯이, "과제가 너무 힘겨우면 사람은 불안
과 두려움에 젖다가 제 풀에 포기하고 만다. 과제와 실력의 수준이
둘 다 낮으면 아무리 경험을 해도 미적지근할 뿐이다. 그러나 힘겨
운 과제가 수준 높은 실력과 결합하면 일상생활에서는 맛보기 어려
운 심도 있는 참여와 몰입이 이루어진다."110)

일반적으로 교육은 학습자의 발달 수준에 맞추어야 한다. 이때 '발
달 수준에 맞춘다'는 말은 맞는 말이지만 막상 그것을 어떻게 하느
냐에 대해서는 막연한 감이 있었다. 만약에 우리가 학습자의 수준,
즉 실력과 과제의 관계에 관한 위의 그림을 잘 이해한다면, 교육 내
용에 따라 적절한 이용이 가능할 것이다. 예를 들어, 중요한 성서의
진리를 깨닫게 해야 한다면 과제 수준을 학습자 수준보다 조금 높인
다면 '각성'이 가능할 것이다. 과제와 실력의 함수관계에 대한 이해
는 현재 수행되고 있는 교육활동에 대한 학습자들의 반응 원인을 파

---

110) Malone, "What Makes Computer Games Fun?", 46.

악하는 데도 도움이 될 것이다. 만약에 학습자들이 교육활동에 무관
심하거나 지루함을 느낀다면 그 교육활동의 수준이 낮고 학습자들의
수준도 낮을 가능성이 높다.

교육활동의 분명한 목적, 용이한 규칙 그리고 신속한 피드백과 더
불어 과제의 수준과 학습자들의 발달 수준의 함수관계에 대한 고려
는 결국 교육과 놀이의 통합을 지향하는 것이다. 우리는 흔히 배움
과 놀이를 구분한다. 놀이는 배움으로부터 떠나, 배움과는 상관없는
것으로 간주한다. 혹은 연속될 배움을 위한 잠간의 휴식으로 생각하
기도 한다. 전자의 경우 배움은 놀이와 무관하며, 후자의 경우 놀이
는 배움에 종속된다.111) 어느 경우든 놀이와 배움은 통합되어 있지
않다. 배움 자체가 놀이이고, 놀이가 배움일 수는 없을까. 배움과 놀
이가 통합되는 교육은 흥미를 유발하고 참여를 권장하는 교육 이상
이다. 이와 같은 과제의 달성을 위해 몰입의 특성은 그 가능성을 열
어 준다.


## IV. 나가는 글

우리는 이제까지 정보화사회에서 등장한 컴퓨터와 그로 인한 네트
워크 체제인 인터넷이라는 현실에서 발생한 여러 현상들 중에서 컴
퓨터 게임에 대해 적극적 차원에서 기독교교육적 함의들을 생각해

---

111) 놀이와 배움의 분리처럼 놀이와 일의 분리는 역사적으로 교묘하게 이용되어 온 통치 기술이
었다. 로마 제국의 원형경기장, 비잔틴 제국의 대규모 전차 경주, 마야인의 농구와 유사한
시합 그리고 오늘날의 스포츠나 연예 등이 그 예들이다. Malone, "What Makes
Computer Games Fun?", 94 - 95; Jürgen Moltmann, *Die ersten Freigelassenen
der Schöpfung*, 421 참조.

보았다. 앞에서 살펴본 바에 의하면 대부분의 컴퓨터 게임은 교육적 차원이 아닌 상업적 목적에 의해 제작되어 배포된다는 것이다. 이와 같은 게임들의 주 이용자는 청소년들인데, 특히 감수성이 예민한 연령층인 이들에게 컴퓨터 게임은 폭력적이고 선정적인 내용을 무차별하게 살포하고 있다. 게임 자체가 지닌 서사 구조나 실감 나는 그래픽과 음악 등에 압도되어 청소년들은 몰입 정도를 넘어 중독에 빠지기도 한다. 이처럼 컴퓨터 게임은 긍정적인 면보다 부정적인 면이 훨씬 더 두드러진다. 이와 같은 현실 속에서 기독교교육자인 우리는 컴퓨터 게임을 정죄하여 방치하는 입장에 설 수 있다. 그러나 방임은 다른 형태의 공조가 될 수도 있다. 컴퓨터 게임에 대한 기독교교육자의 다른 입장은 무엇이 사람들로 하여금 컴퓨터 게임에 열광하게 하는지 그 현실을 냉정한 시각에서 살펴보고, 그에 대처하고자 하는 자세일 것이다.

이와 같은 입장에서 컴퓨터 게임이 기독교교육에 대하여 시사하는 점들이 있다. 우선, 기독교교육의 목적 면에서 컴퓨터 게임의 끝이 자본주의의 물질관에 닿아 있다는 점으로부터 그 우상성을 폭로하는 교육이어야 한다는 점이다. 또한 오늘날의 학습자에 대한 이해는 전통적 접근을 거부하고 새로운 이해의 틀을 요구한다는 점이다. 앞으로의 기독교교육은 정보화시대라는 장을 전제로 한 학습자들에 대한 새로운 이해의 바탕 위에서 행해져야 할 것이다. 컴퓨터 게임의 폭력적 내용들은 인간 안에 근원적으로 깊이 뿌리내리고 있는 파괴성의 실상을 드러내 준다. 어찌 보면 컴퓨터 게임에 나타나는 폭력성은 인간 안의 파괴성을 형상화한 것이라고 볼 수 있다. 컴퓨터 게임은 우리의 폭력성을 반사하는 거울이다. 그럼에도 불구하고 기독교교육은 교사의 적절한 역할을 통하여 인간 안의 파괴성을 오히려 드러내어 극복함으로써 컴퓨터 게임의 폭력성을 포함한 인간의 본성적 파괴성을 창의성으로 변형시킬 수 있을 것이다. 마지막으로, 하나의 배움으로서의 기독교교육은 컴퓨터 게임 전략 중 하나인 몰입 방식을 새로운 의미로 해석하여 놀이와 배움을 하나로 통합시키는 과제를 맡을 수 있다. 그럴 경우 기독교교육은 전통적 방식이 줄 수 있는 근엄성으로부터 보다 시대에 적실해 보이는 즐거움의 교육이 될 수 있을 것이다. 컴퓨터 게임을 교육적 틀에서 본 내용들이 기독교교육에 대해 갖는 이와 같은 함의들은 앞으로의 연구에서 더욱 구체화시켜야 할 과제가 될 것이다.

컴퓨터 게임에 대해 기독교교육적으로 탐구한 이 연구는 정보화시대의 기독교교육 연구주제 선정에 대한 하나의 예가 될 수 있을 것이다. 기독교교육은 전통적으로 이미 있는 주제들에 대해 반복적으로 연구해 온 경향이 있다. 그와 같은 연구의 흐름은 학문으로서의 기독교교육학의 발전을 저해할 것이고, 정보화시대에 자리하고 있는 현장에서의 기독교교육 활동과는 괴리된 향수에 젖은 독백이 되기 쉽다. 오늘날의 시대는 변화를 예측하기 어려울 정도로 급격한 변동을 겪고 있다. 따라서 기독교교육은 이러한 시대에 교회와 교육에 영향을 미치는 새롭게 등장하는 주제들에 촉각을 세워야 하며 발빠르게 대응해야 할 것이다.

# 참고문헌

강성위. "모든 학문들의 과제로서의 평화". 그리스도교철학연구소 편. 『현대 사회와 평화』. 서울: 서광사, 1991.

강순원. "민족교육으로서의 평화교육의 위상과 방향". 김성재 편. 『평화교육과 민중교육』. 서울: 풀빛, 1990: 68 - 86.

강신철. 「한국 장로교회 내 장애아동 주일학교 도입과 활성화 방안 연구」. 석사학위논문. 서울: 총신대학교 대학원, 2003.

강창동. "Bourdieu의 장과 하비투스에 관한 교육적 논의". 「교육학연구」 34:1, 1996: 1 - 22.

계지영. 『현대설교학 개론』. 서울: 한국장로교출판사, 1998.

고용수. "교육목회와 지도력 개발". 「교회와 신학」31. 서울: 장로회신학대학교, 1997 여름: 43 - 59.

고원석. "아동지향적, 생동적, 변증법적: 마틴 랑의 '투아 레스 아기투어'의 성서교육법". 「기독교교육논총」13. 한국기독교교육학회, 2006: 131 - 70.

공지영. 『수도원 기행』. 김영사, 2001.

곽병선 편. 『한국의 교육과정』. 서울: 한국교육개발원, 1989.

권기헌. 『정보사회의 논리: 지식정보사회와 국가경영 논리』. 서울: 나남출판, 2000.

권병수. "온라인 게임과 텍스트 상호작용: [Warcraft2]와 [C&C]". 이재현 편. 『인터넷과 온라인 게임』. 서울: 커뮤니케이션북스, 2001: 202 - 70.

권용근. "한국교회 지도력 모형 개발에 관한 연구". 「신학과 목회」12.

영남신학대학교, 1998: 331‒42.

권용은·민병기. "평화교육의 이론과 실천에 대한 고찰".「인하교육학연구」창간호. 인하대학교 교육학연구회, 1988: 51‒68.

권준모. "아동들의 전자게임 사용실태와 태도".「논문집」12. 서울: 경희대학교 교육문제연구소, 1996: 13‒29.

_____. "미디어 폭력에 관한 이론과 연구 방법의 검토".「논문집」16. 경희대학교 교육문제연구소. 2000: 25‒36.

김광일·이근덕·정동철. "성에 대한 태도조사".「정신건강연구」1. 서울: 한양대학교 정신건강연구소, 1983.

김도일.『교육인가 신앙공동체인가?』. 서울: 한국장로교출판사, 1998.

김득중.『마태복음』. 성서교재간행사, 1987.

김만풍.『상담설교』. 서울: 크리스챤서적, 1995.

김명찬. "컴퓨터 게임, 사이버세대의 커뮤니케이션 1".「교육교회」301 (2002. 4): 54‒57.

김성은. "세계화와 자녀교육을 위한 의식개혁".「디다케」6. 부천: 서울신학대학교 기독교교육과 학생회, 1996: 69‒71.

김성재. "하느님 창조세계 회복을 위한 기독교교육". 한국기독교학회 편. 『창조의 보전과 한국신학』. 대한기독교서회, 1992: 282‒325.

_____.『분단현실과 기독교민중교육』. 서울: 한국신학연구소, 1988.

김수천. "서양의 교육과정사 연구: 삶과 교과의 관계를 중심으로". 강원대 교육연구소.「교육연구」3, 1993: 92‒107.

_____. "교육내용과 교육방법의 관계". 서울대학교 교육연구소 편.『교육학 대백과사전』. 춘천: 하우동설, 1998: 577‒84.

김승곤. "예수님의 영적 리더십에 관한 연구".「논문집」25. 안양: 성결대학교, 1996: 67‒84.

_____. "성경적 리더십의 권위에 관한 연구".「논문집」26. 안양: 성결대학교, 1997: 167‒83.

_____. "성경적 리더십의 의사소통".「성결신학연구」2. 안양: 성결대학교 성결신학연구소, 1997: 43‒58.

_____. "바울의 영적 리더십에 관한 연구".「논문집」27. 안양: 성결대학교, 1998: 225‒40.

김신일.『Durkheim 교육이론연구』. 서울: 교육과학사, 1987.

김영래. "대한성서공회『성경전서 새번역 컬러 일러스트레이션』활용의 인식론적 고찰: 문자 이해에서 이미지 경험으로".「성경원문연구」 17. 서울: 대한성서공회, 2005: 7 - 24.

김영찬.『생활 · 문화 · 교육』. 서울: 교육과학사, 1980.

김옥순. "지식정보사회음란물과 청소년".『인터넷중독 청소년에 대한 개입전략과 실천기법』. 서울: 복지와 사람들, 2001: 65 - 70.

김요섭. "교회 장애인 부서 교사들의 의식에 대한 조사".「기독교교육정보」16, 2007. 4: 167 - 80.

김윤주. "성서교육의 쇄신".「司牧」33, 1974. 5: 74 - 79.

_____. "소공동체와 성서 교육".「司牧」285, 2002. 10: 18 - 34.

김정래. "교육의 목적". 서울대학교 교육연구소 편.『敎育學 대백과사전』. 서울: 하우, 1998: 689 - 95.

_____. "교육의 목적". 서울대학교 교육연구소.『교육학 대백과사전』. 서울: 하우, 1998. 689 - 95.

김종윤. "성서교육에 있어서의 이데올로기 비평의 유용 및 한계".「기독교와 교육」12. 서울신학대학교 기독교교육연구소, 2004: 17 - 29.

김종철. "당신의 대학은 안녕하십니까?". ≪한겨레≫, 2005. 5. 20.

김창남. "청소년 문화와 대중음악". 한국청소년개발원 편.『청소년 문화론』, 서울: 서원, 1993: 171 - 85.

김창민. "정보화와 새로운 문화의 도래".「정보문화」36. 1996. 1/2: 33 - 35.

김창배.『21C 게임 패러다임』. 서울: 지원미디어, 1999.

김현택 외.『심리학: 인간의 이해』. 서울: 학지사, 1996.

김희배. "미래지향적 산업교육 시스템 개발을 위한 시론: Banathy의 신체제 설계론을 중심으로".「교육공학연구」9:1, 1994: 61 - 72.

김희자. "청소년과 장년을 위한 성경 교육방법의 새로운 방향".「기독교교육정보」8. 한국기독교교육정보학회, 2004: 275 - 92.

남은경. "성경을 어떻게 읽을 것인가?: 현대의 다양한 성경 읽기 방법과 그 적용".「기독교와 교육」12. 서울신학대학교 기독교교육연구소, 2004: 116 - 24.

류방란 · 정민승 · 이종태.「초중등학생의 사이버상에서의 상호작용양상

분석」. 교육인적자원부, 2002.

문동환. "한국의 미래 공동체와 교회". 「신학연구」제14집. 한신대학교
　　한신신학연구소, 1973: 45 - 62.

_____.『생명공동체와 기화교육』. 한국신학연구소, 1997.

민영진. "구약에서 본 샬롬". 대한예수교장로회총회교육부 편.『성숙한
　　교회와 평화교육』. 서울: 대한예수교장로회출판국, 1988: 21 - 30.

바나, 조지. "새로운 세대를 향한 설교 방법".「그 말씀」, 1998. 6: 48 -
　　52.

박경순. "목회자 연장교육의 현황과 개선 방향에 대하여: 기독교대한성
　　결교회를 중심으로".「신학과 선교」30. 부천: 서울신학대학교,
　　2004: 65 - 88.

_____. "기독교교육행정가로서 담임목사의 역할".「교수논총」16. 부천:
　　서울신학대학교, 2004: 143 - 64.

박상우.『게임. 세계를 혁명하는 힘』. 서울: 씨엔씨미디어, 2000.

박영철. "지역교회에서의 평신도 지도자 개발에 관한 연구".「복음과 실
　　천」9. 대전: 침례신학대학 출판부, 1986: 139 - 70.

박종석. "신앙공동체 형성을 위한 기독교교육체제로서의 설교: 청소년을
　　중심으로".「기독교교육정보」5. 한국기독교교육정보학회, 2002:
　　261 - 96.

_____. "성결교회의 교육목적". 한국성결교회연합회 교육분과 편.『‘성
　　결과 비전’ 교육과정』. 서울: 기독교대한성결교회 출판부, 2003:
　　25 - 32.

_____. "기독교교육 리더십은 무엇인가?: 구성 요소를 중심으로".「기
　　독교교육논총」11. 한국기독교교육학회, 2005: 199 - 236.

_____. "다시 성서로: 성서교육연구의 동향과 전망".「교수논총」18. 부
　　천: 서울신학대학교, 2006: 131 - 53.

_____. "성서교육의 내용 선정에 관한 연구".「복음과 교육」3. 한국복
　　음주의기독교교육학회, 2006: 249 - 82.

_____. "성서교육의 목적".「교수논총」19. 부천: 서울신학대학교, 2007:
　　121 - 43.

백은미. "흑인신학의 성서해석과 교육방법을 통해 본 한국성서교육의 과

제들". 「기독교교육논총」14. 한국기독교교육학회, 2007: 223 - 54.

사미자. "교회여성 지도력 개발의 실제". 『교회와 여성 자료집」, 1998.

서광선. 『한국기독교 정치신학의 전개』. 서울: 이화여자대학교 출판부, 1996.

서봉연. "자아정체감의 형성과 발달". 한국청소년개발원 편. 『청소년심리학』. 서울: 서원, 1993: 57 - 81.

서울YMCA. 「YMCA 청소년 상담실 8년 간 활동보고서」. 서울YMCA 청소년상담실, 1992. 서울대학교 사범대학 교육연구소 편. 『교육학대사전』. 서울: 배영사, 1975.

서울대학교교육연구소 편. 『교육학용어사전』. 춘천: 하우동설, 1994.

선순화. "생명파괴 현상에 직면한 생명신학의 방향모색". 「신학사상」 24:1, 1996 · 봄: 29 - 61.

손삼권. "성경 읽기의 차원에서 본 어린이 성경 번역". 「성경원문연구」 6. 서울: 대한성서공회, 2000: 88 - 104.

_____. "어린이 성경의 번역과 편집의 방향". 「성경원문연구」6. 서울: 대한성서공회, 2000: 134 - 47.

_____ · 박종석 · 홍순원. 『신앙교육이야기』. 서울: 만남과 나눔, 1993.

손영우. 『전문가, 그들만의 법칙: 삶을 바꾸는 전문성의 심리학』. 서울: 샘터, 2005.

손인수 · 정건영. 『교육철학 및 교육사』. 서울: 교육출판사, 2000.

송남순. "기독교평화교육의 이론과 실제". 대한예수교장로회총회교육부 편. 『성숙한 교회와 평화교육』. 서울: 대한예수교장로회출판국, 1988.

송순재. "기독교적 삶의 형성을 위한 '통전성' 문제". 한국기독교학회 편. 「한국기독교신학논총」22, 2001: 231 - 63.

송준만. "장애유아교육". 서울대학교 교육연구소 편. 『敎育學 대백과사전』. 서울: 도서출판하우, 1999: 2255 - 71.

신영철. "인터넷 중독 청소년의 임상과 진단". 『인터넷 중독 청소년에 대한 개입전략과 실천기법』. 서울: 복지와 사람들, 2001: 47 - 53.

신현기. "장애와 차별 극복을 위한 기독교교육". 「기독교교육정보」9, 2004. 10: 11 - 39.

심정택 외. "지금까지 나온 어린이 성경". 「성경원문연구」6. 서울: 대한 성서공회, 2000: 112 - 26.

안근조. "한국적 성서해석학과 성서교육". 「기독교교육정보」17. 한국기
　　독교교육정보학회, 2007: 215 - 47.

오덕호. 『하나님이냐 돈이냐?: 누구복음 16장의 문학·역사비평적 연구』.
　　천안: 한국신학연구소, 1998.

옥성일. "게임중독 청소년과 게임". 『인터넷중독 청소년에 대한 개입전
　　략과 실천기법』. 서울: 복지와 사람들, 2001.

유영만. "체제과학에 비추어 본 교육공학의 軌道離脫". 「교육공학연구」
　　13:2, 1997: 211 - 40.

윤응진. "평화통일교육의 실마리: 적대자상들의 해체". 「신학연구」33. 오
　　산: 한신대학교, 1992: 113 - 47.

_____. "생태학적 위기와 기독교교육적 과제". 「신학연구」34. 한신대학
　　신학부, 1993: 139 - 81.

_____. "정의, 평화, 창조질서의 보전(JPIC)과 신학교육". 『한국신학과
　　신학교육』. 전국신학대학협의회, 1994: 9 - 73.

_____. 『기독교 평화교육론』. 오산: 한신대학교출판부, 2001.

은준관. 『교육신학: 기독교교육의 이론적 근거』. 서울: 대한기독교서회,
　　1976.

_____. "한국교회와 성서교육". 김진홍 편. 『한국을 성서 위에: 두레농
　　민선교훈련원 개관기념 강연집』. 대구: 도서출판 두레마을. 1989:
　　87 - 143.

이계윤. 『장애인 선교의 이론과 실제』. 서울: 한국특수교육연구소, 1996.

이금만. "생명교육으로서의 민중교육론 전망". 「기독교교육논총」2. 한국
　　기독교교육학회, 1997: 382 - 433.

_____. 『발달심리와 신앙교육』. 크리스찬치유목회연구원, 2000.

_____. "성서기호학과 거룩한 독서를 접목한 통전적 성서교육". 「기독
　　교교육논총」15. 한국기독교교육학회, 2007: 25 - 59.

이금섭·배내윤·이민호. "목회자 양성 대학의 특수교육 관련 교과목
　　개설현황 조사". 「특수교육저널: 이론과 실천」6:4, 2005: 297 -
　　313.

이병진. 『새로운 교육의 패러다임 교육리더십』. 서울: 학지사, 2003.

이소현. "주일학교에서의 장애아 통합교육". 「정신지체인 주일학교 교유
　　　정책 세미나 자료」. 한국장애인사역연구소, 1999: 7 - 21.

이영숙. "성문제". 한국청소년개발원 편. 『청소년 문제론』. 서울: 서원,
　　　1993: 270 - 93.

이영호. "창조질서의 보전과 기독교교육". 한국기독교교육학회 편. 『기
　　　독교교육』. 대한기독교교육협회, 1992: 311 - 24.

이인숙, "신교육체제 설계를 위한 가치 규명의 모형에 관한 연구". 「교
　　　육공학 연구」11:1, 1995: 3 - 24.

이재현. "인터넷과 온라인 게임". 이재현 편저. 『인터넷과 온라인 게임』.
　　　서울: 커뮤니케이션북스, 2001: 16 - 54.

이정배. 『신학의 생명화 신학의 영성화』. 대한기독교서회, 1999.

이정효. "창조적 성경교육 방법에 관한 연구". 「복음과 교육」1. 한국복
　　　음주의기독교교육학회, 2004: 278 - 99.

이정효. 『현대 성서교육론: 이론과 실제』. 서울: 성광문화사, 1996.

이종각. 『교육학 논쟁』. 서울: 도서출판 하우, 1994.

이준모. "생태적 교육학의 철학적 기초". 「한신논문집」15:1. 한신대학교,
　　　1998: 185 - 224.

_____. "종교다원주의에서 종교생태학으로(1)". 「기독교사상」484, 1999.
　　　4: 106 - 16.

_____. "종교다원주의에서 종교생태학으로(2)". 「기독교사상」485, 1999.
　　　5: 128 - 49.

이행원. 『한국교육의 선택: 교육정책 현안과 현장 이슈의 대안모색』. 서
　　　울: 나남, 1992.

이혜영. "교과서와 이데올로기". 윤구병 편. 『교과서와 이데올로기』. 서
　　　울: 천지, 1988.

이회능. "교회지도자의 자기훈련과 자기개발". 「지성과 창조」2. 천안:
　　　나사렛대학교 출판사, 1999: 91 - 121.

_____. "장애인과 비장애인 통합교육에 관한 기독교적 접근". 「기독교
　　　교육정보」9, 2004: 113 - 51.

임동원. "어린이 성경 번역에 있어서 발췌 본문에 대한 연구". 「성경원
　　　문연구」6. 서울: 대한성서공회, 2000: 7 - 27.

장상호. "교육적 관계의 인식론적 의의". 「교육원리연구」1:1. 서울대학
　　교 교육원리연구회, 1996: 1 - 63.

_____.「학문과 교육」상. 서울: 서울대학교 출판부, 1997.

장성배. "21세기 목회자 리더십 계발 모형 연구". 「한국기독교 신학논총」
　　38. 한국기독교학회, 2005: 239 - 93 참조.

전광문. "청소년의 성문제 실태와 대책". 「청소년」38. 서울청소년지도육
　　성회, 1987. 6: 74 - 77.

전성연. "교육내용의 선정과 조직". 서울대학교 교육연구소 편.「교육학
　　대백과사전」. 춘천: 하우동설, 1998: 584 - 89.

정민승. "청소년의 인터넷 이용 실태와 문제점: 인터넷의 교육적 재편을
　　지향하며". 정보통신윤리위원회. 「사이버 공간의 윤리적 쟁점과
　　새로운 교육 패러다임」. 2002년도 정보통신윤리 학술행사.

정범모.「교육과 교육학」. 서울: 배영사, 1976.

정보통신윤리위원회. ≪인터넷의 사회심리학적 영향과 윤리적 대응≫.
　　제1차 정보통신윤리학술포럼 자료집. 2001.

정영근 외.「교육학적 사유를 여는 교육의 철학과 역사」. 서울: 문음사,
　　1999.

정웅섭. "그룹 리더십 고찰: 집단 역할 속의 교회지도자론(연재 Ⅰ ~ Ⅹ)".
　　「세계와 선교」18 - 23. 오산: 한신대학교, 1971. 6 ~ 1972. 10.

_____. "성서교육의 현대적 시점". 「신학연구」21. 오산: 한신대학교,
　　1979: 235 - 62.

_____. "성서교육에서의 Simulation". 「신학연구」23. 오산: 한신대학교,
　　1981: 199 - 224.

_____. "교회의 평화교육". 김성재 편.「평화교육과 민중교육」. 서울:
　　풀빛, 1990: 142 - 58.

정진곤. "현행 통일교육의 문제점과 개선방향". 김성재 편.「평화교육과
　　민중교육」. 서울: 풀빛, 1990: 87 - 109.

조경철.「마태복음」. 대한기독교서회, 1999.

조동일.「우리 학문의 길」, 서울: 지식산업사, 1994.

조혜정. "청소년의 성문화". 한국청소년개발원 편.「청소년 문화론」. 서
　　울: 서원, 1993: 78 - 96.

_____.『탈식민지 시대 지식인의 글읽기와 삶 읽기 1』. 서울: 또 하나
　　　의 문화, 1992.

주상지. "리더십 이론과 유형".「복음과 실천」19. 침례신학대학교, 1996:
　　　462－95.

_____. "리더십 효능성을 위한 동기여부의 원리".「복음과 실천」20.
　　　대전: 침례신학대학교, 1997 여름: 316－50.

_____. "리더십과 위임".「복음과 실천」22. 대전: 침례신학대학교, 1998
　　　여름: 309－40.

_____. "리더십과 결정".「복음과 실천」24. 대전: 침례신학대학교, 1999
　　　가을: 302－31.

_____. "교회 리더십과 임파우먼트".「복음과 실천」28. 대전: 침례신학
　　　대학교, 2001 가을: 229－49.

_____. "리더십과 멘토링".「복음과 실천」31. 대전: 침례신학대학교,
　　　2003 봄: 207－29.

주승중. "설교의 다양한 형식: 전기 설교(Biographical Preaching)1".「교
　　　육교회」. 장로회신학대학교 기독교교육연구원, 2001. 5: 36－41.

_____. "설교의 다양한 형식1".「교육교회」. 장로회신학대학교 기독교
　　　교육연구원, 2000. 3: 32－37.

_____. "설교의 다양한 형식5: 귀납법적인 설교".「교육교회」. 장로회
　　　신학대학교 기독교교육연구원, 2000. 7－8: 27－32.

최동수.『정보사회의 이해』. 서울: 법문사, 2001.

최성욱. "교과교육학 논의의 반성적 이해와 대안적 접근: 교육본위 교과
　　　교육학의 가능성 검토".「교육원리연구」1. 교육원리연구회, 1996:
　　　51－84.

최유찬.『컴퓨터 게임의 이해』. 서울: 문화과학사, 2002.

최창국. "몸과 기독교교육: 통전적 교육을 위한 유기체적 인식".「聖經
　　　과 神學」45. 한국복음주의신학회, 2008: 142－81.

최창섭. "대중매체와 청소년". 한국청소년개발원 편.『청소년 문화론』.
　　　서울: 서원, 1993: 150－70.

추병완.『정보 사회와 윤리』. 서울: 울력, 2002.

낸시 포어. "가상현실과 아이들".「녹색평론」28, 1996. 5～6: 63－64.

하영선. "현대의 평화 연구". 그리스도교철학연구소 편. 『현대사회와 평화』. 서울: 서광사, 1991: 193 – 211.

한국성서학연구소 편. 『한국교회 성경공부의 진단과 개선방안』. 서울: 장로회신학대학교 기독교교육연구원, 1992.

한미라. "생명윤리, 21세기 기독교교육의 화두". 「기독교사상」506, 2001. 2: 163 – 75.

_____. 『개신교 교회교육』. 서울: 대한기독교서회, 2005.

한숭홍. "21세기 교회가 요구하는 지도자상". 「교회와 신학」31. 서울: 장로회신학대학교, 1999 · 봄: 78 – 92.

한홍. "설교자를 위한 신세대의 상황 이해". 「그 말씀」66, 1998. 1: 153 – 61.

홍석정. "중고등부 주일 학교의 성서 교육". 「司牧」285, 2002. 10: 35 – 47.

홍순정 · 최석난 · 신은수. "평화교육 프로그램개발을 위한 기초연구 Ⅰ: 한국 어린이의 사회문화적 환경과 사회적 갈등이해에 대한 분석". 「한국영유아보육학회지」4, 1995: 69 – 102.

홍은숙. "Gardner의 '다중지능' 및 '이해를 위한 교수' 이론의 지식교육에의 시사점 연구". 「敎育哲學」28, 2002. 8: 249 – 69.

황상민. "온라인 문화를 바라보는 청소년과 부모의 시각차", 「청소년 온라인문화 바로 이해하기」청소년의 올바른 정보 이용을 위한 세미나 자료집(서울: 하늘사랑, 2000).

_____. "인터넷, 게임 중독의 심리와 이해". 대화문화네트워크 편. 『사이버공간의 윤리적 쟁점들』. 서울: 대화문화아카데미, 2001: 149 – 57.

平林久和 · 赤尾晃一. *The University of Computer Gaming World*. 에이케이 편집부 역. 『게임대학』. 서울: AK, 1996.


Allport, Gordon W. *The Individual and His Religion: A Psychological Interpretation*. New York: MacMillan, 1951.

Anderson, D. "Special Education as Reconciliation". *Journal of Education and Christian Belief* 7:1, 2003: 23 – 35.

Argyle, Michael, and Benjamin Beit‒Hallahmi. *The Social Psychology of Religion*. London and Boston: Routledge & Kegan Paul, 1975.

Atkinson, Harley. *Ministry with Youth in Crisis*. Birmingham, AL: Religious Education Press, 1997.

Babin, Pierre. *Dieu et L'adolescent*, Tr. David Gibson, *Faith and the Adolescent*. New York: Herder and Herder, 1965.

Backenroth, Ofra A. "Art and Rashi: A Portrait of a Bible Teacher". *Religious Education* 99:2, Spring 2004: 151‒66.

Bailey, Donald B. and R. A. McWilliam. "Normalizing Early Intervention". *Topics in Early Childhood Special Education* 10:2, 1990: 33‒47.

_____. and Mark Worley. *Teaching Infant and Preschoolers with Disabilities*. New York: MacMillan, 1992.

Bailey, Joyce Hyacinth Elaine. "Racial Consciousness and Christian Education: A Leadership Education Project for Adult Members of the Black Church in America". *Religious Education* 69:4, Jul.‒Aug. 1974: 475‒93.

Bainton, Roland H. *Christian Attitudes toward War and Peace*. 채수일 역. 『전쟁 · 평화 · 기독교』. 서울: 대한기독교출판사, 1981.

Ban, Joseph D. "Adolescents in Canadian Culture: Religious Development". *Religious Education* 81:2, Spring 1986: 225‒38.

Banathy, Bela H. "Instructional Systems Design". Gagné, Robert M. Ed. *Instructional Technology: Foundations*. Hillsdale, NJ: Lawrence Erlbaum Associates, Publishers, 1987.

_____. "Designing Educational Systems: Creating Our Future in a Changing World". *Educational Technology* 40, Nov. 1992: 41‒45.

_____. *Systems Design of Education: A Journey to Create the Future*. 이인숙 역. 『체제적 교육 설계』. 서울: 원미사, 1996.

Barber, Lucie W. "Gifted Children". Iris V. Cully and Kendig B.

Cully. Eds. *Harper's Encyclopedia of Religious Education*. San Francisco: Harper & Row, 1990: 266 - 67.

Barna, George. *The Power of Team Leadership: Achieving Success through Shared Responsibility*. 홍영기 역. 『팀 리더십 파워』. 서울: 청우, 2003.

Barrett, J. L., Richert, R. A. and Driesenga, A. "God's Beliefs Versus Mother's: The Development of Nonhuman Agent Concepts". *Child Development* 72:1, 2001: 50 - 65.

Bechtel, Carol M. "Teaching the 'Strange New World' of the Bible". *Interpretation* 56:4, Oct. 2002: 368 - 76.

Bechtel, Carol M. "Teaching the 'Strange New World' of the Bible". *Interpretation* 56:4, Oct. 2002: 368 - 77.

Benn, Stanley I. "Interests' in Politics". Proceedings of Aristotelian Society 60, 1959.

Bennett, T., D. Deluca, and R. Allen. "Religion and Children with Disabilities". *Journal of Religion and Health* 34:4, 1995: 301 - 12.

Bennis, Warren G. *On Becoming a Leader*. Reading, MA: Addison - Wesley, Pub. Co., 1989; Rev. ed. Cambridge, MA: Perseus Pub., 2003.

Benson, Peter L. and Eklin, Carolyn H. *Effective Christian Education: A National Study of Protestant Congregations - A Summary Report on Faith. Loyalty. and Congregational Life*. Minneapolis: Search Institute, 1990.

Berger, Peter L. *Pyramids of Sacrifice: Political Ethics and Social Change*. 유종해 역. 『제삼세계』. 서울: 삼성미술문화재단, 1983.

Bergmann, Wolfgang. *Computer machen Kinder schlau*. 조원규 역. 『상상력과 창의력을 키우는 컴퓨터 게임들』. 서울: 북라인, 2001.

Berle, Adolf A. *Power*. New York: Harcourt, Brace and World, Inc., 1969.

Bertalanffy, Ludwig von. *General Systems Theory*. 현승일 역. 『일반체

계이론』. 서울: 민음사, 1990.

Beversluis, Nicholas H. *Christian Philosophy of Education*. 최강석 역. 『기독교 교육철학』. 서울: 한국개혁주의신행협회, 1979.

Bickimer, David A. *Leadership in Religious Education: A Prehensive Model*. Birmingham, AL: Religious Education Press, 1989.

Bidwell, C. Csikszentmihalyi, M. Hedges, L. and Schneider, B. *Attidudes and Experiences of Work for American Adolescents*. New York: Cambridge University Press, 1977.

Blackledge, David and Hunt, Barry. *Sociological Interpretations of Education*. London: Croom Helm, 1985.

Blair, Christine E. *The Art of Teaching the Bible: A Practical Guide for Adults*. Louisville: Geneva Press, 2001.

Blake, Robert R. and Moulton, James S. *The Managerial Grid*. Houston, TX: Gulf Publishing Co., 1964.

Blauvelt Jr, Livingston. "Does the Bible Teach Lordship Salvation". *Bibliotheca Sacra* 143, Jan. – Mar. 1986: 37 – 45.

Bloom, Benjamin S. Et al. *Taxonomy of Educational Objectives. Handbook 1: Cognitive Domain*. New York: David McKay, 1965.

Bobbit, John F. *How to Make a Curriculum*. Boston: Houghton – Mifflin, 1924.

Borowitz, Eugene B. "Tzimtzum: A Mystic Model for Contemporary Leadership". *Religious Education* 69:6, Nov. – Dec. 1974: 687 – 700.

Bouchard, Charles E. O. P. "Recovering the Gifts of the Holy Spirit in Moral Theology". *Theological Studies* 63, 2002: 539 – 57.

Bourdieu, Pierre. "문화적 재생산과 사회적 재생산". 이류환 · 강순원 편. 『자본주의사회의 교육』. 서울: 창작과비평사, 1984: 100 – 131.

Boyd, Jeffrey H. "Biblical Psychology: A Creative Way to Apply the Whole Bible to Understanding Human Psychology". *Trinity Journal* 21:1, Spring 2000: 3 – 16.

Boys, Mary C. *Biblical Interpretation in Religious Education: A Study of the Kerygmatic Era.* Birmingham, AL: Religious Education Press. 1980.

_____. and Groome, Thomas H. "Principles and Pedagogy in Biblical Study". *Religious Education* 77:5, Sept. – Oct. 1982: 486 – 507.

Bracke, John M. and Tye, Karen B. *Teaching the Bible in the Church.* St Louis: Chalice Press, 2003.

Bratton, Susan P. "Teaching Environmental Ethics from a Theological Perspective". *Religious Education* 85:1, Winter 1990: 25 – 33.

Breeding, MaLesa., and Dana Hood. "Voices Unheard: Exploring the Spiritual Needs of Families of Children with Disabilities". *Christian Education Journal* 4:2, Fall 2007: 279 – 92.

_____, Dana Hood, and Jerry Whitworth. *Let All the Children Come to Me: A Practical Guide to Including Children with Disabilities in Your Church Ministries.* Colorado Springs, CO: Cook Communication Ministries, 2006.

Brennan, Patrick. *Re – Imagining the Parish.* New York: Crossroad, 1990.

Bronfenbrenner, Urie. *The Ecology of Human Development.* 이영 역. 『인간발달생태학』. 서울: 교육과학사, 1992.

Broudy, Harry S., Smith, B. Othanel, and Burnett, Joe R. *Democracy and Excellence in American Secondary Education: A Study in Curriculum Theory.* Chicago: Rand McNally, 1964.

Brown, Raymond E. *The Community of the Beloved Disciple.* New York: Paulist Press, 1979.

Brueggemann, Walter. *The Creative Word: Canon as a Model for Biblical Education.* 김도일 · 강성열 역. 『기독교 교육: 월터 브르거만의 창조적인 말씀을 통한』. 서울: 한들, 1999.

_____. "That the World may be Redescribed". *Interpretation* 56:4, Oct. 2002: 359 – 67.

Bruner, Jerome S. *The Process of Education.* 이홍우 역. 『교육의 과정』. 서울: 배영사, 1997.

Bryman, Alan. *Charisma and Leadership in Organization.* Newbury Park, CA: Sage Publications, 1992.

Buber, Martin. *Paths in Utopia.* New York: Collier Books, 1949.

Buchanan, Edward A. *Parent/Teacher Handbook 1: Teaching Your Children Everything They Need to Know about the Bible.* Nashville. TN: Broadman and Holman Publishers, 2004.

Buckley, Walter. *Sociology and Modern Systems Theory.* Englewood Cliffs, NJ: Prentice – Hall, Inc., 1967.

Bullmore, Michael A. "The Four Most Important Biblical Passages for a Christian Enviromentalism". *Trinity Journal* 19:2, Fall 1998: 139 – 62.

Burgess, H. W. *An Invitation to Religious Education.* 오태용 역. 『기독교 교육론』. 서울: 정경사, 1984.

Burns, James M. *Leadership.* New York: Harper Torchbooks, 1979.

Buysse, V., and D. B. Bailey. *Mainstreamed Versus Specialized Settings: Behavioral and Developmental Effects on Young Children with Handicaps.* Chapel, NC: University of North Carolina, 1991.

Caillois, Roger. *Les jeux et les hommes.* 이상률 역. 『놀이와 인간: 가면과 현기증』. 서울: 문예출판사, 1999.

Calian, Carnegie S. "Prayer and Higher Education". David W. Gill. Ed. *Should God Get Tenure?: Essays on Religion and Higher Education.* Grand Rapids, MI: Eerdmans, 1997: 171 – 78.

Capps, Donald. *Pastoral Counseling and Preaching.* 전요섭 역. 『목회 상담과 설교』. 서울: 솔로몬, 1996.

Card, Orson S. "Gameplay: Games with No Limits". *Compute.* March 1991: 58.

Carlgren, Frans. *Education Towards Freedom.* East Grinstead, England: Lanthorn Press, 1993.

Carson, Donald A. "The Purpose of the Fourth Gospel: John 20:31 Reconsidered". *Journal of Biblical Literature* 106, Dec. 1987: 639 – 51.

Cary, Joyce. *Art and Reality*. Garden City, New York: Doubleday, 1961.

Case, William F. "The Director of Religious Education". Taylor, Marvin J. Ed. *Religious Education: A Comprehensive Survey*. Nashville, TN: Abingdon, 1960: 259 – 69.

Casey, Michael. *Sacred Reading: The Ancient Art of Lectio Divina*. Liguori, MO: Triumph Books, 1996.

Caswell, Hollis L. and Campbell, Doak S. *Curriculum Development*. New York: American Book Company, 1935.

Chatman, Seymour B. *Story and Discourse: Narrative Structure in Fiction and Film*. Ithaca, NY: Cornell University Press, 1978.

Checkland, Peter. *Systems Thinking, Systems Practice*. New York: John Wiley and Sons, 1981.

Choun, Robert J. "Exceptional Persons". Michael J. Anthony. Ed. *Evangelical Dictionary of Christian Education*. Grand Rapids, MI: Baker Academic, 2001: 270 – 71.

Clark, Walter H. *The Psychology of Religion: An Introduction to Religious Experience and Behavior*. New York: The Macmillan Company, 1958.

Clarke, William F. "A Canadian Experiment in Leadership Education". *Religious Education* 51:2, Mar. – Apr. 1956: 94 – 96.

Coe, George A. *A Social Theory of Religious Education*. New York: Charles Scribner's Sons, 1921.

Coleman, John C. and Hendry, Leo. *The Nature of Adolescence*. 남승희 편역. 『청소년은 누구인가』. 서울: 서원, 1993.

Coles, Laurence W. "Study of the Differential Effects of Two Leadership Training Styles on United Methodist Adult Groups". *Religious Education* 69:4, Jul. – Aug. 1974.

Coll, Regina. "Power, Powerlessness and Empowerment". *Religious Education* 81:3, Summer 1986: 412 – 23.

Collins, B. C., A. Epstein, T. Reiss, and V. Lowe. "Including Children with Mental Retardation in the Religious Community". *Teaching Exceptional Children* 33:5, 2001: 52 – 58.

Colvin, Gerald F. "Why Leaders Lead When". *Religious Education* 66:5, Sept. – Oct. 1971: 380 – 84.

Conrad, Robert L. "A Hermeneutic for Christian Education". *Religious Education* 81:3, Summer 1986: 392 – 400.

Cook, Stephen L. "Teaching the Bible in a New Millennium". *Anglican Theological Review* 84:1, Winter 2002: 3 – 9.

Cope, Henry F. "Directors of Religious Education in Churches". *Religious Education* 10:5, October 1915: 444 – 47.

Copley, Terence. "Young People. Biblical Narrative and 'Theologizing': A UK Perspective". *Religious Education* 100:3, Summer 2005: 254 – 65.

Cormier, Jean. *Che Guevara.* 김미선 역. 『체 게바라 평전』. 서울: 실천문학, 2000.

Crawford, Chris. *Balance of Power*. Redmond, CA: Microsoft Press, 1986.

Csanyi, Daniel A. "Faith Development and the Age of Readiness for the Bible". *Religious Education* 77:5, Sept. – Oct. 1982: 518 – 24.

Csilkszenmihalyi, Mihaly. *Flow: The Psychology of Optimal Experience*. New York: Harper and Row, 1990.

_____. *Finding Flow: the Psychology of Engagement with Everyday Life*. 이희재 역. 『몰입의 즐거움』. 서울: 해냄, 1999.

Cully, Iris V. *Education for Spiritual Growth*. 오성춘 · 이기문 · 류영모 공역. 『영적 성장을 위한 교육』. 서울: 대한예수교장로회총회교육부, 1986.

_____. *Imparting the Word: The Bible in Christian Education*.

Philadelphia: Westminster Press, 1962.

_____. *The Bible in Christian Education*. 김도일 역. 『성경과 기독교교육』. 서울: 한국장로교출판사, 2004.

Cunningham, William G. and Gresso, Donn W. *Cultural Leadership: The Culture of Excellence in Education*. Massachusetts: Allyn & Bacon, 1993.

Dalton, Anne Marie. "Befriending an Estranged Home". *Religious Education* 85:1, Winter 1990: 15 - 24.

Darling, Harold. *Man in Triumph*. Grand Rapids, MI: Zondervan Publishing House, 1969.

Delbrel, Madeleine. *We, the Ordinary People of the Streets*. Grand Rapids, MI: Eerdmans, 2000.

Dewey, John. *Democracy and Education: An Introduction to the Philosophy of Education*. New York: Macmillan Co., 1916.

Downs, Perry G. "Faith Shaping: Bringing Youth to Spiritual Maturity". Benson, Warren S. and Senter, Mark H. Eds. *The Complete Book of Youth Ministry*. Chicago: Moody, 1987: 49 - 60.

Dweck, C. S. & Elliott, E. S.(1983). "Achievement motivation". Hetherington, E. Mavis and Mussen, Paul H. Eds. *Handbook of Child Psychology: Socialization, Personality, and Social Development*. New York: John Wiley & Sons, 1983: 643 - 92.

Eden, Dove. "Leadership and Expectations: Pygmalion Effects and Other Self - Fulfilling Prophecies in Management". *Leadership Quarterly* 3, 1992: 271 - 305.

Efird, James M. *How to Interpret the Bible*. Atlanta: John Knox Press, 1984.

Eileen, M. Rose "College Laboratory Experiences in Christian Leadership". *Religious Education* 51:2, Mar. - Apr. 1956: 97 - 101.

Elkind, David. "The Child's Conception of His Religious Domination: (1) The Jewish Child". *Journal of Genetic Psychology* 99, 1961: 649 - 59.

_____. "The Child's Conception of His Religious Domination: (2) The Catholic Child". *Journal of Genetic Psychology* 101, 1962: 185 - 93.

_____. "The Child's Conception of His Religious Domination: (3) The Protestant Child", Journal of Genetic Psychology 103, 1963: 291 - 304.

_____, Long, David, and Spilka, Bernard. "The Child's Conception of Prayer". *Journal for the Scientific Study of Religion* 6, 1967: 101 - 109.

Ellul, Jacques. *L'homme et l'argent.* 양명수 역. 『하나님이냐 돈이냐』. 안양: 도서출판 대장간, 1991.

Emler, Donald G. *Revisioning the DRE.* Birmingham, AL: Religious Education Press, 1989.

Erikson, Donald W. Felker. *Building Positive Self - Concepts.* 김기정 역. 『긍정적 자아 개념의 형성』. 서울: 문음사, 1987.

Erikson, Erik H. *Identity: Youth and Crisis.* New York: Norton, 1968.

_____. *Identity and the Life Cycle.* New York: Norton, 1980.

_____. *The Life Cycle Completed.* New York: Norton, 1982.

_____. Childhood and Society. 윤 진 · 김인경 공역. 『아동기와 사회: 인간발달 8단계 이론』. 서울: 중앙적성출판사, 1994.

Estes, Daniel J. Hear, *My Son: Teaching & Learning in Proverbs 1 ~ 9.* Grand Rapids, MI: Eerdmans, 1997.

Everist, Norma C., and Ima J. Kidd. "Exceptional Persons". Iris V. Cully and Kendig B. Cully. Eds. *Harper's Encyclopedia of Religious Education.* San Francisco: Harper & Row, 1990: 238 - 40.

Fahey, Joseph J. "Parameters, Principles and Dynamics of Peace Study". O'Hare, Padraic. Ed. *Education for Peace and Justice.* New York: Harper and Row, 1983: 172 - 85.

Fambrough, M. "Doing by Learning, Learning by Doing: Practitioner's Experience with Theory and Practice". Weisbord, Marvin R.

and 35 international co‐authors. *Discovering Common Ground: How Future Search Conferences Bring People Together to Achieve Breakthrough Innovation, Empowerment, Shared Vision, and Collaborative Action.* San Francisco, CA: Berrett‐Koehler, 1992: 345‐60.

Farley, Wendy. *Eros for the Other: Retaining Truth in a Pluralistic World.* University Park, PA: The Pennsylvania State University Press, 1996.

Farmer, Kathleen A. and Dalton, Russell W. "Using Multimedia Resources in Teaching the Bible". *Interpretation* 56:4, Oct. 2002: 387‐97.

Fenwick, Tara J. "Gifted Children". Michael J. Anthony. Ed. *Evangelical Dictionary of Christian Education.* Grand Rapids, MI: Baker Academic, 2001: 313‐14.

Fewell, Danna N. and Gunn, David H. "Narrative, Hebrew". Freedman, David N. Ed. *The Anchor Bible Dictionary* 4. New York: Doubleday, 1992.

Fiedler, Fred E. *A Theory of Leadership Effectiveness.* New York: McGraw‐Hill, 1963.

Fleischer, Barbara J. "A Theological Method for Adult Education Rooted in the Works of Tracy and Lonergan". *Religious Education* 95:1, Winter 2000: 23‐37.

_____. "From Individual to Corporate Praxis: A Systemic Re‐Imagining of Religious Education", *Religious Education* 99:3, Summer 2004: 316‐33.

Forest, James H. and Jim Forest. *Love is the Measure: A Biography of Dorothy Day.* 유영난 역. 『잣대는 사랑: 도로시 데이 전기』. 왜관: 분도출판사, 1991.

Foster, Virgil E. "Leadership Education". *International Journal of Religious Education* 38, Summer 1961: 4‐12.

Fowler, James W. "Toward a Developmental Perspective on Faith".

*Religious Education* 69. 1974: 207 ‑ 19.

_____. "Faith and the Structuring of Meaning". Brusselmans, Christiane. Ed. *Toward Moral and Religious Maturity*. Morristown, NJ: Silver Burdert Company, 1980.

_____. *Stages of Faith: The Psychology of Human Development and the Quest for Meaning*. 사미자 역. 『신앙의 발달단계』. 서울: 한국장로교출판사, 1987.

_____. "Stages in Faith Consciousness". *New Directions for Child Development* 52, 1991: 27 ‑ 45.

Francis, Leslie J. "The Relationship between Bible Reading and Attitude toward Substance Use among 13 ‑ 15 Year Olds". *Religious Education* 97:1, Winter 2002: 44 ‑ 60.

Freire, Paulo. *Pedagogy of the Oppressed*. Middlesex: Penguin Education, 1972.

_____. *Education for Critical Consciousness*. 『교육과 의식화』. 채광석 역. 서울: 중원 문화사, 1978.

_____. Et. al. 김쾌상 외 역. 『민중교육론: 제3세계의 시각』. 서울: 한길사, 1979.

_____. *The Politics of Education: Culture, Power and Libertion*. 한준상 역. 『교육과 정치의식: 문화, 권력 그리고 해방』. 서울: 학민사, 1986.

Friedman, Ted. "컴퓨터 게임과 텍스트 상호작용". 이재현 편저. 『인터넷과 온라인 게임』. 서울: 커뮤니케이션북스, 2001: 55 ‑ 85.

Friemelt, Angar and Oser, Fritz. *Den Frieden Lernen: Christentum und Wissenschaft auf der Suche nach Frieden*. 김종민 편역. 『평화추구』. 왜관: 분도출판사, 1987.

Frykberg, Elizabeth A. "Transforming Bible Study Transformed". *Religious Education* 88:2, Spring 1993: 182 ‑ 89.

Fuller, Reginald H. "Jesus Christ as Savior in the New Testament". *Interpretation* 35:2, April 1981: 145 ‑ 56.

Funk, Mary M. "The DRE Parishes Serious about Total Religious

Education". Harris, Maria. Ed. *The D.R.E. Reader: A Sourcebook in Education and Ministry*. Winona, MN: Saint Mary's Press, 1980: 18 – 21.

Furnish, Dorothy J. *DRE/DCE: The History of a Profession*. Nashville: Christian Educators Fellowship of the United Methodist Church, 1976.

_____. "The Profession of Director or Minister of Christian Education in Protestant Churches". Taylor, Marvin J. Ed. *Changing Patterns of Religious Education*. Nashville, TN: Abingdon Press, 1984: 193 – 204.

Gaeddert, Barry K. "Classroom Research in Church and Synagogue: How Lay Volunteers Can Practice the Scholarship of Teaching". *Religious Education* 97:4, Fall 2002: 335 – 41.

Galtung, Johan. *Peace by Peaceful Means*. 이재봉 외 역.『평화적 수단에 의한 평화』. 서울: 들녘, 2000.

Gangel, Thomas O. *Leadership for Church Education*. 권명달 역.『교회교육의 리더십』. 서울: 보이스사, 1991.

Gatto, John. *Dumbing Us Down: The Hidden Curriculum of Compulsory Schooling*. 김기협 역.『바보 만들기: 의무 교육. 무엇이 문제인가』. 서울: 푸른나무, 1994.

Gilligan, Carol. *In a Different Voice: Psychological Theory and Women's Development*. 허란주 역.『다른 목소리로: 심리이론과 여성의 발달』. 서울: 동녘, 1997.

Gini, Al. "Moral leadership: An overview". *Journal of Business Ethics* 16:3, Feb. 1997: 324 – 30.

Girard, René. *I See Satan Fall Like Lightening*. Maryknoll, NY: Orbis Books, 2001.

Giroux, Henry A. *The Mouse That Roared: Disney and the End of Innocence*. 성기완 역.『디즈니 순수함과 거짓말』. 서울: 아침이슬, 2001.

Gold, Penny S. *Making the Bible Modern: Children's Bibles and Jewish*

*Education in Twentieth — Century America.* Ithaca: Cornell University Press, 2003.

Goldman, Ronald. *Religious Thinking from Childhood to Adolescence.* London: Routledge and Kegan Paul; New York: The Seabury Press, 1964.

_____. *Readiness for Religion: A Basis for Developmental Religious Education.* New York: Seabury Press, 1974.

Gopnik, Alison. and Wellman, H. M. "The Theory Theory", Lawrence A. Hirschfeld, Ed. *Mapping the Mind: Domain specificity in Cognition and Culture.* New York: Cambridge University Press, 1994.

_____. Meltzoff, Andrew N. and Kuhl, Patricia K. *The Scientist in the Crib: Minds, Brains, and How Children Learn.* New York: William Morrow, 1999.

Gottlieb, Eli. "Development of Religious Thinking". *Religious Education* 101:2, Spring 2006: 242 – 60.

Goulet, G. and Dolbec, A. "The Designing Community: A Learning Community", Paper presented at the third annual conference on Comprehensive Design of Education organized by the International Systems Institute. Monterey, CA, December 1991.

Grasby, Paul M. "Evidence for Striatal Dopamine Release during a Video Game". *Nature Ref* 393, 1998: 266 – 8.

Graybill, Daniel. Kirsch, Janis R. and Esselman, Edward E. "Effects of Playing Violent versus Nonviolent Videogames on the Aggressive Ideation of Aggressive and Nonaggressive Children". *Child Study Journal* 15:3, 1985: 199 – 205.

Griffiths, Mark. "Psychology of Computer Use: XLⅢ. Some Comments on 'Addictive Use of the Internet' by Young". *Psychological Reports* 80:1, February 1997: 81 – 82.

Groeschel, Benedict J. *Spiritual Passages: The Psychology of Spiritual Development.* 김동철 역. 『심리학과 영성』. 서울: 성바오로, 1999.

Groome, Thomas H. *Christian Religious Education: Sharing Our Story and Vision.* 이기문 역. 『기독교적 종교교육』. 서울: 대한예수교장로회총회교육부, 1980.

_____. *Sharing Faith: A Comprehensive Approach to Religious Education and Pastoral Ministry.* San Francisco: Harper Collins, 1991.

Guinness, Os. *In Two Minds.* Downers Grove, IL: Inter Varsity, 1976.

Guralnick, Michael J. "Social Competence and Early Intervention". *Journal of Early Intervention* 14, 1990: 3 – 14.

_____. and J. M. Groom. "The Peer Relations of Mildly Delayed and Nonhandicapped Preschool Children in Mainstreamedplay Groups". *Child Development* 58, 1987: 1556 – 72.

Gwynn, Price H. *Leadership Education in the Local Church.* Philadelphia: Westminster Press, 1952.

Hahn, Meerha. "A Shared Praxis Approach to Feminist Bible Study". *Journal of Christian Education & Information Technology* 1, 2000: 116 – 38.

Hall, A. D. and R. E. Fagen, "Definition of a System". Buckley, Walter, and Rapport, Anatol. Eds. *Modern Systems Research for the Behavioral Scientists.* Chicago: Aldine Publishing Company, 1968: 81 – 92.

Halpin, Andrew W. and B. J. Winer. *The Leadership Behavior of the Airplane Commander.* Washington D.C.: Human Resources Research Laboratories, Department of the Air Force, 1952.

Haraway, Donna. "Manifest for Cyborgs: Science, Technology, and Social Feminism in the 1980s". *Socialist Review* 80, 1985: 65 – 108.

Harris, Maria. *The D.R.E. Book: Questions and Strategies for Parish Personnel.* New York: Paulist Press, 1976.

_____. Ed. *The DRE Reader: A Sourcebook in Education and Ministry*. Winona, MN: Saint Mary's Press, 1980.

_____. *Portrait of Youth Ministry*. New York: Paulist, 1981.

_____. "U.S. Directors of Religious Education in Roman Catholic Parishes". Taylor, Marvin J. Ed. *Changing Patterns of Religious Education*. Nashville, TN: Abingdon Press, 1984: 205 – 14.

_____. and Gabriel Moran. *Reshaping Religious Education: Conversations on Contemporary Practice*. Louisville, KY: Westminster John Knox Press, 1998.

Harrison, Tilden. "Training Methods for Improving Group Leadership". *Religious Education* 47:6, Nov. – Dec. 1952: 387 – 92.

Hawkins, Thomas R. *The Learning Congregation: A New Vision of Leadership*. Louisville, KY: Westminster/John Knox, 1997.

Heiler, Friedrich. *Prayer: A Study in the History and Psychology of Religion*. New York: Oxford University Press, 1932.

Henderlite, Rachel. *Forgiveness and Hope: A Theological Basis for Christian Education*. Richmond, VA: Knox, 1961.

Herrington, Jim. Bonem, Mike and Furr, James H. *Leading Congregational Change: A Practical Guide for the Transformational Journey*. Workbook. San Francisco: Jossey – Bass, 2000.

Hersey, Paul, and Blanchard, Kenneth H. *Management of Organizational Behavior: Utilizing Human Resources*. 6th Ed. Englewood Cliffs, NJ: Prentice Hall, 1993.

Hess, Ernest. "Practical Biblical Interpretation". *Religious Education* 88:2, Spring 1993: 190 – 210.

Hilty, Karl. *Für schlaflose Nächte: von der Kraft. die aus der Stille kommt*. 송영택 역. 『잠 못 이루는 이 밤을 위하여』. 서울: 휘문출판사, 1962.

Hinson, E. Glenn. "Prayer". Cully, Iris V. and Cully, Kendig B. Eds. *Harper's Encyclopedia of Religious Education*. San Francisco:

Harper & Row, 1990: 494 - 97.

Hirst, Paul H. "Liberal Education and the Nature of Knowledge". Archambault, Reginald D. Ed. *Philosophical Analysis and Education*. London: Routledge and Kegan Paul, 1965: 113 - 40.

_____. "The Contribution of Philosophy to the Study of Curriculum". Kerr, John F. Ed. *Changing the Curriculum*. London: University of London Press, 1968.

Hodgson, Peter C. *God's Wisdom: Toward a Theology of Education*. Louisville, KY: Westminster John Knox Press, 1999.

Hollander, Edwin P. *Leadership Dynamics: A Practical Guide to Effective Relationships*. New York: The Free Press, 1978.

Holtz, Barry. *Textual Knowledge: Teaching the Bible in Theory and Practice*. New York: Jewish Theological Seminary of America, 2003.

Holzer, Elie. "Conceptions of the Study of Jewish Texts in Teachers' Professional Development". *Religious Education* 97:4, Fall 2002: 377 - 403.

House, R. J. "A Path - Goal Theory of Leadership Effectiveness". *Administrative Science Quarterly* 16:3, 1971: 321 - 38.

Huebner, Dwayne. "Curricular Language and Classroom Meanings". James B. McDonald and Robert R. Leeper. Ed. *Language and Meaning: Papers*. Washington: Association for Supervision and Curriculum Development, NEA 1966.

Huizinga, Johan. *Homo ludens: A Study of the Play - Element in Culture*. 김윤수 역. 『호모 루덴스: 놀이와 문화에 관한 한 연구』. 서울: 까치, 1994.

Husson, William. "A Practical Model for Adult Bible Learning". *Religious Education* 77, Sept. - Oct. 1982: 534 - 39.

Hyman, R. *Approaches in Curriculum*. New Jersey: Prentice - Hall, 1973.

Idalovichi, Israel. "Should Bible Studies Remain in Israeli Public Schools? Teachers' Attitudes towards Bible Teaching as a Mandatory Subject". *Religious Education* 98:2, Spring 2003: 155 – 79.

Inhelder, Barbel, and Piaget, Jean. *The Growth of Logical Thinking from Childhood to Adolescence: An Essay on the Construction of Formal Operational Stuctures*. New York: Basic Books, 1958.

Isaacson, N. and Bamburg, J. "Can Schools Become Learning Organizations?". *Educational Leadership* 50:3, Nov. 1992: 42 – 44.

Jacob, Walter. "Pursuing Justice and Peace: Why is It so Difficult". *Religious Education* 78:4, Fall 1983: 487 – 90.

James M. Lee. "The Bible and Religious Education: Educational Guidelines". Marino, Joseph S. Ed. *Biblical Themes in Religious Education*. Birmingham, AL: Religious Education Press, 1983: 1 – 61.

Jarrell, Jane C. and Saathoff, Deborah. *Incredible Edible Bible Story Fun for Preschoolers*. Loveland, CO: Group Publishing, 1999.

Johnson, Bob I. "Lay Religious Education Leadership and the Planning Process: Volunteers". Nancy T. Foltz. Ed. *Religious Education in the Small Membership Church*. Birmingham, AL: Religious Education Press, 1990: 138 – 63.

Johnson, Luke T. "The New Testament and the Examined Life: Thoughts on Teaching". *The Christian Century* 112:4, Feb. 1. 1995: 108 – 11.

Johnson, Paul E. *Psychology of Religion*. 김관석 역. 『종교심리학』. 서울: 대한기독교서회, 1964.

Johnston, S. Naylor. "In the Name of Jesus: Reflections on Christian Leadership". *Religious Education* 85:3, Summer 1990: 482 – 83.

Jordan, Alison. "Stuart Kelman, The Rabbinic Leader and the Volunteer

Leader". *Religious Education* 97:4, Fall 2002: 322‒34.

Kaiser, Otto. and Kümmel, Werner G. *Exegetical Method: A Student's Handbook.* New York: The Seabury Press, 1981.

Kasperek, David D. "Redefining the Catechist's Role in Parish Ministry". Harris, Maria. *The D.R.E. Book: Questions and Strategies for Parish Personnel.* New York: Paulist Press, 1976: 26‒33.

Kaufman, R. M. "A Holistic Planning Model: A Systems Approach for Improving Organizational Effectiveness and Impact". *Performance and Instructional Journal* 22:8, 1983: 1‒15.

Kazdin, Alan E. *Behavior Modification in Applied Settings.* Homewood, IL: Dorsey Press, 1975.

Keating, Thomas. *Open Mind, Open Heart: The Contemplative Dimension of the Gospel.* New York: Continuum. 1992.

_____. *Intimacy with God.* New York: Crossroad. 1994.

_____. *Fruits and Gifts of the Spirit.* New York: Lantern, 2000.

Keely, Barbara A. "Teaching the Bible in Our Churches". *The Clergy Journal* 77:6, Apr. 2001: 33‒34.

Kelly, Francis. *The Vocation and Spirituality of the DRE.* Washington D.C.: NCEA, 1980.

Kemp, Jerrold E. *The Instructional Design Process.* New York: Harper & Row, Publishers, 1985.

Kennedy, William B. "Pursuing Justice and Peace: A Challenge to Religious Education". *Religious Education* 78:4, Fall 1983: 467‒76.

_____. "Education for a Just and Peaceful World". *Religious Education* 79:4, Fall 1984: 550‒57.

Kittel, Gerhard, and Friedrich, Gerhard. *Theological Dictionary of the New Testament.* 번역위원회. 『신약성서 신학사전』. 서울: 요단출판사, 1986.

Knowlton, Dave S. and Shaffer, Suzanne C. "Shifting toward a Constructivist Philosophy for Teaching Biblical Principles in K

‒ 12 Christian Schools". *Christian Education Journal* 1:3, Fall 2004: 116 ‒ 29.

Kohlberg, Lawrence. "From Is to Ought: How to Commit the Naturalistic Fallacy and Get Away with it in the Study of Moral Development". Mischel, Theodore. Ed. *Cognitive Development and Epistemology*. New York: Academic Press, 1971.

Koller, Richelle P. "A Team Dreams". Harris, Maria. Ed. *The DRE Reader: A Sourcebook in Education and Ministry*. Winona, MN: Saint Mary's Press, 1980: 142 ‒ 45.

Kracke, Waud H. *Force and Persuation: Leadership in an Amazonian Society*. Chicago: University of Chicago Press, 1978.

Kroehler, Allen E. "Christian Leadership and Exceptional Persons". *International Journal of Religious Education* 41, Fall 1965: 20 ‒ 39.

Landy, Francis. "Do We Want Our Children to Read This Book?". *Semeia* 77, 1997: 157 ‒ 86.

Lawrence, Brother. *The Practice of the Presence of God*. 윤종석 역. 『하나님의 임재연습』. 서울: 두란노서원. 1991.

Lawson, Kevin E. "A Band of Sisters: The Impact of Long ‒ Term Small Group Participation: Forty Years in a Women's Prayer and Bible Study Group". *Religious Education* 101:2, Spring 2006: 180 ‒ 203.

Lee, In ‒ Sook. "A Conceptual Model for Systemic and School Restructuring: Intersection of Systemic, Historical, and Futuristic Perspectives". Peeno, L. P. Ed. *Proceedings of the 36th Annual Meeting of International Society for the Systems Sciences*. Denver, CO., 1992: 596 ‒ 608.

_____. "Identifying Values: The Front ‒ end of Systemic School Restructuring". ERIC Document Reproduction Service No. 373 ‒ 731, 1994.

_____. "Exploration of the Significance of Values in the

Design of Educational Systems". *Systems Practice* 8:3, 1995: 263 − 76.

Lee, James M. "Religious Education and the Bible: A Religious Educationist's View". Marino, Joseph S. Ed. *Biblical Themes in Religious Education.* Birmingham, AL: Religious Education Press, 1983: 1 − 61.

Legg, Pamela M. "Contemporary Films and Religious Exploration: An Opportunity for Religious Education. Part Ⅱ: How to Engage in Conversation with Film". *Religious Education* 92:1, Winter 1997: 120 − 32.

_____. "Understanding Bible Study Curricula: Theology, Hermeneutics, and Education in the Congregation". *Interpretation* 56:4, Oct. 2002: 398 − 409.

Lewin, Kurt. *A Dynamic Theory of Personality: Selected Papers.* New York, London: McGraw − Hill Book Company, inc., 1935.

Lieberman, A., Zuckerman, D. Wilkie, A. Smith, E. Barinas, N. and Hergert, L. *Early Lessons in Restructuring Schools: Case Studies of Schools of Tomorrow ⋯⋯ Today.* New York: Columbia University, National Center for Restructuring Education, Schools and Teaching. ERIC Document Reproduction Service No.ED 339 − 113, 1991.

Lines, Timothy A. *Systemic Religious Education.* Birmingham, AL: Religious Education Press, 1987.

_____. Functional Images of the Religious Educator. Birmingham, AL: Religious Education Press, 1992.

Link, Mark S. J. and Richards, Lawrence. "The Teacher as Interpreter of the Bible". *Religious Education* 77:5, Sept. − Oct. 1982: 508 − 17.

Lipetz, Laila. "Torah Literacy in the Elementary School Classroom". *Religious Education* 99:2, Spring 2004: 185 − 98.

Little, Lawrence C. "Leadership Resources and Training". *Religious*

*Education* 49:2, Mar. – Apr. 1954: 164 – 68.

Little, Sara. *The Role of the Bible in Contemporary Christian Education.* Virginia: John Knox Press, 1961.

Littlejohn, Stephen W. and Gray, Roberta. *Learning and Using Communication Theories.* Belmont: Wadsworth Publishing Company, 1999.

Loder, James E. *The Transforming Moment: Understanding Convictional Experiences.* 이기춘 · 김성민 공역. 『삶이 변형되는 순간: 확신 체험에 관한 이해』. 서울: 한국신학연구소, 1988.

_____. *The Logic of the Spirit: Human Development in Theological Perspective.* 유명복 역. 『신학적 관점에서 본 인간 발달: 영의 논리』. 서울: 기독교문서선교회, 2006.

Lorde, Audre. *Sister Outsider: Essays and Speeches.* New York: Crossing Press, 1984.

Lowry, Eugene L. *The Homiletical Plot: The Sermon as Narrative Form.* 이연길 역. 『이야기식 설교 구성』. 서울: 한국장로교출판 사, 1996.

Lynn, Monty L. "Ora et Labora: The Practice of Prayerful Teaching". *Christian Education Journal,* Fall 2004: 43 – 62.

Magrassi, Mariano. *Praying the Bible: An Introduction to Lectio Divina.* Collegeville, MN: Liturgical Press. 1998.

Malone, Thomas W. "What Makes Computer Games Fun?". *Byte,* December 1981: 258 – 77.

Manz, Charles C. and Sims, Henry P. Jr. *Superleadership: Leading Others to Lead Themselves.* New York: Berkley Books, 1989.

Marcia, James E. "Development and validation of ego identity status". *Journal of Personality and Social Psychology* 3, 1966: 551 – 58.

Marino, Joseph S. Ed. *Biblical Themes in Religious Education.* Birmingham, AL: Religious Education Press, 1983.

Mary Alice Douty Edwards. "Motivations for Christian Leadership".

*International Journal of Religious Education* 44, Dec. 1967: 14 − 35.

Maslovaty, Nava. "Teacher Perceptions of the Ideal High School Student in the State Religious Subsystem in Israel as Influenced by Teacher Profil". *Religious Education* 97:4, Fall 2002: 357 − 76.

Maslow, Abraham. *Motivation and Personality*. 2nd Ed. San Francisco: Harper & Row, 1970.

Massimini, F. and Carli, M. "The Systematic Assessment of Flow in Daily Experience". Csilkszenmihalyi, Mihaly and Csilkszenmihalyi, Isabella S. Eds. *Optimal Experience: Psychological Studies of Flow in Consciousness*. New York: Cambridge University Press, 1988.

Maturana, Humberto R. and Varela, Francisco J. *Der biologischen Wurzeln des menschlichen Erkennens*. 최호영 역.『인식의 나무: 인식활동의 생물학적 뿌리』. 서울: 자작아카데미, 1995.

Maugham, Somerset. *The Ten Novels and Their Authors*. 홍사중 역.『세계 10대 소설과 작가』(상) 삼성문화문고 41. 서울: 삼성문화 재단, 1973.

Maxwell, Dennis D. "Group Bible Study and Faith Maturity in Older Adults". *Religious Education* 93:4, Fall 1998: 403 − 12.

May, Scottie. "A Look at the Effects of Extrinsic Motivation on the Internalization of Biblical Truth". *Christian Education Journal* 7:1, Spring 2003: 47 − 65.

McDonald, Colleen M. "Leadership in Religious Education". *Religious Education* 87:4, Fall 1992: 635 − 37.

McKibben, Frank M. *Guiding Workers in Christian Education*. Nashville: Abingdon Press, 1953.

Meehan, Christopher. "Catholic Schools in Contention: Competing Metaphors and Leadership Implications". *British Journal of Religious Education* 23:1, Autumn 2000: 65 − 67.

Meek, Esther L. *Longing to Know: The Philosophy of Knowledge for Ordinary People*. Grand Rapids, MI: Brazos Press, 2003.

Meissner, William W. *Psychoanalysis and Religious Experience*. New Haven and London: Yale University Press, 1984..

Melchert, Charles F. *Wise Teaching, Biblical Wisdom and Educational Ministry*. 송남순 역. 『지혜를 위한 교육』. 서울: 한국장로교출판사, 2002.

Mercer, Joyce A. "Teaching the Bible in Congregations: A Congregational Studies Pedagogy for Contextual Education". *Religious Education* 100:3, Summer 2005: 280 – 95.

Metzger, Bruce M. and Coogan, Michael D. *The Oxford Companion to the Bible*. New York: Oxford University Press, 1993.

Michael, D. *Information Technology: Some Critical Implication for Decision Makers*. New York: The Conference Board, 1972.

Miller, James G. *Living Systems*. New York: McGraw – Hill, 1978.

Miller, Randolph C. *Biblical Theology and Christian Education*. New York: Charles Scribner's Sons, 1956.

_____. "Religion Teacher Today". *Religious Education* 69:6, Nov. – Dec. 1974: 643 – 700.

Mohman, Allan M. and Cummings, Thomas G. *Large –Scale Organizational Change*. San Francisco: Jossey – Bass, 1989.

Moltmann, Jürgen. *Das Experiment Hoffnung und Politik*. 전경연 역. 『희망의 실험과 정치』. 서울: 종로서적, 1985.

_____. *Die ersten Freigelassenen der Schöpfung*. 손규태 역. 『놀이의 신학』. 서울: 신태양사, 1985.

_____. *Gott in der Schöpfung: Ökologische Schöpfungslehre*. 김균진 역. 『창조 안에 계신 하나님』. 천안: 한국신학연구소, 1991.

Monette, Maurice. "Justice, Peace and the Pedagogy of Grass Roots Christian Community". O'Hare, Padraic. Ed. *Education for Peace and Justice*. Cambridge: Harper & Row Pub., 1983: 82 – 93.

Moore, Mary E. *Education for Continuity & Change: A New Model for Christian Religious Education*. Nashville: Abingdon, 1983.

Moran, Gabriel. "Questions for Religious Educators". Harris, Maria. Ed. *The DRE Reader: A Sourcebook in Education and Ministry*. Winona, MN: Saint Mary's Press, 1980: 37 - 40.

_____. *Religious Education Development: Images for the Future*. 사미자 역. 『종교교육 발달』. 서울: 대한예수교장로회총회교육부, 1992.

Muggeridge, Malcolm. *Qualcosa di bello per dio*. 함세웅 역. 『인도의 마더 데레사: 하느님을 위하여 아름다운 이것을』. 서울: 성 바오로 출판사, 1981.

Munro, Harry C. *The Director of Religious Education*. Philadelphia: Westminster Press, 1930.

Musgrove, Frank. *School and Social Order*. Chichester: John Wiley and Sons, Ltd., 1979.

Muuss, Rolf E. *Theories of Adolescence*. 정옥분 · 윤종희 · 도현심 공역. 『청년발달의 이론』. 서울: 양서원, 1999.

Nearing, Helen. *Living the Good Life*. 류시화 역. 『조화로운 삶: 헬렌과 스코트 니어링이 버몬트 숲 속에서 산 스무 해의 기록』. 서울: 보리, 2000.

Neiman, Joseph C. *Coordinators*. Wiona, MN: Saint Mary's Press, 1971.

_____. *PACE*. Winona, MN:: St. Mary's College Press, December 1971.

Nelson, Carl E. *How Faith Matures*. Louisville: John Knox Press, 1989.

_____. *Where Faith Begins*. 박원호 역. 『신앙교육의 터전』. 서울: 한국장로교출판사, 1996.

Nelson, Yvette. "A Modesy Vision". Harris, Maria. *The D.R.E. Reader: A Sourcebook in Education and Ministry*. Winona, MN: Saint Mary's Press, 1980: 22 - 23.

Nevin, Stephen. "Parish Coordinator: Evaluating Task and Roles". *The Living Light* 9:1, Spring 1972: 48 – 56.

Newman, Barbara J. *Autism and Your Church: Nurturing the Spiritual Growth of People with Autism Spectrum Disorders*. Grand Rapids, MI: Faith Alive Christian Resources, 2006.

Newman, Gene., and Joni Eareckson Tada. *All God's Children*. Grand Rapids, MI: Zondervan Publishing, 1993.

O'Connor, Flannery. *Mystery and Manners: Occasional Prose*. Fitzgerald, Sally. and Fitzgerald, Robert. Eds. New York: Farrar, Strauss & Giroux, 1957.

O'Hare, Padraic. Ed. *Tradition and Transformation in Religious Education*. Birmingham, AL: Religious Education Press, 1979.

Oates, Wayne E. *The Psychology of Religion.* 『현대종교심리학』. 정태기 역. 서울: 대한기독교서회, 1994.

Odom, Samuel L., and M. A. McEvoy. "Integration of Young Children with Handicaps and Normally Developing Children". Samuel L. Odom and M. B. Kames. Eds. *Early Intervention for Infants and Children with Handicaps: An Empirical Base*. Baltimore: Paul Brookes, 1988: 241 – 47.

Oser, Fritz K. "Stages of Religious Judgment". Brusselmans, Christiane. Ed. *Toward Moral and Religious Maturity*. Morristown, NJ: Silver Burdett Company, 1980.

_____. and Gmünder, Paul. *Religions Judgement: A Developmental Perspective*. Birmingham, AL: Religious Education Press, 1991.

Palmer, Parker J. *To Know as We are Known: A Spirituality of Education*. San Francisco: Harper & Row. 1983.

Parker, J. Cecil, and Rubin, Louis J. *Process as Content*. New York: Rand McNally, 1966.

Paton, Alan. *Instrument of Thy Peace*. 이홍근 역. 『평화의 도구』. 왜관: 분도출판사, 1980.

Pazmiño, Robert W. *Principles and Practices of Christian Education:*

*An Evangelical Perspective.* Grand Rapids, MI: Baker, 1992.

Pennington, M. Basil. *Lectio Divina: Renewing the Ancient Practice of Praying the Scriptures.* New York: Crossroad/ Herder & Herder, 1998.

Pepper, David. "The Basis of a Radical Curriculum in Environmental Education". *Education Ecology and Development.* Lacey, Colin, and Williams, Roy. Ed. The World Wildlife Fund and Kogan Page Ltd., 1987.

Perrin, Norman. *The New Testament: An Introduction.* New York: Harcourt Brace Jovanovich, 1974.

Peters, Richard S. *Ethics and Education.* 이홍우 · 조영태 공역. 『윤리학과 교육』. 수정판. 서울: 교육과학사, 2003.

Peters, Tom, and Waterman, Bob. *In Search of Excellence.* New York: Harper and Row, 1982.

Phenix, Philip H. *Realms of Meaning: A Philosophy of the Curriculum for General Education.* New York: McGraw‑Hill, 1964.

Piaget, Jean. "Intellectual Evolution from Adolescence to Adulthood". Muss, Rolf E. Ed. *Adolescent Behavior and Society.* 3d Ed. New York: Random House, 1980.

Pianta, R. C. "Widening the Debate on Educational Reform: Prevention as a Viable Alternative". *Exceptional Children* 56, 1990: 306‑13.

Polanyi, Michael. *The Tacit Dimension.* Garden City: Doubleday & Company, 1967.

_____. *Personal Knowledge: Towards a Post‑Critical Philosophy.* 표재명 김봉미 역. 『개인적 지식』. 서울: 아카넷, 2001.

Pollefeyt, Didier. and Bieringer, Reimund. "The Role of the Bible in Religious Education Reconsidered: Risks and Challenges in Teaching the Bible". *International Journal of Practical Theology* 9:1, 2005: 117‑41.

Poston, D., and A. Turnbull. "Role of Spirituality and Religion in

Family Quality of Life for Families of Children with Disabilities". *Education and Training in Developmental Disabilities* 39:2, 2004: 95 - 108.

Powell, Mark A. *What is Narrative Criticism?*. 이종록 역. 『서사비평 이란 무엇인가?』. 서울: 한국장로교출판사, 1993.

Pratt, James B. *The Religious Consciousness*. New York: The Macmillan Co., 1920.

Pree, Max De. *Leading without Power*. 윤방섭 역. 『권력 없는 리더십 은 가능한가?』. 서울: IVP, 1997.

Pruzan, Peter. and Thyssen, O. "The Renaissance of Ethics and the Ethical Accounting Statement". *Educational Technology* 34:1, 1994: 23 - 28.

Pudlas, Kenneth A. "Inclusive Education: Will They Know we are Christians?". *Journal of Research on Christian Education* 13:1, Spring 2004: 61 - 79.

Rajotte, Freda. "Justice, Peace, and the Integrity of Creation". *Religious Education* 85:1, Winter 1990: 5 - 14.

Reddin, William J. *Managerial Effectiveness*. New York: McGraw - Hill, 1970.

*Redits d'un Pelerin Russe*. 최익철 역. 『이름 없는 순례자: 어느 러시아 인의 순례 이야기』. 서울: 가톨릭출판사, 1979.

Regan, Jane. *Toward an Adult Church: A Vision for Faith Formation*. Chicago: Loyola Press, 2002.

Reich, K. Helmut. "Teaching Genesis: A Present - day Approach Inspired by the Prophet Nathan". *Zygon* 38:3, Sept. 2003: 633 - 41.

Reigeluth, C. M. "Principles of Educational System Design". *International Journal of Educational Research* 19:2, 1993: 117 - 31.

Richard, Pablo. "Interpreting and Teaching the Bible in Latin America". *Interpretation* 56:4, Oct. 2002: 378 - 86.

Richards, Lawrence O. "The Teacher as Interpreter of the Bible".

*Religious Education* 77:5, Sept. – Oct. 1982: 508 – 17.

_____. and Bredfeldt, Gary J. *Creative Bible Teaching.* Rev. ed. Chicago: The Moody Bible Institute, 1998.

Rogers, Carl R. *Client – Centered Therapy: Its Current Practice Implications, and Theory.* Boston: Houghton Mifflin, 1951.

Rogerson, John. *Theory and Practice in Old Testament Ethics.* London; New York: Clark, 2004.

Rokeach, Milton. *The Nature of Human Values.* New York: Free Press, 1973.

Romiszowski, Alexander J. *Designing Instructional Systems: Decision Making in Course Planning and Curriculum Design.* London: Kogan Page, 1981.

Rosenak, Michael. *Tree of Life. Tree of Knowledge: Conversations with the Torah.* Boulder. CO: Westview Press, 2001.

Rosenthal, Robert and Jacobson, Lenore. *Pygmalion in the Classroom: Teacher Expectation and Pupils' Intelligence Development.* 심재관 역. 『기대와 칭찬의 힘 피그말리온 효과』. 서울: 이글리오, 2003.

Rosner, Bob. Halcrow, Allan. and Levins, Alan S. *The Boss's Survival Guide.* 김은령 역. 『최고의 팀을 만드는 리더의 법칙』. 서울: 청림, 2002.

Ross, Murray G. *Religious Beliefs of Youth.* New York: Association Press, 1950.

Rost, Joseph C. *Leadership for the Twenty – First Century.* Westport, Connecticut: Praeger, 1993.

Russell, Letty M. *Becoming Human.* 장상 역. 『인간화』, 1982.

Ryan, Thomas. "Revisiting Affective Knowledge and Connaturality in Aquinas". *Theological Studies* 66:1, Mar. 2005: 49 – 68.

Sanders, J. Oswald. *Spiritual Leadership.* 신광숙 역. 『그리스도인의 영적 리더십』. 서울: 예찬사, 1988.

Saylor, J. Galen, and Alexander, William M. *Curriculum Planning for*

*Modern Schools*. New York: Holt, Rinehart & Winston, 1966.

Scapanski, Gene. "Speculations on the Direction of DREs". Harris, Maria. *The D.R.E. Reader: A Sourcebook in Education and Ministry*. Winona, MN: Saint Mary's Press, 1980: 23 – 26.

Schiff, Alvin I. "For Subtle and Indirect Leadership". *Religious Education* 72:1, Jan. – Feb. 1977: 31 – 33.

Schmid, Jennine. *Religion, Montessori, and the Home: An Approach to the Religious Education of the Young Child*. 박종석 역.『가정에서의 몬테소리 기독교교육』. 서울: 한국교회교육협회, 1989.

Schmidt, Stephen A. "A Theology of Church Leadership". *Religious Education* 77:5, Sept. – Oct. 1982: 582 – 83.

Schneiders, Sandra M. "Biblical Spirituality". *Interpretation* 56:2, Apr. 2002: 133 – 43.

Schweizer, Eduard. *Das Evangelium nach Matthaus*. 한국신학연구소번역실 역.『마태오복음』국제성서주석 29. 서울: 한국신학연구소, 1982.

Scott, David A. "Teaching the Authority of the Bible". *Anglican Theological Review* 84:1, Winter 2002: 11 – 24.

Segovia, Fernando F. *Teaching the Bible: The Discourses and Politics of Biblical Pedagogy*. Maryknoll, NY: Orbis, 1998.

Senge, Peter M. *The Fifth Discipline: The Art and Practice of the Learning Organization*. 안중호 역.『피터 센게의 제5경영』. 서울: 세종서적, 1996.

_____. Kleiner, Art. Roberts, Charlotte. Ross, Richard B. and Smith, Brian S. *The Fifth Discipline Fieldbook: Strategies and Tools for Building a Learning Organization*. 손태원 · 박광량 역.『학습조직의 5가지 수련: Fieldbook』. 서울: 21세기북스, 1996.

Sergiovanni, Thomas J. *Moral Leadership: Getting to the Heart of School Improvement*. San Francisco: Jossey – Bass Publishers, 1992.

Seymour, Jack L. and Miller, Donald E. Eds. *Theological Approaches* to *Christian Education*. 김재은 · 임영택 공역. 『기독교교육과 신학의 대화』, 서울: 성광문화사, 1994.

Sheehy, Gail. *Character: America's Search for Leadership*. New York: Bantam Books, 1990.

Simeonsson, R. J. "Primary, Secondary and Tertiary Prevention in Early Intervention". *Journal of Early Intervention* 15:2, 1991: 124 – 34.

Simpson, John H. "Pyramids of Sacrifice: The High Price of Social Change". *Religious Education* 71:6, Nov. – Dec. 1976: 661 – 62.

Skinner, Burrhus F. *About Behaviorism*. New York: Alfred A. Knopf, 1974.

Smart, James D. *The Strange Silence of the Bible in the Church*. 김득중 역. 『왜 성서가 교회 안에서 침묵을 지키는가: 성서해석학』. 서울: 컨콜디아사, 1982.

Smith, Thomas. *A Day in the Life of a DRE*. Washington D.C.: NCEA, 1980.

Stanwyck, D. J. and Felker, Donald W. "Measuring the Self – Concept: A Factor Analytic Study". A Paper Presented at the Annual Meeting of the National Council on Measurement in Education. New York, 1972.

Stogdill, Ralph M. "Personal Factors Associated with Leadership: A Survey of the Literature". *Journal of Psychology* 25, 1948: 35 – 71.

Stone, Jerry H. "Narrative Theology". Cully, Iris V. and Cully, Kendig B. Eds. *Harper's Encyclopedia of Religious Education*. San Francisco: Harper & Row, 1990: 440 – 42.

Stouffer, Samuel A. *The American Soldier: Studies in Social Psychology in World War Ⅱ*. Princeton: Princeton University Press, 1949.

Stubblefield, Jerry M. *The Effective Minister of Education: A Comprehensive Handbook*. Nashville, TN: B&H Publishing Group, 1993.

Sutton, J., C. Sutton, and E. Everett. "Special Education in Christian/ Fundamentalist Schools: A Commitment to All the Children?". *Journal of Research on Christian Education* 2:1, 1993: 65 – 79.

Swank, George W. *Dialogic Style in Preaching*. Valley Forge: The Judson Press, 1981.

Taba, Hilda. *Curriculum Development: Theory and Practice*. 이경섭 외 공역. 『교육과정론』. 서울: 형설출판사 1982.

Tannenbaum, Robert and Schmidt, W. "How to Choose a Leadership Pattern". *Harvard Business Review* 51, 1973: 162 – 80.

Tarakeshwar, N., and K. Pargament. "Religious Coping in Families of Children with Autism". *Focus on Autism and Other Developmental Disabilities* 16:4, 2001: 247 – 60.

Tead, Ordway. *The Art of Administration*. New York: McGraw – Hill, 1951.

Tharp, Clifford, Jr. "The Parish Minister of Education: An Examination of Roles". *Religious Education* 67:4, July 1972: 289 – 97.

Thompson, William D. and Bennett, Gordon C. *Dialogue Preaching: The Shared Sermon*. Valley Forge: The Judson Press, 1969.

Thulin, Richard L. *The "I" of the Sermon*. Minneapolis: Fortress Press, 1989.

Turkle, Sherry. *The Second Self: Computers and the Human Spirit*. New York: Simon & Schuster, 1984.

Tyler, L. L. "Learning Experiences". Husén, Torsten, and Postlethwaite, T. Neville. Eds. *The International Encyclopedia of Education: Research and Studies* 5. Oxford; New York: Pergamon Press, 1985, 1949.

Ulanov, Anne B. "Transformation of Human Destructiveness". 『한국기독교신학논총』26. 한국기독교학회, 2002: 9 – 26.

Vermeiren, Korneel. *Praying with Benedict: Prayer in the Rule of St. Benedict*. Kalamazoo, MI: Cistercian Publications. 1999.

Vogelsang, John D. "A Hermeneutics of Reconstruction". *Religious Education* 88:2, Spring 1993: 167 – 77.

Waal, Esther de. *Seeking God: The Way of St. Benedict.* Collegeville, MN: Liturgical Press. 2001.

Wagner, Richard. "Problems in Training Informal Religious Educators". *Religious Education* 71:2, Mar. – Apr. 1976: 143 – 53.

Walters, Thomas, "The Coordinator: A Functional Definition". Harris, Maria. Ed. *The DRE Reader: A Sourcebook in Education and Ministry.* Winona, MN: Saint Mary's Press, 1980: 15 – 18.

Warnet, Marc M. "Klein, Joseph. The Levels of Religious Schooling and Practices of Teachers and Their Perception of School Leadership". *British Journal of Religious Education* 19, Summer 1997: 157 – 70.

Warren, S. F. and A. P. Kaiser. "Generalization of Treatment Effects by Young Language – Delayed Children: A Longitude Analysis". *Journal of Speech and Hearing Disorders* 51, 1986: 239 – 51.

Weber, Chris. Schaeffler, Janet. and Ristow, Kate. "How do I Teach about the Violent Images of God Portrayed in the Old Testament?". *Catechist* 39:2, Oct. 2005: 8 – 10.

Weber, Hans – Ruedi. "The Bible in Religious Education". Cully, Iris V. and Cully, Kendig B. Eds. *Harper's Encyclopedia of Religious Education.* San Francisco: Harper & Row, 1990: 62 – 70.

Webster, Frank. and Robins, Kevin. *Information Technology: A Luddite Analysis.* Norwood, NJ: Ablex Publishing Corporation, 1986.

Webster, J. "Religious Education for Children with Severe Learning Difficulties: Constructing a Framework, Finding a Medium, Exploring a Story". *Support for Learning* 9:3, 2004: 119 – 24.

Westerhoff, John H. Ⅲ. *Colloquy on Christian Education.* 김재은 역. 『기독교교육 논총』. 서울: 대한기독교출판사, 1978.

_____. *Will Our Children Have Faith?*. 정웅섭 역. 『교회의 신앙교육』. 서울: 대한기독교교육협회, 1983.

_____. and Willimon, William H. *Liturgy and Learning through the Life Cycle*. 박종석 역.『교회의 의식과 교육』. 서울: 베드로서원, 1992.

White, Pat. "Education, Democracy and the Public Interest". Richard S. Peters. Ed. *The Philosophy of Education*. Oxford: Oxford University Press, 1973: 217 – 38.

Wilder, Amos N. *Early Christian Rhetoric*. Cambridge: Harvard University Press, 1971.

Wilhoit, Jim and Ryken, Leland. *Effective Bible Teaching*. Grand Rapids, MI: Baker Book House, 1988.

Williamson, Peter. "Actualization: A New Emphasis in Catholic Scripture Study". *America* 172:18, May 20. 1995: 17 – 19.

Wingeier, Douglas E. "Life – style". Cully, Iris V. and Cully, Kendig B. Eds. *Harper's Encyclopedia of Religious Education*. San Francisco: Harper & Row, 1990: 381 – 82.

Wink, Walter. *The Bible in Human Transformation: Toward a New Paradigm for Biblical Study*. Philadelphia: Fortress Press, 1973.

_____. *Transforming Bible Study*. Nashville: Abingdon Press, 1980.

Winnicott, Donald W. *Playing and Reality*. London: Tavistock, 1971.

Witherington, Henry C. *Psychology of Religion: A Christian Interpretation*. Grand Rapids, MI: Wm. B. Eerdmans Publishing Co., 1955.

Wolery, Mark. "Program Evaluation at the Local Level: Improving Services". *Topics in Early Childhood Special Education* 7, 1988: 1111 – 1230.

Wolf, Beth Rowland and Temple, Bonnie. *First & Favorite Bible Lessons for Preschoolers*. Loveland, CO: Group Publishing, 1996.

Wolf, Susan. "Moral Saints". *Journal of Philosophy* 79:8, 1982: 419 – 39.

Wolfensberger, W. *The Priciple of Normalization in Human Service*.

Toronto: National Institute on Mental Retardation, 1972.

Woolley, J. D. and Phelps, K. E. "The Development of Children's Beliefs about Prayer". *Journal of Culture and Cognition* 1:2, 2001: 139 – 66.

Wren, Brian A. *Education for Justice*. 김쾌상 역. 『정의를 위한 교육』. 서울: 현대사상사, 1984.

Wright, Georg H. von. *The Varieties of Goodness*. London: Routledge and Kegan Paul, 1963.

Wyckoff, D. Campbell. "Goals". Cully, Iris V. and Cully, Kendig B. Eds. *Harper's Encyclopedia of Religious Education*. San Francisco: Harper & Row, 1990: 268 – 71.

Yang, Jayhoon. "Orality and Textuality in the Biblical Narrative and its Application to Bible Teaching". *Journal of Christian Education & Information Technology* 7, 2005: 259 – 89.

Zaleznik, Abraham. "The Leadership Gap". *Academy of Management Executive* 4:1, 1990: 7 – 13.

Zeph, Catherine P. "Turning the Kaleidoscope: The Adult Religious Educator as Learning Consultant". *Religious Education* 94:3, Summer 1999: 345 – 53.

Zyskowski, Bob. "Bible Study: It's Not Just for Protestants Anymore". *U.S. Catholic* 65:8, Aug. 2000: 12 – 18.


≪국민일보≫. 2002. 3. 5.

≪동아일보≫. 2001. 9. 6.

≪조선일보≫. 2002. 5. 2.

≪조선일보≫. 2002. 10. 18.

≪조선일보≫. 2002. 10. 19.

≪주간조선≫1669. 2001. 9. 6.

≪주간조선≫1846. 2005. 3. 21.

『21세기를 움직일 화제의 명저 100선』. 「신동아」. 2002 · 신년호 · 별책 부록, 2001.

『두산세계대백과사전』. 서울: 두산동아, 1999.

『해설 · 관주 성경전서: 독일성서공회판』. 서울: 대한성서공회, 1997.

*Maxis Software Toys Catalog*. Orida, CA: Maxis, 1992.

*Resource Guidebook for Diocesan Directors of Religious Education Concerning Parish Directors of Religious Education*. Washington: NCDD, 1980.

http://ceri.co.kr

http://edpck.org

http://www.bskorea.or.kr 대한성서공회 홈페이지.

http://www.emik.org

http://www.paidion.org

http://www.safenet.ne.kr/intro3.php

# 색　인

## ▌약력

서울신학대학교 기독교교육과(B.A.)
연세대학교 대학원 신학과(Th.M.)
한국 4개 신학대학교(감리교신학대학교, 서울신학대학교, 장로회신
학대학교, 한신대학교) 공동 박사학위과정(Ph.D.)
현) 서울신학대학교 기독교교육과 교수
현) 한국복음주의기독교교육학회 회장
현) 한국복음주의신학회, 한국복음주의기독교교육학회 편집위원
현) 한국기독교교육학회 이사

## ▌저서

『기독교교육의 지형도』
『기독교교육학의 선구자들』
『십대, 말씀으로 바로 세우기』
『기독교교육심리』
『성서교육론』
『기독교교육과 프락시스: 성결교회를 중심으로』
『성결교회교육의 비전과 실천』
『기독교교육학은 무엇인가』
『기독교교육의 현실적 정초』
외 다수

# 성서적 신앙공동체 교육

초판인쇄 | 2010년 7월 12일
초판발행 | 2010년 7월 12일

지은이 | 박종석
펴낸이 | 채종준
펴낸곳 | 한국학술정보㈜
주　소 | 경기도 파주시 교하읍 문발리 파주출판문화정보산업단지 513-5
전　화 | 031) 908-3181(대표)
팩　스 | 031) 908-3189
홈페이지 | http://ebook.kstudy.com
E-mail | 출판사업부 publish@kstudy.com
등　록 | 제일산-115호(2000. 6. 19)

ISBN　978-89-268-1151-1 93230 (Paper Book)
　　　　978-89-268-1152-8 98230 (e-Book)

내일을여는지식 은 시대와 시대의 지식을 이어 갑니다.